W0466450

▸ Inhalt

▸ Vorwort

Zweck dieses Buches ist es, eine leicht verständliche und umfassende Beschreibung der grundlegenden Anbautechniken zu vermitteln, die heute bei der Kultivierung von Marihuana im Haus angewendet werden. Seit der Einführung von Hochdruck-Gasentladungslampen erfreut sich der Innenraum-Anbau wachsender Beliebtheit, denn mit diesen Lampen ist es möglich, große Mengen von äußerst potentem Marihuana sicher und vor neugierigen Blicken geschützt bei sich zu Hause anzubauen. Alle Angaben in diesem Buch wurden in der Praxis getestet und haben sich als erfolgreich erwiesen. Trotzdem betonen wir ausdrücklich, daß wir niemanden dazu ermuntern, Marihuana anzubauen oder gegen bestehende Gesetze zu verstoßen.

Diese Stecklinge wurden gerade unter die Halogen-Metalldampflampe gestellt

Beim Marihuana-Anbau im Haus sind viele Faktoren zu berücksichtigen. Will er gute Erträge erzielen, muß der Anbauer sämtliche Umweltfaktoren im Auge behalten und genau über die Bedürfnisse seiner Pflanzen Bescheid wissen. Welche Klimafaktoren haben sich beim Anbau im Haus als wichtig für eine gute Ernte erwiesen? Was sind die am häufigsten auftretenden Probleme, denen der Anbauer begegnet?
In diesem Buch werden Sie schrittweise in leicht verständlicher, jedoch detailgenauer Weise mit den Methoden vertraut gemacht, wie Leute in geschlossenen Räumen Cannabis-Anbau unter Hochdrucklampen betreiben.

FAUSTREGELN geben Hinweise zum schnellen Nachschlagen. Sie vermitteln in einprägsamer Kurzform empirische Erfahrungswerte oder wissenschaftliche Fakten und zeigen, worauf es beim jeweiligen Thema besonders ankommt.

Die gleichen Pflanzen wie auf dem letzten Bild, zwei Wochen später

Im Anhang des Buches finden Sie drei typische Fallstudien, die zeigen, wie erfolgreiche Gärtner Supergras zum Preis von wenigen Pfennigen pro Tag anbauten, bzw. warum es weniger erfolgreichen mißlang. Natürlich ist nichts auf der Welt lehrreicher als die eigene Erfahrung. Mit Hilfe dieses Buches und einer gewissen Kapitalinvestition können Sie Ihre gärtnerischen Fähigkeiten entfalten und in kürzester Zeit Supergras ziehen - und zwar saisonunabhängig, das ganze Jahr hindurch!

Des weiteren finden sich am Ende des Buches ein Garten-Kalender und eine Checkliste, mit deren Hilfe der Heimgärtner den Überblick behält und die Abläufe besser organisieren kann. Dieser Kalender unterscheidet sich vom üblichen Jahreskalender - er hat nur vier Monate!

Es sind noch einige hervorragende Nachschlagewerke zum Thema zu nennen, die jeder Heimgärtner im Bücherregal haben sollte: The Marijuana Grower's Guide (dt. Enzyklopädie des Marihuana-Anbaus, Volksverlag) von Ed Rosenthal und Mel Frank, Marijuana Botany von Robert Connell Clark, der Marijuana Insider's Guide von Mel Frank, sowie das Marijuana Grower's Handbook von Ed Rosenthal. Diese Bücher gelten als Klassiker zum Thema Marihuana-Anbau; man könnte sagen, der Grower's Guide ist das Alte Testament, und Botany das Neue Testament. Und es wird gewiß nicht schaden, hin und wieder einen Blick in eine Gartenbau-Zeitschrift oder auf die entsprechende Seite der örtlichen Tageszeitung zu werfen, um ergänzende Informationen und nützliche Tips zu sammeln.

TEIL 1

1. KAPITEL

Der Anbau im Haus

Ob man es als Hobbygärtnerei betrachtet, als Anbau von Kulturpflanzen oder was auch immer: Letzten Endes wollen wir alle dasselbe, nämlich in möglichst kurzer Zeit Marihuana von höchster Qualität ziehen, und zwar möglichst preiswert und mit minimalem Aufwand. Der Schlüssel zum erfolgreichen Anbau liegt in dem Wissen, wie und wovon sich eine Pflanze ernährt und wie sie wächst. Ob man Marihuana nun im Haus oder im Freien anbaut - für sein Wachstum stellt es die gleichen Anforderungen. Zur Aufrechterhaltung seiner Lebensvorgänge braucht es Licht, Luft, Wasser und Nährstoffe, es braucht ein Medium, in dem es gedeihen kann, sowie genügend Wärme. Fehlt eine dieser Voraussetzungen, stellt die Pflanze ihr Wachstum ein und stirbt ab. Das Licht muß das richtige Spektrum und die ausreichende Intensität aufweisen; die Luft muß warm sein, trocken und reich an Kohlendioxid, die Bewässerung reichlich; das Medium muß warm sein und die erforder-lichen Nährstoffe enthalten, um gesunden, kräftigen Wuchs zu gewährleisten. Werden all diese Bedürfnisse kontinuierlich und in optimaler Weise erfüllt, dann wird es die Pflanze mit optimalem Wachstum danken.

Marihuana wird normalerweise als einjährige Pflanze angebaut; d.h. sie beendet ihren Lebenszyklus innerhalb eines Jahres. Ein Samenkorn, das im Frühling gesät wird, wächst den Sommer über zur kräftigen Pflanze heran, die im Herbst Blüten bildet und selbst Samen produziert. Mit diesen Samen beginnt der jährliche Zyklus von neuem.

Der Same ist von einer festen Hülle umgeben - der Samenschale, die den Embryo schützt - und mit einer Nährstoffreserve ausgestattet. Unter günsti-

gen Bedingungen, also bei entsprechender Temperatur, genügend Feuchtigkeit und Frischluftzufuhr, wird ein gesunder Same in der Regel keimen. Die Samenschale platzt auf, eine winzige Keimwurzel wächst nach unten, und ein Sproß mit zwei Keimblättern drängt sich lichtsuchend nach oben.
Ein Hanfsproß ist geboren!
Die Wurzel des Keims wächst in die Tiefe und verzweigt sich im Boden in der gleichen Weise, wie sich oberhalb der Stengel verzweigt. Winzige Wurzeln nehmen Wasser und Nährstoffe auf - all die chemischen Substanzen, welche die Pflanze zum Leben braucht. Die Wurzeln dienen außerdem dazu, die Pflanze im Boden zu verankern. Während die Pflanze nun heranwächst, übernimmt die Wurzel besondere Aufgaben. Im oberen Wurzelabschnitt können auch Nährstoffreserven gespeichert werden; im Zentrum der Wurzel haben sich wasserleitende Gefäße gebildet. An der Spitze bildet sie in der sogenann-

Die sieben Wochen alten Stecklinge in diesen 4,5-Liter-Töpfen haben eine Höhe von 30 bis 45 cm erreicht.

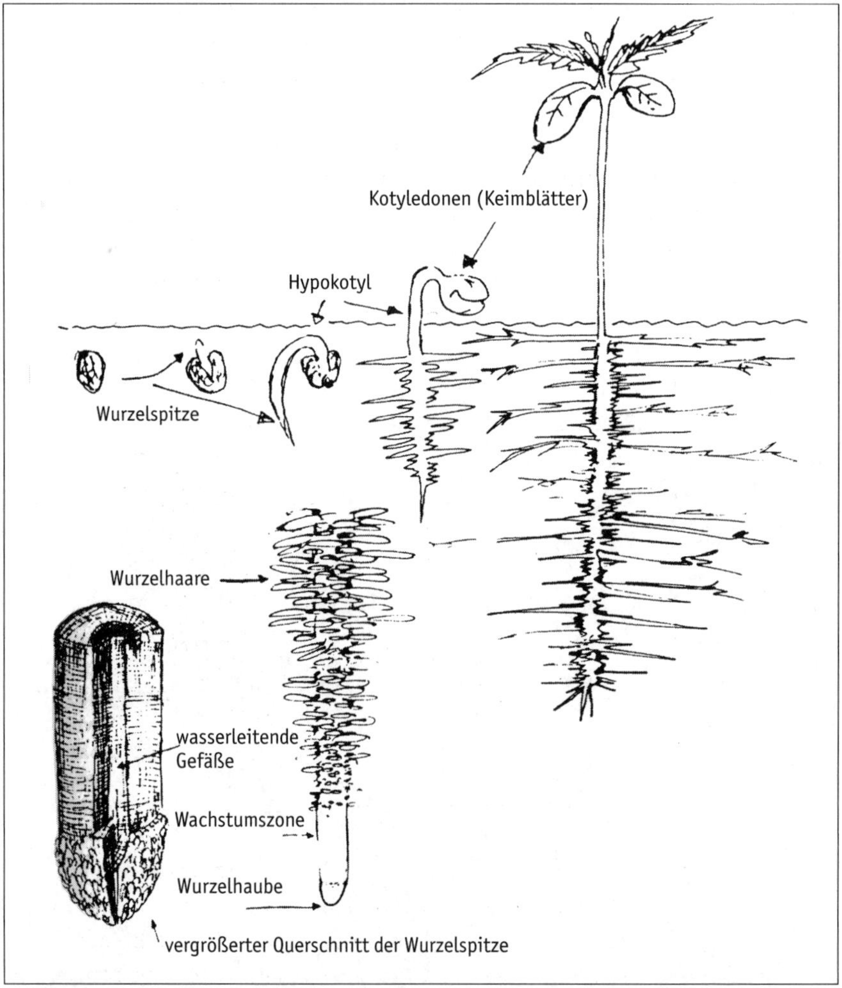

ten Wachstumszone aufs Längenwachstum spezialisierte Zellen, die auf der Suche nach Wasser und Nahrung immer weiter ins Erdreich vordringen. Aufgenommen werden Nährstoffe und Wasser durch die einzelligen Wurzelhaare. Ist kein Wasser vorhanden, trocknen die empfindlichen Wurzelhaare ein und sterben ab. Sie sind äußerst fragil und können leicht durch ungeschickte Hände beschädigt werden - wenn sie etwa beim Umpflanzen aus der Erde gezogen werden und plötzlich Luft und Licht ausgesetzt sind.

Beim Umpflanzen muß man also mit äußerster Sorgfalt vorgehen!
Ähnlich der Wurzel wächst auch der Stengel, indem er sich verlängert. Die End- oder Terminalknospe wächst nach oben, wobei sich am Stengel Seitentriebe bilden, die sich zu Ästen und Blättern auswachsen. Wasser und Nährstoffe, die die Wurzelhaare im Boden aufnehmen, werden im Stengel hinauf zu den Sprossen, Blättern und Blüten transportiert. Auch die in den Blättern gebildete Glukose und Stärke wird im Stengel durch die Pflanze geleitet. Dieser Flüssigkeitsaustausch findet dicht unter der Stengeloberfläche statt. Wird der Stengel zu fest eingeschnürt (etwa beim Anbinden), so kann es dazu

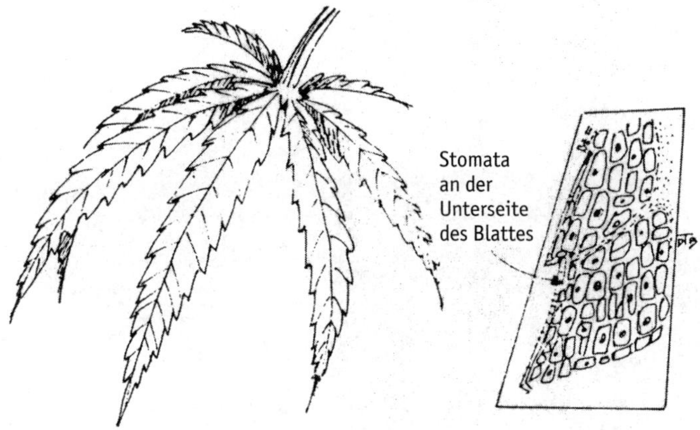

führen, daß der Fluß der lebensspendenden Nährstoffe unterbrochen, die Pflanze also regelrecht stranguliert wird und abstirbt. Die in der Innenwand des Stengels eingelagerte Zellulose sorgt für den aufrechten Stand der Pflanze. Eine Freilandpflanze ist Wind und Wetter ausgesetzt, sie muß heftigem Wind und Regenschauern trotzen, dementsprechend hoch ist ihre Zelluloseproduktion. Beim Anbau in geschlossenen Räumen findet hingegen nur eine minimale Zelluoseproduktion statt; mitunter muß man die Pflanze stützen, vor allem zur Blütezeit.
Sobald die Blätter des Sämlings eine gewisse Größe erreicht haben, beginnen sie mit der Nahrungsproduktion (Kohlenhydrate). Mit Hilfe von Chlorophyll - jener Substanz, die der Pflanze ihre grüne Farbe verleiht - produzieren die Blätter aus Kohlendioxid (dem CO_2 aus der Luft), Wasser und Lichtenergie

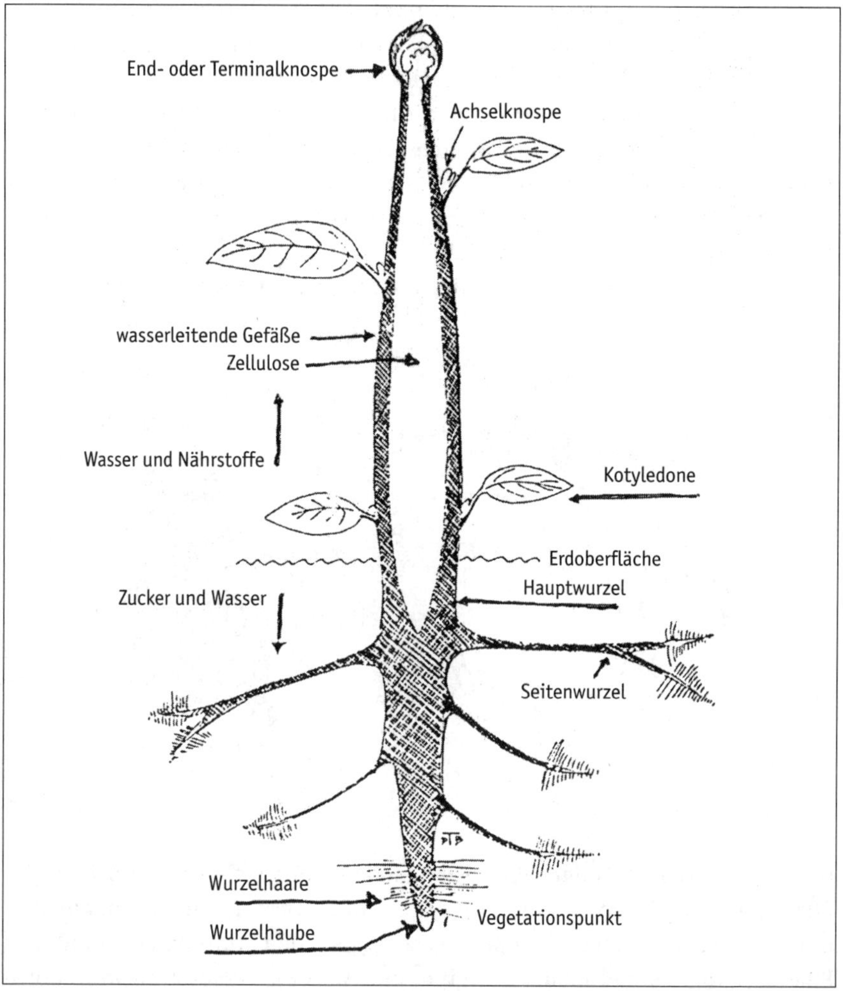

dann Kohlenhydrate und Sauerstoff. Diesen Prozeß bezeichnet man als Photosynthese. Sie funktioniert nur, wenn im Stengel genügend Wasser aus den Wurzeln zu den Blättern hinaufgeleitet wird, wo sich der Wasserstoff mit CO_2 verbindet. Winzige Atemporen an der Unterseite des Blattes, die sogenannten Stomata, schleusen das Kohlendioxid ins Blatt herein. Damit die Photosynthese stattfinden kann, muß das Innengewebe des Blattes über genügend Feuchtigkeit verfügen. Die Stomata können sich öffnen und schließen, sie regulieren auf diese Weise den Austausch an Feuchtigkeit und verhindern das Austrocknen der Pflanze. Über die Stomata erfolgt auch die Verdunstung von Wasser und die Abgabe des Abfallprodukts Sauerstoff. Sie sind von größter Wichtigkeit für das Wohlergehen der Pflanze und müssen stets reingehalten werden, um für ein gesundes Wachstum zu sorgen. Verschmutzte und verstopfte Stomata können genauso wenig atmen wie ein Mensch mit einer Plastiktüte überm Kopf!

Cannabis treibt Blüten, sobald die entsprechenden Bedingungen erfüllt sind - die entscheidene Variable ist hierbei die Photoperiode. Werden im Herbst die Tage kürzer, signalisiert dies der Pflanze, daß sich ihr Lebenszyklus dem Ende zuneigt. Die Funktionen der Pflanze verändern sich: Das Wachstum der Blätter wird gedrosselt, sie beginnt nun Blüten zu bilden.

Bei Cannabis gibt es männliche und weibliche Pflanzen. Wenn beide in Blüte stehen, landet der Pollen der männlichen Blüte auf der weiblichen und befruchtet sie. Hat die männliche Pflanze ihren Pollen produziert und abge-

Diese riesige Blütentraube wurde im Februar geerntet!

geben, stirbt sie ab. Samenbildung und -wachstum findet in der weiblichen Pflanze statt. Während die Samen reifen, stirbt die Pflanze allmählich ab. Die ausgereiften Samen fallen auf den Boden und keimen auf natürliche Weise, oder sie werden eingesammelt und im nächsten Frühling ausgesät.
Bleibt die weibliche Cannabispflanze jedoch unbefruchtet, so fährt sie fort, immer größere Blüten und immer mehr Harz zu bilden, und wartet auf die Befruchtung durch männliche Pollen, damit sie ihren Lebenszyklus erfolgreich abschließen kann. Nach einigen Wochen heftiger Blütenbildung und Harzproduktion erreicht der THC-Gehalt der unbefruchteten, frustrierten *Sinsemilla* dann seinen Höhepunkt.

▸ Anbau im Haus contra Freilandanbau

Der Anbau im Haus unterscheidet sich wesentlich von der Kultivierung im Freien, auch wenn Cannabis für sein Gedeihen hier wie da die gleichen Anforderungen stellt. Die entscheidenden Faktoren der Freilandumgebung müssen im Innenraum simuliert werden, wenn die Pflanze ordentlich wachsen soll. Im Freien muß der Gärtner nur einen minimalen Aufwand leisten, denn Mutter Natur wird viele der Faktoren regeln, die wichtig fürs Pflanzenwachstum sind. *Beim Anbau im Haus übernimmt der Gärtner die Rolle von Mutter Natur!* Er übt also Kontrolle aus über eine Vielzahl von Faktoren, die das Wachstum steuern. Wer nie im Leben Mutter Natur gespielt hat, wird sich kaum vorstellen können, was dieser Job bedeutet! Wir müssen uns darüber klar sein, daß Mutter Natur pausenlos für all die vielen Dinge sorgt, die eine Pflanze zum Wachsen braucht. Wer im Haus anbaut, muß die wesentlichen Bedingungen einer Freilandsphäre herstellen. Dies erfordert umfassende Kenntnisse über die Umgebung, die es zu schaffen gilt; hier muß man bestimmte Richtlinien befolgen.
Der Marihuana-Anbau im Freien beschränkt sich auf eine Saison (zwei in den Tropen). Die Lichtverhältnisse sind oft genug unzureichend, weil das Marihuanafeld an einem verborgenen Ort angelegt werden muß. Im Mittleren Westen hatte ein Bekannter von mir mal eine herrliche Pflanzung, die hinter etlichen prächtigen Sumacbäumen verborgen lag. Die Tarnung war perfekt, die Plantage lag mitten in der Stadt und blieb trotzdem den ganzen Sommer lang unentdeckt. Eines schönen Herbsttages jedoch gab es mitten im September einen jähen Frosteinbruch - so heftig, daß die Sumacbäume über Nacht ihr Laub verloren. Das zähe Marihuana hielt dem Frost stand, allerdings war

Beim Anbau im Haus übernehmen Sie die Rolle von Mutter Natur!

es jetzt meilenweit sichtbar!

An frischer Luft mangelt es draußen zwar nicht, doch kann das Klima unangenehm feucht, trocken, kalt oder windig werden - darauf hat der Mensch nun mal keinen Einfluß. Die Versorgung mit Wasser und Nährstoffen stellt im allgemeinen kein großes Problem dar, sofern es sich nicht um die völlig abseits gelegene Plantage eines Guerillafarmers handelt. Allerdings wird die wunderschöne freie Natur bisweilen von Schlitzohren heimgesucht, die Graspflanzen klauen - oder von sturen Polizeibeamten ohne jeden Sinn für Humor, die dafür bezahlt werden, jedes Marihuanagärtchen mit Stumpf und Stiel auszurotten.

Der Freilandanbau von Marihuana ist mittlerweile überholt.

Wer im Haus anbaut, hat Temperatur, Lichtverhältnisse, Luftfeuchtigkeit, Ventilation, CO_2-Gehalt, Bodenbeschaffenheit, Bewässerung und Nährstoffzuführung genau unter Kontrolle und kann so die optimalen Voraussetzungen für das Wachstum der Pflanzen schaffen. Vor gar nicht allzulanger Zeit, als man sich noch mit Leuchtstoffröhren begnügen mußte, war dies nicht der Fall. Es fehlte nämlich vor allem an einer preiswerten Kunstlichtquelle mit adäquater Lichtstärke.

Technologischer Fortschritt und wissenschaftliche Forschung haben nun dieses Problem gelöst - mit der Entwicklung der 1000-Watt Halogen-Metalldampf- und der 1000-Watt Natriumdampf-Hochdrucklampe. Mit diesen Hochdruck-Gasentladungslampen ist endlich ein erschwingliches Kunstlicht verfügbar, welches den Spektralbereich und die Lichtstärke aufweist, die Marihuana für sein Wachstum braucht. Mit diesen Lampen kann der Anbauer jetzt die optimalen Lichtverhältnisse schaffen: die 1000-Watt Halogen-Metalldampflampe sorgt für die notwendige Lichtintensität im entscheidenden Spektralbereich, um ungeheuer potentes Marihuana hervorzubringen. In der Blütephase kombiniert man sie dann mit einer Natriumdampf-Hochdrucklampe, deren Lichtspektrum dem der Herbstsonne ähnelt, also die Gelb-, Orange- und Rotbereiche abdeckt, mit denen sich das Wachstum der Marihuanablüten um 20 bis 100 Prozent steigern läßt - sie werden dann weitaus größer als beim ausschließlichen Gebrauch der Halogen-Metalldampflampe.

Mit diesen Hochdrucklampen lassen Sie also im Keller, auf dem Speicher oder wo immer Sie anbauen, tatsächlich die Sonne aufgehen. Mit einer Zeitschaltuhr läßt sich ein regelmäßiger Tag-und-Nacht-Wechsel simulieren (Photoperiode). Damit kann die Hochdrucklampe sogar noch effektiver sein als die Sonne! Auf diese Weise läßt sich nämlich regulieren, wieviele Stunden Licht pro Tag verabreicht werden - der Gärtner schafft sich gewissermaßen seine eigenen Jahreszeiten. Er läßt es immer wieder von neuem Sommer und Herbst werden, und den kühlen Frühling und den unangenehmen Winter kann er einfach überspringen!

Im Freien sät man Cannabis-Samen normalerweise im Frühjahr; den Sommer über wachsen die Pflanzen heran, um dann im Herbst zu blühen. Die Blüte setzt ein, sobald im Herbst die Tage kürzer werden. Kurze Tage und *lange Nächte* signalisieren der Pflanze, daß der Winter naht und es Zeit zur Blüte ist. Aber das kalte Wetter verlangsamt die Entwicklung der Blüten, und ein jäher Temperaturabfall kann die Pflanze das Leben kosten. Als Anbauer in einer nördlichen Klimazone müssen Sie mit einem Zyklus von 6 bis 7 Monaten auskommen, womöglich stiehlt man Ihnen dann am Ende die Pflanzen, oder Sie müssen bei einem unverhofften Kälteeinbruch unausgereifte Blüten ernten.

Beim Anbau im Haus sind jedoch sämtliche Wachstumsfaktoren optimal zu kontrollieren; hier läßt man der Pflanze immer genau das zukommen, was sie in der jeweiligen Wachstumsphase braucht. Im Alter von zwei bis zwölf Monaten läßt sich jede Pflanze zur Blüte bringen, wenn man die Tage von 18 auf 12 Stunden verkürzt - einerlei, welche Temperaturen oder Lichtverhältnisse draußen im Freien herrschen mögen! Wer mit Klonen (Stecklingen) arbeitet, kann vier bis fünf Ernten im Jahr erzielen; hierzu werden dann allerdings zwei separate Räume benötigt.

Im Freien hat man normalerweise frische Luft mit einem CO_2-Gehalt von 0,03 %. Über mangelende Ventilation läßt sich draußen wohl selten klagen, doch mitunter pfeift der Wind so heftig, daß die Pflanzen beschädigt oder gar entwurzelt werden. Feuchtigkeit und Temperatur entziehen sich jeglicher Kontrolle - es sei denn, man verfügt über ein Treibhaus, dessen Bau allerdings teuer ist und letztlich wie eine große Neonreklame wirkt, auf der steht: "Hier gibt's was zu holen!"

Im Haus lassen sich die klimatischen Bedingungen ohne weiteres so regulieren, daß optimale Wachstumsbedingungen für die Pflanzen herrschen, allerdings nicht für Schädlinge und Krankheitserreger. Der CO_2-Gehalt der Luft kann angereichert werden, worauf sich die Wachstumsrate verdoppeln oder gar verdreifachen wird. Eine offene Tür und/oder elektrische Ventilatoren sorgen für die nötige Zirkulation, um frische Luft im Raum zu gewährleisten. Die Luftfeuchtigkeit läßt sich durch Besprühen mit einem Wasserzerstäuber oder Aufstellen eines Wassereimers (Verdunstung) erhöhen. Will man die Luftfeuchtigkeit reduzieren, kann man sich die Wärme des Lampensystems zunutze machen, oder man stellt ein Heizgerät, einen Ofen oder einen Lufttrockner in den Raum. Zirkulation, Ventilation und Feuchtigkeit sind wichtige Faktoren bei der Schädlingsbekämpfung. Klone bilden viel schneller Wurzeln bei feuchtwarmem Innenklima. Für eine konstante Temperatur zu sorgen, ist kein Problem - im allgemeinen wird die vom Lampensystem erzeugte Wärme ausreichen. So ein Zimmergarten gedeiht am besten bei 22 bis 24° C, Klone hingegen wurzeln am besten bei 26 bis 30° C. Die Temperatur läßt sich mit einem zusätzlichen Heizgerät erhöhen bzw. senken mit einem in der Außenwand oder einem Fenster installierten Ventilator mit Thermostat - vorausgesetzt, draußen herrschen tiefere Temperaturen.

Die Erde kann im Freien von sehr unterschiedlicher Qualität sein. Der Boden kann zu sauer sein oder zu alkalisch, er kann Giftstoffe enthalten, mangelhafte Dränage haben, voller Ungeziefer, Krankheitserreger und Mikroorganismen sein.

Das Pflanzmedium für den Anbau im Haus kann man im Gartenfachhandel in Form von Topferde oder erdlosen Substraten kaufen. Diese Medien sind so gut wie frei von Pilzen, Insekten oder Unkrautsamen, und sie haben im allgemeinen auch den richtigen pH-Wert. Topferde enthält gewöhnlich eine vollständige, ausgewogene Nährstoffpalette, während erdlose Mischungen auch ohne Nährstoffe erhältlich sind. Der Nährstoffgehalt dieser Medien läßt sich leicht überprüfen. In den Pflanzbehältern können dann je nach Bedarf Nährstoffe zugegeben oder herausgespült werden, der Gärtner kann sein Medium also genau kontrollieren. Der Feuchtigkeitsgehalt läßt sich mit einem Feuchtigkeitsmesser überwachen. Topferde und erdlose Mischungen sind von ihrer Konsistenz her so angelegt, daß sie eine gleichmäßige Wasserspeicherung und gute Durchlüftung bieten, um gesundes Wurzelwachstum zu gewährleisten.

Im Freien sorgt normalerweise Mutter Natur dafür, daß schädliche Insekten und Pilzkrankeiten nicht überhand nehmen. Beim Anbau im Haus ist Mutter Natur allerdings abwesend, ihre Rolle hat nun der Gärtner übernommen!

Gegen Schädlinge beugt man am besten vor, indem man auf Reinlichkeit achtet: Händewaschen, regelmäßige Reinigung des Bodens und das Benutzen sauberer Werkzeuge sollten sebstverständlich sein. Wenn sich dennoch einmal Insekten oder Pilzkrankheiten bemerkbar machen, sind sie in einem geschlossenen Raum leicht unter Kontrolle zu bringen - der Gärtner hat Einfluß auf sämtliche Faktoren, denen sie ihr Gedeihen verdanken. Neben entsprechendem Regulieren der Feuchtigkeit, Ventilation und Temperatur können auch organische oder chemische Sprays eingesetzt werden, um der Plage Herr zu werden.

Banditen, die ohne lange zu überlegen Freilandpflanzen klauen, werden kaum je das Risiko eingehen und in ein Haus einbrechen, auch wenn sie wissen, daß im Keller oder sonstwo die prächtigsten Graspflanzen stehen. Trotzdem sollten Sie keinem Menschen etwas von Ihrem Anbauprojekt erzählen und die Außentüren mit stabilen Sperrschlössern sichern. Wer in einem Apartment oder Miethaus wohnt, wechselt am besten das Schloß in der Eingangstür aus und achtet darauf, daß die Tür zum Gewächsraum immer abgeschlossen ist. Vermieter und Hausmeister können sich unter gegebenen Umständen legal Zutritt zur Wohnung verschaffen.

Erzählen Sie nur denjenigen Leuten etwas von der Sache, die unmittelbar etwas damit zu tun haben. Zum Beispiel (1) Leuten, die in der gleichen Wohnung leben, (2) einem anderen Gärtner, mit dem Sie Klone tauschen.

Diese heranreifenden Pflanzen sind im Haus vor Dieben sicher!

Insgesamt läßt sich sagen, daß viele Marihuanapflanzer der Ansicht sind, der Anbau im Haus sei dem im Freiland weit überlegen. Er ermöglicht die genaue Kontrolle aller Wachstumsfaktoren; Diebe haben kaum eine Chance. Und beim Anbau im Haus läßt sich das ganze Jahr über ernten!

▸ Der Stärkste überlebt

Was sich freilich nicht so leicht abschätzen läßt, sind Erfahrung und Können des Anbauers. Ein Gärtner, der die Rolle von Mutter Natur übernimmt und alle dem Pflanzenwachstum zu- oder abträglichen Variablen unter Kontrolle hat, muß auch wissen, wie er damit umzugehen hat, sonst ist die Sache sinnlos. Gegen Unerfahrenheit hilft am besten eine Lektion von Mutter Natur: Vergrößern Sie die Überlebenschancen der Pflanzen, indem sie drei- oder viermal soviele Samen oder Klone pflanzen, wie Sie zu ernten wünschen. Klingt ein bißchen pessimistisch? Nach der ersten Ernte werden Sie meinen Rat durchaus als realistisch empfinden! Sehen Sie anhand des folgenden Beispiels, was geschieht, wenn ein ungeübter Gärtner zum ersten Mal im Haus anbaut:

Beispiel:

1. September	100 Samen gepflanzt
7. September	80 Samen sind aufgegangen
21. September	60 gesunde junge Pflänzchen
1. Dezember	30 weibliche Pflanzen (männliche geerntet)
25. Januar	25 weibliche Pflanzen geerntet

Also 100 Samen gesät, und 20 ausgereifte Pflanzen geerntet! Nun, falls Sie bereits Erfahrung mit anderen Pflanzen besitzen: Ist denn da immer jeder Same, jeder Steckling zur gesunden Pflanze herangewachsen? Keiner von uns macht gerne Fehler, aber wir wissen, daß die Erfahrung nun mal ihren Preis hat. Eine kranke Pflanze auszureißen, das geht fix - doch es dauert ziemlich lange, eine neue zu ziehen. Und falls wider Erwarten alles glattgeht und Sie nicht wissen, wohin mit Ihren vielen überschüssigen Pflanzen, dann denken Sie daran, welch ein nettes Geschenk sie abgäben für Freunde, die sich selbst mit dem Gedanken eines Heimgartens tragen. Und: Wenn Sie die aussortierten Pflanzen rauchen, dann werden Sie sich nicht an den unausgereiften Pflanzen vergreifen und denen hin und wieder ein paar Spitzen oder Blätter stibitzen!

▸ Der geeignete Anbau-Raum

Die Polizei wird kaum eine außergewöhnlich hohe Stromrechnung zum Anlaß nehmen, bei Ihnen eine Hausdurchsuchung zu machen. Solange Sie das angepflanzte Marihuana nicht verkaufen oder einem Mann vom Rauschgiftdezernat unter die Nase halten, besteht kein Grund zu irgendeinem Verdacht. Die einzigen Sicherheitsmaßnahmen, die Sie ergreifen müssen, sind also: Verschwiegenheit und stabiles Schloß an der Tür!

Ein sehr guter Ort für den Anbau-Raum ist ein abgelegener Winkel im Keller. Der Keller ist wohl in den meisten Häusern am besten für Anbauzwecke geeignet - dort läßt sich am einfachsten das ganze Jahr über eine konstante Temperatur halten, dafür sorgt die gute Isolierung durch Betonwände und Erdreich. Keller bleiben kühl, damit wird einem Hitzestau vorgebeugt. Es läßt sich leicht ein Raum durch Zwischenwände abtrennen; davor stellt man zur Tarnung altes Gerümpel auf. Gäste verirren sich selten in den Keller.

Paranoide Typen können sich eine Geheimtür in die Rückwand eines Schranks bauen, den sie vor den Eingang zum Anbau-Raum rücken. Auch der Speicher eines Hauses läßt sich zum Anbau nutzen, allerdings kann sich dort im Sommer leicht die Hitze stauen. Kein noch so naseweiser Zeitgenossen wird sich die Mühe machen, auf einen schwer zugänglichen Speicher zu steigen. Es hat auch mal jemand seine Plantage unter einer Falltür im Keller angelegt.

Am wenigsten geeignet sind Außengebäude, also Garagen, Schuppen oder Scheunen abseits vom Haus. Schnüffler werden sich weniger scheuen, die Nase in eine Scheune oder Garage zu stecken, während sie ein Wohnhaus nicht so ohne weiteres betreten. Ein Garten im Wohnhaus ist auf jeden Fall sicherer! Es gibt auch fahrbare Gärten. Ganz im Ernst: innovative Gärtner haben schon Wohnwagen und Busse zu Pflanzräumen umgebaut. Kaum zu glauben, aber wahr. Ich habe sogar mal einen Anbau-Raum in einem komfortablen Campingbus gesehen - das Gefährt enthielt also wirklich alles, was man zum Leben braucht!

Nach der Größe des Raumes richtet sich die Wattzahl der benutzten Lampe. Wie die Raumaufteilungen zeigen, gibt es verschiedene Arten, wie man bei der Produktion vorgehen kann.

Fast alle Pflanzer beginnen mit einem Einzelraum; nach der ersten Ernte wird dann mit mit Klonen weitergemacht. Die Photoperiode wird wieder auf 18 Stunden zurückgesetzt, ein neuer Zyklus beginnt.

Die zweite Methode ähnelt der ersten, arbeitet jedoch mit zwei Räumen. Der

erste Raum ist dem vegetativen Wachstum und dem Anpflanzen von Klonen vorbehalten. Weil es sich noch um kleine Pflanzen handelt, hat der Raum etwa ein Viertel der Größe des Raumes, in dem die blühenden Pflanzen stehen. Der Blüten-Raum wird geerntet; die Pflanzen in der vegetativen Phase kommen in den Blüte-Raum. Die Klone werden in größere Töpfe umgepflanzt und beginnen ihre vegetative Phase.
Dritte Methode: Hier findet ein ständiger Kreislauf statt. Jeden Tag oder einmal die Woche werden einige Stecklinge (Klone) gesetzt. Die gleiche Anzahl Pflanzen wird aus dem vegetativen Raum in den Blüte-Raum gebracht. Auf diese Weise läßt sich fast ununterbrochen ernten!

▸ Die Einrichtung des Anbau-Raums

Bevor man anfängt, mit Pflanzen zu hantieren, sollte der Anbau-Raum eingerichtet werden. Es gibt hier einiges zu erledigen, bevor der Raum für die Pflanzen bereit ist!

Erster Schritt Wählen Sie einen abgelegenen Raum aus, wo selten oder nie jemand vorbeikommt. Eine dunkle Ecke im Keller ist genau das Richtige. Vergewissern Sie sich, daß der vorgesehene Raum groß genug ist. Eine 1000-Watt Hochdrucklampe sorgt für ausreichendes Licht in einem 3 x 3 m großen Raum, sofern sie als Wanderlicht installiert wird. Die Decke sollte mindestens 1,50 m hoch sein. Die Pflanzkübel stehen in ca. 30 cm Höhe, und die Lampe braucht ca. 30 cm Raum unter der Decke. Da bleiben gerade noch 90 cm für die Pflanzen. Wenn der Raum nur 1,20 m hoch ist, läßt sich das durch Klonen, Beschneiden und Herunterbinden kompensieren.

Zweiter Schritt Grenzen Sie den Raum durch Zwischenwände ab - sofern es sich um eine Keller- oder Speicherecke handelt. Entfernen Sie alles, was nicht mit der Gärtnerei zu tun hat. In alten Möbeln und besonders in alten Vorhängen könnten Schimmelpilze sitzen. Ein vollkommen abgeschlossener Raum ermöglicht leichte und genaue Kontrolle von allem und jedem, der ihn betritt und verläßt. Die meisten Leuten ziehen sich im Keller oder Speicher ein paar Rohspan- oder Rigipsplatten ein,die sie dann weiß anmalen. Vergewissern Sie sich, daß man von außen kein Licht sieht. Ein strahlend heller Lichtschimmer, der bei Nacht aus einem mangelhaft abgedichteten Fenster dringt, kann auf neugierige Nachbarn oder Ganoven wie ein Leuchtturm wirken.

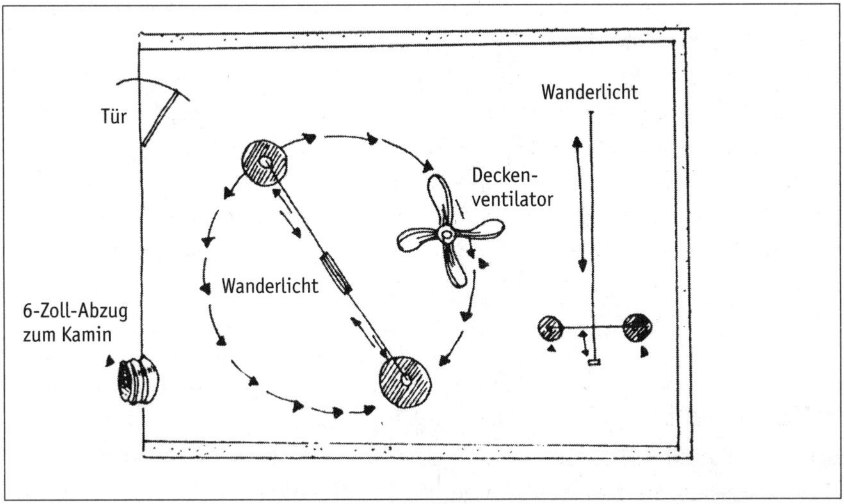

Dritter Schritt Verpassen Sie Wänden, Decke und Boden einen gut reflektierenden Anstrich - nehmen Sie mattweißen Lack oder Wandfarbe. Je besser er reflektiert, desto mehr Lichtenergie für die Pflanzen. Bei guter Lichtreflexion läßt sich die Effizienz einer 1000-Watt Hochdrucklampe, die ohne den reflektierenden Anstrich für rund 3 m2 Fläche reichen würde, auf bis zu 9 m^2 steigern - es lohnt sich also durchaus, ein paar Mark in Farbe zu investieren.

Vierter Schritt Siehe *Einbau des Ventilators*. Kontinuierliche Zirkulation und ausreichende Versorgung mit Frischluft sind sehr wichtig. In einem Raum von 3 x 3 m sollte mindestens eine Öffnung für die Frischluftzufuhr vorhanden sein; besser wären zwei. Hierzu genügt eine offene Tür, ein Fenster oder der Luftschacht einer zentralen Heiz- bzw. Klimaanlage. Nach Erfahrung der meisten Pflanzer sorgen ein Absaugventilator plus offenstehende Tür für die ideale Belüftung, und ein kleiner Schwenkventilator läßt die Luft im Raum zirkulieren. Beim Aufstellen darauf achten, daß er nicht auf eine Richtung fixiert ist und zu heftig auf die Pflanzen bläst, damit die Blätter keinen Schaden nehmen oder die Pflänzchen (sofern es sich um junge Sämlinge oder Klone handelt) austrocknen läßt. Ist im Raum ein Heizluftschacht vorhanden, sollte er zwecks Wärmezufuhr bzw. Luftzirkulation geöffnet sein.

Fünfter Schritt Je größer der Garten wird, desto mehr Wasser braucht er. Eine

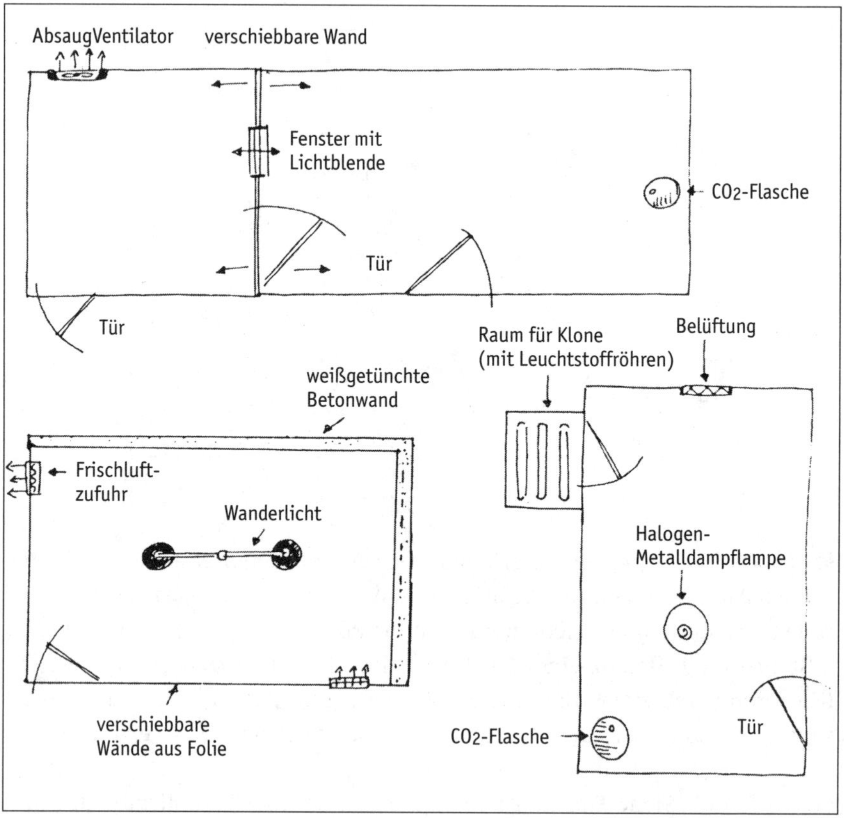

Fläche von 3 x 3 m kann wöchentlich über 100 Liter Wasser benötigen. Gewiß kann man das Wasser eimerweise hinschleppen - aber jeder Eimer mit 10 Litern wiegt 10 Kilo! Einfacher ist es, einen Gartenschlauch mit Ventildüse in den Raum zu legen, oder im Raum einen Hahn mit Schlauchanschluß zu installieren. An den Gartenschlauch kann man z.B. einen Berieselungsstab anschließen: auf diese Weise läßt sich auch ein üppig wuchernder Garten wässern, ohne dabei Blätter abzureißen. Den Schlauch am besten an eine Mischbatterie anschließen, damit die Wassertemperatur regulierbar ist.

Sechster Schritt Ideal wäre ein Betonboden oder eine glatte Oberfläche, die sich gut sauberkehren oder aufwischen läßt. Ein Ablauf im Boden ist äußerst praktisch. In Räumen mit Teppich- oder Dielenboden legt man Plastikfolie

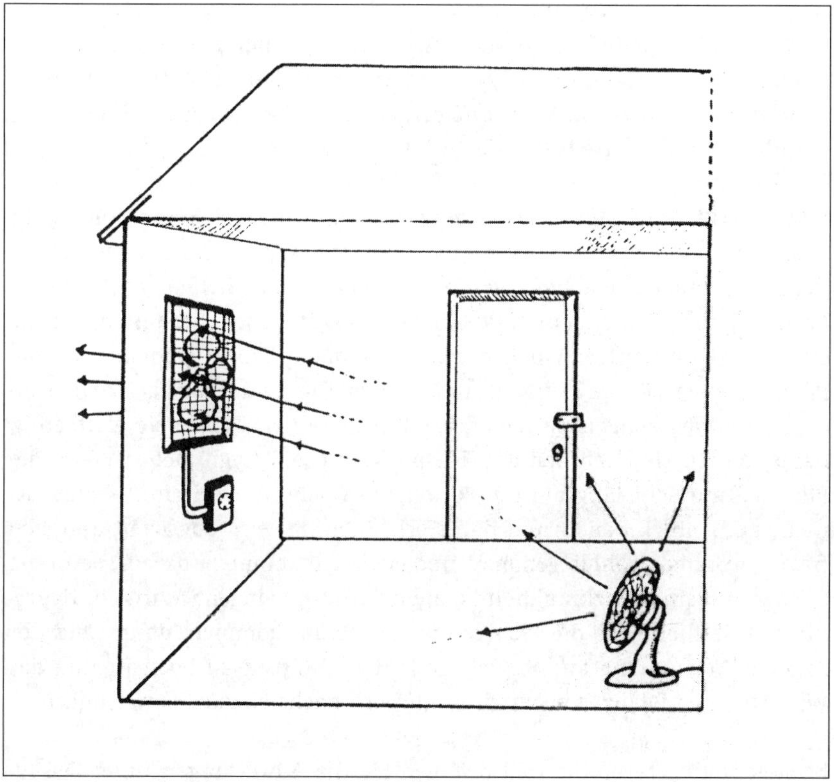

Der Wandventilator ist notwendig für gesundes Wachstum

aus, um sie vor Feuchtigkeit zu schützen. Wer ganz sichergehen will, kann unter jeden Pflanzbehälter einen Untersetzer stellen.

Siebter Schritt Installieren Sie in der Mitte der Fläche, auf der die Pflanzen zu stehen kommen, einen stabilen Haken in der Decke. Er sollte 15 Kilo tragen können, an ihm wird dann die Lampe aufgehängt. Zwischen Haken und Lampe sollten Sie eine verstellbare Kette oder einen Seilzug anbringen, auf diese Weise können Sie später dafür sorgen, daß die Lampe immer den richtigen Abstand zu den emporwachsenden Pflanzen hat, und Sie können sie jederzeit hochziehen, damit Ihnen das Ding nicht im Weg ist, wenn Sie sich um die Pflanzen kümmern.

Achtung Eine heiße Hochdrucklampe kann explodieren, wenn auch nur ein einziger Tropfen kaltes Wasser draufspritzt! Gehen Sie also stets mit äußerster Vorsicht ans Werk und vergewissern Sie sich, daß die Lampe außer Reichweite ist, wenn Sie die Pflanzen wässern!

Achter Schritt Es gibt ein paar Gartengeräte, ohne die ein Heimgärtner nicht auskommt, und daneben noch einige, die den Anbau im Haus wirtschaftlicher und präziser machen. Diese zusätzlichen Geräte helfen dem Anbauer, Mutter Natur zu spielen und die Gärtnerei so effizient zu gestalten, daß sie sich innerhalb weniger Wochen bezahlt gemacht haben werden. Bevor Sie Pflanzen in den Raum bringen, am besten erst mal im Haus nach den erforderlichen Werkzeugen umschauen, oder sie kaufen. Liegen sie griffbereit, dann werden sie auch benutzt! Beispielsweise ein Hygrometer: Wenn die Pflanzen nur sehr langsam und kränkelnd wachsen, wird ein Anbauer oft nicht auf Anhieb den Grund dafür erkennen. Er wird abwarten und sich fragen, woran es wohl liegen mag, und vielleicht kommt er darauf, bevor die Pflanze von einer Pilzkrankheit befallen wird und eingeht. Wird ein Hygrometer installiert, ehe die Pflanzen in den Raum kommen, dann weiß der Anbauer von Anfang an, ob ggf. die Luftfeuchtigkeit zu hoch ist und das Wachstum der Pflanzen beeinträchtigt. Siehe nachstehende Werkzeugliste.

Neunter Schritt Lesen Sie und befolgen Sie die Anweisungen unter Die Installation der Hochdrucklampe.

Zehnter Schritt Nun stellen Sie die Sämlinge oder Klone auf, dicht an dicht unter der Lampe! Achten Sie darauf, daß die Entladungslampe nicht so dicht über den Pflanzen hängt, daß sie die Blätter verbrennt. Normalerweise sollte der Abstand zwischen Lampe und Sämlingen mindestens 60 cm betragen.

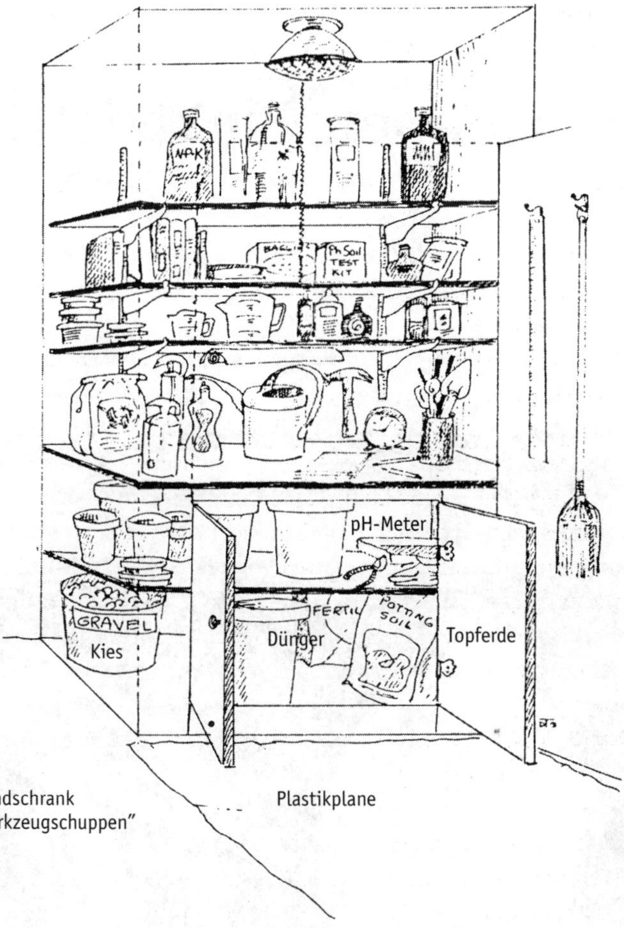

Ein Wandschrank als "Werkzeugschuppen"

Das nötige Werkzeug

- Thermometer
- pH-Meter
- Wasserzerstäuber
- Hygrometer
- Garten- oder Haushaltsschere
- Verschlußclips
- Hammer und Nägel
- Meßbecher
- Bleistift oder Kuli
- Meßlöffel
- Notizbuch
- Feuchtigkeitsmesser
- Metermaß

2. KAPITEL

Licht, Lampen, Elektrizität

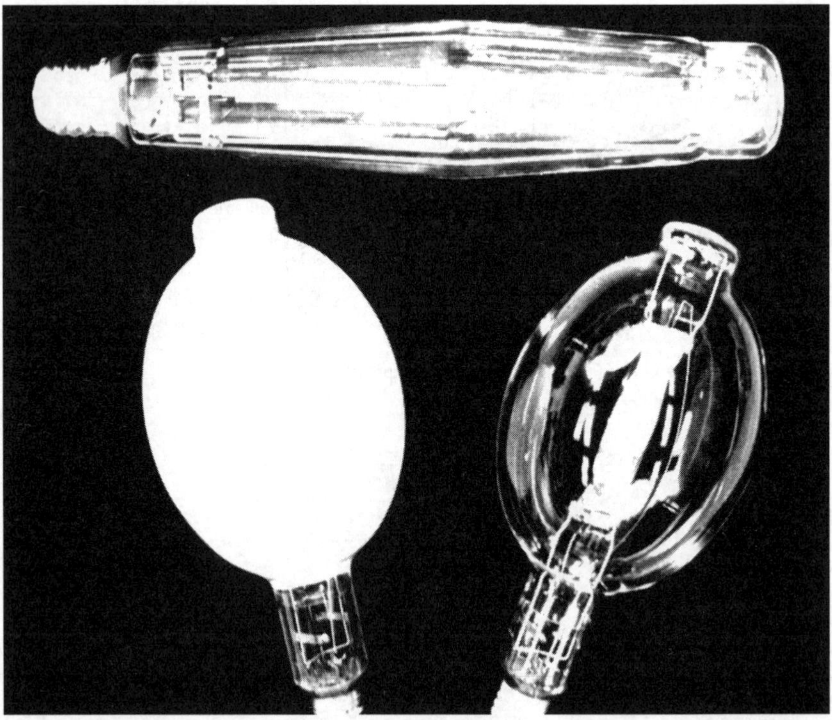

Natriumdampf-Hochdrucklampe (oben) und Halogen-Metalldampflampen (rechts Klarglas, links mit lichtstreuender Beschichtung)

Licht ist einer der Hauptfaktoren für das Wachstum der Pflanze. Beim Anbau im Haus war die adäquate Beleuchtung noch bis vor wenigen Jahren der Faktor, an dem es am meisten mangelte. Wenn der Heimgärtner darüber Bescheid weiß, wie sich Licht auf die Pflanze auswirkt, dann kann er die Technologie, die ihm heutzutage mit Gasentladungslampen zur Verfügung steht, optimal einsetzen, um bestes Marihuana zu ziehen. Das Thema Licht und seine Auswirkungen auf die Pflanze kann sehr komplex werden - wir wollen uns hier auf die wichtigen Grundlagen beschränken.

Unter Verwendung von Lichtenergie und Kohlendioxid (CO_2), Wasser und Nährstoffen bildet die Pflanze Chlorophyll und Kohlenhydrate und gibt als Nebenprodukt Sauerstoff ab - diesen Vorgang bezeichnet man als Photosynthese. Ohne Licht ist eine Pflanze nicht in der Lage, Blattgrün zu bilden, die Blätter verfärben sich gelb, und schließlich geht sie ein. Steht ihr freilich Licht im erforderlichen Spektralbereich und in genügender Helligkeit zu Verfügung, wird sie im Nu Chlorophyll bilden und schnell heranwachsen.

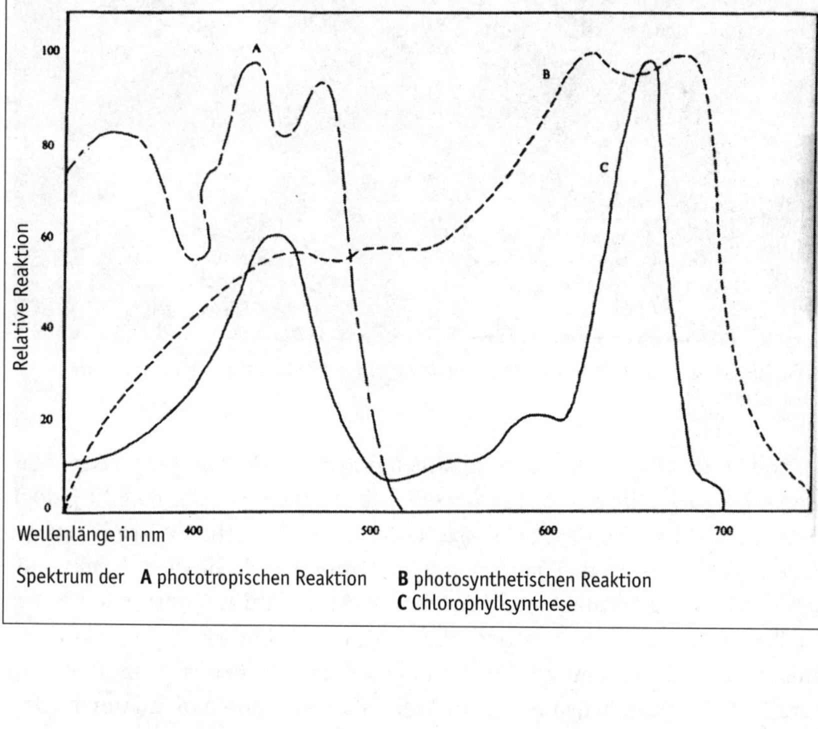

Spektrum der **A** phototropischen Reaktion **B** photosynthetischen Reaktion **C** Chlorophyllsynthese

Diese Indica wurde viereinhalb Wochen lang einer 12-stündigen Photoperiode ausgesetzt

Im Freien werden die Pflanzen im allgemeinen von der Sonne mit der Lichtmenge versorgt, die sie für ihr Gedeihen benötigen. Die Sonne gibt jedoch auch viel Licht ab, für das die Pflanze keine Verwendung hat. Wissenschaftler haben festgestellt, daß Pflanzen nur bestimmte Teile des Lichtspektrums benötigen. Die entscheidenden Farben im Spektrum für optimale Chlorophyllbildung und photosynthetische Reaktion liegen im blauen (445 nm) und roten (650 nm) Bereich. Ein Nanometer (nm) = 0,000001 mm. Das Licht wird in Wellenlängen gemessen; die Wellenlängen werden in nm unterteilt.

Als Phototropismus bezeichnet man die vom Licht ausgelösten Krümmungsbewegungen der Pflanze. Positiver Tropismus bedeutet: die Blätter drehen sich zum Licht. (Negativer Tropismus liegt vor, wenn Teile der Pflanze sich vom Licht wegkrümmen.) Der positive Tropismus wird am stärksten stimuliert vom blauvioletten Spektralbereich, bei etwa 450 nm. Dies ist der optimale Bereich, hier strecken sich die Pflanzen dem Licht entgegen und spreizen die Blätter horizontal, um möglichst viel Licht zu absorbieren.
Das Verhältnis zwischen Licht- und Dunkelphasen, Photoperiode genannt, steuert den Lebenszyklus der Pflanze. Marihuana konzentriert sich ganz aufs Längenwachstum, solange die Photoperiode aus 18 Licht- und 6 Dunkelstunden besteht. 18 Stunden Licht pro Tag versorgen Marihuana mit dem Quantum an Licht, das es als Sämling und in der vegetativen Phase zum optimalen Wachstum benötigt. Die Pflanzen denken immerzu: Hurra, dies ist der längste und sonnigste Tag meines Lebens! Nun gibt es ja Marihuanasamen aus den verschiedensten Erdteilen, und sofern man den Samen nicht selbst eingesammelt und mitgebracht hat, wird seine Herkunft stets dubios sein. Deswegen gilt als Faustregel:

18 Stunden Licht pro Tag. Bei einem Tageszyklus von 24 Stunden braucht Marihuana 16-18 Stunden Licht - eine längere Belichtungszeit als 18 Stunden wird sich beim Anbau im Haus nicht mehr wesentlich aufs Wachstum auswirken.

Die Blütenbildung läßt sich beim 24-Std.-Zyklus am wirksamsten einleiten mit einer *ununterbrochenen Dunkelperiode* von 12 Stunden. (Man kann die Tageslichtstunden auch nach und nach verkürzen, um die Photoperiode in freier Natur zu simulieren. Diese Praxis wird die Blütezeit auf etliche Wochen ausdehnen.) Eine optimale Blütenbildung erreicht man, wenn man die 12-Std.-Photoperiode mit der Verabreichung von intensivem Licht aus dem roten Spektralbereich kombiniert. Bei Pflanzen im Alter von zwei bis zwölf Monaten wird das Verändern der Photoperiode zum konstanten 12-Stunden-Tag-und-Nacht-Turnus innerhalb von ein bis drei Wochen sichtbare Anzeichen der Blüte hervorrufen. Je älter die Pflanze, desto rascher wird die Blüte eingeleitet. Die 12-Std.-Photoperiode stellt die klassische Tagundnachtgleiche dar und ist das optimale Hell-Dunkel-Verhältnis, um Cannabis blühen zu lassen. Untersuchungen haben gezeigt, daß weniger als 12 Stunden Licht keine schnellere Blütenbildung bewirkt, sondern zu einer beträcht-

Dieses Thaigras blüht seit sechs Wochen unter einer Natriumdampf-Hochdrucklampe (rechts)

lichen Reduzierung von Blütenbildung und Ertrag führen kann. Mehr als 12 Stunden Licht wird die Blütephase ausdehnen; es dauert dann wesentlich länger, bis Anzeichen einer Blütenbildung erkennbar werden. Manche Anbauer haben höhere Erträge erzielt, indem sie die Blüte mit der 12-Std.-Photoperiode einleiteten, die Lichtstunden jedoch nach 2 bis 4 Wochen auf 14 erhöhten. Allerdings kann diese Maßnahme wiederum das vegetative Wachstum stimulieren.

Manche Anbauer - vor allem solche, die mit Sativa-Samen aus den Äquatorialregionen arbeiten - verabreichen ihren Pflanzen während des ganzen Lebenszyklus 12 Stunden Licht: Damit ahmen sie die weniger dynamische Photoperiode der Tropen nach: Am Äquator sind Tage und Nächte das ganze Jahr über fast gleich lang. Bei dieser Methode neigen die Pflanzen dazu, zu blühen, wenn sie chronologisch dazu bereit sind, d. h. nach Abschluß ihrer vegetativen Phase. Außerdem wachsen die Pflanzen bei einer Tagesdauer von 12 Stunden langsamer als bei einer Tageslänge von 18 Stunden, und es dauert länger, sie zur Blütenbildung zu bringen.

Die Photoperiode signalisiert also der Pflanze, Blüten zu bilden - sie kann ihr aber genauso gut signalisieren, beim vegetativen Wachstum zu bleiben (oder zu ihm zurückzukehren). Marihuana braucht 12 Stunden *ununterbrochene und völlige Dunkelheit*, um richtig zu blühen. Versuche haben gezeigt, daß in der Vor-Blüte-Zeit und in der Blütezeit bereits ein sehr schwacher Lichtschein während der Dunkelperiode ausreicht, um die Ausreifung der Blüte zu stören. Eine Unterbrechung der 12-stündigen Dunkelperiode irritiert die Pflanze, die jeden Lichtschimmer als ein Signal interpretiert, das soviel heißt wie: "Schau, es wird Tag, beginne mit deinem vegetativen Wachstum." Die Pflanze wird versuchen, wieder auf Vegetativwachstum umzuschalten, was die weitere Blütenbildung erheblich verzögert. Sie müssen also darauf achten, daß die blühenden Pflanzen in völliger Dunkelheit stehen - keine mitternächtlichen Besuche, kein Lichtschein durch offenstehende Türen!
Manche Pflanzer sind sogar der Ansicht, es sei am besten, die Entladungslampe 24 Stunden am Tag brennen zu lassen! Die Pflanze kann aber nur 16-18 Stunden Licht pro Tag effizient verarbeiten. Jedes Mehr an Licht bringt ihr nichts, damit wird nur Strom verschwendet.

▸ Helligkeit

Entladungslampen strahlen unglaublich hell - und genau das ist es, was wir so an ihnen schätzen. Aber dieses intensive Licht muß vernünftig eingesetzt werden, um zu optimalen Ernteergebnissen zu kommen. Helligkeit ist die Lichtleistung pro Fläche. Am stärksten ist sie an der Lichtquelle, sie nimmt mit wachsender Entfernung ab. Die untenstehende Zeichnung soll verdeutlichen, wie rapide die Beleuchtungsstärke nachläßt: Eine Pflanze in 1,2 m Ent-fernung bekommt nur ein Viertel des Lichts wie eine Pflanze, die nur 0,6 m Abstand zur Lampe hat! Je näher die Pflanze der Lichtquelle steht, desto besser wächst sie. In der Praxis sind 15 bis 30 cm ein sicherer Abstand zur Lampe (bei den empfindlichen Sämlingen sollten es 60 bis 90 cm sein). Ist der Abstand geringer, dann besteht die Gefahr, daß die schnellwachsenden Pflanzen gegen die heiße Lampe stoßen und die empfindlichen Spitzen Verbrennungen erleiden.
Die Beleuchtungsstärke auf einer Fläche nimmt mit dem Quadrat ihrer Entfernung von der Lichtquelle ab.

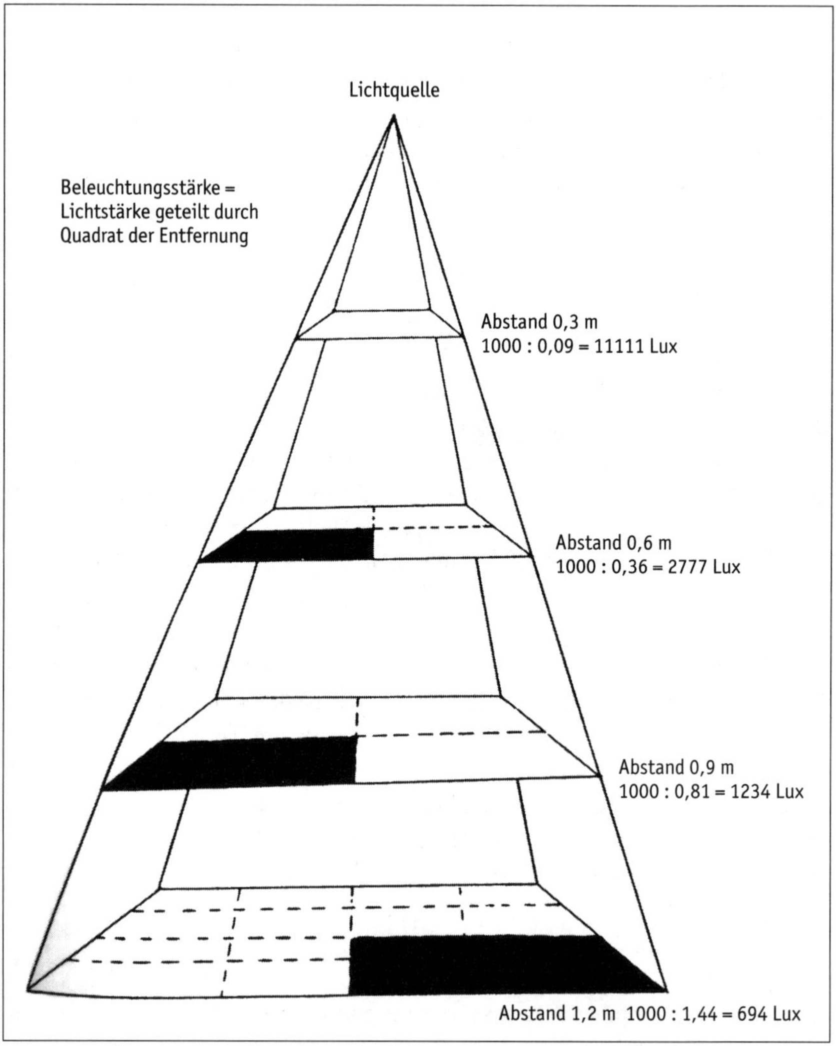

▸ Lichtmessung

Ein simpler Belichtungsmesser kann helfen, Ihre Lampe optimal einzusetzen. Machen Sie den folgenden einfachen Versuch mit einem Belichtungsmesser und sehen Sie selbst, wie rapide die Beleuchtungsstärke abnimmt.
Eine Halogen-Metalldampflampe mit 1000 Watt gibt in der Anfangszeit

100000 Lumen und später dann 88000 Lumen ab. Hochleistungs-Halogen-Metalldampflampen bringen es auf 125000 bzw. 100000 Lumen, und die Natriumdampf-Hochdrucklampe bringt es in der Anfangszeit gar auf 140000 Lumen! Ein Heimzüchter will nicht nur wissen, wieviel Licht seine Entladungslampe abgibt, sondern auch, wieviel die Pflanzen erhalten. Das empfangene Licht wird anhand einer Licht- und Entfernungs-Tabelle gemessen - zum Beispiel in Footcandles (fc). Ein Footcandle entspricht der Lichtmenge einer Kerze, die auf eine einen Fuß weit entfernte Fläche von einem Quadratfuß Größe fällt. 1 fc = 10,76391 Lux.

Footcandles können mit einem Lichtmesser mit fc-Skala oder mit einem Photo-Belichtungsmesser gemessen werden (eingebaut oder separat). Man richtet das Gerät einfach auf die Lichtquelle oder die Fläche, auf die das Licht fällt, und liest den angezeigten Wert ab.

Wenn Sie einen Photo-Belichtungsmesser verwenden (eine etwas umständliche Prozedur), stellen Sie die Filmempfindlichkeit auf 200 ASA und die Belichtungszeit auf 1/25. Richten Sie die Kamera auf ein Stück weißes Papier, das Sie an die Stelle gelegt haben, wo die Pflanze stehen soll - das Blatt so ausrichten, daß es die größtmögliche Lichtmenge erhält. Gehen Sie so dicht heran, bis die Kamera nur das Papierblatt erfaßt. Drehen Sie an der Blende, bis der Belichtungsmesser eine korrekte Belichtung anzeigt. Orientieren Sie sich an der untenstehenden Tabelle, um die die fc zu berechnen.

Blende 4	64 fc	(= 989 Lux)
Blende 5,6	125 fc	(= 1345 Lux)
Blende 8	250 fc	(= 2691 Lux)
Blende 11	500 fc	(= 5382 Lux)
Blende 16	1000 fc	(= 10764 Lux)
Blende 22	2000 fc	(= 21528 Lux)

Bei diesem simplen Versuch werden Sie feststellen, wie rapide die Helligkeit mit der Entfernung abnimmt.

Das beste Beispiel dafür, wie mangelnde Lichtintensität die Ernte verzögern kann, findet sich beim Gemüseanbau im Freien. Vielleicht haben Sie ja schon mal Broccoli angepflanzt, der angeblich nach 65 Tagen geerntet werden sollte, aber dann hat es bei manchen Pflanzen doch gut 100 Tage gedauert? Überlegen Sie mal: Bekamen alle den ganzen Tag über volles Sonnenlicht? Gehen wir mal davon aus, daß die Samen zum richtigen Zeitpunkt gesät wurden und immer ideale Temperaturen herrschten - bekommt eine Pflanze weniger Licht, reift sie langsamer und gedeiht weniger prächtig als eine, die den ganzen Tag lang im Sonnenschein steht.

Bekommt eine Pflanze weniger intensives bzw. gefiltertes Licht, wird sie weniger gut gedeihen und länger brauchen zur Reife.

Links eine geklonte Pflanze, die intensives Licht erhielt, während ihre Schwester (rechts) in einer fernen, düsteren Ecke aufwuchs

▸ Der richtige Abstand

Geringe Lichtintensität hat zur Folge, daß die Pflanzen sich nach dem Licht strecken und sich die Zweige am Stengel in größeren Abständen bilden, als sie das normalerweise tun. Die Ursache zu geringer Intensität ist meist eine zu große Entfernung zur Lampe. Wer auf kurzen Abstand zwischen Lampe und Pflanze achtet, verhindert unnatürlich hohen, dünnen Wuchs. Beim Anbau der von Natur aus schlankeren Sativa ist es dann schon schwieriger, mit dem großen Abstand zwischen den Ästen klarzukommen.

Die Pflanzen im Hintergrund bekommen zuwenig Licht!

Die Hochdrucklampe sollte 15 bis 30 cm über den Pflanzen hängen. Bei jungen Stecklingen, Klonen und Sämlingen 60 bis 90 cm Abstand halten.

Wenn die Lampe von oben auf den Garten scheint, bekommen die oberen Blätter intensiveres Licht als die weiter unten sitzenden - sie liegen im Schatten der oberen. Wenn sie zuwenig Licht erhalten, werden sie gelb und sterben ab. Pflücken Sie aber oben keine gesunden Blätter ab, damit die unteren mehr Licht bekommen! Große Pflanzen von 1,80 bis 2,40 m Höhe brauchen mehr Zeit zu wachsen und bringen mehr Ertrag als kürzere von 1,20 m Höhe, der Ertrag an potenten Blütenständen wird jedoch in etwa gleich sein. Hochwachsende Pflanzen tragen große Blüten im Bereich der oberen 90-120 cm; mangels Licht werden die tiefer stehenden Blüten mickriger ausfallen. Weil die hohen Pflanzen gern schwere Blütentrauben bilden, sind dann die Stengel mitunter zu schwach, und man muß die Pflanze stützen. Kurze Pflanzen sind besser gerüstet, ihre Blütentrauben zu tragen, und bringen bei der Ernte weit mehr Blüten- als Blattanteil auf die Waage.

Jede Pflanze, die mindestens 2 Monate alt und mindestens 15 cm hoch ist, kann mit der 12-stündigen Photoperiode zur Blütenbildung veranlaßt werden.

Im Alter von zwei Wochen haben eine ganze Menge Sämlinge oder Klone unter einer 1000-Watt Hochdrucklampe Platz. Wenn sie heranwachsen, muß man sie auseinanderrücken - zu dicht stehende Pflanzen spüren die räumliche Enge und entwickeln nicht ihr volles Wachstumspotential. Wenn die Blätter einer Pflanze Schatten auf die danebenstehende werfen, wird deren Wachstum beeinträchtigt. Es ist sehr wichtig, die jungen Pflanzen so zu plazieren, daß sich ihre Blätter nicht berühren. Damit verhindern Sie Schatten-

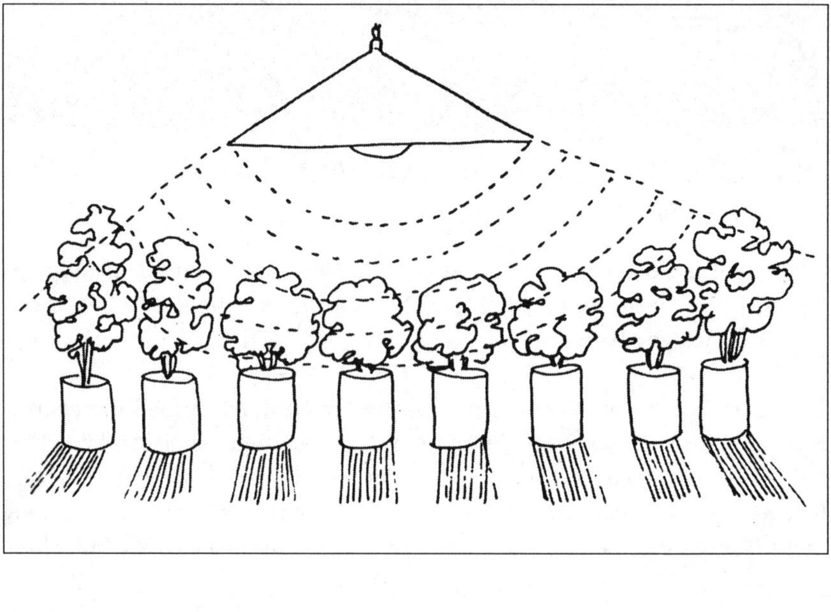

bildung - und je weniger Schatten, desto besser der Wuchs! Überprüfen Sie alle paar Tage den Abstand der Pflanzen und rücken Sie sie, wo nötig, auseinander. Im Alter von 3 bis 4 Monaten haben etwa 8 bis 16 weibliche Pflanzen unter einer 1000-Watt Hochdrucklampe Platz.
Die obenstehende Zeichnung veranschaulicht eine gute Methode, wie man einen Garten von ungleichem Profil unter der Lampe gruppiert: Die großen Pflanzen an den äußeren Rand, die kürzeren in die Mitte stellen! So erhalten alle etwa die gleiche Intensität.

▸ Lichtreflexion

Wer für gute Reflexion sorgt, kann die Lichtintensität beträchtlich steigern. Mit einem weißen Lampenschirm von 1,20 m Durchmesser und weißgetünchten Wänden läßt sich die Anbaufläche verdreifachen. Beispiel: Bei Verwendung einer 1000-Watt Hochleistungs-Halogen-Metalldampflampe mit einem kleinen Schirm von 60 cm Durchmesser (ohne weißen Anstrich an Wänden und Decke) beträgt die effektive Gartengröße nur 3,3 m^2. Haben Wände und Decke jedoch einen mattweißen Anstrich und verwendet man einen großen, weißen Reflektor von 1,20 m Durchmesser, vergrößert dies die nutzbare Anbaufläche auf 9,2 m^2.

Lohnende Anschaffung: Ein 48-Zoll-Lampenschirm ist gar nicht so teuer

Reflektierende Schirme sind in verschiedener Ausführung erhältlich. Entscheidende Kriterien sind Größe, Reflexionsfähigkeit und Verwendungszweck. Am besten eignen sich die großen Schirme mit 1,20 m Durchmesser - das Licht kann sich ausbreiten und wird nicht innerhalb der Schirmwand reflektiert. Schirme dieser Art sind sehr beliebt, denn sie bieten maximale Reflexion zu einem erschwinglichen Preis. Spiegelende Parabolreflektoren konzentrieren das Licht direkt unterhalb der Lampe. Sie eignen sich vor allem für die Verwendung als Wanderlicht.

Lampenschirme gibt es aus verschiedenem Material und mit unterschiedlicher Beschichtung. Er sollte vor allem aus leichtem Material gefertigt sein, denn schließlich muß der Haken in der Decke auch noch das Gewicht der Lampe tragen! Rings um die Birne sollten Luftschlitze angebracht sein, damit sich nicht die Hitze staut - wird es um die Birne zu heiß, wird sie bald durchbrennen.

Es werden Schirme aus Blech, aus poliertem oder lackiertem Aluminium, sowie aus poliertem rostfreiem Stahl angeboten. Blechschirme sind meist erheblich billiger als solche aus Aluminium oder rostfreiem Stahl. Die Lackierung ist normalerweise mattweiß, bei manchen Fabrikaten auch glänzend weiß. Die Unterschiede ähneln denen zwischen mattweißer Farbe und reflektierender Folie, auf die wir später eingehen werden. Polierte Aluschirme sind teuer und zerkratzen leicht. In letzter Zeit erfreut sich eine neue Variante mit dreieckigen Facetten steigender Beliebtheit - allerdings steht hier der Preis in keinerlei Relation zum Nutzen.

Die Schirme mit größerem Durchmesser werden normalerweise in zwei, drei oder vier Teilen geliefert; auf diese Weise sind sie leichter zu transportieren. Der Käufer baut sich die Einzelteile dann zu Hause mit den beiliegenden Schrauben und Muttern zusammen.

Sind die Pflanzen zu hoch geworden, kann man den Reflektor der Lampe entfernen - ohne Schirm verliert die Birne an Wärme, und der weiße Deckenanstrich sorgt für genügend Reflexion, wenn auch nicht so gut wie ein Lampenschirm. Hängt die Lampe zu dicht unter der Decke (Abstand weniger als 60 cm), sollte man aus Sicherheitsgründen einen hitzefesten Schutzschild anbringen (siehe Hinweis Nr.2 unter *Die Installation der Hochdrucklampe*).

Durch Reflexion läßt sich die Intensität des Lichts um bis zu 30 Prozent steigern - ein weißer 1,20 m-Schirm und mattweiße Wände ermöglichen eine dreimal größere Anbaufläche!

Je weiter sich das Licht von seiner Quelle entfernt, desto schwächer wird es.

Je dichter ein Schirm an der Birne sitzt, desto intensiver ist das reflektierte Licht. Hat der Schirm z.B. 30 cm Abstand zur Birne, ist das reflektierte Licht viermal so intensiv wie bei einem Reflektorabstand von 60 cm.
Die obengemachten Angaben haben wir im Test überprüft, und zwar in einem Raum mit mattschwarzen Wänden - der Boden ist ist quadratisch und mit schwarzer Teerpappe ausgelegt, seine Grundfläche mißt 10 x 10 Fuß (also rund 9 m^2). Ein Gitternetz unterteilt die Bodenfläche in 100 einzelne Segmente von je 1 x 1 Fuß (etwa 30 x 30 cm), die Schnittpunkte der Geraden wurden mit Punkten markiert. Die Wände sind in gleicher Art markiert. Die mattschwarze Farbe reflektiert maximal 3 % des Lichts, was uns gleichbleibende Messungen ermöglicht.
Wir haben bei diesem Versuch eine 1000-Watt Hochleistungs-Halogen-Metalldampflampe und eine 1000-Watt Natriumdampf-Hochdrucklampe verwendet. Der Abstand zwischen Glaskolben der Birne und Boden betrug 3 Fuß (ca. 90 cm). Um die volle Lichtleistung zu erhalten, ließen wir die Lampe jeweils eine Stunde lang brennen, bevor wir die Messungen durchführten.
An den markierten Eckpunkten unseres Gitternetzes wurde nun jeweils die Helligkeit in Footcandles (fc) gemessen. Anschließend zogen wir jeweils eine Linie, die alle 500er, 1000er, 1500er und 2000er Werte auf unserem Gitternetz verband. Anhand dieser Diagramme sieht man, wie die mehr und weniger lichtbedürftigen Pflanzen über den Raum verteilt werden sollten.

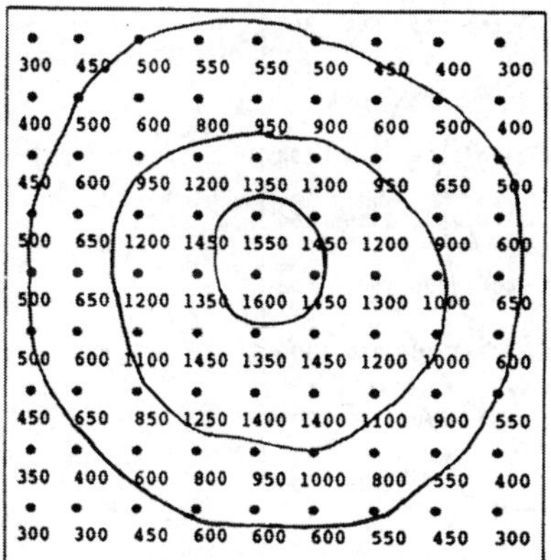

Lichtverteilung mit 40-Zoll-Parabolreflektor (in fc)

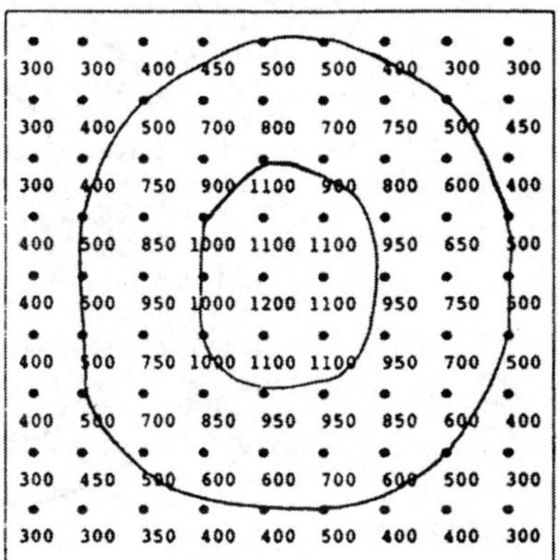

Lichtverteilung mit 45-Zoll-Kegelreflektor (in fc)

Die Messungen bei der 1000-W Hochleistungs-Halogen-Metalldampflampe zeigen: Ein 40-Zoll-Parabolreflektor liefert 24% mehr Licht als ein 45-Zoll-Kegelreflektor

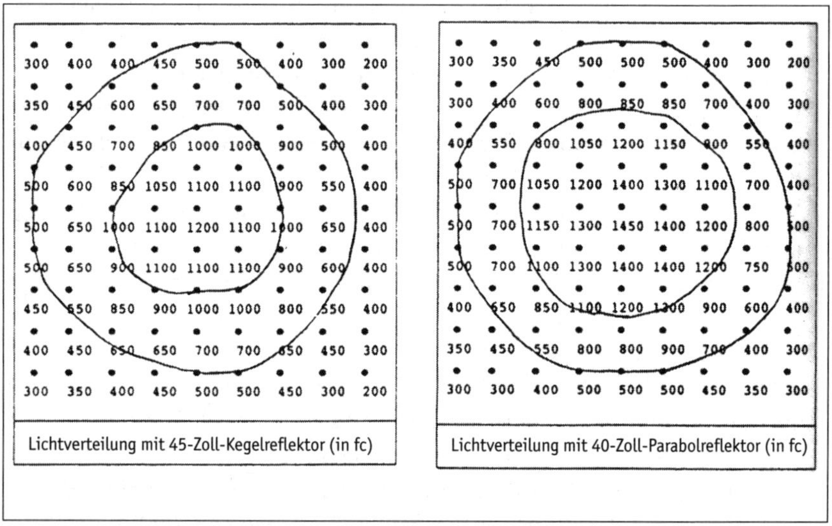

Ein Vergleich zwischen 45-Zoll-Kegelreflektor und 40-Zoll-Parabolreflektor bei der Natriumdampf-Hochdrucklampe

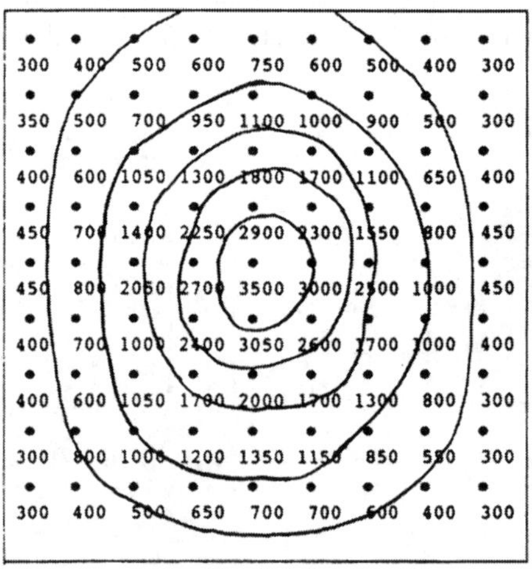

Unsere Messungen zeigen, daß ein kompakter horizontaler Reflektor 40% mehr Licht liefert als ein 45-Zoll-Kegelreflektor. Der 40-Zoll-Parabolreflektor liefert 19% mehr Licht als ein 45-Zoll-Kegelreflektor.

Horizontale Reflektoren sind weitaus effizienter als solche, die eine vertikale Brennlage der Lampe erfordern. In horizontaler Brennlage erhöht sich der Output beträchtlich: Da sich das Entladungsgefäß parallel zur Bodenfläche befindet, fällt das nach unten emittierte Licht direkt auf die Pflanzen, und nur das nach oben strahlende Licht muß reflektiert werden. In vertikaler Brennlage strömt das gesamte Licht seitlich aus dem Entladungsgefäß und muß erst nach unten reflektiert werden, bevor es den Pflanzen von Nutzen sein kann.

Eine optimale Reflexion erzielt man, indem man die Innenseite des Reflektors mit Titanweiß anstreicht. Versuche haben gezeigt, daß Titanweiß 5 bis 10 % mehr Licht erbringt.

Die großen Parabolreflektoren werden normalerweise in 9 Teilen geliefert, das vereinfacht den Transport. Der Käufer schraubt sich dann den Schirm zu Hause zusammen.

Waagerecht installierte Hochdruck-Natriumdampflampen kommen mit einem kleinen und sehr effektiven Schirm aus. Er ist nur wenige Zentimeter über der horizontalen Birne befestigt, so daß eine maximale Lichtmenge nach unten auf die Pflanzen reflektiert wird - wobei der kleine Schirm selbst nur wenig Schatten verursacht. Es gibt auch ein Fabrikat, bei dem der Schirm mit einem Schutzglas ausgerüstet ist, um die Birne beim Wässern der Pflanzen vor Spritzwasser zu schützen.

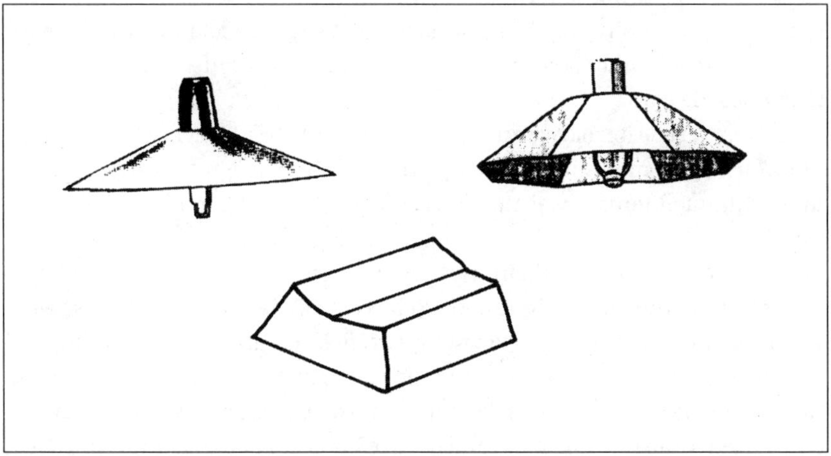

Der Kegelreflektor (oben links) ist am uneffizientesten. Der pyramidenförmige (rechts) bringt 24% mehr Licht als der Kegelreflektor. Der horizontale Schirm (unten) bringt 40% mehr als ein Kegelreflektor.

Um optimale Reflexion zu gewährleisten, sollte der Abstand zwischen Pflanzen und weißer Wand nicht mehr als 30 cm betragen. Im Idealfall kommt die Wand zur Pflanze - auf diese Weise gewährt sie stets optimale Lichtreflexion. Die einfachste Methode, mit mobilen Wänden zu arbeiten, ist folgende: Man hängt die Lampe in der Nähe einer Raumecke auf - dann sind die beiden Eckwände als feststehende Reflektorwände zu nutzen, während man gegenüber zwei bewegliche Wände aus Rohspan, Rigips oder weißer Plastikfolie installieren kann.

Weiße Plastikfolie ist bestens dazu geeignet, einen Raum in reflektierendes Weiß zu tauchen: sie ist preiswert, faltbar, leicht zu entfernen und wiederverwendbar. Man kann sie auch zum Einziehen von Wänden nutzen, wenn man einen Raum abteilen will - mit fortschreitendem Wachstum des Gartens weichen die Wände immer ein Stückchen weiter zurück! Die Folie eignet sich auch gut als Bodenbelag, um einen empfindlichen Raumboden vor Wasser und Schmutz zu schützen. Sie läßt sich leicht mit einer Schere oder einem Messer zurechtschneiden und an die Wand tackern, annageln oder mit Klebeband befestigen. Die meisten Anbauer wickeln ein entsprechend großes Stück Folie an der Längsseite ein paar Mal um eine Latte, und die Latte wird dann an die Decke genagelt. Auf diese Weise läßt sich leicht eine bewegliche Wand installieren. Damit sie undurchlässig wird für Licht, einfach auf der anderen Seite eine schwarze Folie davorhängen - der Zwischenraum wirkt obendrein als Wärmeisolierung.

Der einzige Nachteil der Folie ist, daß sie nicht so gut reflektiert wie ein mattweißer Anstrich und nach rund einem Jahr Gebrauch unter der Entladungslampe spröde wird.

Eine preiswerte Alternative zu weißem Lack ist weiße Tünche. Weil sie sehr dünnflüssig ist, muß ein paarmal gestrichen werden. Bei feuchten Wänden und Schimmelbildung, was im Keller mitunter vorkommt, lohnt dieser Aufwand.

Ein Anstrich mit mattweißem Lack ist wohl eine der einfachsten und effizientesten Methoden, für optimale Reflexion im Gewächsraum zu sorgen. Titanweiß (Künstlerfarbe) ist zwar teurer, reflektiert aber noch besser und sei vor allem für Lampenschirme empfohlen. Seidenmatt reflektiert nicht ganz so gut wie Mattweiß, ist aber leichter abwaschbar und besser sauberzuhalten. Bei jeder Farbe sollte man vor dem Streichen ein Fungizid untermischen. Eine 2,5-Liter-Dose Mattlack kostet rund 50 DM und reicht für 33 m^2 Fläche. Tragen Sie vorher eine Grundierung auf, vor allem, wenn es sich um rauhe,

unverputzte Wände handelt. Bevor Sie sich ans Anstreichen machen, sollten Sie den Ventilator installieren, damit Sie keine Kopfschmerzen von eingeatmeten Farbdämpfen kriegen.
Weshalb reflektiert Mattweiß so gut? Wenn Licht auf einen grünen Gegenstand fällt, absorbiert das grüne Pigment alle Spektralfarben bis auf Grün - das Grünlicht wird reflektiert und von uns als grüne Farbe wahrgenommen: der Gegenstand ist dann grün. Mattweiß absorbiert im Grunde gar kein Licht - der Verlust ist verschwindend gering, das Licht wird nahezu vollkommen reflektiert. Mattweiß reflektiert besser als Glanzweiß, weil es einen geringeren Anteil an lichtabsorbierendem Firnis enthält und seine matte Textur eine größere Reflexionsfläche bietet.

Reflexionswerte

Farbe/Material	*Reflexionsgrad in %*
Mylarfolie	90-95
Mattweiße Farbe	85-93
Seidenglanzweiß	75-80
Mattgelb	70-80
Alufolie	70-75
Schwarz	unter 10

Die beste Reflexion bietet Mylarfolie - sie sieht wie ein hauchdünner Spiegel aus, man kann sie mit Klebeband oder Reißzwecken an der Wand befestigen. Obwohl keineswegs billig, wird sie von den meisten Anbauern bevorzugt. Wichtig ist, sie so anzubringen, daß sie glatt auf der Wand liegt - wenn sie lose hängt und Wellen wirft, ist die Reflexion weitaus geringer.
Alufolie ist am wenigsten geeignet: Sie knittert leicht, das Licht wird dann in die falsche Richtung reflektiert und im Grunde vergeudet. Zudem reflektiert sie mehr UV-Strahlung als andere Materialien.

▸ Optimale Lichtverteilung

Es gibt verschiedene Methoden, im Heimgarten für gleichmäßige Lichtverteilung zu sorgen. Man kann entweder mehrere 400-Watt Hochdrucklampen aufhängen, seitliche Leuchten installieren oder die Pflanzen im Raum rotieren lassen. Am effizientesten ist es allerdings, die Lampe an der Decke wandern zu lassen - wie die Sonne, die draußen am Himmel ihre Bahn zieht.

Hier gibt es zwei Grundmodelle. Bei beiden wird die Lampe an der Decke hin- und herbewegt, damit sie eine größere Anbaufläche abdeckt. Die Vorteile sind:

1 Die Pflanzen erhalten eine ausgewogenere Lichtdosis und wachsen gleichmäßiger. Bei einer fest installierten Lampe neigen die Pflanzen dazu, zur Lampe hinzuwachsen. Im Lichtkreis der Lampe wachsen sie am besten, und nach einer Weile werden die weiter außen plazierten im Schatten der größeren Pflanzen stehen. Eine Lösung dieses Problems wäre, die Pflanzen alle paar Tage umzustellen, damit alle im regelmäßigen Turnus unter der Lampe zu stehen kommen. Aber es ist ein Knochenjob, ständig 20-l-Töpfe oder gar 35-l-Töpfe voll feuchter Erde herumzuschieben. Da kann es durchaus passieren, daß man die Lust verliert und es immer seltener tut. Einfacher ist es, mit einer mobilen Lampe zu arbeiten.

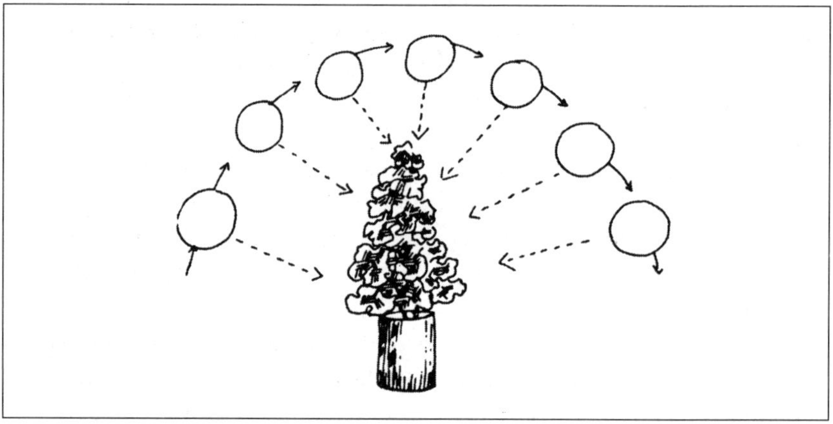

Wenn die Sonne ihre Bahn am Himmel zieht, wird die Pflanze von oben bis unten bestrahlt

2 Wandert die über den Pflanzen installierte Lampe, dann erhält eine größere Anzahl Pflanzen intensiveres Licht. Dies ist kein Ersatz für eine höhere Lumenzahl durch zusätzliche Lampen, sondern eine effiziente Art, jede verfügbare Lampe zu nutzen. Befindet sich die Lampe öfter direkt über der Pflanze, dann erhält diese öfter intensives Licht. Da sich die lichthungrigen jungen Klone und Sämlinge gern nach der Lichtquelle strecken (sog. Geilwuchs), sobald sich die Lampe von ihnen entfernt, sollte man erst mit Wanderlicht arbeiten, wenn die Jungpflanzen mindestens 30 cm hoch sind und bereits etliche Blattsprossen haben.

3 Die Pflanzen werden aus verschiedenen Richtungen bestrahlt. Sofern keine im Schatten einer anderen steht, erhalten alle die optimale Lichtenergie, was sie mit gleichmäßigem Wuchs danken werden. In freier Natur wächst Cannabis in der klassischen Form eines Weihnachtsbaums. Dies ist die beste Konfiguration für ihr Wachstum, so kann das Sonnenlicht alle Pflanzenteile erreichen.

▸ Wanderlicht: die mobile Lichtquelle

Eine mobile Lichtquelle läßt sich auf verschiedene Arten montieren; ihre Bewegung kann durch einen Elektromotor oder von Hand erfolgen. Die Lampe kann schnell wandern oder nur ein- oder zweimal pro Tag ihre Position wechseln, das Tempo ist dabei kaum von Belang. Aber je öfter sie die Runde macht, desto gleichmäßiger wird Ihr Gartenprofil sein, und desto mehr Pflanzen kommen in den Genuß direkter Bestrahlung. Die Lampe sollte sich auf keinen Fall so schnell bewegen, daß sie dabei wackelt. Die Richtung, die sie einschlägt, spielt keine Rolle - sie muß nicht wie die Sonne von Ost nach West wandern. Ihre Position sollte sich aber in kontinuierlicher Weise ändern und ihre Bahn so verlaufen, daß sie ihr Licht gleichmäßig im Raum verteilt. Wenn die Lampe beispielsweise 2 oder 3 Tage lang an derselben Stelle hängt, bevor man sie weiterwandern läßt, kann wohl kaum mehr von einer gleichmäßigen Lichtverteilung gesprochen werden. Hier haben motorisierte Geräte natürlich den Vorteil, daß sie eine kontinuierliche Wanderung garantieren.

Man kann diese Wanderlichtgeräte fertig kaufen, man kann so etwas auch selber bauen. Auf zweierlei gilt es beim Eigenbau zu achten: Stabilität und gute Beweglichkeit. Vor allem muß die Lichtschiene an der Decke stabil genug sein, um das Gewicht von Lampe und Schirm zu tragen. Wenn die Konstruktion abreißt und samt Lampe zwischen die Pflanzen fällt, sind nicht nur Lampe und Pflanzen ruiniert, sondern es kann leicht einen Brand verursachen. Also unbedingt auf stabile Verankerung in der Decke achten! Das Stromkabel sollte so verlegt sein, daß es nicht die Beweglichkeit der Lampe beeinträchtigt. Außerdem sollte die Lampe leicht hin- und herzuschieben sein. Ist die Lampe leicht zu manövrieren, dann werden Sie sie auch mit Freuden verschieben. Ein Wanderlicht Marke Eigenbau ist vor allem für Heimzüchter geeignet, die in der Lage sind, zwei- oder dreimal am Tag nach ihren Pflanzen zu schauen - bei der Gelegenheit wird dann die Lampe verschoben.

Es gibt zwei Grundmodelle: Zunächst das lineare System. Hierbei wandert die Lampe an einer geradlinigen Schiene, die die Bahn der Sonne am Himmel simuliert. Bei diesem System wird die Lichtabgabe in einem linearen Oval erhöht. Die Größe der bestrahlten Fläche hängt ab von der Länge der Schiene und der Anzahl der installierten Lampen. Die Schiene wird an der Decke befestigt, die Lampe an dieser Schiene hin- und herbewegt. Die Lampe hängt dabei an einer verstellbaren Kette oder einem Seil, damit man sie möglichst tief über die Pflanzen herablassen kann. Hier werden verschiedene Modelle angeboten, sie unterscheiden sich nach der Schienenlänge und dem Tempo, mit der die Lampe wandert. Manche sind für nur eine Lampe ausgerüstet, andere können bis zu 6 Lampen tragen. Eine Lichtschiene von 1,80 m Länge steigert die von einer Lampe bestrahlte Fläche von 3,30 m^2 auf 6,60 m^2.
Eine preiswerte Eigenbau-Alternative dieses Modells läßt sich realisieren mit Hilfe eines Seilzugs, wie man ihn von Wäscheleinen her kennt. An beiden Enden der Decke (oder in den Ecken) Ringbolzen anbringen - die Ringbolzen werden mit Rollen versehen. Zwischen den Rollen wird ein starkes Nylonseil geschlungen. Die Lampe wird unten an die Schleife gehängt und läßt sich

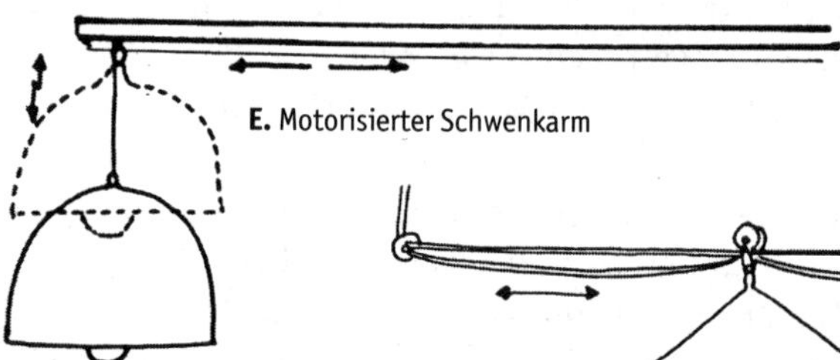

E. Motorisierter Schwenkarm

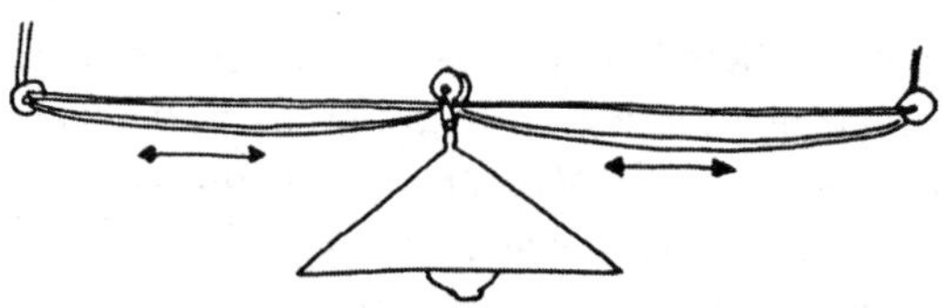

F. Schwenkarm mit Ständer

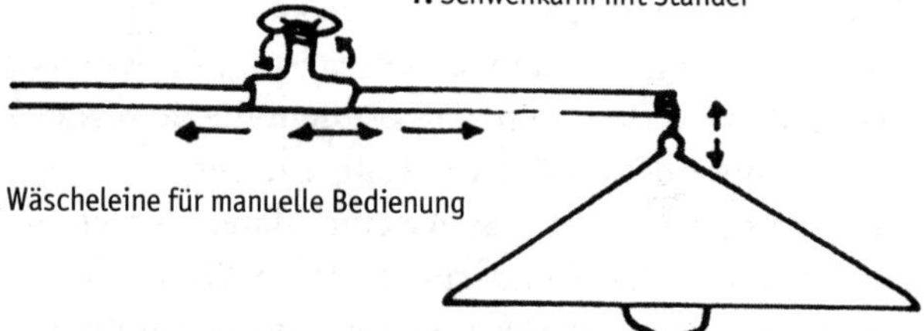

G. Modell Wäscheleine für manuelle Bedienung

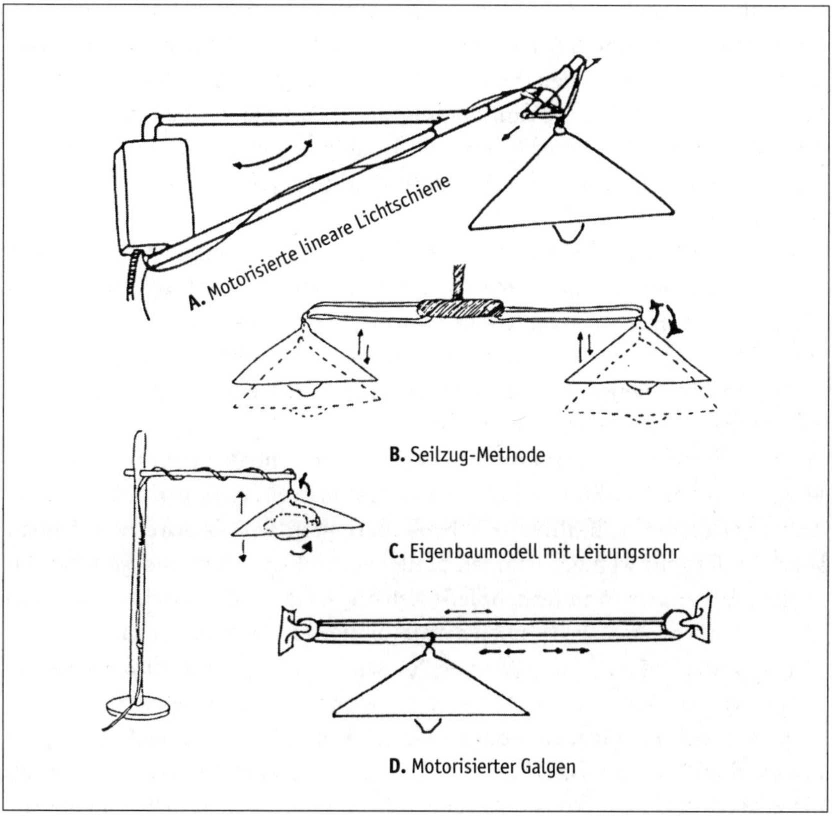

dann hin- und herziehen (je öfter, desto besser!). Einc Variante dieses Prinzips besteht darin, daß man einfach ein Nylonseil unter der Decke spannt, auf das man eine Rolle setzt, und an dieser wird die Lampe aufgehängt. Ich kenne einen innovativen Heimzüchter, der sich ein Wanderlicht unter Verwendung eines ausrangierten Garagentüröffners baute - Ihrem Erfindungsreichtum sind hier also keine Grenzen gesetzt! Beim Einsatz dieser Systeme sollten Sie stets Ihr Gartenprofil beobachten. Das Licht so gleichmäßig wie möglich verteilen!

Bei Modell Nummer Zwei wird eine Art Galgen oder Schwenkarm verwendet, der sich mittels eines Scharniers hin- und herschwenken oder an einem Drehzapfen drehen läßt. Die Lampe beschreibt hier eine kreisförmige Bahn und bestrahlt etwas mehr Fläche als bei der linearen Schiene.

Hier gibt es zwei Varianten: Den an der Wand befestigten Galgen, den ein Elektromotor an einem Scharnier im Halbkreis hin- und herschwenkt, und den waagerecht unter der Decke hängenden Träger (Stab), der sich um die Achse seiner senkrechten Aufhängung dreht. Bei beiden hängt die Lampe mit einer justierbaren Kette (variable Höhe!) an einem ausziehbaren Ausleger (Teleskop-Prinzip), mit dem sich der Radius variieren läßt.

Eine weitere Eigenbau-Variante läßt sich unter Verwendung eines 1 Zoll starken Leitungsrohrs bauen. Diese Vorrichtung wird entweder direkt oder auf einem Holzrahmen an der Decke befestigt, und wird manuell betrieben. Durch Verschieben bzw. Schwenken des Rohrs bringt der Heimgärtner die Lampe in eine neue Position, täglich oder so oft es die Erhaltung eines gleichmäßigen Gartenprofils erfordert.

Zu den Vorteilen eines motorbetriebenen Wanderlichts gehört, daß es den Pflanzen auf komfortable Weise zu mehr intensivem Licht verhilft und dem Anbauer Geld spart. Zahlreiche Anbauer berichten, daß sie durch den Einbau von Wanderlicht weniger Lampen brauchen und trotzdem den gleichen Ertrag einfahren. Mit Wanderlicht läßt sich die Verteilung der Lichtenergie um 25-30 % verbessern. Zwei Lampen als motorisiertes Wanderlicht sind genauso effizient wie drei stationäre Lampen. Ich selbst ziehe die motorisierte Variante vor, weil sie auf bequemste Weise ein gleichmäßiges Gartenprofil garantiert. Weil die Hochdrucklampe an einem Stromkreis von 16 oder 20 Ampere hängt, müßte eine zusätzliche Lampe an einen anderen oder gar neu zu installierenden Stromkreis angeschlossen werden. Eine industriell gefertigtes Wanderlicht läßt sich ohne weiteres an der gleichen Zeitschaltuhr bzw. Steckdose anschließen wie die Lampe. Da sein Motor nur wenig Strom verbraucht, kann man ihn am gleichen Stromkreis wie die Lampe betreiben, ohne eine Überlastung zu riskieren. Diese Methode bietet dem Anbauer den größten Komfort und ist weniger kostspielig als die Installation zusätzlicher Lampen.

Die mobile Lampe kommt jedoch erst im späteren Lebensabschnitt der Pflanze zum Einsatz. Solange die Jungpflanzen dicht an dicht unter der Lampe stehen, ist ein Wanderlicht überflüssig. Würde man es bei Sämlingen oder Stecklingen einsetzen, so würde es dazu führen, daß sie sich nach der Lampe strecken. Ein Vorteil der manuell betriebenen Eigenbau-Modelle ist, daß sie keine festgelegte Bahn zurücklegen, sondern frei nach Belieben an jeder gewünschten Stelle positioniert werden können.

Sobald die Jungpflanzen unter der stationären Lampe eine gewisse Größe erreicht haben und in größere Töpfe umgesetzt werden, ist es Zeit für den Einsatz des Wanderlichts, da sie nun weiter auseinanderstehen und die Lampe nicht mehr die ganze Gartenfläche abzudecken vermag.
Eine Alternative zum Einsatz von Wanderlicht ist die Verwendung von Pflanzkübeln bzw. Containern auf Rollen - damit wird die Rotation der Pflanzen unter einer stationären Lampe wesentlich erleichtert. Freilich erfordert dies mehr Arbeitsaufwand, als manuell ein oder zwei Lampen zu bewegen.
400-W Lampen bieten eine gleichmäßigere Verteilung des Lichts und können dichter über die Pflanzen gehängt werden, da sie weniger Wärme entwickeln als die mit 1000 Watt - ein wesentlicher Vorteil bei beengten Räumlichkeiten. Ich kenne einen Heimgärtner, der mit zwei 400-W Lampen in einem schmalen 1,20 x 2,40 m großen Raum erstaunliche Erfolge erzielt. Die 400-Watt Halogen-Metalldampflampen haben eine längere Lebensdauer als die mit 1000 Watt; der Lichtstromrückgang ist bei beiden gleich. Gemessen an der Lumenzahl ist ihr Anschaffungspreis weit höher - aber sie halten doppelt so lange, nämlich rund 20000 Stunden. Wer glaubt, daß er mit mobilen 400-W Lampen preislich am besten fährt, kann unter Umständen mehrere Lampen/Vorschaltgerätkombinationen über eine Steckdose betreiben. Erkundigen Sie sich auf jeden Fall zuerst beim Elektriker! Verwenden Sie niemals eine 400-W Lampe mit einem 1000-W System! Es mag ein, zwei Tage lang gutgehen, und dann - wumms! Die Lampe explodiert, womöglich auch noch das Vorschaltgerät. Brandgefahr!
Seitliche Beleuchtung ist eine weitere Methode, um für gleichmäßiges Lichtverteilung zu sorgen. Das erhöht zwar die Stromkosten, aber auch die den Pflanzen zukommende Lichtmenge. Hierzu ist wohl am besten die Natriumdampf-Niederdrucklampe geeignet, denn sie hat die höchste Lichtausbeute. Man montiert die Lampen dort, wo der Streubereich der Deckenlampe am schwächsten wird - rings an den Wänden. Es können auch Leuchtstofflampen verwendet werden, sie bieten freilich eine weit geringere Lichtausbeute. Nicht vergessen: Eine Natriumdampf-Niederdrucklampe muß mit einer Halogen-Metalldampflampe kombiniert werden, die für den erforderlichen Blaulichtanteil sorgt. Wer in seinem Heimgarten für optimales Licht sorgen will, wird sowohl mit Wanderlicht als auch mit seitlicher Beleuchtung arbeiten.

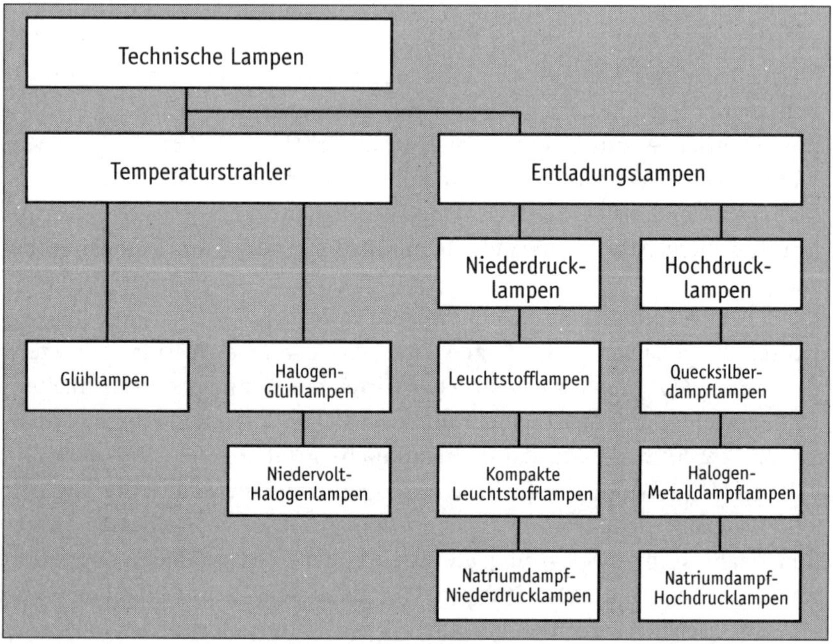

Übersicht: Einteilung der Lampen nach der Art ihrer Lichterzeugung

▸ Das Prinzip der Gasentladungslampe

Bei der altbekannten Glühlampe erfolgt die Lichtausstrahlung durch einen dünnen Metallfaden, den sogenannten Glühdraht, der von durchfließendem Strom erhitzt und damit zum Glühen gebracht wird. Bei den Hochdrucklampen hingegen wird der Strom durch ein unter hohem Druck stehendes Gas bzw. Dampfgemisch geleitet. Auf die gleiche Weise funktionieren auch Leuchtstoff- und Natriumdampf-Niederdrucklampen, nur steht hier das Gas bzw. Dampfgemisch unter geringerem Druck.

Alle Gasentladungslampen funktionieren nach dem gleichen Prinzip: Die Elektrizität wird durch Gase bzw. Dämpfe geführt, die sich in einem hitzefesten Glaszylinder (dem sogenannten Entladungsgefäß) befinden, und diese Elemente diktieren das von der Birne abgegebene Lichtspektrum - es sei denn, der Glaskolben hat eine zusätzliche Leuchstoffbeschichtung. Elektrizität durch gasförmige Elemente zu leiten, ist ein simples Prinzip, aber die praktische Anwendung erfordert einen gewissen technischen Aufwand.

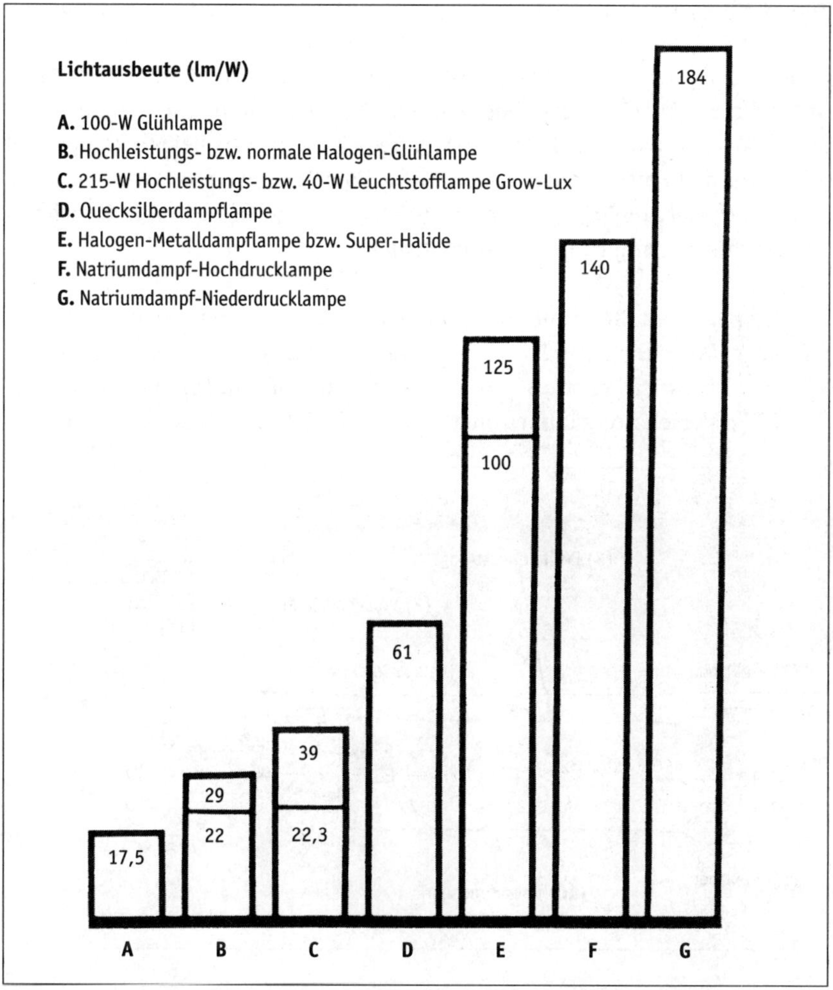

Das obenstehendende Diagramm zeigt die Lichtausbeute (lm/W) diverser Lampen. Mit dieser Formel - abgegebene Lumenzahl im Verhältnis zur verbrauchten Wattzahl - wird die Wirtschaftlichkeit einer Lampe gemessen. Beachten Sie die hohe Effizienz bei Halogen-Metalldampf- und Natriumdampflampe.

Anhand der nächsten Abbildung wollen wir uns kurz mit der Funktionsweise der Hochdruck-Gasentladungslampen vertraut machen. Bei all den Unterschieden, was ihre jeweilige Form, ihre Startbedingungen und operativen Charakteristika anbetrifft, arbeiten sie alle nach dem gleichen Prinzip. Beachten Sie stets: Man darf keinesfalls nach Belieben eine Lampe mit einem verfügbaren Vorschaltgerät koppeln! Wenn eine Birne in eine Armatur mit Vorschaltgerät paßt, heißt dies noch lange nicht, daß die beiden kompatibel sind. Wer nicht aufeinander abgestimmte Vorschaltgeräte und Lampen kombiniert, riskiert mehr als einen Kurzschluß - das unsachgemäße Hantieren mit Hochdrucklampen ist lebensgefährlich!

Kaufen Sie immer das komplette Lampensystem (Birne, Armatur, Vorschaltgerät/Trafo, Zeitschaltuhr) auf einmal bei einem Fachhändler - es muß gewährleistet sein, daß die Lampe das richtige Vorschaltgerät hat. Am besten schriftliche Garantie verlangen.

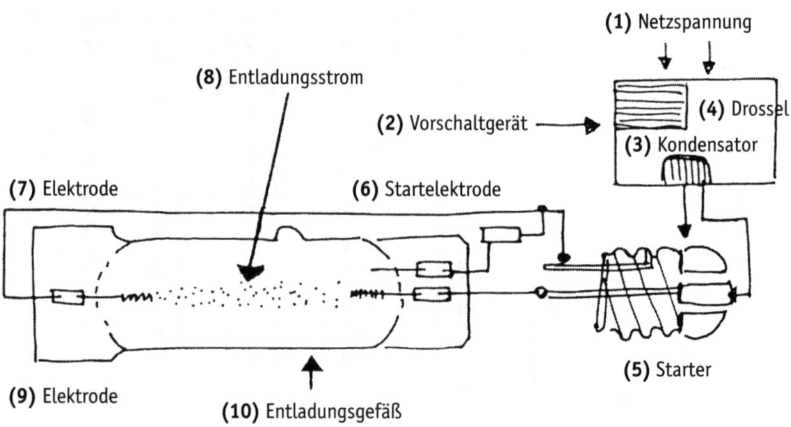

Der Strom **(1)** (Netzspannung) fließt durch das Vorschaltgerät **(2)**, dessen Kondensator **(3)** den Spannungsstoß erzeugt, der die Lampe zündet. Um den Stromfluß zwischen den Elektroden **(7 und 9)** im Entladungsgefäß **(10)** anzuregen, braucht es diesen Spannungsstoß, der durch den Startmechanismus **(5)** der Lampe geschickt wird. Nur Natriumdampf-Hochdrucklampen haben keine spezielle Startelektrode.

Von der Startelektrode **(6)** wird der Zündstrom dann buchstäblich durchs Entladungsgefäß **(10)** zur gegenüberliegenden Elektrode **(9)** geschossen.

Sobald ein Strom fließt und die Gase reagieren, wechselt der Entladungsstrom von der Startelektrode hinüber zwischen die Elektroden (**7 und 9**), und die im Entladungsgefäß enthaltenen Elemente verdampfen in den Entladungsstrom (**8**).
Ist der Elektronen- bzw. Entladungsstrom (**8**) zwischen den Elektroden in Gang, kommt es durch die Ionisierung des Gases zu einem ständig steigenden Lampenstrom, der die Lampe zerstören würde - deshalb muß der Lampenstrom im Vorschaltgerät (**2**) durch eine Drosselspule (**4**) begrenzt werden, welche für eine konstante Stromzufuhr sorgt.

▸ Vorschaltgeräte

Alle Hochdrucklampen brauchen ein Vorschaltgerät. Wichtig ist stets, das passende Vorschaltgerät für Ihre Lampe zu kaufen.
Kaufen Sie niemals gebrauchte Teile! Verwenden sie nie ein Gerät, ohne genau dessen Kapazität zu kennen. Wenn die Birne in die Armatur paßt, heißt das noch längst nicht, daß das Vorschaltgerät auch zur Birne paßt.
Zwar braucht jede Hochdrucklampe ihr ganz bestimmtes Vorschaltgerät, doch haben diese Vorschaltgeräte vieles gemein. Ihre größte Gemeinsamkeit ist wohl der Lärm, den sie machen. Das Brummen kann einem wirklich auf die Nerven gehen. Zudem entwickeln sie eine ziemliche Wärme, wenn sie in Betrieb sind (32-35° C). Wird das Gerät allerdings zu heiß, sollte man es in einer Werkstatt überprüfen lassen, bevor es ggf. durchbrennt. Überhitzung hat schon so manches Vorschaltgerät ruiniert! Das Metallgehäuse sollte stets frei stehen, Sie dürfen es nie mit irgendetwas zu- oder abdecken, die Überhitzung könnte schnell zur Brandursache werden.
Vorschaltgeräte der höheren Preisklasse sind mit kleinen Ventilatoren ausgestattet, um die Temperatur im Innern niedrig zu halten. Wirklich notwendig wird ein Ventilator erst, wenn mehrere Vorschaltgeräte in einem engen kleinen Raum stehen und die entsprechende Ventilation fehlt.
Bei manchen Fabrikaten ist das Gerät in ein Gehäuse aus Fiberglas oder ähnlichem Material eingeschweißt, um es wetterfest zu machen. Von diesen Geräten ist abzuraten. Sie sind zur Verwendung im Freien gedacht - bei der Verwendung in Innenräumen ist ein wetterfestes Gehäuse überflüssig und birgt die Gefahr einer Überhitzung.
Achten Sie darauf, daß das Gerät einen Tragegriff besitzt. Schon ein kleines Vorschaltgerät für eine 400-Watt Halogen-Metalldampflampe wiegt ca. 14

Kilo, und ein großes Gerät für eine 1000-Watt Natriumdampf-Hochdrucklampe bringt gut 25 Kilo auf die Waage. Ohne Griff ist so eine kleine, schwere Kiste schwer vom Platz zu bewegen.

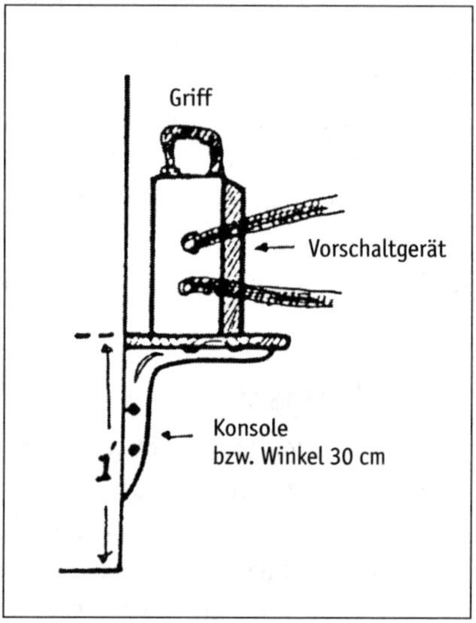

Gegebenenfalls können mehrere parallelgeschaltet werden, wenn der verfügbare Stromkreis dies aushält. Auf die Weise lassen sich Vorschaltgeräte effizienter einsetzen. Werden sie parallelgeschaltet, ist der Widerstand geringer, denn unterwegs geht weniger Strom verloren. Trotzdem möchte ich dies nur erfahrenen Elektrikern empfehlen. Bei mehreren Geräten fließt erheblich mehr Strom, und die ordnungsgemäße Erdung ist von außerordentlicher Wichtigkeit. Ein Elektroinstallateur sollte kompetent genug sein, sie entsprechend zu verkabeln.

Das Vorschaltgerät steht unter hoher Spannung (mehrere 1000 V wegen Phasenverschiebung!) - also *Finger weg vom Gerät, wenn die Lampe in Betrieb ist!* Stellen Sie es nie auf feuchten Boden - am besten gar nicht auf den Boden, sondern auf einen Platz, wo das Gerät sicher vor Feuchtigkeit (Spritzwasser) ist. Freihängend wäre gut, oder auf einem Regalbrett an der Wand. Es muß nicht unbedingt hoch stehen, nur so weit vom Boden entfernt, daß es trocken bleibt.

Es gibt eingebaute und separate Vorschaltgeräte. Ein separates Gerät ist zur Verwendung in Innenräumen meist besser geeignet. Es läßt sich beispielsweise in Bodennähe plazieren, wenn es dort zu kühl wird, oder draußen abstellen, falls es im Raum zu heiß wird. Die eingebauten Vorschaltgeräte sind fest mit der Armatur verbunden und benötigen mehr Raum unter der Decke, erhöhen das Gewicht der Lampe und die Wärmeentwicklung.

Es gibt auch Vorschaltgeräte mit Zeitschaltuhr. Das ist zwar sehr bequem, aber die Uhr sollte aus hitzefestem Material bestehen. Wenn es billiges Plastik ist, kann es durchaus passieren, daß sie schmilzt bei der Hitze, die das Gerät im Dauerbetrieb entwickelt.

Achten Sie darauf, daß im Vorschaltgerät eine Sicherung eingebaut ist - dies bietet doppelten Schutz bei eventuellen Störungen (die leicht zur Brandgefahr werden können) und bewahrt die Lampe vorm Durchbrennen.

▸ Die Hochdrucklampen

Mit dem Kunstlicht der Hochdruck-Gasentladungslampen läßt sich bei Cannabis die gleiche Wachstumsreaktion erzielen, wie sie natürliches Sonnenlicht auslöst. Dies wird deutlich, wenn man die Spektralbereich-Diagramme von Entladungslampen mit dem zu Beginn des 2. Kapitels wiedergegebenen Kurvenbild von photosynthetischer Reaktion, Chlorophyllsynthese und Tropismus vergleicht.
Bei den Entladungslampen unterscheidet man zwischen Niederdruck- und Hochdrucklampen (HD), zur letzteren Gruppe gehören Quecksilberdampflampen, Halogen-Metalldampflampen und Natriumdampf-Hochdrucklampen.
Die gebräuchlichsten Wattstärken bei HD-Lampen sind 400 und 1000. Über 90 Prozent der verkauften Birnen sind 1000-W Birnen. Der Grund liegt im Preis-Leistungsverhältnis: Ein 1000-W System kostet etwa soviel wie ein 400-W System, bietet jedoch eine größere Lichtausbeute (lm/W) und erzeugt mehr als doppelt soviel Licht. Die Installierung als Wanderlicht gewährleistet eine gleichmäßige Lichtverteilung. Die kleineren 400-W Systeme sind sehr gut für bescheidene Räumlichkeiten von einem halben bis drei Quadratmeter Fläche geeignet - wenn man sich z.B. mit einen Wandschrank oder eine kleinen Kammer begnügen muß. Ein 400-W HD-System ähnelt vom Aufbau her dem 1000-W System, ist jedoch kleiner und entwickelt weniger Hitze. Sein Farbspektrum ist nahezu identisch mit dem seines großen Bruders. Eine 400-Watt Halogen-Metalldampflampe hält doppelt so lange wie eine mit 1000 W, der Lichtstromrückgang durch Alterung ist bei beiden gleich.

▸ Quecksilberdampflampen

Die Quecksilberdampflampe ist die älteste und bekannteste der Hochdrucklampen. Das Hochdruckprinzip kam um die Jahrhundertwende erstmals bei der Quecksilberdampflampe zur Anwendung, doch erst Mitte der 30er Jahre wurde die Lampe in großer Zahl in der Praxis eingesetzt.
Wie aus dem Diagramm der Lichtausbeute zu ersehen, produziert die Queck-

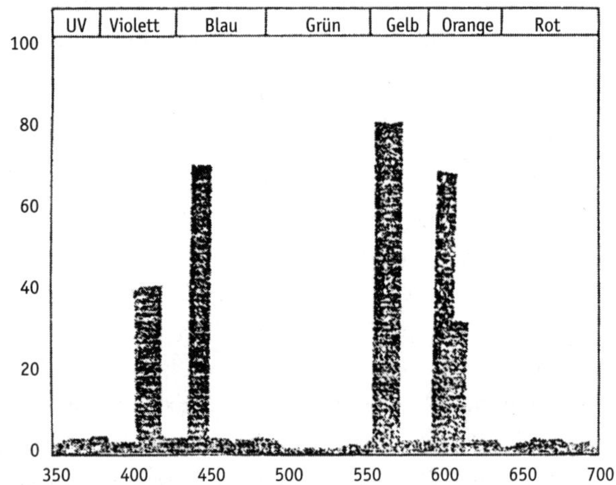

Relative spektrale Energieverteilung einer 1000-W Quecksilberdampflampe

silberdampflampe nur 60 lm/W. Vergleicht man nun obenstehendes Diagramm ihrer relativen spektralen Energieverteilung mit dem Diagramm der photosynthetischen Reaktion, so wird man feststellen, daß sie für Gartenbauzwecke kaum in Frage kommt. Sie hat nicht nur hohe Betriebskosten, sondern ihr Spektralbereich ist beim Pflanzenwachstum wenig hilfreich.
Ihr Licht entsteht, indem Strom durch Quecksilberdampf geleitet wird; zum Starten wird eine geringe Menge Argon benötigt. Die Wattstärken reichen von 40 bis 1000, der Lichtstromabfall hält sich in Grenzen. Die Birnen haben eine ziemlich lange Lebensdauer, die meisten Wattstärken halten bei einer Tagesbrenndauer von 18 Std. bis zu drei Jahre.
Die Quecksilberdampflampe benötigt gewöhnlich ein separates Vorschaltgerät, bei manchen Birnen mit geringer Wattstärke ist es eingebaut. Nicht selten werden alte Vorschaltgeräte auf dem Schrottplatz oder weiß der Himmel wo aufgestöbert und dann als Vorschaltgerät für Halogen-Metalldampflampen oder Natriumdampf-Hochdrucklampen verwendet. Jeder, der bisher versucht hat, so ein altes Ding nutzbar zu machen, hatte letzten Endes mehr Ärger als Nutzen und mußte schließlich doch ein passendes Neugerät kaufen. Wer beim Vorschaltgerät geizt, wird es später bereuen, wenn sein Ernte-

Ertrag hinter den Erwartungen zurückbleibt.
Ich wiederhole: Von ihrem Farbspektrum her ist die Quecksilberdampflampe für den Anbau im Haus längst nicht so gut geeignet wie die Halogen-Metalldampflampe oder die Natriumdampf-Hochdrucklampe. Jeder Gärtner sollte die Finger von ihr lassen. Anbauer, die sie bei der Marihuana-Zucht einsetzten, hatten enorme Stromkosten und mickrige Erträge.

▸ Halogen-Metalldampflampen

Die Halogen-Metalldampflampe ist die effizienteste Kunstlichtquelle, die heute für den Gärtner verfügbar ist. Es gibt Birnen von 175, 250, 400, 1000 und 1500 Watt, entweder mit Klarglaskolben oder mit lichtstreuender Beschichtung; jede benötigt ihr eigenes Vorschaltgerät. Von den 175- und 250-W Lampen lassen die meisten Gärtner die Finger - auch von der 1500er, weil diese Birne eine relativ kurze Lebensdauer (2000-3000 Stunden) hat und sehr viel Hitze entwickelt. Im allgemeinen wird die 1000-W Lampe bevorzugt; Gärtner mit kleiner Anbaufläche nehmen gern die mit 400 Watt.
Anbauer verwenden im allgemeinen Birnen mit Klarglaskolben - dies ist die hellste Lampe, die es gibt. Sie liefert die höchste Lumenzahl in genau den richtigen Spektralbereichen. Die Klarglas-Variante eignet sich wunderbar für Sämlinge, vegetatives Wachstum und Blütephase.
Die 1000-W Birne mit lichtstreuender Beschichtung gibt weniger UV-Licht ab als die Klarglasbirne, ihr diffuses Licht ist fürs menschliche Auge verträglicher. Sie produziert in der Anfangszeit die gleiche Lumenzahl und später ca. 4000 Lumen weniger als die Klarglas-Ausführung, und hat ein etwas anderes Farbspektrum, nämlich mehr Anteil im gelben und weniger im blauen Bereich. Heimzüchter, die mit beschichteten Birnen arbeiten, behaupten: "So eine Streuschicht-Birne scheint das Farbspektrum auszugleichen, wenn mehr als vier Klarglasbirnen in Gebrauch sind." Manche nehmen für blühende Pflanzen anstelle der Natriumdampf-Hochdrucklampe lieber die beschichtete Halogen-Metalldampflampe, weil sie der Ansicht sind, es sei die beste Allround-Birne.
Die am meisten im Marihuana-Anbau benutzten Halogen-Metalldampflampen sind die Klarglas- und beschichteten Birnen mit 1000 Watt. Vergleichen Sie anhand nachstehender Diagramme Lichtspektrum und Lumenrückgang des jeweiligen Typs und entscheiden Sie, welche Lampe sich am besten für Ihren Heimgarten eignet.

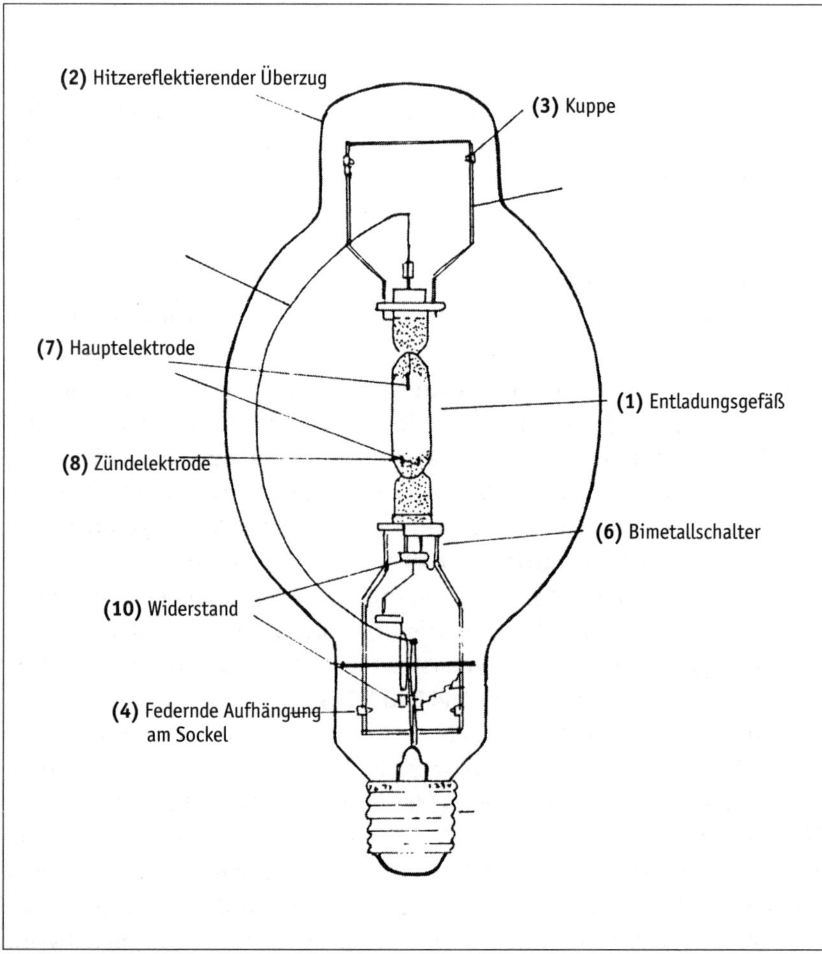

Schnitt durch eine Halogen-Metalldampflampe

Aufbau und Funktion

Die Halogen-Metalldampflampe erzeugt Licht, indem Strom durch ein mit Argon, Quecksilberdampf, Thoriumjodid und Scandiumjodid gefülltes Entladungsgefäß **(1)** aus Quarzglas geführt wird. Am Ende des Gefäßes befindet sich ein hitzereflektierender Überzug **(2)** zur Kontrolle der Betriebstemperatur. Eine federnde Aufhängung am Sockel **(4)** und in der Kuppe **(3)** des Außenkolbens geben dem Entladungsgefäß **(1)** den nötigen Halt. Der

Bimetallschalter **(6)** schließt sich beim Betrieb der Lampe und verhindert einen Spannungsabfall zwischen Hauptelektrode **(7)** und Zündelektrode **(8)**. Die meisten Lampen sind mit einem Widerstand**(10)** ausgestattet, der verhindert, daß die Lampe bei zu hoher Temperatur platzt. Der Außenkolben dient als Schutz für Zündvorrichtung und Entladungsgefäß, gewährleistet konstante Umgebungstemperatur und absorbiert UV-Strahlung. *Wer viel Zeit bei seinen Pflanzen verbringt oder dazu neigt, in die grelle Lampe zu starren, sollte eine Schutzbrille mit UV-Filter tragen!*

Vorsicht: Wenn der Außenkolben platzt, sofort die Lampe abschalten und den Stecker herausziehen! Nicht in die Lampe blicken oder in ihre Nähe kommen, bis sie abgekühlt ist. Beim Verlust des Außenkolbens wird UV-Strahlung frei - es kann zu gefährlichen Hautverbrennungen und Augenschäden kommen! Seien Sie auf der Hut!

Ein Spannungsstoß läßt einen Elektronenstrom zwischen Zünd- und Hauptelektrode **(7 und 8)** fließen, bei ausreichender Geschwindigkeit der Elektronen werden die Gasatome zur Abgabe von Strahlung angeregt. Sobald genügend Gasatome ionisiert sind und sich die Lampe erwärmt, beginnen die Metalljodidzusätze in den Entladungsstrom zwischen den Hauptelektroden **(7)** zu fließen. Nachdem sie die richtige Konzentration erreicht haben, kommt es zur Abgabe des charakteristisch hellen Lichts. Diese Einbrennzeit dauert 3 bis 5 Minuten. Die Halogen-Metalldampflampe ist ein komplexes Gerät und braucht etwa 100 Betriebsstunden, bis sich die Komponenten stabilisiert haben.

Wenn die Lampe abgeschaltet wird oder infolge eines Stromausfalls erlischt, dauert es 5 bis 15 Minuten, bevor Sie wieder eingeschaltet werden darf. Die Gase im Entladungsgefäß müssen vor einem Neustart abkühlen.

Um den Ionisierungsprozeß einzuleiten, wird beim Starten der Lampe eine sehr starke Spannung benötigt. Wird die Lampe mehr als einmal pro Tag ein- und ausgeschaltet, bedeutet dies eine unnötige Belastung und verkürzt ihre Lebensdauer.

Die Halogen-Metalldampflampe arbeitet am besten in senkrechter Brennlage (± 15°, siehe Zeichnung a). Wird sie in einer anderen Lage betrieben, wird sich dies nachteilig auf Brennleistung und Lebensdauer auswirken, da sich der Lichtbogen verformt, was zu ungleichmäßiger Erhitzung des Entladungsgefäßes führt. Es gibt allerdings spezielle Lampen, die für horizontalen Einsatz konstruiert sind (siehe Zeichnung b). Diese Lampen tragen auf der Kuppe oder am Sockel den Stempel HOR (=horizontal).

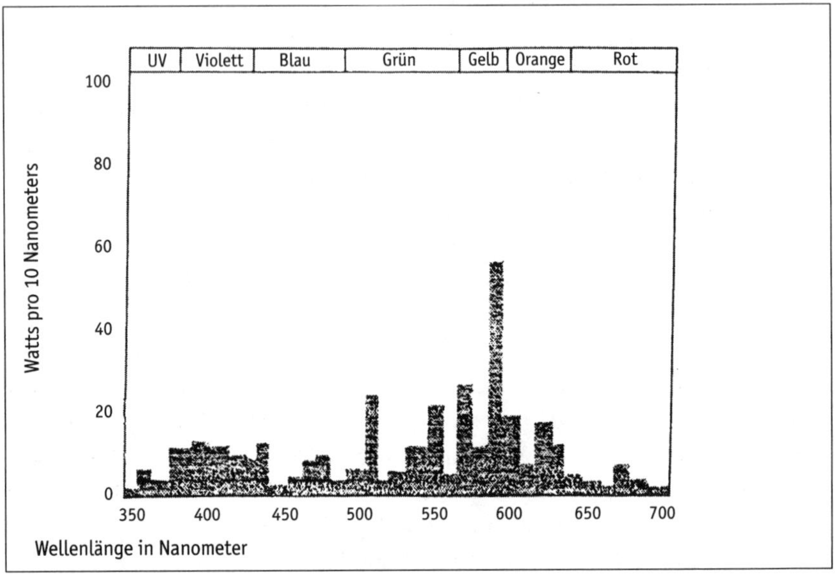

Relative spektrale Energieverteilung einer 1000-Watt Halogen-Metalldampflampe mit Streuschicht (Fabrikat Metalarc)

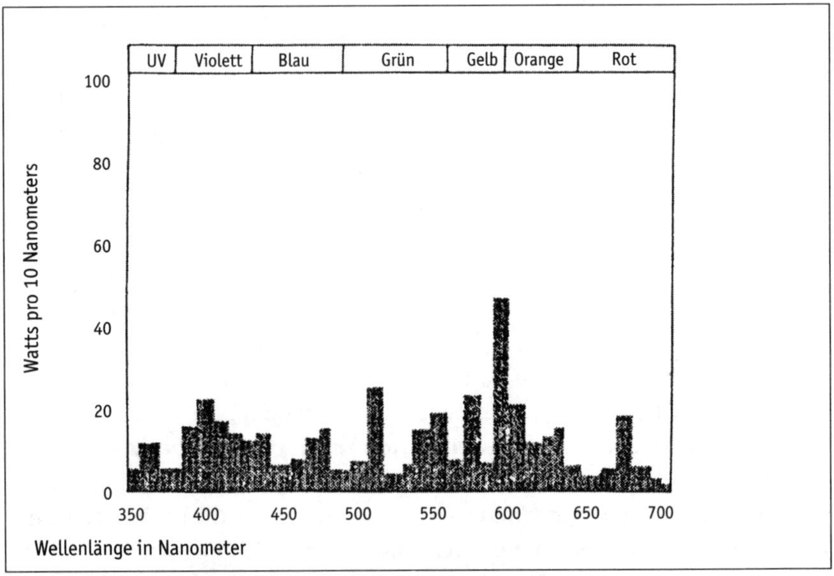

Relative spektrale Energieverteilung einer 1000-Watt Halogen-Metalldampflampe

Lebensdauer und Lichtstromrückgang durch Alterung

Halogen-Metalldampflampen haben ein langes Leben; ihr Lichtstrom nimmt nur sehr allmählich ab. Die durchschnittliche Lebensdauer beträgt rund 12000 Stunden, bei einer täglichen Brennzeit von 18 Stunden also fast 2 Jahre. Oft halten sie auch länger. Die Lampe hat das Ende ihrer Lebensdauer erreicht, wenn sie Schwierigkeiten beim Starten zeigt oder nicht mehr ihre volle Brillanz erreicht . Wechseln Sie die Lampe rechtzeitig aus - warten Sie nicht, bis sie durchgebrannt ist. Der Verlust der Leitfähigkeit im geschwärzten Entladungsgefäß, Elektrodenverschleiß und das aus dem Lot geratene Gleichgewicht der Füllstoffe sind deutliche Zeichen - alte Leuchtmittel arbeiten ineffizient und sind unwirtschaftlich. Am besten wechselt man die Birne alle 12 bis 18 Monate (bzw. nach 6500 Betriebsstunden). Beim Starten der Lampe werden die Elektroden am stärksten beansprucht; der Verschleiß durchs viele Ein- und Ausschalten führt letztendlich zum Ausfall der Lampe. Schalten Sie die Halogen-Metalldampflampe nicht mehr als einmal pro Tag ein und aus - verwenden Sie eine Zeitschaltuhr!

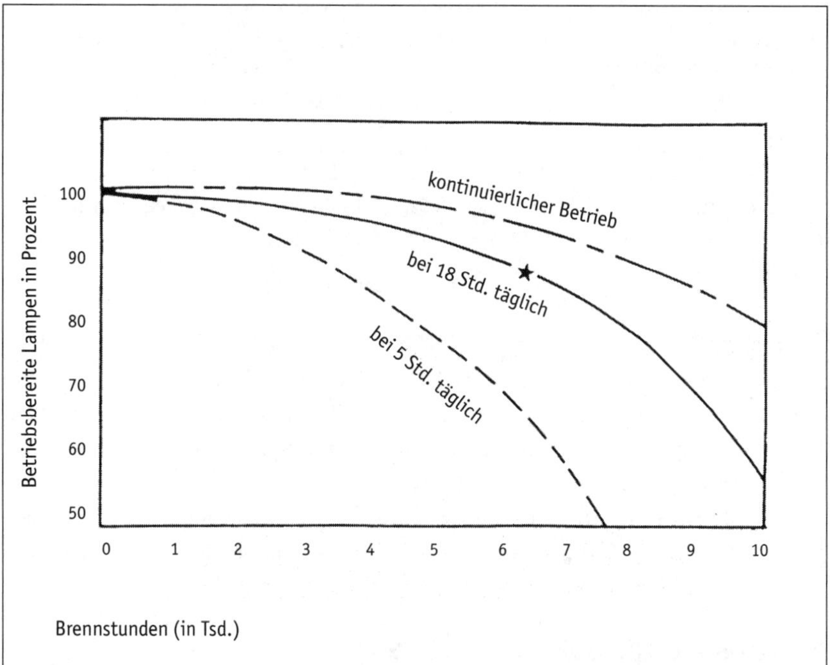

Lebensdauer einer 1000-W Halogen-Metalldampflampe mit Streuschicht (Fabrikat Metalarc)

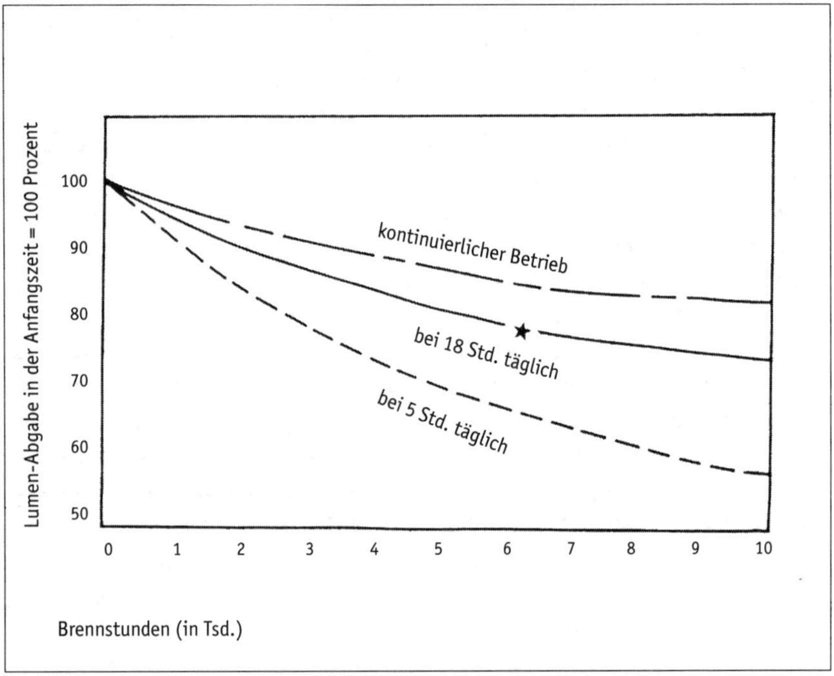

Lichtstromrückgang einer 1000-W Halogen-Metalldampflampe

• Ein vorausschauender Gärtner wechselt die Lampe, bevor sie durchbrennt. Dies sollte etwa alle 12-18 Monate oder 65000 Betriebsstunden geschehen. Somit bleibt stets die optimale Lichtintensität gewährleistet.

Vorschaltgeräte

Lesen Sie, was im Abschnitt Vorschaltgeräte steht. Das Vorschaltgerät für eine 1000-W Halogen-Metalldampflampe ist für Klarglas- und beschichtete Lampen geeignet. 400-W Lampen benötigen ein eigenes Vorschaltgerät, das ebenso für Klarglas- wie beschichtete Lampen geeignet ist. Die Geräte müssen eigens für diesen Lampentyp konstruiert sein, da Halogen-Metalldampflampen spezifische Voraussetzungen für Starten und Betrieb erfordern.

▸ Natriumdampf-Hochdrucklampen

Beeindruckend an der 1000-W Natriumdampf-Hochdrucklampe ist vor allem,

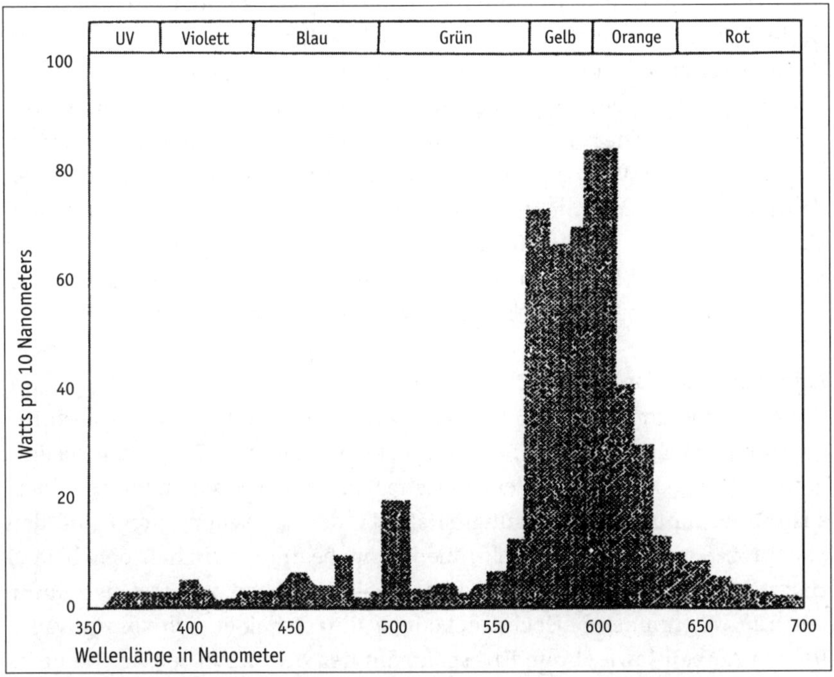

Relative spektrale Energieverteilung einer Natriumdampf-Hochdrucklampe

daß sie in der Anfangszeit 140000 Lumen liefert - das ist verdammt viel Licht! Sie ist die leistungsstärkste der Hochdrucklampen. Es gibt Birnen mit 35, 50, 70, 100, 150, 200, 250, 310, 400 und 1000 Watt. Die 200-W und 1000-W Birnen gibt es nur mit Klarglaskolben, alle anderen in Klarglas- und leuchtstoffbeschichteter Version. Alle Natriumdampf-Hochdrucklampen benötigen ein spezielles Vorschaltgerät. Wie bei den Halogen-Metalldampflampen greifen auch hier die meisten Anbauer lieber zur 1000-W Lampe als zur 400-Watt.

Die Natriumdampf-Hochdrucklampe erzeugt ein orangefarbenes Licht, das an die Herbstsonne erinnert. Das Farbspektrum weist hohe Gelb-, Orange- und Rotwerte auf, und diese Farben beeinflussen maßgeblich die Blütenbildung. Die Lichtbedürfnisse der Marihuanapflanze ändern sich, denn sobald sie Blüten zu treiben beginnt, bildet sie weniger vegetative Zellen - sie drosselt ihr Längenwachstum, um es dann schließlich ganz einzustellen. Die Pflanze konzentriert sich nun mit ganzer Kraft auf die Blütenbildung, sie will ihren Lebenszyklus erfolgreich abschließen. Das Licht im roten Ende des

Spektrums stimuliert die Blütenhormone der Pflanze, hierdurch wird die Blütenbildung eingeleitet und wesentlich gefördert. Unter der Natriumdampf-Hochdrucklampe kann sich das Blütenvolumen und -gewicht um 20% oder noch mehr steigern, je nach Samensorte und Bedingungen im Anbau-Raum. Viele Anbauer, die mit einem Raum von ca. 3 x 3 m arbeiten, lassen weiter die 1000-Watt Halogen-Metalldampflampe brennen und schalten dann während der Blütephase zusätzlich eine 1000-Watt Natriumdampf-Hochdrucklampe ein. Damit bekommen die Pflanzen nicht nur mehr als doppelt soviel Licht, sondern auch weit mehr Rotlichtanteil, was sie wie besessen zur Blütenbildung antreibt. Diese Kombination ist sehr beliebt.

Aufbau und Funktion

Die Natriumdampf-Hochdrucklampe erzeugt Licht, indem ein Strom durch Natrium- und Quecksilberdämpfe geführt wird. Zum Starten enthält sie eine geringe Menge Xenon. Der elektronische Starter schickt einen kurzen Hochspannungsimpuls ins Entladungsgefäß **(1)**, der das Xenon anregt und den Startprozeß einleitet. Der Elektronenstrom beginnt zwischen den beiden Hauptelektroden **(6 und 7)** zu fließen; die Einbrennzeit dauert 3 bis 4 Minuten. Die Natriumdampf-Hochdrucklampe unterscheidet sich vom physikalischen Aufbau sowie ihrem Farbspektrum her wesentlich von der Halogen-Metalldampflampe. Nach Abschalten der Lampe (oder bei Stromausfall) müssen die Gase in der Lampe erst 3 bis 15 Minuten lang abkühlen, bevor sie

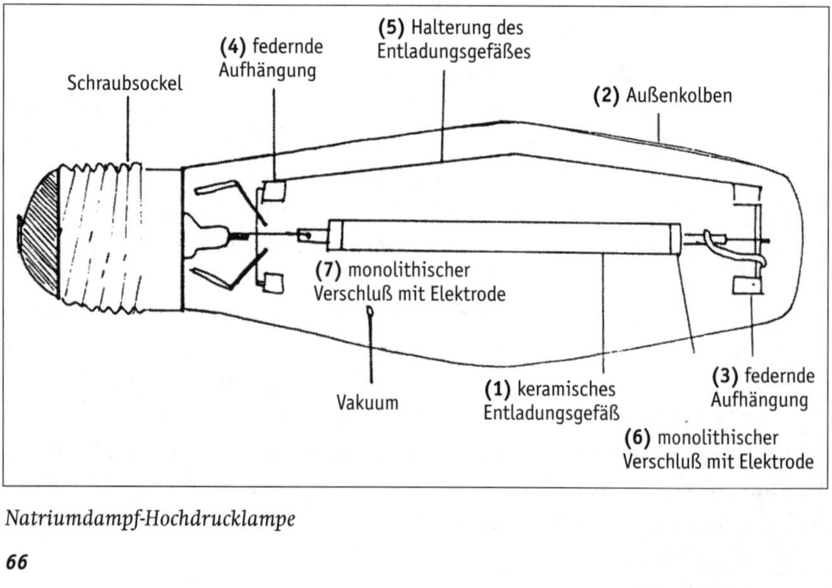

Natriumdampf-Hochdrucklampe

erneut gestartet werden kann.

Ähnlich wie die Halogen-Metalldampflampe ist auch die Natriumdampf-Hochdrucklampe so konstruiert, daß ein schützender Außenkolben **(2)** das Entladungsgefäß **(1)** umgibt. Das Entladungsgefäß ist durch eine Halterung **(5)** sowie eine federnde Aufhängung **(3 und 4)** im Außenkolben gesichert. Der Außenkolben schützt das empfindliche Entladungsgefäß; sein Vakuum stabilisiert die Betriebstemperatur im mit Natrium- und Quecksilberdämpfen gefüllten Entladungsgefäß. Die Lampe kann in jeder Brennlage betrieben werden, wird jedoch meist in vertikaler Position aufgehängt.

Lebensdauer und Lichtstromrückgang durch Alterung

Natriumdampf-Hochdrucklampen haben die längste Lebensdauer und den geringsten Lumenabfall von allen Hochdrucklampen - bis dann am Ende das Natrium durch das Entladungsgefäß entweicht und sich nach langem täglichem Einsatz das Verhältnis zwischen Natrium und Quecksilber verschoben hat, was zu einem Spannungsanstieg im Innern führt. Die Betriebsspannung im Entladungsgefäß wird dann immer weiter ansteigen, bis das Vorschaltgerät nicht mehr mitspielt. In dem Fall wird die Lampe starten, sich bis zur vollen Intensität erwärmen und dann erlöschen. Dies wiederholt sich immer wieder aufs neue und zeigt an, daß die Lampe erledigt ist. Die Lebensdauer einer 1000-Watt Natriumdampf-Hochdrucklampe beträgt etwa 24000 Stunden - bei 12 Betriebsstunden pro Tag also rund 5 Jahre. Wie bei den anderen HD-Lampen sollte auch hier rechtzeitig die Birne gewechselt werden.

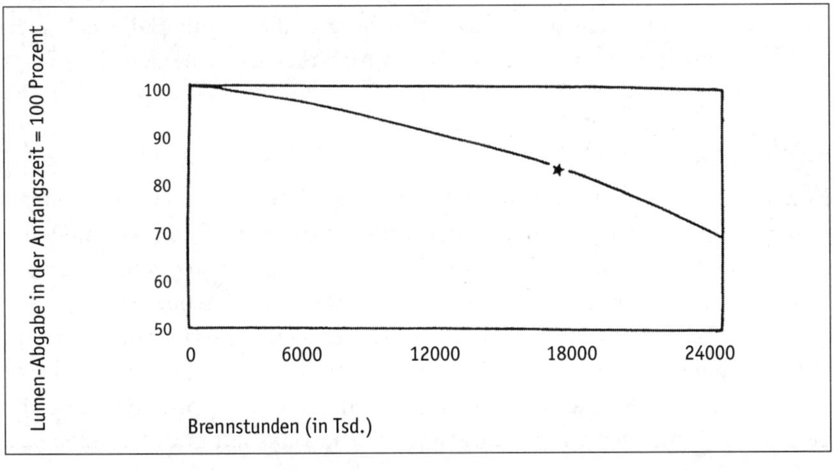

Lichtstromrückgang der Natriumdampf-Hochdrucklampe

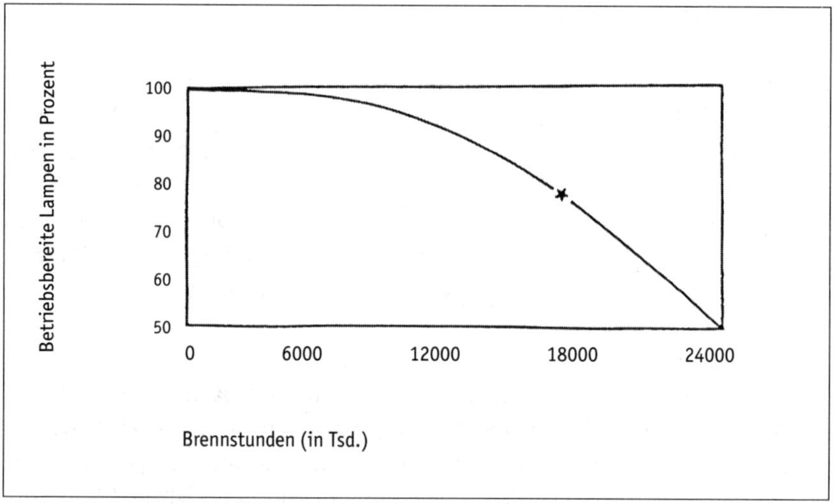

Lebensdauer der 1000-W Natriumdampf-Hochdrucklampe

- Es empfiehlt sich, die Birne einer Natriumdampf-Hochdruckleuchte nach 15.000 Betriebsstunden zu wechseln

Vorschaltgeräte

Schauen Sie im Abschnitt Vorschaltgeräte nach. Für die 400-W und die 1000-W Natriumdampf-Hochdrucklampe wird ein spezielles Vorschaltgerät benötigt. Die Lampe stellt sowohl beim Starten wie beim Betrieb besondere Anforderungen hinsichtlich Stromversorgung und Spannung, die sich sich von denen anderer HD-Lampen gleicher Wattstärke unterscheiden.

▸ Glühlampen

Bei der von Thomas Edison erfundenen Glühbirne wird Licht erzeugt, indem ein Strom durch einen sehr dünnen Draht - den sogenannten Glühfaden - geschickt wird, der sich auf bis zu 3000 Grad erhitzt und zu glühen beginnt. Der Glühfaden kann verschiedene Größen und Formen haben, er besteht bei fast allen Fabrikaten aus Wolfram. Im Glaskolben herrscht entweder ein Vakuum, oder er ist mit einem Gas gefüllt, das den Verschleiß der Wolframwendel mindert. Bei der Glühbirne braucht man kein Vorschaltgerät, sie begnügt sich mit den 230 Volt, die es in jedem Haushalt gibt. Es gibt sie in

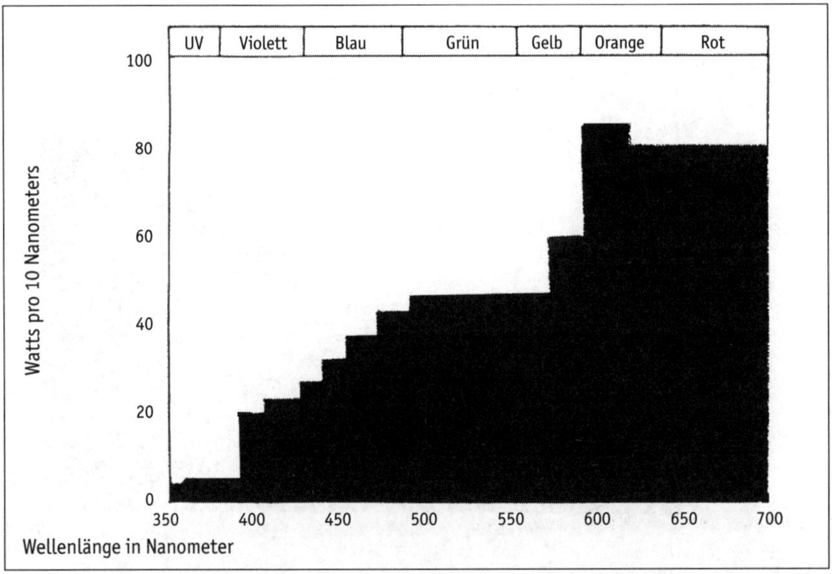

Relative spektrale Energieverteilung einer Glühlampe

allen möglichen Wattstärken und Formen für die verschiedensten Zwecke. Das Farbspektrum der meisten Glühlampen liegt im hinteren Rotbereich, aber es gibt auch Glühlampen für die Pflanzenbelichtung, die ein ausgeglicheneres Spektrum aufweisen. Trotzdem sind Glühbirnen äußerst unwirtschaftlich; ihre Lichtausbeute ist so gering, daß sich ihr Einsatz nicht lohnt. Durchaus brauchbar sind sie als Heizquelle, wenn man Stecklinge unter kühlen Leuchtstoffröhren zieht. Manche Anbauer benutzen Glühlampen während der Blüte, um kräftigere Blütenbildung zu fördern.

▸ Halogen-Glühlampen

Die Halogen-Glühlampe war ursprünglich unter dem Namen Jodlampe bekannt, da der Edelgasfüllung im Innern vor allem Jod beigemischt war, eines der fünf Halogene (Fluor, Chlor, Brom, Jod und Astat). Diese Lampe gibt es in vielen Varianten; heute wird meist das Halogen Brom als Füllung verwendet - der Name Halogen deckt also alle im Entladungsgefäß enthaltenen Gase ab. Die Halogen-Glühlampen sind den normalen Haushalts-Glühlampen sehr ähnlich. Sie enthalten einen Wolfram-Glühfaden und sind im

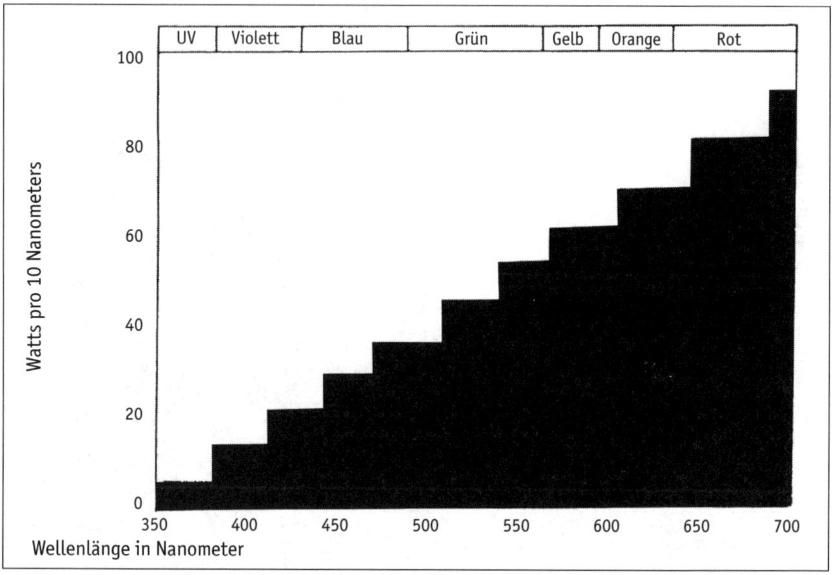

Relative spektrale Energieverteilung einer Halogen-Glühlampe

Betrieb sehr kostspielig, die Lichtausbeute ist sehr gering (siehe Diagramm Lichtausbeute). Ihr Farbspektrum liegt im hinteren Rotbereich.

▸ Natriumdampf-Niederdrucklampen

Natriumdampf-Niederdrucklampen sind in den Wattstärken 55, 90, 135 und 180 erhältlich. Ihre Lichtausbeute ist die höchste aller zur Zeit erhältlichen Lampen. Sie strahlen das monochromatisch gelbe Licht der Spektrallinien 588/589 nm aus, haben also einen äußerst schmalen Spektralbereich (siehe untenstehendes Diagramm). In diesem Gelblicht sind Farben kaum zu unterscheiden, vom menschlichen Auge wird nur ein unterschiedlich gesättigtes Gelb von der reinen Farbe bis hin zum Schwarz wahrgenommen. Die Natriumdampf-Niederdrucklampe findet im allgemeinen als Sicherheitsleuchte oder bei der Beleuchtung von Lagerhallen Verwendung.

Jede Wattstärke erfordert ihr eigenes Vorschaltgerät und ihre eigene Armatur. Das Vorschaltgerät reguliert die Stromzufuhr und ist in der Fassung eingebaut. Die Fassung einer 180-W Lampe ist nur wenig größer als die Fassung für zwei 40-Watt Leuchtstoffröhren. Wie bei den anderen Lampen empfehle ich auch hier, Armatur, Birne und Zubehör zusammen auf einmal beim Fachhändler zu kaufen.

Um Photosynthese und Chlorophyllproduktion zu stimulieren, muß die Natriumdampf-Niederdrucklampe in Kombination mit einer Halogen-Metalldampflampe verwendet werden. Natriumdampf-Niederdrucklampen eignen sich gut für seitliche Beleuchtung oder in Regionen mit hohen Strompreisen. Diese Lampe hat die wunderbare Eigenschaft, während ihrer ganzen Lebensdauer die gleiche Lumenzahl zu liefern - ihr Lichtstrom nimmt mit dem Alter nicht ab. Wenn eine Natriumdampf-Niederdrucklampe den Geist aufgibt, dann ohne Vorwarnung - in der Regel nach rund 18000 Stunden Brenndauer.

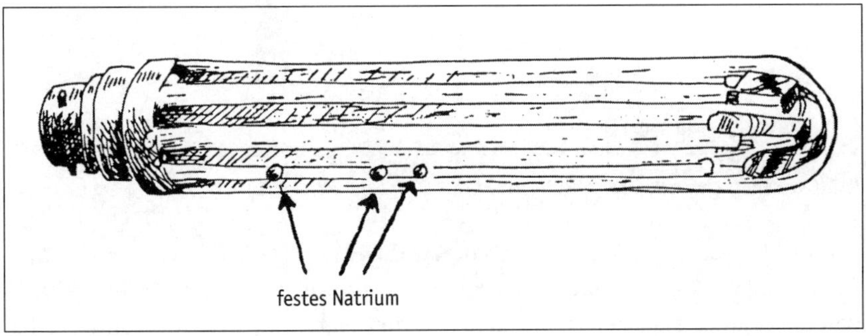

Der Grundaufbau der Natriumdampf-Niederdrucklampe ist im wesentlichen der gleiche geblieben, seit sie im Jahre 1932 auf den Markt kam. Wie die HD-Lampen besteht auch diese Niederdrucklampe aus einer Kombination von innerem und äußerem Glaskolben. Das Entladungsgefäß ist mit einem Neon-Argon-Gasgemisch und reinem Natrium gefüllt. Fließt Strom ins Entladungsgefäß, so läßt die Wärme der Edelgasentladung das in fester Form vorliegende Natrium verdampfen, und die Lampe emittiert ein gelbliches Licht. Die Einbrennzeit bis zum Erreichen des vollen Lichtstroms beträgt 10-20 Minuten.

Die Lampenfassung kann aus leichtgewichtigem Plastik gefertigt sein, da die Lampe nach außenhin kühl bleibt. Bedingt durch ihr Funktionsprinzip muß die Wärmeableitung vom Entladungsgefäß möglichst klein gehalten werden - der Außenkolben hat deshalb einen dichroitischen Belag, der die Infrarotstrahlung der Lampe zum Entladungsgefäß reflektiert. Der luftleere Raum zwischen Innen- und Außenkolben dient ebenfalls der Wärmespeicherung.

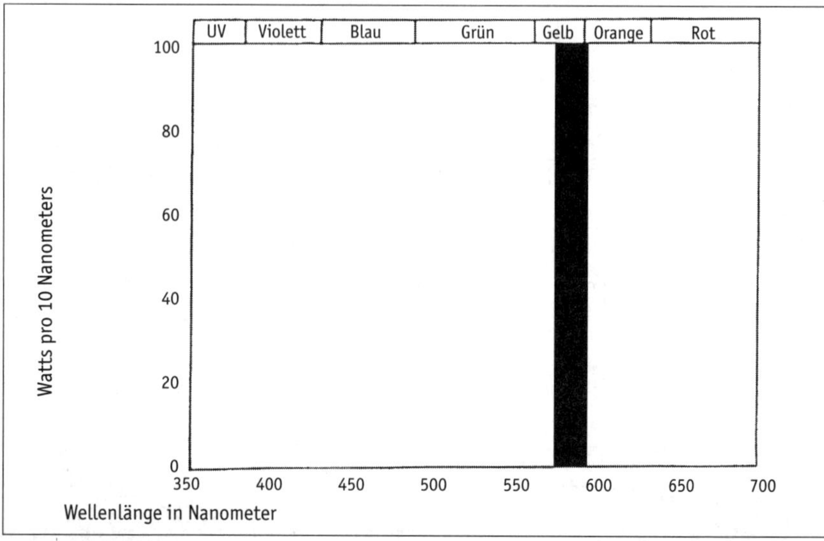

Relative spektrale Energieverteilung einer Natriumdampf-Niederdrucklampe

Um ein langes Leben der Lampe zu gewährleisten, sollte sie in horizontaler Brennlage verwendet werden. Wenn man sie kippt, sollte es nie einen Winkel von 20 Grad überschreiten. Vorsicht: Reines Natrium, wie es im Innern der Lampe vorliegt, reagiert mit Wasser sehr heftig. In einer 180-W Lampe ist rund ein Gramm Natrium enthalten - nicht genug für eine Riesenexplosion, aber man sollte dennoch äußerste Vorsicht walten lassen. Ausgebrannte Lampen müssen als Sondermüll entsorgt werden.

▸ Leuchtstofflampen

Bis zur Entwicklung der Hochdrucklampen war die Leuchtstofflampe die effizienteste und am weitesten verbreitete Kunstlichtquelle, die dem Heimzüchter zu Verfügung stand. Manche Leuchtstofflampen haben ein Spektrum, das nahezu identisch mit dem der Sonne ist, doch für die Verwendung beim Marihuana-Anbau sind sie einfach nicht hell genug. Heute werden sie als Lichtquelle bei wurzelbildenden Stecklingen eingesetzt. Leuchtstofflampen findet man oft als Beleuchtung in öffentlichen Gebäuden wie auch in Wohnhäusern. Es gibt sie in verschiedenen Längen. Für den Anbau im Haus kommen wohl am ehesten die 1,20 oder 1,50 m langen Röhren in

Frage, sie sind am gebräuchlichsten und überall erhältlich.
Leuchtstofflampen (und Vorschaltgeräte) gibt es in diversen Wattstärken und Fabrikaten. Die Standardlampen brauchen je 30 cm Länge etwa 10 Watt - eine 1,20 m lange Röhre also rund 40 Watt, eine 2,40 m lange 80 Watt, und so fort. Hochleistungsröhren verbrauchen etwa dreimal soviel Strom wie die Standardausführung und erzeugen mehr als doppelt soviel Licht. Sie sind auch erheblich teurer in der Anschaffung und nicht überall erhältlich; außerdem benötigen sie spezielle Vorschaltgeräte.
Beim Ziehen von Stecklingen sind Leuchtstofflampen sehr nützlich. Sie bie-

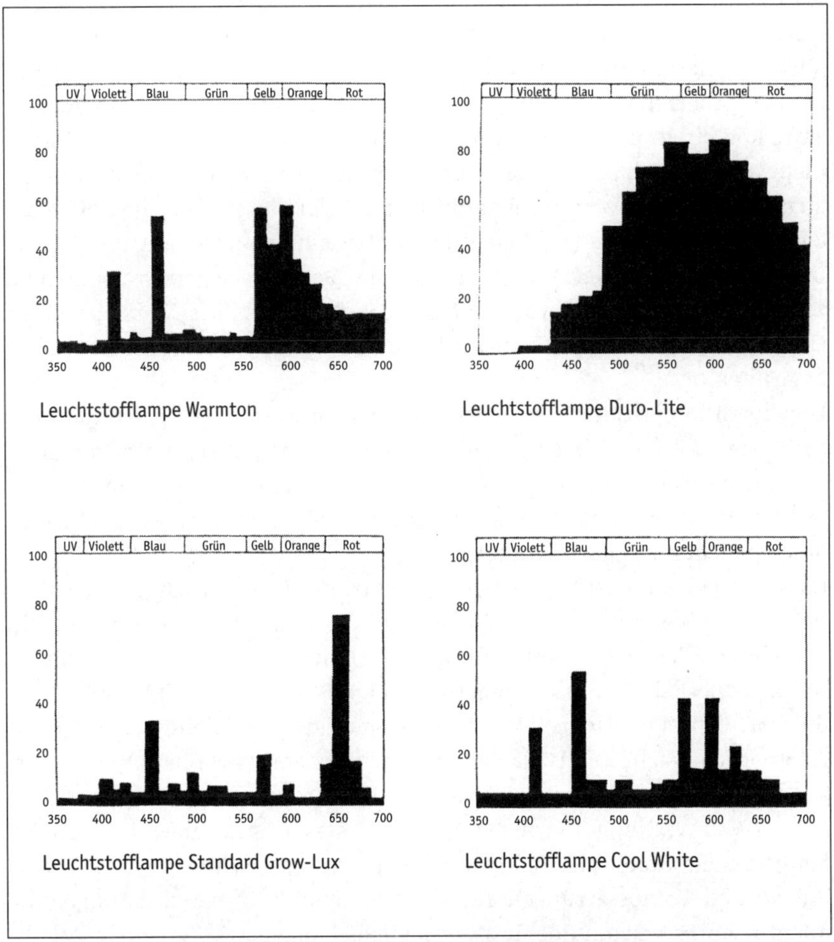

Relative spektrale Energieverteilung diverser Leuchtstofflampen-Fabrikate

ten ein kühles, diffuses Licht, dessen Farbspektrum das Wurzelwachstum fördert. Obschon kostspielig, bevorzugen die meisten Anbauer die Hochleistungslampen aufgrund ihren hohen Lumenzahl. Freilich wird ein weniger kapitalkräftiger Anbauer auch mit der Standardausführung erfolgreich sein - der einzige Nachteil besteht darin, daß die Stecklinge unter Standard-Leuchtstofflampen vielleicht ein paar Tage länger brauchen, bis sie wurzeln. Da Leuchtstofflampen erheblich weniger Licht abgeben als Hochdrucklampen, sollte man sie sehr dicht über die Pflanzen hängen, am besten im Abstand von 5 bis 10 cm.

Manche Anbauer hängen zusätzlich zu den Hochdrucklampen noch Leuchtstofflampen auf, um die Lichtintensität zu steigern. Da mag was dran sein, ich habe allerdings die Erfahrung gemacht, daß Leuchtstofflampen - außer beim Anpflanzen von Stecklingen - eigentlich bloß Ärger bringen. Wenn man sie in Kombination mit Hochdrucklampen einsetzt, müssen sie nämlich sehr dicht über den Pflanzen hängen, um überhaupt von irgendwelchem Nutzen zu sein - und dann werfen sie natürlich Schatten und nehmen den Pflanzen das wertvolle HD-Licht weg. Eigentlich sind sie einem nur ständig im Weg.

Die besondere Form der Power-Twist-Röhren dient zur Steigerung der Lumenzahl: durch die Vergrößerung der Glasoberfläche ergibt sich ein größerer Output an Licht. Lampen in dieser Form werden von verschiedenen Firmen angeboten.

Leuchtstofflampen und Fassungen sind relativ preiswert. Die Wurzelbildung bei Klonen wird am besten gefördert durch 18 Stunden Licht pro Tag; manche Anbauer lassen die Lampe auch 24 Stunden brennen. Es sei darauf hingewiesen, daß die Geschlechtsbestimmung durch Klonieren unter Leuchtstofflampen nicht sehr gut funktioniert.

Das Lichtspektrum der angebotenen Leuchtstofflampen ist sehr unterschiedlich. Von Sylvania gibt es die GroLux und die Wide Spectrum GroLux. Die Standard GroLux ist am besten für Sämlinge und Stecklinge geeignet. Sie ist so konstruiert, daß sie das komplette zur Photosynthese und Chlorophyllproduktion benötigte Lichtspektrum erzeugt und keine weitere Lichtquelle erforderlich macht. Die Wide Spectrum GroLux emittiert ein natürlich wirkendes Licht, das sich im Bereich von Blau bis zum roten Ende des Spektrums bewegt. Von Westinghouse gibt es AgroLight, dessen Spektralbereich dem der Sonne ähnelt. Kombiniert man Warmlicht und Cool White, so schafft man die idealen Voraussetzungen für die Wurzelbildung der Stecklinge, vor allem, wenn es sich um Hochleistungslampen handelt.

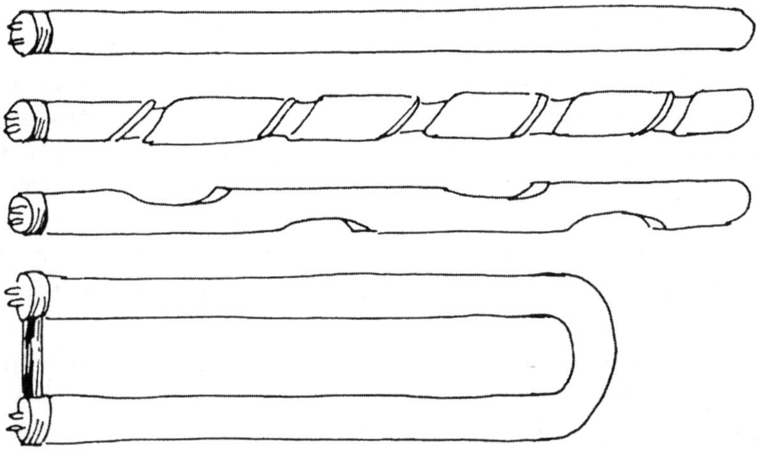

A. Standard GroLux **B.** Power Grove **C.** Power Twist **D.** U-förmige Lampe

Aufbau und Funktion

Wie bei den Hochdrucklampen, so ist auch bei den Leuchtstofflampen eine passende Armatur bzw. Fassung erforderlich, die ein Vorschaltgerät enthält, welches freilich sehr viel kleiner bemessen ist als bei den HD-Lampen. Oft bestehen Fassung und Reflektor aus einem Stück. Beim Kauf von Leuchtstoffröhren sollte man darauf achten, daß sie in ggf. schon vorhandene Fassungen passen. Manche Röhren haben einen Stift im Sockel, andere zwei Stifte. Es sind Fassungen verschiedener Art erhältlich, für eine, zwei oder vier Röhren.

Vorschaltgerät bzw. Trafo regulieren die Stromzufuhr. Die meisten Vorschaltgeräte und Fassungen sind für den Einsatz von Standard-Röhren von 40 oder 80 Watt geeignet. Hochleistungsröhren benötigen allerdings spezielle Vorschaltgeräte. Ich empfehle, beim Erwerb einer solchen Leuchte die komplette Ausrüstung - Leuchtröhre, Armatur plus Vorschaltgerät - auf einmal zu kaufen, und zwar beim Fachhändler.

Das Vorschaltgerät verringert die Betriebsspannung auf das von der Lampe geforderte Maß. Ein Vorschaltgerät hat normalerweise eine Lebensdauer von 10-12 Jahren. Anders als z.B. bei gebrauchten Vorschaltgeräten für Quecksilberdampflampen kann man bei Leuchtstoffröhren durchaus auch gebrauchte

Fassungen verwenden. Wenn eine Armatur den Geist aufgibt, macht sich das gewöhnlich durch Qualm und einen penetranten chemischen Geruch bemerkbar. Wenn das eingebaute Vorschaltgerät im Eimer ist, bauen Sie es einfach aus und ersetzen Sie es durch ein neues, wenn Sie in solchen Dingen bewandt sind - ansonsten bringen Sie die ganze Armatur zur Reparatur. Vorsicht, wenn am Vorschaltgerät eine braune, schmierige Substanz auftaucht: sie kann gefährliche Giftstoffe enthalten. In diesem Fall das Vorschaltgerät schleunigst entsorgen. Bei Leuchtstofflampen älterer Bauart wird mitunter noch ein spezieller Starter benötigt. Dieser Starter kann in der Fassung eingebaut sein, so daß man nichts von ihm sieht, oder er befindet sich in Form einer kleinen Metallscheibe (etwa 2,5 cm im Durchmesser und 1 cm hoch) am unteren Ende der Fassung. In dem Fall kann man den Starter selbst auswechseln, ansonsten muß man die Fassung zur Reparatur geben.

Die meisten Elektroläden sollten in der Lage sein, einen Starter zu prüfen. Wenn Ihre Leuchtstofflampenfassung einen Defekt hat und Sie auf diesem Gebiet nicht allzu versiert sind, dann gehen Sie mit ihr in den nächsten Elektroladen und fragen Sie um Rat. Bestehen Sie darauf, daß die einzelnen Komponenten geprüft werden und man Ihnen sagt, weshalb sie ggf. ausgetauscht werden sollten.

Die stabförmige Leuchtstofflampe ist auf der Innenseite mit Leuchtstoff beschichtet - daher ihr Name. Die jeweilige Zusammensetzung von lumineszenten Chemikalien der Beschichtung und den im Innern der Röhre enthaltenen Gasen entscheidet über den Spektralbereich des Lichts, das die Lampe abgibt. Der Glaskolben ist mit einem Edelgas - Argon oder Krypton - und Quecksilberdampf gefüllt, der Innendruck ist sehr gering. Die Entladung brennt zwischen zwei jeweils am Ende des Glasrohres angebrachten Elektroden, und der an der Innenseite des Glasrohres aufgebrachte Leuchtstoff wandelt die erzeugte UV-Strahlung in Licht um. Die stärkste Lichtemmission findet im mittleren Bereich der Röhre statt, an den Enden ist sie geringer. Wenn man nur wenige Stecklinge eingetopft hat, sollte man sie also unter dem mittleren Bereich der Lampe aufstellen.

Nach dem Einschalten der Leuchtstofflampe dauert es einige Sekunden, bis sie sich genügend erwärmt hat, um zu zünden. Die Glasröhre läuft mit zunehmendem Alter schwarz an und verliert an Intensität. Ich empfehle, die Röhre auszuwechseln, wenn sie 70% ihrer auf der Packung oder dem Etikett angegebenen Lebensdauer hinter sich hat. Flackert die Lampe, wird sie über kurz oder lang durchbrennen und sollte ausgewechselt werden. Die Lebensdauer reicht von 9000 Stunden (bei 18 Betriebsstunden täglich also rund 15 Monate) bei Hochleistungslampen bis zu 18000 Stunden (bei 18 Stunden täglich immerhin zweieinhalb Jahre) beim Standardmodell.

Über Birnen und Röhren

Die Birnen für Hochdrucklampen sind stabil gebaut und halten einiges aus; sie überstehen auch die längsten Transportwege unbeschadet. Hat die Birne jedoch einige Betriebsstunden hinter sich, nimmt das Entladungsgefäß eine dunkle Färbung an, und die inneren Teile werden ein wenig spröde. Ein heftiger Stoß kann dann zu einer wesentlichen Verkürzung der Lebensdauer bzw. Verringerung der Leuchtkraft beitragen.

Niemals die Birne herausdrehen, solange sie noch warm ist! Bei Erwärmung dehnt sich die Birne aus, sitzt fester in der Fassung als eine kalte Birne und läßt sich nur mit einiger Kraftanwendug herausdrehen. Mann kann ein spezielles, für Elektrozwecke geeignetes Gleitmittel verwenden (Vaseline tut es auch). Es reicht eine winzige Menge, die schmiert man rings um den Schraubsockel und erleichtert damit das Aus- und Eindrehen.

Die Birne immer sauber halten! Warten Sie stets, bis sie abgekühlt ist, und wischen Sie alle 2-4 Wochen mit einem sauberen Lappen das Glas rein.

Birnen, die zur Zeit gerade nicht benötigt werden, sollten Sie immer im Karton aufbewahren, in dem sie gekauft wurden!

Stets beachten: Kaputte Hochdrucklampen müssen als Sondermüll entsorgt werden! Im Innern der Birne herrscht ein Vakuum - nie eine Birne zerschlagen, weil Ihnen sonst die Splitter um die Ohren fliegen! Außerdem enthält sie Substanzen, die bei Hautkontakt gefährlich sind. Unter keinen Umständen eine Birne ins Feuer werfen!

▸ Über den Umgang mit elektrischem Strom

Man muß keine Grundkenntnisse über Elektrizität besitzen, um erfolgreichen Marihuana-Anbau zu betreiben - aber sie können Ihnen unnötige Ausgaben, Zeit und den Schock Ihres Lebens ersparen. Nachstehend wollen wir zuerst die Bedeutung einiger simpler Begriffe erklären, und was es da im einzelnen zu beachten gibt. Wer mit den Grundbegriffen vertraut ist, wird auch Sinn und Zweck von Sicherungen, Leiterquerschnitt oder Amperezahl eines Stromkreises erkennen und einsehen, wie wichtig die Erdung von Apparatur-en und das Einhalten von Sicherheitsvorschriften ist.

Bevor Sie irgend etwas anfassen, was mit Elektrizität zu tun hat, prägen Sie sich die nachstehende Faustregel ein.

Wenn Sie Geräte anschließen oder Leitungen verlegen, beginnen Sie stets mit der Komponente, die am weitesten von der Steckdose entfernt ist. Am simplen Beispiel Lampe: Zuerst die Birne eindrehen, dann den Stecker in die Dose stecken.

Ampere (A) ist die Einheit der elektrischen Stromstärke. Elektrischen Strom kann man in absoluten Meßbegriffen betrachten, ganz ähnlich wie beim Wasser. So ist ein Liter das Maß für eine bestimmte Menge Wasser; fließendes Wasser wird in Liter pro Sekunde gemessen. Das Coulomb ist die Einheit der Elektrizitätsmenge; sie liegt vor, wenn 1 Sekunde lang ein elektrischer Strom von einem Ampere durch den Leiter fließt. 1 Coulomb = 1 Amperesekunde.

Erdung Dies bedeutet, eine leitende Verbindung zwischen Stromkreis und Boden bzw. Erde herzustellen. Dies ist eine Sicherheitsvorkehrung. Fließt der Strom bei einem geerdeten Stromkreis einmal dorthin, wo er nicht hingehört, wird er über die Erdung in den Boden abgeleitet und kann kein Unheil anrichten. Strom wählt immer den Weg des geringsten Widerstands. Hochdrucklampensysteme müssen eine Erdung aufweisen, die ohne Unterbrechung von der Steckdose über das Vorschaltgerät bis zum Hauptsicherungskasten reicht.

Hertz Unregelmäßige Fluktuation oder Zyklen des Stroms innerhalb eines Leiters (Draht). In Deutschland hat der elektrische Strom 50 Hertz oder Zyklen pro Sekunde.

Kurzschluß Schließt sich ein nicht beabsichtigter Stromkreis - etwa wenn sich zwei blankgescheuerte Drähte kreuzen -, dann gibt es einen Kurzschluß. Als Folge fliegt die Sicherung heraus.

Leiter Stoffe, die elektrischen Strom leiten. Kupfer, Stahl und Wasser sind gute elektrische Leiter.

Sicherung Fließt in einer Leitung ein für den Querschnitt zu hoher Strom, dann erwärmt sie sich, und es besteht Brandgefahr. Deshalb sind Stromlei-

Achten Sie darauf, daß alle Stromkreise geerdet sind

tungen mit *Schmelzsicherungen* (oder *Leitungsschutzschaltern*) gesichert. Bei einem Kurzschluß oder Überlastung des Stromkreises schmilzt der Sicherheitsdraht, und der Stromkreis ist unterbrochen. Nie-mals eine Sicherung durch Metall-stücke oder folie ersetzen! Denn sie werden im Falle einer Überlastung nicht schmelzen und den Stromkreis unterbrechen - auf diese Weise kann sehr schnell ein Brand entstehen! Anstelle von Schmelzsicherungen werden heute zunehmend *Leistungsschutzschalter* (auch Automaten genannt) eingebaut. Sie arbeiten mit einem thermischen und einem magnetischen Auslöser und haben den Vorteil, daß sie nach dem Auslösen wieder eingeschaltet werden können. Vorsicht: Wird eine Hochdrucklampe an einen überlasteten Stromkreis angeschlossen, fliegt entweder die Sicherung raus oder es schmoren irgendwo die Drähte durch! Dies könnte das gesamte Lampensystem ruinieren, womöglich gar einen Brand verursachen. Also aufgepaßt!

An einen Stromkreis mit 16 Ampere nicht mehr als zwei 1000-Watt Hochdrucklampen anschließen!

Stromkreis Der Kreislauf, in dem ein Strom fließt. Wird dieser Kreis an irgendeiner Stelle unterbrochen, fällt der Strom aus bzw. gibt es einen Kurzschluß. Wenn Sie dem Strom Gelegenheit geben, durch Ihren Körper zu fließen, dann wird er das sofort tun! Vorsicht - Lebensgefahr!

Ohmsches Gesetz Es definiert die Leistung eines elektrischen Stroms: Volt mal Ampere gleich Watt.

Volt (V) ist die Einheit der elektrischen Spannung. Elektrischer Strom kann nur fließen, wenn auch Spannung vorhanden ist - sie ist vergleichbar mit dem Druck, der Wasser durch ein Leitungsrohr treibt: Ist kein Druck vorhanden, fließt auch kein Wasser. Spannung gleich Leistung durch Stromstärke (1 V = 1W/1A).

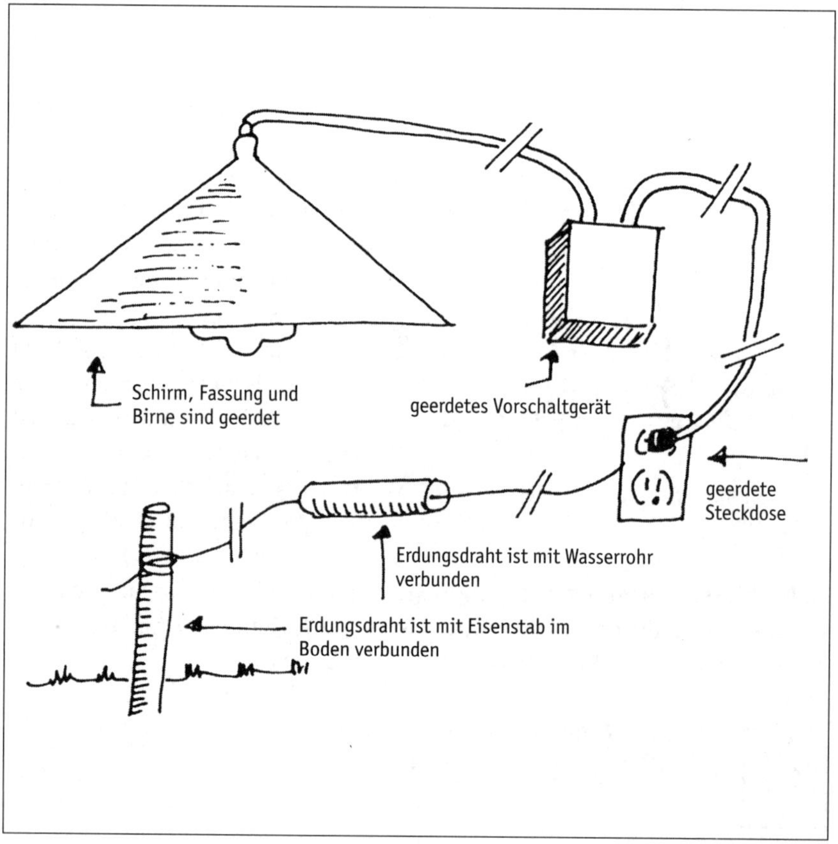

Watt (W) ist die Einheit der Leistung. Die Wattzahl gibt die Strommenge an, die durch einen Leiter fließt. Watt gleich Volt mal Ampere. 1000 Watt sind ein Kilowatt.

Für eine Halogen-Metalldampflampe errechnen wir z.B.: 5 Ampere x 230 Volt = 1150 Watt. (Sie erinnern sich doch ans Ohmsche Gesetz: Watt gleich Volt mal Ampere!) Das Resultat verblüfft, die Antwort sollte eigentlich lauten:

1000 Watt. Wo liegt der Fehler? Nun, der Strom fließt durchs Vorschaltgerät, und das verbraucht ebenfalls Energie. Demnach entfallen also 150 Watt auf das Vorschaltgerät.

Wattstunden Einheit für die während einer Stunde verbrauchte Wattzahl. Eine Wattstunde entspricht einem Watt pro Stunde. Eine Kilowattstunde = 1000 Wattstunden. Eine 1000-Watt Hochdrucklampe verbraucht ein Kilowatt pro Stunde; das Vorschaltgerät verbraucht ungefähr 150 Watt. Stromrechnungen werden nach Kilowattstunden (kWh) berechnet. (Siehe Tabelle *Stromkosten*.)

Elektrische Kabel gibt es für die verschiedensten Anforderungen. Bei beweglichen Leitungen zum Anschluß von Stromverbrauchern bis 10 Ampere (z.B. eine Stehlampe) müssen die Adern einen Querschnitt von mindestens

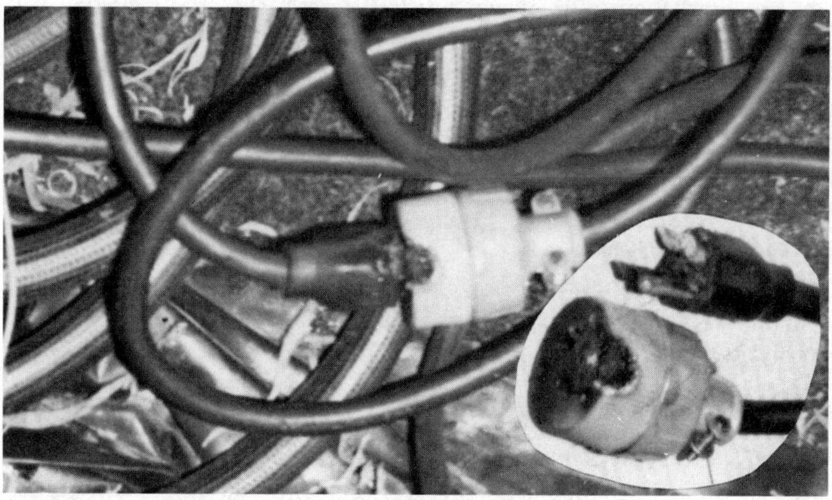

Diese Steckerverbindung hätte sehr leicht zu einem Brand führen können!

0,75 mm^2 haben. Werden bis 16 A verbraucht, muß der Aderquerschnitt 1mm^2 sein. (Länge der Leitung beachten, schauen Sie in der VDE-Tabelle nach!) Der Durchmesser des Leiters ist aus zweierlei Gründen wichtig, auf die wir im folgenden eingehen wollen.

Wieviel Ampere verträgt die Leitung? Ein durch einen Leiter fließender Strom erzeugt Wärme. Je größer die Amperezahl, desto mehr Wärme entsteht.

Diese Wärme ist vergeudete Energie! Um diese Verschwendung zu vermeiden, muß eine Leitung mit genügend großem Durchmesser verwendet werden.
Zwingt man zuviele Ampere durchs Kabel, entsteht ein Spannungsverlust. Unterwegs geht Spannung verloren. Soll ein Leiter mit einem Querschnitt von 0,5 mm^2 zum Beispiel 4,5 Ampere bei 230 Volt transportieren, dann wird er nicht nur sehr heiß werden und womöglich die Sicherung durchbrennen lassen, sondern drei Meter von der Steckdose entfernt würden wir einen erheblichen Spannungsverlust feststellen. Und dafür wollen Sie bezahlen? Je weiter der Strom wandert, desto mehr Wärme wird erzeugt, und um so mehr Spannung geht verloren.
Spannungsverlust ist nicht nur Energieverschwendung, sondern führt auch zu ineffizienter Funktion der Lampen. Eine Lampe, die für 230 V konstruiert wurde und nur 196 V erhält (also 85 Prozent der Spannung, mit der sie eigentlich arbeiten soll), erzeugt nur 70% ihres Lichts. Das bedeutet: Verwenden Sie für alle Verlängerungskabel mindestens Aderquerschnitt 1,0 - und wenn sie länger als 20 m sind, Querschnitt 1,5 mm^2.
Stromkabel bestehen aus mehreren Adern, die zwecks Isolierung mit farbigem Kunststoff umhüllt sind. Zahl der Adern und Kennfarben der Isolierung richten sich nach dem Verwendungszweck.

Die Bedeutung der Kennfarben:

- grün-gelb: Schutzleiter
- hellblau: Neutralleiter
- schwarz
- oder braun: Außenleiter (früher: Phase)

Wenn Sie einen Stecker ans Kabel schließen: Der grün-gelbe Schutzleiter wird an den Schutzkontakt des Steckers geklemmt, die beiden stromführenden Adern werden an den Steckerstiften befestigt. Verwenden Sie dabei Aderendhülsen! Bevor Sie den Stecker zuschrauben, achten Sie darauf, daß kein Drähtchen freiliegt, daß nirgendwo Adern beschädigt sind, und kontrollieren Sie sicherheitshalber noch mal den festen Sitz der Adern.
Ein Stecker muß immer fest in der Steckdose sitzen. Wenn er wackelt oder nur notdürftig drinhängt, kann der Strom springen, die Steckerstifte können einen Brand verursachen. Kontrollieren Sie regelmäßig die Stecker und Steckdosen!

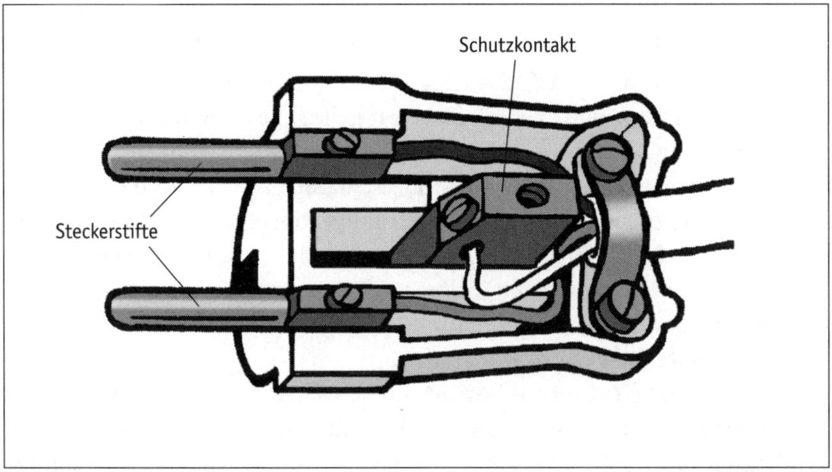

Die beiden Steckerstifte werden mit den stromführenden Adern verbunden, der Schutzkontakt (Erdung) mit dem grün-gelben Kabel.

Wenn ein neuer Stromkreis oder ein neuer Sicherungskasten installiert werden soll, lassen Sie dies von einem Elektro-Fachmann erledigen. Arbeiten an der Elektroanlage dürfen in Deutschland grundsätzlich nur durch Elektrofachbetriebe vorgenommen werden!

▸ Erhöhter Stromverbrauch

Wer legal Strom verbraucht und ihn bezahlt, macht sich nicht strafbar. Kein vernünftiger Richter würde aufgrund eines verdächtig hohen Stromverbrauchs einen Durchsuchungsbefehl erlassen! Nichtsdestotrotz könnte es in Kleinstädten oder auf dem Lande - wenn sich die Ordnungsmacht gerade langweilt - unter Umständen vorkommen, daß man eben doch Informationen nachgeht, die man Angestellten des Elektrizitätswerks entlockt hat. In größeren Städten werden Beamte kaum den Wunsch oder die Zeit haben, nach einer Handvoll Graspflanzen zu forschen, die irgendwer im Keller stehen hat.

Erfolgsbewußte Anbauer sind gute Bürger und fallen nie unangenehm auf. Haus bzw. Wohnung machen keinen verlotterten Eindruck, das Auto ist in verkehrssicherem Zustand und ordentlich angemeldet, Strafzettel werden immer pünktlich bezahlt. Sonstige Rechnungen natürlich ebenso, und man

ist nett zu den Nachbarn und veranstaltet keine wüsten, lauten Parties. Verschwiegenheit ist oberstes Gebot, auch bei der Telekommunikation.
Bei erhöhten Strombedarf kann man umdisponieren. Ich hörte mal von jemand, der in ein Haus zog, das überall Elektroheizung hatte, plus einen elektrischen Kamin. Er hängte sich drei Hochdrucklampen in den Keller, die allerhand Wärme entwickelten. Die überschüssige Wärme wurde mit einem Absaugventilator, der mit einem Themostat gekoppelt war, im Haus verteilt. Er drehte die Elektroheizung runter, richtete sich den Kamin zum Verfeuern von Holz her und heizte damit. Selbst bei drei Lampen, die drei Kilowatt pro Stunde fraßen, fiel die Stromrechnung geringer aus, als sie es beim Heizen mit Strom gewesen war!
Im US-Bundesstaat Oregon besteht die Stromrechnung z.B. aus einem Computerausdruck, auf dem ein Schaubild den täglichen Energieverbrauch der letzten 12 Monate ausweist - hier sieht ein Naseweis auf den ersten Blick, wenn ein dynamischer Anstieg des Stromverbrauchs vorliegt.
Ein Haus mit 1-3 Schlafzimmern kann zwei bis drei 1000-W Lampen, ein Haus mit 4 bis 5 Schlafzimmern drei bis fünf Lampen verkraften, ohne Verdacht zu erregen. Weitere Lampen machen dann die Installation neuer Stromkreise erforderlich, oder der Gebrauch der vorhandenen Stromkreise wird erheblich eingeschränkt. Aber ein Raum mit sechs oder mehr Lampen erfordert ohnehin, daß ständig jemand in der Nähe ist.

Stromkosten (in DM)

Preis per kWh	12 Std. pro Tag		18 Std. pro Tag	
	Tag	*Monat*	*Tag*	*Monat*
0,31	3,72	11,60	5,58	167,40
0,35	4,20	126,00	6,30	189,00
0,40	4,80	144,00	7,20	216,00
0,45	5,40	64,80	8,10	243,00

Monatlicher Energieverbrauch bei einer 1000-Watt Hochdrucklampe bei 12 und 18 Stunden Brenndauer

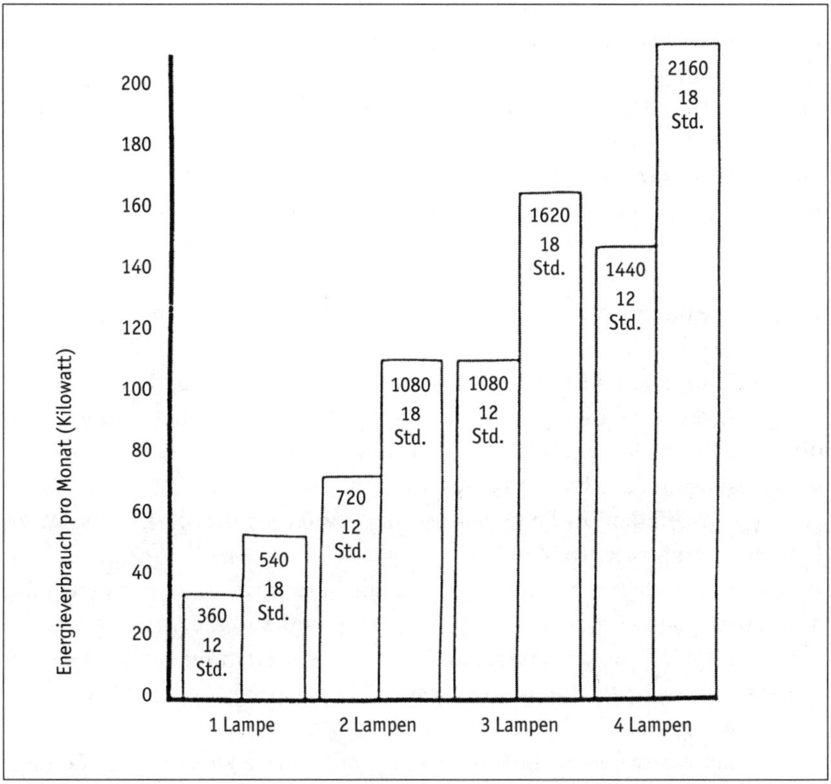

Monatlicher Energieverbrauch von 1000-Watt Hochdrucklampen bei 12 und 18 Stunden Brenndauer

Die Elektrizitätsgesellschaft wird immer die Größe des Hauses berücksichtigen, wenn sie den Stromverbrauch unter die Lupe nimmt. Einen Anstieg des Stromverbrauchs gibt es z.B. immer, wenn ein Baby hinzukommt oder neue Mitbewohner einziehen.Der Strombedarf läßt sich z.B. senken, indem man auf Gasheizung oder Holzfeuerung umstellt. Ich kenne Leute, die sich einen modernen, sparsameren Wasserboiler kauften - was die Stromrechnung senkte. Durch die Einsparung beim ausgewechselten Wasserboiler konnten sie eine zusätzliche Hochdrucklampe installieren. Eine Bekannte von mir reduzierte die Temperatur ihres Heißwassers und sparte allein damit 25 kWh pro Monat! Aber Vorsicht: Die Wassertemperatur sollte nie unter 60° C sinken, da sich sonst gesundheitsschädliche Bakterien im Tank bilden können!

Möglicherweise wird sich Ihr Stromversorgungsunternehmen bei Ihnen melden und Sie fragen, ob Sie sich des gestiegenen Stromverbrauchs bewußt sind. Das ist kein Grund zur Beunruhigung. Sagen Sie einfach, daß Sie sich darüber im Klaren sind. Wenn Sie glauben, sich erklären zu müssen: Schweißgeräte, Hot-tubs und Brennöfen sind wahre Stromfresser. Sollte es die Situation erforderlich machen, können Sie Ihre Dusche auch mal bei Freunden oder in einem öffentlichen Bad nehmen, Ihre Wäsche im Waschsalon waschen und auf die Benutzung von Geräten verzichten, die viel Strom verbrauchen.

Wenn der Ableser vom E-Werk kommt, um Ihren Zähler abzulesen, wird er staunen, wenn sich bei hellem Tag das Rädchen wie ein Kreisel dreht, zumal, wenn offenbar kaum Leute im Haus sind. Für solche Eventualitäten können Sie den Tageslichtzyklus auf die Nachtzeit verlegen - dann sind beim Ablesen die Lampen abgeschaltet. Es ist schon passiert, daß die Elektrizitätsgesellschaft bei Leuten den Zähler auswechselte - ihr war der Anstieg des Stromverbrauchs aufgefallen, und sie glaubte, der Zähler sei defekt. Der Stromverbrauch blieb natürlich der gleiche.

Normalerweise bietet der Stromlieferant mehere Tarife an, unter denen der Verbraucher auswählen kann. Wer wenig Strom verbraucht, wählt einen Tarif mit niedrigem Grundpreis und hohem Kilowattstundenpreis. Wer viel Strom verbraucht, wählt besser einen hohen Grund- und niedrigen Verbrauchspreis.

Es soll auch Leute geben, die auf die eine oder andere Weise den Zähler austricksen und sich den Strom klauen. Das ist äußerst unklug. Wer Strom klaut, muß immer damit rechnen, daß man ihm auf die Schliche kommt. Stromklau ist eine sehr gute Methode, auf Ihr Haus und Ihre Pflanzen aufmerksam zu machen. Wenn Sie illegal Strom abzapfen, geben Sie der Elektrizitätsgesellschaft einen triftigen Grund, bei Ihnen nachzuforschen. Gewiß, es haben schon Leute jahrelang illegal Strom abgezapft, ohne daß man ihnen auf die Schliche kam - und vielleicht wird sie ja nie einer behelligen. Aber die Sache kann genauso gut jederzeit auffliegen. Der Hauptgrund, weshalb Leute Strom klauen, ist kurioserweise der, daß sie befürchten, ihr hoher Stromverbrauch könnte Verdacht erregen. Wer solche Ängste hat, sollte sich überlegen, ob er nicht lieber einen Generator anschafft.

Generatoren

Die Anschaffung eines Generators ist ratsam, wenn Ihr Stromnetz zuwenig

Ampere hat oder in Ihrem Hause der Strom knapp ist, weil zuviel für andere Geräte draufgeht. Wer sich einen Generator zulegen will, sollte sich informieren, wie zuverlässig das Gerät ist, wieviel Ampere es liefert und wie hoch sein Lärmpegel ist.

Man sollte auf jeden Fall einen fabrikneuen Generator kaufen, keinen gebrauchten. Er sollte wassergekühlt und vollautomatisiert sein. Jedes Markenfabrikat dürfte OK sein, aber bevor Sie ein Gerät kaufen, vergewissern Sie sich, wie laut es ist - hören Sie sich den laufenden Generator an. Und achten Sie darauf, daß er die Leistung bringt, die Sie brauchen. Eine kleine Power-Reserve wird nötig sein, falls es zu Spannungsschwankungen kommt. Wenn das Gerät versagt, schadet es Ihrer Ernte! Kalkulieren Sie mit 1300 Watt pro Lampe, die der Generator bringen muß. Ein wenig geht immer für Vorschaltgeräte und Kabel drauf. Ein 5500-Watt Honda Generator liefert spielend den Strom für 4 Lampen.

Honda Generatoren werden am meisten verwendet, weil sie zuverlässig, am preiswertesten und leisesten sind. Es hat mal jemand einen Generator mit einem 6-Zylinder Benzinmotor betrieben - der lieferte ohne weiteres genug Strom für 5 Lampen, fraß aber eine Menge Sprit. Dieselmotoren sind da ökonomischer, aber verdammt laut, und die Abgase stinken wie die Pest. Sie müssen darauf achten, daß an der Stelle, wo der Generator steht, genügend Luftzirkulation herrscht. Die Abgase enthalten das für für Menschen und Pflanzen giftige Kohlenmonoxid. Die Abgase aus dem Auspuff müssen nach draußen geleitet werden.

Der Motor des Generators läßt sich auf Propan umstellen, das sauberer verbrennt, und und aus den Auspuffgasen läßt sich CO_2 nutzbar machen.

▸ Die Installation der Hochdrucklampe

Erster Schritt Bevor Sie die Lampe aufhängen, lesen Sie, was im 1. Kapitel unter *Die Einrichtung des Anbau-Raums* steht und befolgen die dort beschriebenen Anweisungen.

Zweiter Schritt Bedenken Sie, daß Lampe und Vorschaltgerät ziemlich viel Hitze entwickeln. Achten Sie unbedingt darauf, daß genügend Sicherheitsabstand zu Decke und Pflanzen bzw. brennbaren Wänden besteht - mindestens 15 bis 30 cm!

Wenn es sich um einen kleinen Raum mit niedriger Decke handelt, können

Sie sich damit behelfen, daß Sie ein schützendes, nicht brennbares Material wie z.B. Blech oder Fibersilikatplatten zwischen Lampe und Decke anbringen. Ist der Raum kleiner als 1,80 m x 1,80 m, ist ein Absaugventilator erforderlich, sonst wird der Anbau-Raum zum Brutofen. Das Vorschaltgerät sollte in Bodennähe plaziert werden; Sie können ihn auch außerhalb des Anbau-Raums aufstellen, wenn es drinnen zu heiß wird - dazu wird es aber nicht kommen, wenn ein guter Absaugventilator installiert ist. Beim Aufhängen der Lampe darauf achten, daß das Stromkabel nicht der Aufhängkette oder dem Wanderlicht-System in die Quere kommen kann und nicht zu dicht an irgendwelchen Wärmequellen verläuft.

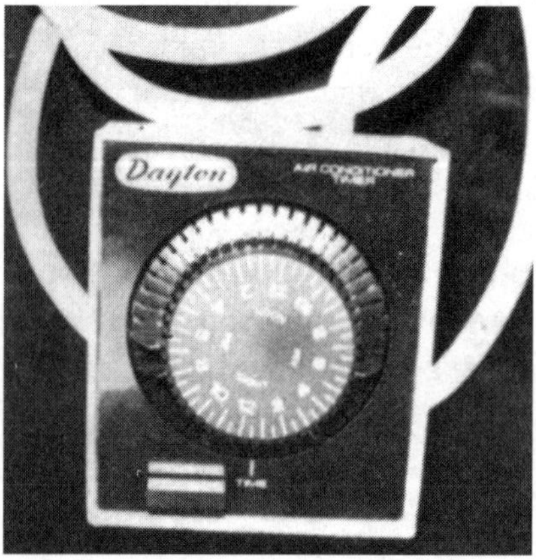

Geerdete Zeitschaltuhr für eine Lampe

Geerdete Zeitschaltuhr mit 4 Steckdosen

Dritter Schritt Kaufen Sie eine Zeitschaltuhr! Die brauchen Sie nämlich, wenn Sie erfolgreich Mutter Natur spielen wollen. Die Gründe liegen auf der Hand: Ohne Zeitschaltuhr bleibt Ihnen nichts anderes übrig, als die Lampe von Hand ein- und auszuschalten - was auf Dauer ziemlich lästig werden kann. Mutter Natur läßt die Pflanzen nie im Stich, sie hält penibel ihren Zeitplan ein und läßt sie wachsen und gedeihen. Übernimmt der Gärtner die Rolle von Mutter Natur, wird er dann auch nie vergessen, die Lampe Tag für Tag zum gleichen Zeitpunkt ein- bzw. auszuschalten, über mehrere Monate hinweg? Wird der Gärtner oder die Gärtnerin überhaupt jeden Tag zur erforderlichen Zeit - zweimal täglich! - im Haus sein? Sie haben sich ein teures Hochdrucklampensystem angeschafft und mühevoll den Anbau-Raum eingerichtet, hier steht immerhin einiges auf dem Spiel - besorgen Sie sich also eine zuverlässige Zeituhr! Wenn die Photoperiode mal länger und mal kürzer ist (was bei Mutter Natur nie vorkommt!), dann werden Sie irgendwann die Bude voller kränkelnder, heillos verwirrter Pflanzen haben. Sollten überhaupt welche bis zur Ernte überleben, wird es sich um eine sehr klägliche Ernte handeln. Eine gute Zeitschaltuhr ist ihren Preis auf jeden Fall wert - die ist nur mit besten Indica-Spitzen aufzuwiegen!

Vierter Schritt Um die Hochdrucklampe ans Netz anzuschließen, ist es erforderlich, eine geeignete Steckdose auszusuchen. Eine 1000-Watt Hochdrucklampe braucht bei einem normalen Stromkreis von 230 V mindestens 4,5 Ampere - ohne Kompensation entsprechend mehr!.
Jedes Wohnhaus hat einen Sicherungskasten mit Schmelzsicherungen oder Leitungsschutzschaltern. Jede vorhandene Sicherung (jeder Leitungsschutzschalter) in diesem Kasten überwacht einen eigenen Stromkreis im Haus, und hat entweder 10, 16, 20, 25, 35, 50 oder 63 Ampere. Ein Stromkreis gilt als überlastet, wenn mehr als 80% der verfügbaren Ampere verbraucht werden. Diese Werte sind jeweils auf dem Leitungsschutzschalter bzw. der Schmelzsicherung angegeben. Schmelzsicherungen haben ein kleines farbiges Plättchen, das herausspringt, wenn die Sicherung durch zu hohen Strom oder Kurzschluß zerstört wird - an der Farbe dieses Plättchens (die mit der Farbe der Paßschraube übereinstimmt) erkennt man die Stromstärke der Sicherung:

Kennfarbe	*Stromstärke*
• rot	10 A
• grau	16 A
• blau	20 A
• gelb	25 A
• schwarz	35 A
• weiß	50 A
• kupfer	63 A

Um zu erkunden, welcher Stromkreis an welcher Sicherung hängt, schrauben Sie die Sicherung heraus und prüfen dann bei allen Steckdosen, Lichtschaltern etc. im Haus, ob Spannung vorhanden ist oder nicht. Alle Stromquellen, an denen kein Strom fließt, gehören zum gleichen Stromkreis. Alle Stromquellen, bei denen Strom fließt, hängen an anderen Stromkreisen. Sobald Sie einen Stromkreis gefunden haben, an dem keine oder nur wenige

Zimmerleuchten, TVs, Radios etc. hängen, prüfen Sie bei diesem die Ampere-Zahl. Bei 16 Ampere dürfen Sie nur 2 bis 3 Hochdrucklampen anschließen. Hat der Stromkreis 20 oder mehr Ampere, können neben der Hochdrucklampe auch noch einige andere Leuchten und Geräte mit geringer Amperezahl betreiben. Wenn Sie wissen wollen, wieviele Ampere von allen Geräten benutzt werden, addieren Sie die Wattzahlen aller Geräte und teilen Sie die Summe durch 230 (Volt).

Beispiel:

An einen Stromkreis mit einer 10-Ampere-Sicherung sind folgende Dinge angeschlossen:

  1400 W Toaster
+ 100 W Glühlampe
+ 20 W Radio
= 1520 W, geteilt durch 230 ergibt 6,6 Ampere

Bei diesem Beispiel werden also 6,6 Ampere verbraucht, wenn alles eingeschaltet ist. Addieren wir die von der Hochdrucklampe benötigten 4,5 Ampere, erhalten wir 11,1 Ampere - der Stromkreis ist also überlastet. Für dieses Problem gibt es drei Lösungen: 1) Entfernen Sie das hochamperige Gerät und schließen Sie es an einen anderen Stromkreis. 2) Suchen Sie einen anderen Stromkreis, bei dem mehr Ampere verfügbar sind. 3) Lassen Sie einen neuen Stromkreis installieren.

Schrauben Sie nie eine Sicherung mit mehr Ampere ein, wie sie haben sollte. Die Sicherung ist das schwächste Glied in der Kette. Wird eine Sicherung mit 16 A dort eingeschraubt, wo eine mit 10 A reingehört, wird sie mehr Strom leiten als die Kabel und Verlängerungsschnüre verkraften. Also werden eher die Kabel verschmoren, bevor die Sicherung durchbrennt. Ein überlasteter Stromkreis kann das ganze Haus in Brand setzen! Und wie erklären Sie dann der Feuerwehr die Ursache des Brandes?

Beim Einsatz von Verlängerungsschnüren mindestens einen Aderquerschnitt von 1,0 mm^2 verwenden. Kleinere Formate sind ungeeignet, werden heiß und stressen das System. Das Kabel auf die benötigte Länge kürzen; je weiter der Weg des Stroms, desto schwächer wird er, und um so mehr Wärme erzeugt er.

Fünfter Schritt Ist der geeignete Stromkreis gefunden, ist die Lampenarmatur samt Schirm an der Decke installiert, steht das Vorschaltgerät am richtigen

Ort (noch nicht ans Netz angeschlossen!), dann schrauben Sie die Birne ein. Vergewissern Sie sich, daß sie sicher sitzt - nicht zu fest eindrehen! Wischen Sie nun die Birne gründlich sauber, um größtmögliche Helligkeit zu gewährleisten.

Sechster Schritt Stecken sie den Stecker in die Zeitschaltuhr (Schalter auf AUS). Als nächstes die Zeitschaltuhr ans Stromnetz anschließen, die gewünschte Photoperiode einstellen und die Zeitschaltuhr einschalten. Banzai! Das Vorschaltgerät wird anfangen zu brummen, die Lampe wird sich flackernd erwärmen und nach einigen Minuten in voller Helligkeit erstrahlen.

Dieser Anbau-Raum ist mit einem CO_2-Begasungssystem ausgerüstet. Er hat weiße Wände und verfügt über einen Absaugventilator.

3. KAPITEL

Boden und Behälter

Marihuana gedeiht sowohl in fruchtbarem Mutterboden wie in erdfreien Substraten. Wird Cannabis im Freien angepflanzt, verzweigen sich die Wurzeln und dringen auf der Suche nach Wasser und Nährstoffen immer tiefer ins Erdreich ein. Wie viele andere Blattpflanzen dehnt sich Cannabis unterirdisch im gleichen Verhältnis aus wie über dem Boden - die Wurzeln reichen bis zur Kronentraufe, dem äußersten Kranz der Blätter. Wird das Wurzelsystem in seinem Wuchs und damit bei seiner Suche nach Wasser und Nährstoffen behindert, so wird dies das Wachstum der ganzen Pflanze beeinträchtigen. Im Freien werden die Zweige einer Pflanze etwa so weit in die Breite wachsen, wie sich das Wurzelwerk im Boden ausbreiten kann. Man muß also stets darauf achten, daß Cannabis genügend Raum zum Wurzeln hat, und die Pflanze in ein Medium setzen, das dieser Anforderung gerecht wird. Beim Anbau im Haus ist das Wurzelwerk immer von einem Topf oder sonstigen Behälter umschlossen. Es ist also praktisch unmöglich, der Pflanze beim Hausanbau eine Bodenumgebung zu bieten, die jener in freier Natur gleicht. Deshalb muß man bei der Auswahl von Pflanzmedium und Behältern mit großer Sorgfalt vorgehen.

▸ Boden, pH-Wert, Zuschlagstoffe

In freier Natur besteht fruchtbarer Boden aus einer Mischung aus mineralischen Partikeln und organischer Substanz, in der Luft und Wasser gespeichert ist. Drei Faktoren ermöglichen es der Pflanze, im Boden zu wachsen:

(1) seine Struktur, (2) sein pH-Wert und (3) sein Nährstoffgehalt.Die Struktur hängt ab von der Größe und der physikalischen Beschaffenheit der mineralischen Partikel. Nur wenn der Boden die richtige Struktur hat, kann die Pflanze ihn durchwurzeln, kann er Wasser und Sauerstoff speichern, können Dränage und die komplexen chemischen Prozesse funktionieren, die für das Gedeihen der Pflanze wichtig sind. Lehmboden z.B. besteht aus winzig kleinen, flachen Mineralpartikeln - ist er feucht, kleben sie fest zusammen, hemmen Wurzelpenetration und Wasserdränage oder verhindern sie ganz. Die Wurzeln können nicht atmen, da nur wenig oder gar kein Platz für Sauerstoff vorhanden ist. Dem Wasser gelingt es kaum, diesen festgefügten Boden zu durchdringen, und falls doch, wird es nur sehr allmählich dränieren. Bei sandigen Böden sind die Mineralpartikel weit größer, sie ermöglichen gute Durchlüftung (Versorgung mit Sauerstoff) und Dränage. Häufiges Wässern bzw. Gießen ist nötig, da die Wasserhaltekraft sehr gering

Die Pflanzen gedeihen am besten, wenn der Topf groß genug ist

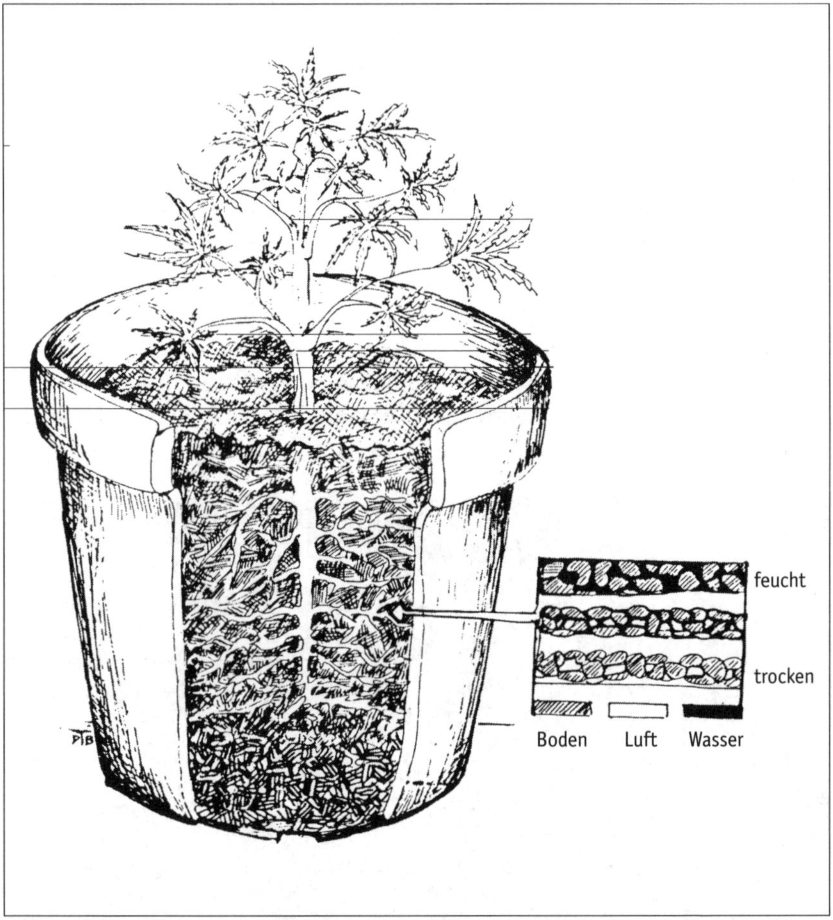

ist. Wie gut ein Boden Wasser und Sauerstoff speichern kann und die Wurzeln ihn zu penetrieren vermögen, ist abhängig von seiner Struktur.
Die Bodenbeschaffenheit prüft man, indem man eine Handvoll feuchter Erde (d.h. nicht durchgeweicht) nimmt und leicht zusammenpreßt: Beim langsamen Öffnen der Hand sollte die Erde noch kurz zusammenhaften und sich bei nachlassendem Druck ein wenig wie ein Schwamm anfühlen.
Zuschlagstoffe zur physikalischen Bodenverbesserung erhöhen Durchlüftung und Wasserspeicherung. Bei diesen Zuschlagstoffen unterscheidet man zwei Kategorien: (1) mineralisch und (2) organisch.

Die mineralischen Zuschlagstoffe sind vom pH-Wert her neutral und enthalten im allgemeinen keine Nährstoffe. Sie zerfallen durch Verwitterung bzw. Erosion, was keinen Einfluß auf den pH-Wert hat. Zudem sind die mineralischen Zuschlagstoffe leichter als Erde. Dies kann durchaus ein Pluspunkt sein, wenn die Pflanzkübel oft hin- und herbewegt werden müssen.

Perlite ist ein vulkanisches Glas, das durch Erhitzen aufgeschäumt wurde - durch seine große, unregelmäßige Oberfläche kann es gut Wasser und Nährstoffe speichern und wirkt sich besonders vorteilhaft auf die Durchlüftung aus. Das ideale Medium also für einen Gärtner, der das Wachstum seiner Pflanzen mit starker Düngung forcieren will. Perlite entwässert rasch und beugt damit einer Versalzung vor. Perlite wird auch gern bei Hydrokulturen verwendet. Es wird in drei Korngrößen angeboten: fein, mittel und grob. Die meisten Anbauer nehmen Mittel- oder Grobkorn.

Bimssteingrus (Vulkangestein) ist sehr porös, vom Gewicht her sehr leicht und speichert in seinen vielen höhlenartigen Löchern Wasser, Nährstoffe und Luft. Der ideale Zuschlagstoff zur Durchlüftung und gleichmäßigen Wasserspeicherung des Pflanzmediums.

Vermiculit (wird durch Erhitzung aus Glimmer hergestellt) speichert zwischen seinen Fasern Wasser und Nährstoffe und wirkt stabilisierend auf die Struktur von Böden mit rascher Dränage. In feiner Körnung eignet sich Vermiculit auch sehr gut als Medium zum Anpflanzen von Stecklingen. Dieser Zuschlagstoff speichert mehr Wasser als Perlite oder Bimsstein, ist von daher also das ideale Medium für kleine Töpfe - oder für Leute, die nicht gern gießen. Aufgrund seiner hohen Wasserspeicherungskapazität wird Vermiculit auch bei Hydrokultursystemen mit Dochtanstau verwendet. Es ist in den Korngrößen fein, mittel und grob erhältlich. Beim Ziehen von Stecklingen stets die feine Körnung nehmen - ist sie nicht verfügbar, kann man sich auch behelfen, indem man die mittlere oder grobe Körnung zwischen den Händen zerreibt. Als Zuschlagstoff zur Topferde eignet sich am besten die grobe Körnung.

Organische Zuschlagsstoffe zersetzen sich durch die Aktivität von Bakterien, bis schließlich als Endprodukt Humus vorliegt. Humus ist ein weiches, schwammiges Material, das kleine Bodenpartikel bindet und so die Struktur des Bodens verbessert. Ein junger kompostierender organischer Zuschlagsstoff braucht Stickstoff, damit die bakterielle Zersetzung funktioniert. Ist sein Stickstoffgehalt geringer als 1,5 %, wird er dem Boden Stickstoff entziehen - der fehlt dann den Wurzeln! Wenn Sie Kompost verwenden, müssen Sie also darauf achten, daß es sich um reifes, vollkommen kompostiertes Material handelt (mindestens ein Jahr alt), das Stickstoff abgibt, statt ihn dem Boden zu entziehen. Ein gutes Zeichen für seine Fruchtbarkeit ist die dunkelbraune Farbe.

Ich selbst ziehe mineralische Zuschlagstoffe vor, weil in ihnen keinerlei Bakterienaktivität stattfindet, die den Nährstoffgehalt oder den pH-Wert des Bodens verändern könnte. Andere Leute nehmen lieber organische Stoffe, weil sie nicht nur die Struktur verbessern, sondern zugleich auch Nährstoffe liefern. Lauberde, Gartenkompost (mindestens ein Jahr alt!) und diverse Arten von vollständig kompostiertem Tierdung enthalten im allgemeinen ausreichend Stickstoff und werden dem Boden keinen entziehen. Wer organische Zuschlagstoffe verwendet, sollte sie im Gartenfachhandel kaufen, denn so läßt sich am ehesten die Qualität überprüfen. Schauen Sie auf der Verpackung nach, ob der Hersteller garantiert, daß sein Produkt keine schädlichen Insekten, Larven, Eier, Schimmelpilze oder Mikroorganismen enthält. Gartenkompost und Lauberde sind zwar fruchtbare organische Stoffe, aber normalerweise voller Insekten und weiß der Himmel was alles. Der Komposthaufen ist z.B. ein beliebter Aufenthaltsort für die Raupen von Nachtfaltern. Eine einzige dieser Raupen in einem 20-Liter-Kübel bedeutet für die schutzlose Marihuanapflanze den sicheren Tod.

Stallmist kann toxische Mengen saurer Salze sowie allerhand Unkrautsamen und Pilzsporen enthalten. Wenn Sie Dung verwenden, dann am besten in Säcken kaufen, auf denen für den Inhalt garantiert wird. Es gibt diverse Arten: Rinder-, Pferde-, Kaninchen- und Hühnerdung, seltener auch Enten- und Schweinedung. Diese Substanzen sind meist voluminös und können zur Verbesserung des Bodens genutzt werden. Je nach Futter der Tiere und Zersetzungsgrad ist ihr Nährstoffgehalt variabel.

Mit Torf bezeichnet man das unter Luftabschluß in Mooren gebildete Zersetzungsprodukt pflanzlicher Substanzen. Die am meisten Torfsorten bestehen aus Sphagnum- oder Hypnum-Moos.

Das hellbraune Spaghnumtorfmoos ist die Torfsorte, die in den meisten Läden für Gartenbedarf erhältlich ist. Es hat eine hohe wasserhaltende Kraft, kann das 15- bis 20-fache seines Eigengewichts an Wasser aufnehmen und gibt dem Boden Volumen. Es enthält so gut wie keine Nährstoffe, der pH-Wert liegt zwischen 3 und 5. Nach einigen Monaten Kompostierung kann der pH-Wert sehr sauer werden. Dies läßt sich jedoch durch eine Zugabe von Dolomitkalk kompensieren - damit wird der pH-Wert wieder stabilisiert.

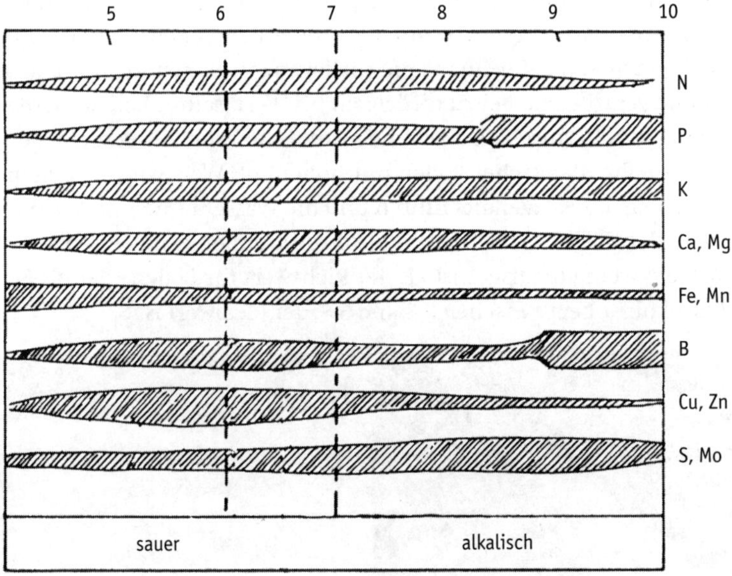

Dolomitkalk ist vermahlenes Kalkgestein, reich an Calcium und Magnesium. Hypnum-Torfmoos ist besser kompostiert, dunkler in der Farbe und hat einen höheren pH-Wert (5 bis 7). Dieser Torf ist weniger verbreitet und enthält mehr Nährstoffe als Sphagnum-Torf. Er eignet sich gut als Zuschlagstoff, allerdings kann er nicht so viel Wasser speichern wie die Sphagnum-Variante.

Torf ist sehr trocken, und es erfordert einigen Arbeitsaufwand, ihm die nötige Feuchtigkeit zu geben - man kann ihn zwar auch in feuchter Form kaufen, allerdings hat er dann ein ziemliches Gewicht. Will man Torfmoos als Zuschlagstoff verwenden, ist es am einfachsten, wenn man alle Komponenten in trockener Form mischt und erst die fertige Mischung wässert; um das Wasser zu entspannen, gibt man flüssige Seife hinzu (3 bis 4 Tropfen auf 5 Liter). Hilfreich ist, vor dem Öffnen ein paar Mal gegen den Torfsack zu treten, um den Ballen zu zerkleinern - dann bröselt er leichter und man hat weniger Arbeit beim Mischen.

Der pH-Wert kennzeichnet die saure, neutrale oder alkalische Reaktion eines Bodens. Die Skala reicht von 1 bis 14; mit 0 beginnend hat man Salzsäure als sauerste Zustandsstufe, pH 14 ist der alkalischste Bereich mit Natronlauge. Cannabis gedeiht am besten, wenn der pH-Wert zwischen 6,5 und 7 liegt. In diesem Bereich kann Marihuana die vorliegenden Nährstoffe optimal absorbieren und verarbeiten. Bei zu niedrigem pH-Wert (saurer Boden) werden die Nährstoffe durch saure Salze gebunden und die Wurzeln können sie nicht aufnehmen. Ein alkalischer Boden mit hohem pH-Wert wird zu einem toxischen Anstieg des Salzgehalts führen und die Wasseraufnahme der Wurzeln hemmen. Nährlösungen für Hydrokultur funktionieren am besten, wenn der pH-Wert ein wenig niedriger ist als der Richtwert für Böden - der pH-Bereich für Hydrokultur liegt zwischen 5,8 und 6,8; der Idealwert ist 6,3.

Elektronische pH-Meßgeräte sind preiswert, ziemlich präzise und äußerst bequem.

Es gibt verschiedene Möglichkeiten, den pH-Wert des Bodens zu bestimmen. Lackmuspapier, pH-Meter oder elektronische pH-Meßgeräte (sog. Soil-Tester) können Sie im Gartenfachhandel kaufen. Wenn Sie den pH-Wert messen: diverse Bodenproben entnehmen, sie in einem sauberen Eimer gut vermischen, und genau der Gebrauchsanweisung folgen, die dem Lackmuspapier oder dem pH-Meter beiliegt. Diese pH-Meter gibt es von verschiedenen Herstellern und in unterschiedlicher Preislage. Die Messung beim Hellige pH-Meter erfolgt z.B. dadurch, daß die Bodenprobe mit einer chemischen Substanz, einem Flüssigkeitsindikator, gemischt wird.

Wenn Sie Lackmuspapier verwenden, füllen Sie die Bodenprobe in ein sauberes Gefäß und geben destilliertes Wasser hinzu. Hängen Sie zwei Streifen Lackmuspapier ins schlammige Wasser. Nach 10 Sekunden ziehen Sie einen heraus. Nach einer Minute Wartezeit dann auch den zweiten. Beide Papierstreifen sollten die gleiche Farbe haben. Auf der Verpackung des Lackmuspapiers werden Sie eine aufgedruckte Farbskala finden - nun vergleichen Sie einfach die Farbe Ihres Lackmuspapiers mit der Skala und lesen den pH-Wert ab. Zu fehlerhaften Ergebnissen kann es bei dieser Methode nur dann kommen, wenn das verwendete Wasser nicht den neutralen Wert 7 hat oder wenn im Dünger (z.B. bei den Fabrikaten Peters, Ra-Pid-Gro, Miracle-Gro) eine Indikatorfarbe enthalten ist.

Elektronische pH-Meßgeräte gibt es von diversen Herstellern. Sie sind gar nicht mal teuer, von der Handhabung her sehr bequem, und ziemlich genau. Achten Sie vor allem auf die Feuchtigkeit des Bodens: die meisten dieser Geräte arbeiten nur dann, wenn der Boden sehr feucht ist. Bei regelmäßiger Überprüfung des pH-Werts ist so ein elektronisches Gerät ökonomischer als die herkömmlichen pH-Meter und bequemer zu handhaben als Lackmuspapier. Mit dem elektronischen Gerät können Sie beliebig oft messen, während ein chemischer pH-Meter nur für etwa ein Dutzend Tests reicht. Für eine optimale Meßgenauigkeit müssen Sie (1) die Einstichelektroden nach jedem Test mit Schmirgelpapier abreiben, um Korrosionsspuren zu beseitigen, (2) die Erde rings um die Elektroden fest andrücken und (3) vor dem Test die Erde mit destilliertem Wasser (pH-Wert 7) wässern.

Prüfen Sie in jedem Fall den pH-Wert des Gießwassers, das Sie benutzen, denn der kann mal zu niedrig und mal zu hoch sein. Nach wiederholtem Gießen kann dies den pH-Wert des Substrats drastisch verändern, vor allem bei Böden mit hohem Anteil an organischen Zuschlagstoffen. Regnerische Küstenzonen haben normalerweise eher saures Wasser, während man in

Trockengebieten eher alkalisches Wasser findet. Problematisch wird es im Spätherbst, wenn draußen die Blätter fallen und ihre Kompostierung einsetzt. Dieser biologische Zerfallsprozeß führt zu einem Absinken des pH-Werts, denn die sauren Blätter lassen den pH-Wert des Bodens sinken und damit natürlich auch den des Wassers. Mit diesem Problem ist man normalerweise bei der Wasserversorgung kleinerer Gemeinden konfrontiert; die Wasserwerke in Großstädten oder Ballungsgebieten hingegen beobachten genau den pH-Wert und korrigieren ihn notfalls, so daß es hier weniger Probleme für Gärtner gibt. Achten Sie auf größere Veränderungen in der Natur, die den pH-Wert des Wassers verändern könnten. Es ist äußerst wichtig, immer den pH-Wert des Wassers im Auge zu behalten - Sie sollten ihn alle 14 Tage überprüfen!

Dolomitkalk sorgt für den richtigen pH-Wert

Um maximales Wachstum und reibungslose Nährstoffaufnahme zu gewährleisten, sollte der pH-Wert zwischen 6,5 und 7 liegen. Marihuana wächst auf fast allen Böden, doch in diesem Bereich scheint es am besten zu gedeihen. Im Handel erhältliche Pflanzenerde hat fast nie einen pH-Wert über 7,5. Normalerweise findet man einen niedrigeren Wert, mitunter hat sie nur 5,5. Der ideale Bereich liegt zwischen 6,8 und 7. Manche angebotene Topferden sind neutral gehalten und haben fast genau 7. Die meisten sind jedoch eher ein bißchen sauer, weil sie normalerweise zum Eintopfen von perennierenden

Heimzierpflanzen benutzt werden, die es gern sauer haben. Im Freien bevorzugt Marihuana den leicht alkalischen Boden, beim Anbau im Haus gedeiht die Pflanze jedoch am besten im neutralen Medium. Die einfachste Methode, den pH-Wert zu halten oder zu erhöhen, besteht darin, vor dem Eintopfen auf je 28 Liter Pflanzenerde eine Tasse voll Dolomitkalk unterzumischen. Den Dolomitkalk erst gut mit trockener Erde vermengen, dann nach dem Wässern noch mal im Topf gut durchmischen. Das garantiert eine gleichmäßige Verteilung.

Dolomitkalk wird schon seit Jahren von Anbauern als pH-Stabilisator benutzt. Wenn man ihn gründlich untermischt, ist eine Überdosierung praktisch unmöglich. Weil Dolomitkalk den neutralen pH-Wert von 7 besitzt, kann er den pH-Wert nie auf mehr als 7 erhöhen. Genauso gut kann man damit auch den pH-Wert senken - er ist ein sicherer pH-Stabilisator. Wenn Sie also beim Eintopfen der Pflanzen Dolomitkalk untermischen, bleibt der pH-Wert garantiert stabil, auch bei sauren Düngern und Schwankungen im Gießwasser. Dolomitkalk besteht aus Magnesium (Mg) und Calcium (Ca), deshalb ist er bei Leuten, die im Haus anbauen, auch so beliebt. Diese beiden Sekundär-Nährstoffe braucht Marihuana nämlich, aber viele Dünger enthalten sie nicht in ausreichender Menge. Dolomitkalk bewahrt den Boden nicht vor einer Anreicherung mit sauren Salzen - das können nur Sie in Ihrer Rolle als Mutter Natur verhindern, indem Sie für ein regelmäßiges Auswaschen sorgen. Wenn Sie Dolomitkalk kaufen, verlangen Sie die feinste Körnung (staubfein). Da er nur ein paar Monate lang angewendet wird, sollte er so fein wie möglich sein, damit er leicht zu absorbieren ist.

Stets gründlich untermischen! Wenn er mangelhaft im Boden verteilt ist, kann er Schichten bilden, die zu Verbrennungsschäden an den Wurzeln führen oder kein Wasser an sie heranlassen. Bei grobem Dolomitkalk könnte es bis zu einem Jahr dauern, bis er überhaupt von den Pflanzen aufgenommen werden kann.

Beim Eintopfen eine Tasse feinen Dolomitkalk auf 28 Liter (bzw. 35 Gramm auf 5 Liter) des Pflanzmediums hinzugeben, um den pH-Wert zu stabilisieren und die Pflanze mit ausreichend Ca und Mg zu versorgen.

Gelöschter Kalk ist Dolomitkalk sehr ähnlich, jedoch besser löslich. Löschkalk funktioniert wunderbar, wenn nach dem Einpflanzen der pH-Wert reguliert werden muß: Man rührt ihn in warmes Wasser ein und führt ihn jedes Mal beim Gießen zu. Viele Anbauer arbeiten mit einer Mischung aus 1/4 Löschkalk und 3/4 Dolomitkalk. In dieser Mischung ist der Löschkalk sofort verfügbar, um den pH-Wert zu neutralisieren, während der Dolomitkalk für den Langzeiteffekt sorgt. Es sollte in keinem Fall mehr als eine Tasse Löschkalk auf 28 Liter Boden zugesetzt werden. Enthält das Pflanzmedium nur gelöschten Kalk, dann wird dieser so rasch freigesetzt, daß er unter Umständen eine toxische Wirkung entfaltet und binnen weniger Wochen wieder ausgewaschen ist. Will man rasch den pH-Wert erhöhen, verabreicht man dem Boden in Wasser gelösten Löschkalk.

Weiße Tünche wird aus Löschkalk und Tafelsalz hergestellt - das Rezept findet man mitunter auf Kalksäcken aufgedruckt. Sie hat bei weitem nicht die Viskosität von Ölfarbe, deshalb muß man meist ein paarmal weißen. Ich finde weiße Tünche jedoch sehr nützlich, da sie auch bei feuchten Betonmauern im Keller funktioniert und die Schimmelbildung verhindert. Tünchen ist die zuverlässigste Methode, um feuchte, schwitzende Wände zu weißen. Der berühmte Bordeaux-Fungizid-Mix enthält gelöschten Kalk und Kupfersulfat. Löschkalk kann auch als Fungizid im Anbau-Raum verwendet werden: einfach auf den Boden oder andere befallene Stellen streuen. Er wirkt wie ein Kontaktgift!

Niemals gebrannten Kalk verwenden! Er ist Gift für die Pflanzen.

Soll der pH-Wert des Bodens erhöht werden, gibt es diverse Möglichkeiten. Dem Gießwasser oder dem Pflanzmedium muß eine alkalische Substanz beigegeben werden, z.B. Calciumkarbonat, Kaliumhydroxid oder Natriumhydroxid. Beide Hydroxide sind kaustisch, man sollte also beim Umgang mit ihnen äußerste Vorsicht walten lassen. Sie werden normalerweise zur Erhöhung des pH-Werts bei Nährlösungen in Hydrokulturen verwendet. Die einfachste und bequemste Art, den pH-Wert zu stabilisieren, ist natürlich, dem Substrat vor dem Pflanzen feinen Dolomitkalk und Köschkalk unterzumischen.

Soll der pH-Wert um 1 erhöht werden, gibt man 3 Tassen feinen Dolomitkalk pro 28 Liter Erde bzw. Substrat. Als Alternative ist auch die schnellwirkende Mischung von 2 1/2 Tassen Dolomitkalk und 1/2 Tasse Löschkalk möglich.

Senken läßt sich der pH-Wert auf vielerlei Arten. Die einfachste Methode besteht darin, Dolomitkalk unters Substrat zu mischen. Wenn das Wasser einen hohen pH-Wert aufweist, läßt sich das Problem mit Essigessenz lösen. Kalksalpeter (Calciumnitrat) oder Salpetersäure - die vor allem bei der Hydrokultur eingesetzt werden - sowie Schwefel eignen sich ebenfalls sehr gut zur Senkung des pH-Werts. Wenn Sie Dünger verwenden, die diese Nährstoffe enthalten, überwachen Sie stets den pH-Wert, denn sie können ihn beträchtlich sinken lassen.

Soll der pH-Wert um 1 gesenkt werden, gibt man vor dem Eintopfen auf 28 Liter Substrat 3 Tassen feinen Dolomitkalk hinzu.

Eine Tasse Dolomitkalk kann hierbei auch durch eine Tasse Löschkalk ersetzt werden. Will man den pH-Wert des Wassers senken, gibt es folgendes Rezept: Ein Teelöffel Essigessenz auf 4 Liter Gießwasser senkt den pH-Wert um einen Punkt. Man sollte vor dem Gießen den pH-Wert der Lösung prüfen, da der pH-Wert der Essigessenz je nach Art und Hersteller schwanken kann.
Nachdem Sie den pH-Wert des Bodens verändert haben, überprüfen Sie dies durch Messen, und wiederholen die Messung nach ein paar Tagen. Um sicherzugehen, daß er stabil bleibt, in der Folgezeit ein oder zwei Mal wöchentlich überprüfen.

Liegt der pH-Wert unter 6 oder über 8, ist es auf lange Sicht gesehen am einfachsten, die Erde auszutauschen, ehe man lange mit der Änderung des pH-Werts experimentiert.

Pulverisierte Eier- und Muschelschalen sowie Holzasche haben einen hohen pH-Wert und können zur Erhöhung des pH-Werts dienen. Allerdings braucht es viele, viele Eierschalen, bis man eine ganze Tasse voll hat, und es dauert wiederum sehr lange, bis die Eierschalen im Boden soweit abgebaut sind, daß sie sich auf den pH-Wert auswirken. Bei Holzasche, deren pH-Wert normalerweise bei 11 liegt, wird leicht überdosiert. Außerdem stammt die Asche aus Kaminen oder Holzöfen, in denen alles möglich verfeuert wurde, man weiß also nie genau, ob sie nicht vielleicht toxische Substanzen enthält. Lassen Sie von Holzasche lieber die Finger!
Topferde, frisch aus dem Sack, versorgt die Pflanze im ersten Monat normalerweise mit ausreichend N-P-K (den Kernnährstoffen Stickstoff, Phosphor, Kalium), bevor ergänzende Düngergaben notwendig werden. Senkundäre

Nährstoffe und Spurenelemente sind gewöhnlich in ausreichender Menge vorhanden und müssen nicht zugesetzt werden; lediglich Dolomitkalk sollte man zugeben. Wenn Sie auf biologisch-dynamische Anbauweise schwören, können Sie auch mit organischen Zuschlagstoffen und Düngemitteln arbeiten. Schlagen Sie im 4. Kapitel nach unter *Organische Dünger mit Langzeitwirkung*.

Für den Marihuana-Anbau im Haus verwendet man am besten die im Gartenfachhandel erhältliche Topferde bzw, Blumenerde. Sie hat im allgemeinen einen guten pH-Wert, enthält die erforderlichen Nährstoffe in ausreichender Menge, gewährleistet gute Wasserhaltung und Durchlüftung, sie dräniert gut und erleichtert das Wurzelwachstum. Bei den meisten Topferden - außer solchen, denen hohe Mengen an organischem Dünger zugesetzt wurden - sind nach 3 bis 4 Wochen die Nährstoffe aufgebraucht. Dann muß Dünger zugeführt werden. Bei Topferden gibt es oft von Region zu Region verschiedene Fabrikate, weil dieses Produkt ein hohes Gewicht hat und sich hohe Transportkosten nicht lohnen. Es gibt etliche gute Fabrikate, unter denen man auswählen kann. Lassen Sie sich in Ihrem Gartenfachgeschäft beraten. Trotzdem sollten Sie auf jeden Fall zu Hause den pH-Wert überprüfen.

Vorsicht: Wenn die Topferde bzw. das Substrat mehr als 50 % Vermiculit, Bimsstein oder Perlite enthält und man vorm Einpflanzen viel Wasser in den Topf gibt, dann bilden die einzelnen Komponenten gern Schichten - die leichten mineralischen Elemente treiben nach oben, während sich die schwere organische Substanz am Boden absetzt. In diesem Fall mischen Sie das wassergesättigte Substrat gründlich mit den Händen durch, bis sich die Bestandteile gleichmäßig verteilt haben - dann können Sie die Pflanzen einsetzen.

Pilzkompost bzw. Champignonmist ist ein preiswertes Pflanzmedium mit einem hohen Anteil an organischen Bestandteilen. Oft ist Pilzkompost für Jahre chemisch sterilisiert. Nachdem die Pilzanbauer den fruchtbaren Kompost ausgetauscht haben, muß er gemäß amtlichen Vorschriften zwei oder drei Jahre brachliegen, bevor er weiterverwendet werden darf. In dieser Ruhezeit sollen die schädlichen Sterilisationsstoffe herausgewaschen werden. Aufgrund seines Alters und seiner Reife ist dieser Kompost sehr fruchtbar. Erkundigen Sie sich bei einer örtlichen Gärtnerei, wo Sie Pilzkompost beziehen können. Ich habe schon so manchen prachtvollen Garten gesehen, der in Pilzkompost wuchs.

Das Gärtnern mit Topferde kann teuer werden, wenn man sie nur einmal verwendet und dann entsorgt. Benutzt man sie mehr als einmal, können sich jedoch im Lauf der Zeit unerwünschte Mikroorganismen entwickeln und Insekten einnisten, außerdem sind die Nährstoffe erschöpft und die lockere Struktur ist dahin, Wasser- und Lufthaushalt haben schwer nachgelassen. Es gibt eine preiswerte Alternative zur Topferde - die erdlosen Substrate.

▸ Erdlose Substrate

Erdlose Substrate sind ein sehr beliebtes, preiswertes und steriles Medium, das seit vielen Jahren in Gärtnereien Anwendung findet. Normalerweise bestehen sie aus einem oder mehreren der folgenden Stoffe: Bimsstein, Vermiculit, Perlite, Sand oder Sphagnum-Torfmoos. Ich arbeite am liebsten mit erdlosen Substraten. Sie haben weniger Gewicht als Topferde, lassen sich wunderbar kontrollieren, sorgen für gutes und gleichmäßiges Wurzelwachstum, sind unempfindlich und vor allem preiswert!

Nicht nur gewerbliche Gärtnereien, sondern auch Heimzüchter arbeiten am liebsten mit erdlosen Substraten. Diese enthalten selbst keinerlei Nährstoffe, haben eine gute Struktur und normalerweise den pH-Wert 7 (oder kommen ihm zumindest sehr nahe). Sie sind das ideale Medium für Gärtner, die zum Übergießen oder Überdüngen neigen - aber auch für Leute, die ihre Pflanzen ganz bewußt mit starker Düngung trietzen. Sie dränieren sehr rasch, lassen sich sehr gut durchspülen, und es kommt kaum je zu einer toxischen Übersättigung mit Nährstoffen. Erdlose Substrate gibt es fertig gemischt zu kaufen (Jiffy Mix, Ortho Mix, Terra-lite). Mitunter behaupten Anbauer, diese Mischungen hätten eine zu hohe Wasserhaltekraft, und mischen deshalb zur besseren Entwässerung 10-50 % Perlite unter. Die Fertigmischungen enthalten in geringer Menge Zusätze aller notwendigen Nährstoffe, die in der Regal etwa einen Monat lang vorhalten. Trotzdem ist man gut beraten, wenn man gleich anfangs einen Dünger beigibt, der Spurenelemente enthält. Anschließend wird dann ergänzende Düngung notwendig, wenn Sie kräftige, gesunde Pflanzen ziehen wollen.

Man kann ein erdloses Substrat auch selbst herstellen, indem man die Komponenten einzeln kauft und in der gewünschten Konsistenz mischt. Kleinere Mengen mischt man am besten im Sack, größere Mengen sollte man in einer Schubkarre oder auf Betonboden vermengen. Diese Mischerei ist eine staubige und schweißtreibende Angelegenheit - man sollte es nur im Freien erledigen und am besten eine Staubmaske tragen.

Wenn Sie erdlose Substrate mischen, tun Sie dies im Freien und tragen Sie eine Staubmaske.

Grober Sand, feines Vermiculit oder Perlite sind ideal für das Ziehen von Stecklingen. Sand und Perlite haben gute Dränage, womit der Umfallkrankheit vorgebeugt wird. Vermiculit speichert das Wasser länger und vereinfacht das Klonieren. Bei erdlosen Substraten haben Sie die entscheidenden Nährstoff- und Wurzelhormon-Zusätze genau unter Kontrolle, was bei der asexuellen Vermehrung sehr wichtig ist.

Vermiculit, grober Sand und ein wenig Stierdung ergeben eine preiswerte Substratmischung.

Die Struktur der Subtratmischung sollte grobkörnig sein, schwammig und leicht. Damit ist für gute Dränage gesorgt, es wird ausreichend Feuchtigkeit und Sauerstoff gespeichert, und die Wurzelspitzen kommen gut voran. Bei Feinkorn hält das Substrat mehr Feuchtigeit - gut geeignet für kleinere Behälter. Bei Substraten mit höherem Perlite- und Sand-Anteil ist die Dränage schneller, hier läßt sich dann gut mit forcierter Düngung arbeiten, ohne eine zu hohe Konzentration saurer Salze zu riskieren. Vermiculit und Torf (10-15 %) halten das Wasser länger, sind also ideal für kleine Töpfe, wenn Stecklinge wurzeln sollen oder aus irgendeinem Grund gute Wasserhaltung erwünscht ist.
Der pH-Wert liegt normalerweise im neutralen Bereich, also bei 7. Wenn Sie mit einem höheren Torf-Anteil als 15 % arbeiten, müssen Sie zwecks Korrektur bzw. Stabilisierung des pH-Werts entsprechend Dolomitkalk oder Löschkalk zusetzen. Alle 2 bis 4 Wochen überprüfen; kontinuierliches Gießen wird den pH-Wert sinken lassen. Bei erdlosen Substraten läßt sich der pH-Wert sehr leicht neutral halten. Sie bestehen überwiegend aus mineralischen Partikeln; eine organische Kompostierung, die den pH-Wert verändern könnte, findet nicht statt. Von sauren Düngern oder Wasser mit hohem bzw. niedrigem pH-Wert haben Sie also bei erdlosen Substraten kaum etwas zu befürchten.
Natürlich müssen dem erdlosen Substrat Nährstoffe zugeführt werden. Es sind regelmäßige Gaben von löslichem NPK-Dünger erforderlich, der ebenso Spurenelemente wie sekundäre Nährstoffelemente enthält (Miracle-Gro, Ra-Pid-Gro oder Peters) - auch bei angereicherten Fertigmischungen! Schlagen Sie nach unter Die Düngung mit Spurenelementen.
Hier vier Beispiele von vielen möglichen erdlosen Substratmischungen:

1
1/8 Torf
1/8 grober Sand
1/4 Vermiculit
1/2 Perlite

2
1/4 grober Sand
1/4 Perlite
1/2 Vermiculit

3
1/3 Torf
1/3 Perlite
1/3 Vermiculit*

4
1/2 Torf
1/2 Perlite*

*) Dolomitkalk-Gabe (bzw. Löschkalk), soweit zur Neutralisierung des pH-Werts nötig

Das wohltemperierte Medium

Erhöht man die Bodentemperatur, so beschleunigt dies die chemischen Abläufe und dementsprechend die Nährstoffaufnahme der Pflanze. Als ideal für das Pflanzmedium gilt eine Temperatur zwischen 18 und 24° C. Erwärmen kann man es mit elektrischen Heizbändern bzw. Heizmatten (im Gartenfachhandel erhältlich), die entweder in oder unter dem Substrat plaziert werden. Freunde von mir benutzen die Heizung eines Wasserbetts, sie reicht für ein großes Beet. Sowas ist in jedem Fall billiger, als die Luft zu beheizen. Oft dient es schon der Erwärmung, wenn man die Töpfe nicht auf den kalten Kellerboden, sondern etwas höher stellt, auf Blöcke oder Balken etwa, damit unter ihnen warme Luft zirkulieren kann - wer dafür sorgt, braucht eigentlich keine zusätzliche Heizquelle. Das Medium oder die Nährstofflösung nie auf mehr als 24° C erwärmen! Sonst dehydrieren die Wurzeln - sie kommen sich vor wie auf dem Grill!

Jiffy-7-Torfquelltöpfe sind die klügste Erfindung seit der Krücke! Ebenfalls sehr gut geeignet ist Oasis-Kunststoffschaum, er wird von Profi-Gärtnern für Gestecke verwendet. Torftöpfe und Würfel aus Kunststoffschaum erleichtern die Arbeit ungemein und fördern bei Sämlingen wie Stecklingen den Wuchs eines kräftigen Wurzelsystems. Torfquelltöpfe kommen als flache Tabletten aus gepreßtem Torf (aufgekalkt und mit Nährstoffzusätzen) in den Handel, bei Wasserzugabe quillt das gepreßte Torfsubstrat in kurzer Zeit auf und man hat einen Topf, der bestens zum Einsäen sowie zum Anpflanzen von Stecklingen geeignet ist! Einfach den Samen oder Steckling in den nassen Torfquelltopf setzen und immer gut feucht halten. Bei Stecklingen den oberen Topfrand rings zum Stengel hin einknicken, bis er den Stengel berührt. Wenn in der Topfwand Wurzelspitzen sichtbar werden, die Wand aufschlitzen und die dehnbare Nylonhülle des Torftopfes entfernen. Den Torftopf einfach in den größeren Topf stellen - so wird der Pflanze der Umpflanzschock erspart. Die Dinger neigen freilich dazu, rasch auszutrocknen, wobei sie sich zusammenziehen und der Stengel freigelegt wird. Sie sollten also auf jeden Fall täglich nach den Torftöpfen schauen und sie stets feucht halten, aber nicht durchnässen. Torftöpfe enthalten keinerlei Nährstoffe. Eigentlich brauchen Sämlinge in den ersten Wochen keine Nährstoffzufuhr. Trotzdem sollten Sie die Sämlinge nach einer Woche düngen - und die Stecklinge, sobald sie Wurzeln gebildet haben. Ich gebe den Stecklingen und Sämlingen immer gern Up-Start beim Anpflanzen, sowie bei jedem Gießen während der ersten zwei Wochen.

Der Sämling wächst aus dem Torftopf empor. Nie vergessen: Vorm Umpflanzen die Nylonhülle entfernen!

▸ Erdmischungen

Es gibt Anbauer, die mischen sich ihre Pflanzenerde am liebsten selbst. Manche gehen raus in den Garten oder den Hinterhof und schaufeln sich diesen wunderbar aussehenden DRECK in den Eimer, der garantiert einen miesen Wasser- und Lufthaushalt hat. Dieser DRECK wird dann mit Gartenkompost gemischt, in dem es vor Insekten und Mikroorganismen wimmelt. Sie glauben dann, in dieser unschlagbaren organischen Erdmischung wird das beste Dope aller Zeiten wachsen, und natürlich ist das viel billiger, als Topf-erde im Laden zu kaufen! In Wahrheit werden sie die paar Mark, die sie bei der Topferde sparen, am Ende wieder drauflegen, weil sie mit ihrem Dreck nämlich einen weitaus geringeren Ertrag erzielen, als sie mit gutem Boden haben könnten. Wenn Sie Ihre Erde selbst mischen wollen, dann kaufen Sie die Komponenten beim Gartenfachhandel! Alternativen hierzu sind arbeitsintensiv, z.B. können Sie Ihre Erde 30 bis 45 Minuten lang im Ofen bei 72° C backen (der Gestank ist schlimm, ganz zu schweigen von dem Dreck, den die Sache macht) - oder Sie gehen nach der weiter unten beschriebenen Methode vor und lassen die Sonne für sich arbeiten. Dabei werden alle schädlichen Insekten vernichtet, während einige der nützlichen am Leben bleiben. Wenn Sie Erde aus Ihrem Garten benutzen, dann sollten Sie die Stelle aussuchen, wo der Boden am fruchtbarsten ist und eine gute Struktur hat. Vermutlich müssen 30 bis 60 % Perlite und/oder Vermiculit untergemischt werden. Auch Gartenerden mit guter Entwässerung sind oft sehr kompakt und müssen zur Optimierung von Wasser- und Lufthaushalt mit Zuschlagstoffen aufgebessert werden. Bevor Sie graben, erst den pH-Wert prüfen - er sollte im akzeptablen Bereich zwischen 6,5 und 7 liegen. Geben Sie feinen Dolomitkalk hinzu, einerlei, wie der pH-Wert ist. Nach dem Mischen zwei- oder dreimal überprüfen, ob der pH-Wert stabil bleibt.

▸ Kompost

Viele Anbauer haben mit organischem Kompost keinerlei Probleme, während andere ihre ganze Ernte verloren oder ziemliche Einbußen hinnehmen mußten, weil sich irgend eine Krankheit im Boden ausgebreitet hat. Gute Kompostrezepte findet man in Gartenbauzeitschriften; man kann sie auch von Firmen anfordern, die sich auf organischen Kompost spezialisiert haben. Ein guter Komposthaufen enthält Rinderdung (je älter, desto besser) oder jederart Mist, der zu haben ist. Stallmist ist normalerweise mit Stroh vermischt; achten Sie darauf, daß statt Stroh nicht Sägemehl als Einstreu verwendet wurde, denn Sägemehl ist sehr sauer und wird den ganzen Stickstoff aus dem Komposthaufen waschen. Die beste Mistsorte ist immer die, die am ältesten und am stärksten verrottet ist - dann wird sie kaum noch überlebende Unkrautsamen enthalten. Ich verwende beim Kompost immer gern frisch gemähtes Gras. Schieben Sie mal Ihre Hand tief in einen Gras- oder Heuhaufen, der ein paar Stunden lang in der Sonne gelegen hat... ganz schön heiß, nicht wahr? Dieser chemische Prozeß zersetzt das Gras und setzt die Nährstoffe frei.
Pferde- und Schafmist sind “heiß”, weil sie wenig Wasser und viel Luft enthalten - sie entwickeln im Komposthaufen sofort Hitze. Kuh- und Schweinemist sind “kalt”, weil sie viel Wasser enthalten und sich leicht zusammenpressen lassen, wobei die Luft entweicht. Wurmlosung und Fledermaus-Guano gelten als süß, weil ihre Nährstoffe sofort für die Pflanze verfügbar sind. Die meisten Stadtzoos geben Dung bzw. Stallmist der Zootiere ab. Dieser Zoodung hat hohen Nährstoffgehalt, sollte aber mindestens ein Jahr lang kompostiert werden, bevor man ihn beim Anbau im Haus verwendet.
Den Komposthaufen legt man am besten so an, daß er möglichst hoch wird, und schichtet ihn immer wieder um. Gute Kompostrezepte empfehlen das Zusetzen organischer Spurenelemente, Enzyme und Primärnährstoffe. Die verwendeten organischen Stoffe sollten gemahlen sein, Gras und Blätter geschreddert. Größere Zweige gehören nicht auf den Kompost, denn sie bräuchten Jahre, um zu verrotten.
Die einfachste und effizienteste Art, Pflanzerde oder Kompost von schäd-

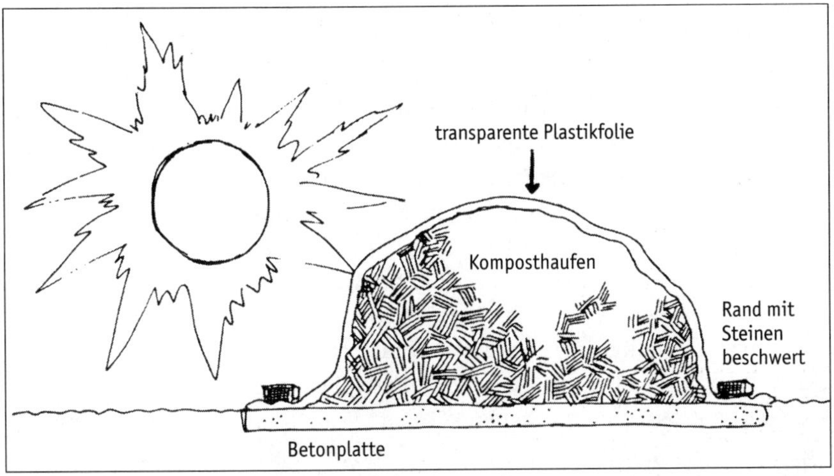

Der Sämling wächst aus dem Torftopf empor. Nie vergessen: Vorm Umpflanzen die Nylonhülle entfernen!

lichen Insekten, Unkrautsamen und Pilzen zu befreien, besteht darin, dies der Sonne zu überlassen (siehe Zeichnung). Hierzu müssen Sie nur den Komposthaufen (bzw. den Erdhaufen) mit einer transparenten Plastikfolie abdecken (schwarze Folie ist ungeeignet) - die Hitze der Sonne wird allen Schädlingen den Garaus machen. Nehmen Sie eine dicke Folie, je stärker das Material ist, desto besser wird es der Sonne trotzen. Der Komposthaufen sollte immer an einer sonnigen Stelle angelegt werden - je mehr Sonne er abkriegt, desto mehr Hitze entwickelt er. Die Sonnenstrahlen dringen durch die transparente Folie und heizen das Innere des Haufens auf; die Folie sorgt dafür, daß die Hitze nicht entweichen kann. Hier können Temperaturen bis zu 60° C entstehen, und die Luftfeuchtigkeit steigt bis auf 100 Prozent. Achten Sie darauf, daß der Komposthaufen ringsum vollständig abgedeckt ist! Am besten den Rand der Folie ringsum mit aufgehäufelter Erde oder Steinen sichern. Nach ein bis drei Monaten wird Ihr Erd- oder Komposthaufen dann von allen schädlichen Insekten, Larven, Unkrautsamen und Pilzen befreit sein - je nachdem, wie oft und wie stark er von der Sonne beschienen wurde. Am stärksten scheint die Sonne natürlich, wenn sie genau obendrüber steht, die beste Zeit ist also von 10 Uhr morgens bis 3 Uhr nachmittags. Befindet sich der Haufen auf einem Betonfundament oder einem anderen festen Untergrund, wird dies die Hitzebildung noch steigern.

Einer der wenigen Schädlinge, die in der Lage sind, die enorme Hitze im Komposthaufen zu überleben, ist die Raupe diverser Nachtfalter. In Komposthaufen, die auf unbefestigtem Erdboden angelegt wurden, ist sie regelmäßig anzutreffen. Es gibt verschiedene Arten, alle leben im Boden, gedeihen prächtig im Kompost und ringeln sich ein, sobald man sie ans Licht holt. Sie haben eine Länge von 7 bis 25 mm und sind mit bloßem Auge auf Anhieb zu erkennen. Schafft es dieser Schädling, in einen ihrer Marihuana-Töpfe zu kommen, kann eine einzelne Raupe Ihre ganze Heimplantage ruinieren.
Bevor Sie den Kompost verwenden, schaufeln Sie ihn durch ein Sieb mit einem halben Zentimeter Maschenweite. Verwenden Sie ein großflächiges Sieb mit stabilem Rahmen, das Sie auf eine Schubkarre oder leere Mülltonne legen. So wird der Humus gut aufgelockert, bevor Sie ihn unter die Pflanzerde mischen. Nach dem Mischen können Sie auch Ihr Substrat noch einmal durchs Sieb schaufeln und anschließend erneut durchmischen. Wenn Regenwürmer auf dem Sieb sind, können Sie die ruhig wieder in den Kompost bzw. ins Substrat werfen, Raupen hingegen sollten Sie auf der Stelle den Garaus machen.
Die besten Ergebnisse haben Anbauer mit einer Mischung aus 1/3 Wurmhumus, 1/3 Perlite und 1/3 organischer Substanz erzielt. Das Perlite läßt die Pflanzen atmen. Viele Anbauer mischen es zu einem Anteil von 1/3 bis 1/2 auf einen Sack fruchtbarer Topferde, wenn diese viel Wurmhumus enthält. Wurmlosung ist schwer, engt die Wurzeln ein und gewährt keine ausreichende Belüftung; die Zugabe von Perlite verbessert den Lufthaushalt.

Hier 3 Beispiele von vielen Substratmischungen, die möglich sind:

1
1/3 Wurmhumus
1/3 Dung
1/3 grober Sand

2
1/3 Wurmhumus
1/3 Perlite
1/3 Vermiculit

3
1/3 Torf
1/3 Vermiculit
1/3 Wurmhumus

Und nicht vergessen: Jeder Mischung feinen Dolomitkalk zugeben, unabhängig davon, wie hoch der pH-Wert ist.

▸ Pflanzbehälter

Töpfe, Kübel oder Behälter gibt es in allen Formen und Größen, und sie können aus den verschiedensten Materialien gefertigt sein; meistens ist es Ton, Metall, Plastik oder Holz. Beinahe jede Art von Behältnis ist geeignet, solange es sauber ist und vorher nicht für Petroleumprodukte benutzt wurde. In Töpfen aus Ton und Holz können Pflanzen besser atmen als in solchen aus Metall oder Plastik. Tonpötte sind schwer und dafür bekannt, daß sie dem Erd- oder Substratinhalt Feuchtigkeit entziehen und ihn schneller austrocknen lassen. Die Entscheidung, welchen Topf oder Behälter man nimmt, ist nicht zuletzt eine Frage des Preises und der Verfügbarkeit.

Pflanzsäcke (grow bags) sind eine brauchbare, kostengünstige und haltbare

Eingesackt: Sogenannte grow bags erfreuen sich steigender Beliebtheit

Alternative zu festen Behältern. Nicht selten benutzen Anbauer auch den Sack, in dem sie die Topferde kauften, gleich als Topf. Hat man die Erdmischung reingefüllt und sie gewässert, erweist sich so ein Sack als recht formstabil. Wenn das Pflanzmedium sich ausdehnt oder schrumpft, tut er das ebenfalls, wodurch keine Lücke zwischen Substrat und Behältnis entsteht, in der empfindliche Wurzelspitzen austrocknen können.

Aus Altpapier hergestellte Recycling-Töpfe sind preiswert und sehr populär, aber bei ihnen fault so gut wie immer der Boden durch. Dagegen hilft ein Latexanstrich auf der Innenseite, damit wird der Topf etliche Ernten überdauern.

Die Töpfe sollten absolut sauber sein, daneben sind vor allem zwei Faktoren wichtig: erstens die richtige Größe, zweitens das Vorhandensein von Wasserabzugslöchern.

Durch das Wasserabzugsloch im Boden sollte überschüssiges Wasser leicht abfließen können, es sollte aber nicht so riesengroß sein, daß die Erde durchs Loch ausgewaschen wird. In diesem Fall (oder bei zu rascher Dränage) kann man den Topf innen mit Zeitungspapier auslegen - aber Vorsicht: Nie vergessen, daß es den Ablauf des Wassers verlangsamt!

Im Topfboden sollten pro 900 cm^2 Fläche mindestens zwei Löcher mit 1 cm Durchmesser sein. Bei Verwendung eines Untersetzers das überschüssige Wasser nie länger als 3 Tage drinlassen, weil dies zu Wurzelfäule und Schimmelbildung führen kann.

Die Größe des Pflanzbehälters ist außerordentlich wichtig. Cannabis ist eine einjährige Pflanze und legt ein dementsprechend rasches Wuchstempo vor, wobei sie für ihr gesundes Gedeihen genügend Freiraum zum Wurzeln braucht. Wird der Wurzelraum eingeschränkt, hat dies ein wesentlich langsameres Wachstum zur Folge. Ein gutes Beispiel hierfür läßt sich im Sommer oft in Gartenfachgeschäften beobachten. Tomatenpflanzen, die immer noch in 10 cm großen oder bestenfalls in 4-Liter-Töpfen sitzen, sind mittlerweile ausgewachsen und werden auch ein paar reife Tomaten aufweisen. Aber achten Sie mal auf die Zweige: keiner reicht weit über den Topfrand hinaus, die Pflanzen sind hochgewachsen und dünn, wirken ungesund und verkümmert. Der kleine Topf schränkt ihr Wachstum ein, die Wurzeln haben zuwenig Raum. Gewiß könnte man sie aufpäppeln, indem man sie mit ausgewogenen Nährstoffgaben düngt. Aber das ist eine Menge Arbeit, man überdüngt

Diese beiden Klone haben die gleiche Mutter. Der im 26-Liter-Sack brachte ca. 80 Gramm getrocknete Blütenstände. Der im 9-Liter- Behälter brachte nicht mal 30 Gramm!

leicht, und vermutlich wird die Pflanze trotzdem ihr Leben lang ein mickriger Zwerg bleiben.

Marihuanawurzeln entwickeln sich rasch, die Pfahlwurzel wächst nach unten, und die Seitenwurzeln breiten sich nach außen hin aus. Haben sie die Topfwand erreicht, wachsen sie geradewegs nach unten. Bestimmt haben Sie schon mal gesehen, wie sich die Erde in einem Topf ringsum von der Topfwand gelöst hat. Wenn so etwas geschieht, hängen die Wurzelhaare (mit denen die Pflanze Wasser und Nährstoffe aufnimmt) hilflos in der Luft. Dann müssen Sie mit dem Finger am Innenrand des Topfes die Erde festdrücken und den Luftspalt schließen. Überprüfen Sie das alle paar Tage. Wer auf gleichmäßiges Wässern der Topferde achtet, kann einem Austrocknen der Wurzelhaare an der Topfwand vorbeugen.

Wichtig ist, daß man umpflanzt, bevor die Pflanze aufgrund des zu klein gewordenen Topfes vor sich hin kümmert. Ist eine Pflanze mal verkrüppelt, dauert es etliche Wochen, bis sie neue Wurzeln und Wurzelhaare bildet und wieder normal weiterwächst.

Mindestgröße der Töpfe

Alter der Pflanze in Monaten	*Topfgröße*
0-1	10 cm
1-2	4,5 Liter
2-3	9 Liter
3-4	13 Liter
4-5	22 Liter
5-6	45 Liter

Diese Tabelle zeigt die Mindestgröße eines Topfes, die von der Pflanze im jeweiligen Alter benötigt wird.

Das Problem mit dem rasch zu klein werdenden Topf löst man am besten, indem man die Sämlinge oder Klone gleich in einen mit 22 oder 45 Liter

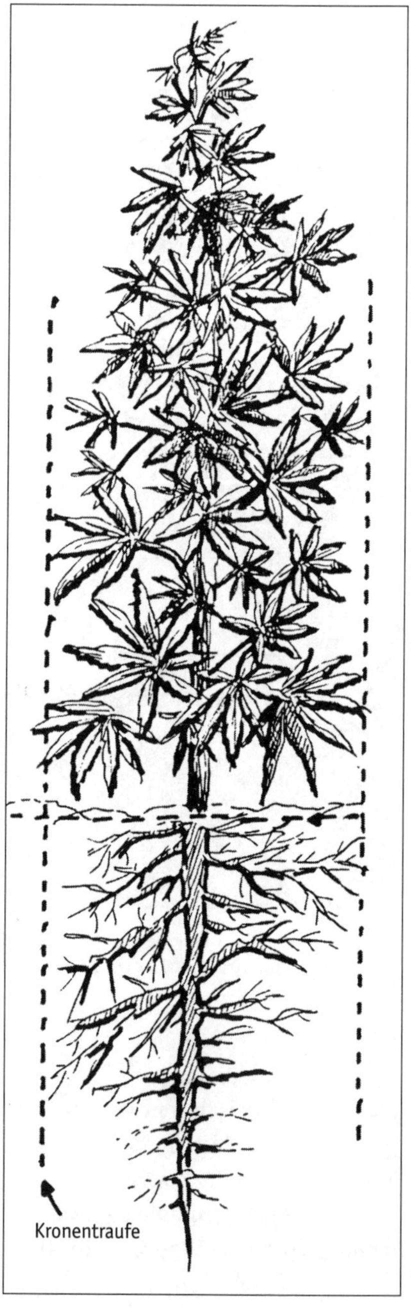

setzt. So braucht man auch weniger Töpfe, spart sich Arbeit, und den Pflanzen bleibt der Umpflanzschock erspart. Dies ist vor allem vorteilhaft, wenn man mit Klonen und kurzem Wachstumszyklus arbeitet. Sobald der Steckling genug Wurzeln gebildet hat, kommt er in den großen Topf. Man beläßt ihn 4 bis 8 Wochen in der Vegetationsphase, und dann wird die Blüte eingeleitet. Während der Blüte schränkt die Pflanze ihr Wurzelwachstum ein - und bis der Topf zu klein wird, ist es schon Zeit zur Ernte.

Vor lauter Wurzeln ist kaum noch Substrat zu sehen

Rechnen Sie mit 6,5 bis 9 Liter Erde bzw. Substrat für jeden Monat, den die Pflanze im Topf verbringt. Ein Topf mit 13-26 Liter Substrat kann beim Sämling oder Klon 3 bis 4 Monate lang vorhalten.

Damit es nicht zu verkrüppelten Pflanzen kommt, kann man die Pflanze auch etwa alle 4 Wochen in den nächstgrößeren Topf umpflanzen - was allerdings nicht bloß Ihnen, sondern auch der Pflanze Streß macht.
Beim Anbau im Haus werden als Pflanzbehälter meistens Töpfe verwendet. Sie sind preiswert und überall erhältlich. Außerdem kann man so genau überwachen, wieviel Wasser und Nährstoffe jede Pflanze bekommt. Und falls nötig, kann man eine einzelne Pflanze aussondern und außerhalb des Gartens in Quarantäne halten, oder sie mit einer medizinischen Lösung behandeln. Solange sie klein sind, dürfen die Pflanzen gern dicht an dicht unter der Hochdrucklampe stehen - sobald es erforderlich wird, rückt man sie ein Stück auseinander.
Große Behälter kann man auf den Boden stellen, oder man plaziert sie auf Backsteinen oder schraubt Laufrollen unten dran: Dann kann die Luft darunter zirkulieren, dies verhindert Schimmelbildung und erhöht die Temperatur des Substrats, weil es nicht mehr auf dem kalten Boden steht. Pflanzkästen gibt es in verschiedener Größe, von 0,6 x 0,6 x 0,3 m bis 3 x 3 x 0,6 m. Die Wurzeln haben zwei- bis dreimal soviel Platz zum Wachsen, und

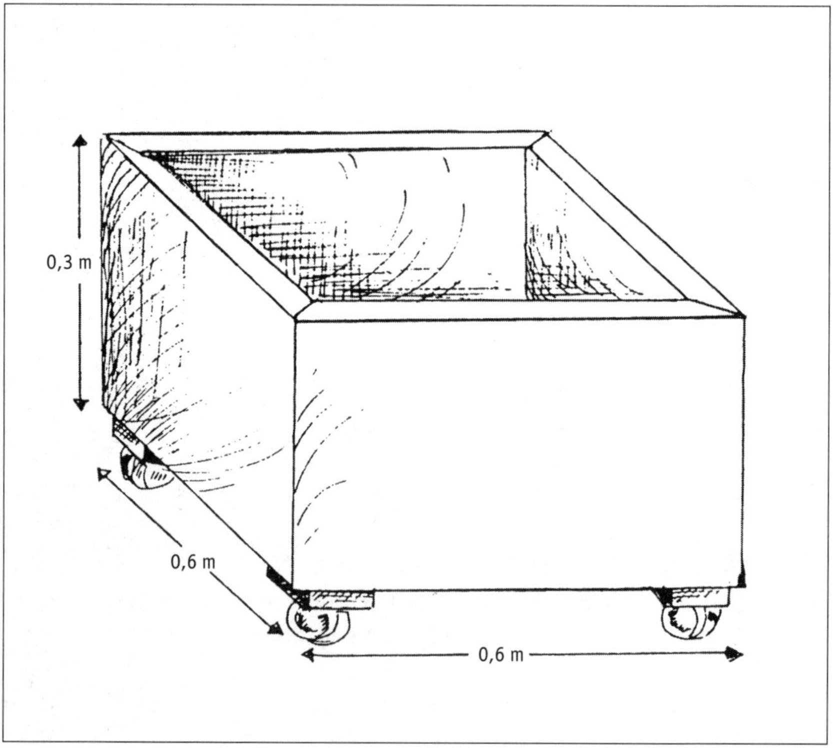

Pflanzkübel auf schwenkbaren Laufrollen

sie werden kaum je an die Außenwand stoßen.

Im allgemeinen läßt man Sämlinge oder Klone in 4,5 Liter-Töpfen, bis sie ein oder anderthalb Monate alt sind, und setzt sie dann um in den großen Pflanzkasten, bevor ihnen der Topf zu eng wird. Auf diese Weise können die Jungpflanzen eng unter der Lampe stehen und erhalten die optimale Lichtmenge. In einem Beet von 0,6 x 0,6 x 0,3 m lassen sich bis zu 20 Pflanzen unterbringen, vernünftiger wäre allerdings, es bei 4 bis 6 Pflanzen zu belassen. Sollten sich die Pflanzen beengen oder Schatten auf die umstehenden werfen, kann man sie nach außen biegen und an einem Spalier festbinden, das man an die Seitenwand des Pflanzkastens genagelt hat. Mit den großen Pflanzkästen läßt sich wunderbar arbeiten, sie sind sehr zu empfehlen. Mit ihnen hat man weniger Arbeit! Weil die Erdmasse größer ist, werden Wasser und Nährstoffe länger und in besserer Verteilung gespeichert.

Aus den 4,5-Liter-Töpfen wurden diese Pflanzen nun ins Hochbeet umgesetzt

Falls jemand eine Garage oder einen Keller hat, wo der Boden nicht zementiert ist, sondern aus nackter Erde besteht, kann er direkt auf diesem Boden ein Hochbeet anlegen. Die Substrat- bzw. Erdschicht sollte 30 bis 60 cm hoch sein, bei schlechter Dränage trägt man erst eine Schicht aus Kies oder Schotter auf. Das Beet wird mit entsprechend hohen Bretterwänden eingefaßt. Befindet sich das Beet im Keller, kann es unter Umständen in der Nähe des Grundwasserspiegels liegen, und wenn es regnet, wird sich darunter das Wasser sammeln. Dann muß man weniger oft gießen! Aber wenn es die Pflanzen zu feucht haben, kann dies aufgrund mangelnder Durchspülung zu einer Übersalzung bzw. Nährstoffkonzentration im Boden führen.
Wenn es keine Probleme mit der Dränage gibt und Sie die Möglichkeit haben, ein Hochbeet anzulegen, sollten Sie das auf jeden Fall tun! Die große Erdmasse bietet die Chance, im Laufe mehrerer Ernten eine solide organische Basis

zu bilden. Im Boden sollen organische Zersetzungsprozesse ablaufen, und Ihr Job ist es, dafür zu sorgen, daß die nützlichen Mikroorganismen aktiv sind, und nicht die schädlichen! Beim Mischen der Erde bzw. Zuschlagstoffe sollten Sie die bestmöglichen organischen Komponenten wählen und organischen Prinzipien folgen. Es sollte für gute Dränage gesorgt und das Beet möglichst hoch sein (30-60 cm). Je mehr organische Substanz vorliegt, desto fruchtbarer ist der Boden.
Bei den organischen Abläufen im Boden kann sich eine ziemliche Wärme entwickeln. Dies beschleunigt nicht nur die Nährstoffaufnahme, sondern erhöht auch die Raumtemperatur. Ventilation wird erforderlich, um Temperatur und Luftfeuchtigkeit zu senken und den Raum frei von schädlichen Insekten und Schimmelpilzen zu halten. Das mit dem organischen Garten hört sich zwar wunderbar an, aber es ist ein Knochenjob, die freie Natur zu kopieren! Ein Nachteil beim Hochbeet ist, daß die Ernte ein paar Tage oder Wochen länger zur Reife braucht, als wenn sich die Pflanzen in Einzeltöpfen befänden. Für das Warten wird man immerhin mit einer größeren Ernte entschädigt. Im Topf gepflanztes Marihuana reift und blüht schneller, weil der Topf den Wurzelwuchs einschränkt.

▸ Wie man den Samen in den Topf setzt

Bei diesem Beispiel benutzen wir einen überall erhältlichen und wiederverwendbaren Plastiktopf mit einem Fassungsvermögen von 4,5 Liter.

1 Beschaffen Sie die gewünschte Anzahl sauberer Töpfe.

2 Füllen Sie den Topf bis 2 cm unterm Rand mit gut durchgemischter Pflanzerde bzw. Substrat.

3 Wässern Sie das Substrat mit 1 bis 2 Liter Wasser, bzw. solange, bis das Medium gut durchfeuchtet ist und überschüssiges Wasser durch das Loch im Boden abläuft. Warten Sie 15 Minuten und wässern Sie dann erneut, damit das Medium gut durchtränkt ist.

4 Bohren Sie mit dem Finger ein bis zehn kleine Löcher von gut einem halben Zentimeter Tiefe. Legen Sie in jedes Loch ein bis drei Samen und bedecken Sie sie mit Erde. Die Erde gut andrücken, aber nicht zu fest. Breiten Sie

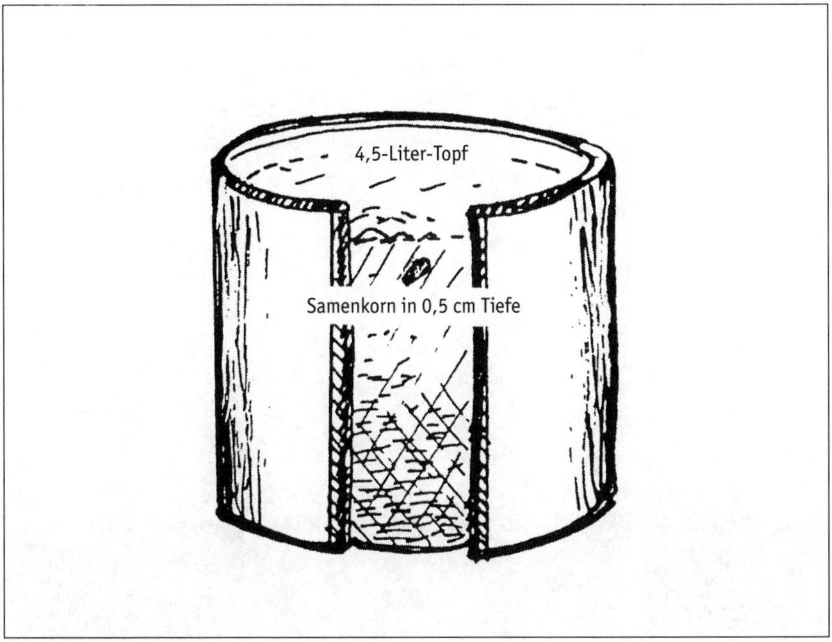

über die Erdoberfläche ein Papierhandtuch, damit sie feucht bleibt und beim späteren Wässern nicht weggespült wird.

5 Besprenkeln Sie die Oberfläche mit Wasser. Darauf achten, daß die Samen immer gleich tief im Boden bleiben und nichts von der Oberfläche weggewaschen wird.

6 Die Oberfläche gleichmäßig feucht halten, bis die Sämlinge sprießen.

7 Umpflanzen - nun bekommt jede Jungpflanze ihren eigenen Topf.

8 Lassen Sie sie zu kräftigen Pflanzen heranwachsen.

9 Siehe unter *Geschlechtsbestimmung durch Klonieren*.

10 Von den kräftigsten weiblichen Pflanzen werden Klone geschnitten, die männlichen werden zur Befruchtung beiseitegestellt.

Beide Pflanzen sind 7 Wochen alt. Die im kleinen Topf ist verkümmert und überdüngt. Die im großen Topf erhielt die gleiche Düngung, ist jedoch kerngesund. Stets auf ausreichende Topfgröße achten!

4. KAPITEL

Wasser und Dünger

Die Wurzelhaare absorbieren im Boden Wasser, Nährstoffe (Dünger) und Sauerstoff, diese werden im Stengel hinauf zu den Blättern geleitet. Das von der Erde durch die Pflanze fließende Wasser nennt man Transpirationsstrom. Ein Bruchteil des Wassers wird umgesetzt und bei der Photosynthese verbraucht. Über die Stomata der Blätter wird Wasser durch Verdunstung in die Außenluft abgegeben, und mit ihm auch Abfallprodukte - diesen Vorgang bezeichnet man als Transpiration. Ein Teil des Wassers transportiert von der Pflanze erzeugte Stärke und Zuckerverbindungen im Stengel zurück in die Wurzel.

Leider kann das Leitungswasser hohe Anteile von alkalischen Salzen, Schwefel oder Chlor enthalten und einen pH-Wert haben, der nicht im gewünschten Bereich von 6,5 bis 7 liegt. Enthält das Wasser Schwefel, läßt sich dies sehr leicht durch Geruchs- und Geschmacksprobe feststellen. Bei hohem Salzgehalt ist das schon schwieriger. In Küstenregionen hat das Wasser im allgemeinen mehr Salzgehalt, mit diesem Problem sind z.B. die Anbauer in Kalifornien konfrontiert.

Oft werden dem Leitungswasser Chlor und Salz zugesetzt. Chlor scheint keine Auswirkung auf das Wachstum der Marihuanapflanze zu haben, doch mit Salz weichgemachtes Wasser sollte man vermeiden. Zuviel Salz ist der Tod jeder Pflanze! Chlor kann bei wiederholtem Wässern zur Übersäuerung des Bodens beitragen. Die einfachste Methode, das Wasser chlorfrei zu machen, besteht darin, es ein oder zwei Tage im offenen Eimer stehen zu lassen, da sich Chlor bei Luftkontakt verflüchtigt. Sollte Chlor den pH-Wert des Bodens merklich verändert haben, läßt dieser sich mit Löschkalk wieder ins Lot bringen.

Wasser und Dünger arbeiten Hand in Hand: Die im Wasser gelösten Nährstoffe werden von der Pflanze aufgenommen, mit dem Wasser werden sie durch die Pflanze geleitet. Die Pflanze besteht zu über 75 Prozent ihres Gewichts aus Wasser.

Salze (ob vom Wasser oder als Düngerrückstände) können bei Topfpflanzen schnell einen toxischen Level erreichen. Zu hoher Salzgehalt hemmt das Keimen der Samen, verbrennt die Wurzelhaare und die Ränder bzw. Spitzen der Blätter, und führt zu Krüppelwuchs. Einer Übersalzung läßt sich mit Auswaschen begegnen, indem man etwa je nach Volumen des Mediums die doppelte Menge Wasser eingießt. Wenn die Pflanzen starke Verbrennungsschäden aufweisen, das Durchspülen ein- oder zweimal wiederholen. Auf diese Weise wird der toxische Salzgehalt ausgewaschen. Wenn Sie weiches oder salzhaltiges Wasser verwenden bzw. irgendwelche unerwünschten Substanzen im Boden haben, empfiehlt es sich, jeden Topf alle 4 bis 8 Wochen gut durchzuspülen. Hartes Wasser oder Brunnenwasser kann alkalisch sein und beträchtliche Mengen von Calcium (Ca) und Magnesium (Mg) enthalten. Diese beiden sekundären Nährstoffe kann Marihuana jedoch gut gebrauchen, und es ist wenig wahrscheinlich, daß hartes Wasser sie in solcher Menge enthält, daß sich Ca und Mg in schädlichem Ausmaß im Boden anreichern. Jedenfalls kann es nie schaden, das Medium alle zwei Monate durchzuspülen. Generell ist gutes Trinkwasser auch für Pflanzen geeignet.

▸ Gießen und Bewässern

Große Pflanzen brauchen natürlich mehr Wasser als kleine, aber es gibt noch etliche andere Faktoren, die den Wasserverbrauch der Pflanze bestimmen. Die Struktur von Boden oder Substrat, Raumtemperatur, Luftfeuchtigkeit und Ventilation - all dies wirkt sich auf den Wasserbedarf aus. Ändert sich einer dieser Faktoren, wird sich auch der Wasserbedarf ändern. Gute Ventilation ist wichtig für Transpiration und rasches Wachstum. Im allgemeinen gilt: Je gesünder die Pflanze, desto schneller wird sie wachsen, und um so mehr Wasser braucht sie.

1 Mit lauwarmem Wasser (21-26°C) gießen. Lauwarmes Wasser bzw. solches mit Raumtemperatur kann die Pflanze rascher verarbeiten, außerdem dringt es leichter im Boden ein. Lauwarmes Wasser schockt nicht die zarten Wurzelhärchen oder die Blätter der Pflanze. Würden Sie lieber in einen warmen oder einen eiskalten Swimmingpool springen? Was geht in Ihrem Körper vor, wenn Sie in kaltes Wasser springen?

2 Immer vormittags gießen, damit überschüssiges Wasser auf der Oberfläche des Topfes oder auf den Blättern verdunsten kann. Feuchte Blätter oder Erde leisten der Schimmelbildung Vorschub.

Viele Anbauer gehen so vor, daß sie nach dem Wässern einen Trockenzyklus einlegen. Sie gießen und lassen dann die Erde bis etwa 5 cm unter die Oberfläche austrocknen, ehe sie das nächste Mal wässern. Andere Anbauer gießen öfter und achten darauf, daß der Boden stets gleichbleibende Feuchtigkeit aufweist. Oft wird bei jedem Wässern eine Düngerlösung verabreicht.

Marihuana mag es nicht, wenn es in durchgeweichter Erde steht. Zu feuchte Erde ertränkt die Wurzeln - sie können nicht mehr atmen. Das führt zu langsamerem Wachstum und Pilzbefall. Trocknet hingegen die Erde aus, vertrocknen die Wurzelhaare und sterben ab, und die Wurzel braucht dann sehr, sehr lange, um neue Härchen zu bilden.

1 Kleine Sämlinge und Klone erst wässern, wenn sich die Oberfläche trocken anfühlt. Wenn Klone in Sand oder Vermiculit sitzen und der Topf keine Abdeckung hat, die vor Verdunstung schützt, wird die Oberfläche aufgrund rascher Dränage beinahe jeden Tag trocken sein.

2 Die größeren Pflanzen in der Vegetations- und in der Blüte-Phase erst dann gießen, wenn die Erde bis 5 cm unter der Oberfläche trockengeworden ist. Im Gegensatz zu einer weitverbreiteten Ansicht braucht blühendes Marihuana viel Wasser zur raschen Blütenbildung. Wenn eine Pflanze zwischendurch welkt, wird dies zu verkümmerten Blüten führen.

3 Stellen Sie Ihre Töpfe in Reihe und Glied auf, damit sie beim Gießen keinen vergessen.

Mit dem Feuchtigkeitsmesser läßt sich genau die Menge des benötigten Gießwassers bestimmen

Mit einem Feuchtigkeitsmesser sind Sie beim Gießen nicht auf Vermutungen angewiesen. Diese Anschaffung ist auf jeden Fall ihr Geld wert! Das Gerät verrät Ihnen genau, wieviel Wasser der jeweilige Topf bzw. das gemessene Substrat benötigt. Es kommt oft vor, daß sich im Boden durch Lufteinschlüsse trockene Stellen bilden und / oder das Wasser nicht gleichmäßig verteilt ist. Wer mit dem Finger die Feuchtigkeit prüft, kann die Lage nur ungefähr abschätzen und dabei womöglich Wurzeln beschädigen. Ein Feuchtigkeitsmesser hingegen liefert Ihnen präzise Angaben, ohne daß die Wurzeln in Mitleidenschaft gezogen werden.

Eine Bearbeitung der Oberfläche fördert das gleichmäßige Einsickern des Wassers und verhindert, daß das Wasser ggf. im Zwischenraum zwischen Erde und Topfwand hinab und zum Loch im Boden wieder hinaus rinnt. Die Oberschicht wird dabei bis in 1 cm Tiefe sachte mit den Fingern oder einer Gabel umgegraben und aufgelockert.

Der Trick beim Gießen ist, ausreichend zu wässern, bis der gesamte Topfinhalt gut durchfeuchtet wird, ohne daß zuviel Wasser unten durchs Loch davonläuft und Nährstoffe ausspült (unerwünschter Auswascheffekt). Solange nicht zuviel Gießwasser (mehr als 10 Prozent) unten heraustropft, hat dies durchaus einen nützlichen Effekt.

Zuviel gießen ist ein weitverbreitetes Problem, vor allem bei kleinen Pflanzen. Bei zuviel Wasser ertrinken die Wurzeln - sie kriegen dann keinen Sauerstoff mehr! Sollten sich Anzeichen für Übergießen zeigen, besorgen Sie sich schnellstens einen Feuchtigkeitsmesser! Sowohl Ihr Garten wie auch Sie selbst werden wieder beruhigt aufatmen. Mitunter kommt es vor, daß Teile des Substrats übergossen und andere Stellen knochentrocken sind. Das Bearbeiten der Oberfläche sowie der Gebrauch eines Feuchtigkeitsmessers werden hier im Nu Abhilfe schaffen. Eine der Hauptursachen für Übergießen ist mangelnde Ventilation im Raum! Die Pflanze will transpirieren, sie muß immer die Möglichkeit haben, durch Verdunstung Wasser in die Raumluft abzugeben. Bei guter Luftzirkulation wird die feuchte abgestandene Luft gegen trockene Frischluft ausgetauscht - ist keine vorhanden, schwebt buchstäblich literweise Wasser im Raum. Wenn Sie die Töpfe auf Untersetzern stehen haben, entfernen Sie das angesammelte Wasser es mit einem Schwamm, einer kleinen Handpumpe, Irrigator oder dergleichen. Anzeichen für Überwässerung: die Blätter ringeln sich ein und werden gelb; Schimmelbildung; langsames Wachstum. Ein unerfahrener Gärtner übersieht leicht diese offenkundigen Symptome.

1 Große Pflanzen transpirieren mehr als kleine, deshalb
2 auf ausreichende Ventilation achten und
3 bei jedem Topf die Feuchte des Substrats überwachen. Wenn Sie diese drei Punkte beherzigen, werden Sie früher oder später zum Gießwasserexperten.

Zu geringes Gießen ist weniger problematisch. Sowas kann oft bei kleinen Töpfen passieren, vor allem, wenn der Anbauer den Wasserbedarf der Pflanze unterschätzt. Kleine Töpfe trocknen rasch aus. mitunter ist tägliches Gießen erforderlich. Wird es vergessen, führt es zu verkümmertem Wuchs. Sind die zarten Wurzelhaare erst mal eingetrocknet, sterben sie ab, und die hungernde, durstige Pflanze welkt dahin. Jeder Gärtner kriegt natürlich die Panik, wenn er eine welke Pflanze entdeckt und feststellt, die Erde im Topf ist knochentrocken.
Ist das Substrat einmal beinahe oder völlig ausgetrocknet, gehen Sie folgerndermaßen vor. Geben Sie dem Gießwasser biologisch abbaubare Flüssigseife zu - und zwar 1 Tropfen auf knapp einen halben Liter. Das entspannte Wasser wird sich besser verteilen (deshalb enthalten auch die meisten löslichen Dünger ein Mittel, das für entspanntes Wasser sorgt). Verabreichen Sie etwa ein Viertel oder die Hälfte der Wasser- und Düngermenge, welche die Pflanze normalerweise braucht, warten Sie 10 bis 15 Minuten, bis es völlig eingedrungen ist, und geben dann wieder Wasser bzw. Dünger hinzu, bis die Erde gleichmäßig feucht ist. Wenn der Topf einen Untersetzer hat, das überschüssige Wasser ein paar Stunden oder auch über Nacht drinlassen, bevor Sie es entfernen.
Ein Wasseranschluß in unmittelbarer Nähe der Pflanzen erleichtert natürlich das Gießen und spart Ihnen Zeit und Arbeit. Ein 3 x 3 m großer Garten mit 24 gesunden Pflanzen in 25-Liter-Töpfen kann pro Woche 35 bis 110 Liter Wasser benötigen. Rechnet man pro Liter ein Kilo Gewicht, sind das immerhin bis zu 110 Kilo! Da gibt es also etliche Eimer oder Gießkannen zu füllen und zu schleppen. Solange die Pflänzchen noch klein sind, ist es kaum der Rede wert, wenn man das Wasser z.B. aus dem Badezimmer zu ihnen hintragen muß. Werden sie größer, wird die Sache allmählich anstrengend. Legen Sie einen Gartenschlauch in den Anbau-Raum, das ist äußerst praktisch und erspart viel Plackerei. Mit einem aus leichtem Material hergestellten Schlauch von 1 cm Durchmesser ist spielend umzugehen, und er wird wenig Schaden unter den Pflanzen anrichten. Wenn der Wasseranschluß

eine Mischbatterie und der Hahn ein Gewinde für den Schlauchanschluß hat - um so besser, dann können Sie den Pflanzen lauwarmes Wasser geben. Hat der Hahn kein Gewinde, können Sie ggf. im Fachhandel ein geeignetes Zwischenstück erwerben. Die Schlauchdüse sollte regulierbar sein, damit Sie die austretende Wassermenge einstellen können. Wenn Sie einen Bewässerungsstab an den Schlauch montieren, kommen Sie auch in entlegene Winkel, ohne Blätter abzuknicken; so etwas gibt es im Gartenfachhandel bzw. läßt sich mit etwas Geschick auch aus einem PVC-Rohr selbst bauen. Nie den Schlauch unter Druck lassen, sondern das Wasser stets am Hahn abdrehen: Gartenschläuche sind für den Wassertransport und nicht dazu gemacht, das Wasser unter Druck zu stauen.

Wenn Sie sich ein simples Siphon- bzw. mittels Schwerkraft funktionierendes Bewässerungssystem bauen wollen: Einfach im Anbau-Raum eine Tonne in mindestens in 1,20 m Höhe aufstellen (bei hoher Luftfeuchtigkeit entweder Deckel drauftun oder die Tonne im Nebenraum plazieren). Der Speicher ist als Standort besonders gut geeignet, weil sich dort das Wasser erwärmt und die Höhe für genügenden Druck sorgt. Entweder einen Siphonschlauch ins Faß hängen oder in Bodennähe einen Kunststoffhahn in die Tonnenwand montieren. Eine preiswerte Vorrichtung, die den Wasserzufluß zur Tonne mißt, gibt es in den meisten Bau- oder Gartenfachmärkten - für den Fall, daß man einmal fortgeht und das Abstellen des Zulaufs vergißt. Wenn Sie in der Tonne ein Schwimmerventil installieren, sorgt es automatisch für konstanten Wasserpegel.

Man kann zur Bewässerung der Pflanzen auch ein Tropfwassersystem einsetzen. Diese Systeme arbeiten mit Hilfe dünner, gebündelter Tröpfelschläuche oder einzelner Tropfelemente, die in bestimmten Abständen an wasserführ-enden Plastikrohren (oder Schläuchen) angebracht sind. Das Wasser fließt durchs Rohr und unterwegs tropfenweise durch die Austrittsöffnungen in die Pflanzbehälter. Es sind verschiedene Ausführungen erhältlich; Sie könn-en sich aber auch selbst die Komponenten für ein Eigenbau-System zusammenstellen.

So ein Tropfsystem hat seine Vorteile. Ist es einmal installiert, scheint das Bewässern beinahe wie von selbst zu funktionieren. Man kann dem Wasser auch Dünger beigeben; auf diese Art wird jede Pflanze die gleiche Menge Dünger erhalten. Bei gleichaltrigen Klonen ist so ein Tropfsystem wunderbar, doch es eignet sich kaum für Pflanzen, die individuelle Ansprüche an die Nährstoffversorgung stellen. Ich kenne eine Heimgärtnerin, die ständig von

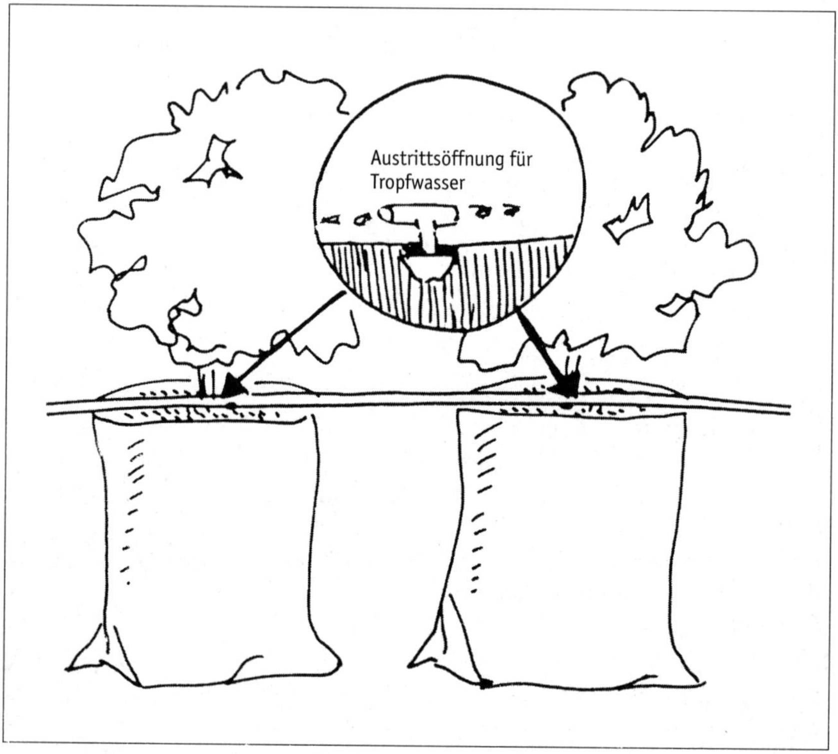

der Bequemlichkeit ihres Systems schwärmt. Bei jedem Wässern gibt sie nach dem Injektorprinzip eine Nährstofflösung zu, und sie weist darauf hin, daß die Pflanzen bei Verwendung eines Tropfsystems mit kleineren Töpfen auskommen, da sich das Wurzelwachstum auf ein Minimum beschränkt: Nährstoffe und Wasser werden ja kontinuierlich an die Pflanze herangeführt. Tatsächlich kommt die Kombination von erdfreiem Substrat und Tropfsystem der Hydrokultur recht nahe.

Das Tropfsystem läßt sich mit einer Zeitschaltuhr koppeln, damit es auch dann wässert, wenn Mutter Natur abwesend ist. Dies ist zwar äußerst bequem, kann allerdings teuer zu stehen kommen - nicht bloß in der Anschaffung, sondern auch, was den Ernte-Ertrag anbetrifft. So ein automatisiertes System führt nämlich leicht zur Vernachlässigung des Gartens - aber der braucht seine tägliche Pflege! Bei einer Automatisierung werden Sie es nicht mehr länger für nötig halten, die Bodenfeuchtigkeit der Töpfe zu kontrollieren oder täglich jede Pflanze zu begutachten. Automatisierung ist okay, aber kein Ersatz für sorgfältiges Gärtnern!

▸ Dünger

Unter Hochdrucklampen wächst Marihuana so rasch heran, daß die handelsübliche Topferde nicht all die Nährstoffe bereithalten kann, die es zum kräftigen Wachstum braucht.

Es gibt rund 16 Nährelemente, die für die Pflanze lebensnotwendig sind. Die nichtmineralischen Nährelemente Kohlenstoff, Wasserstoff und Sauerstoff werden aus Luft und Wasser absorbiert. Die restlichen Elemente, als mineralische Nährelemente bzw. Spurennährstoffe bezeichnet, werden hauptsächlich aus dem Boden entnommen bzw. mit Dünger zugeführt. Die Pflanze benötigt vor allem die Kernnährstoffe Stickstoff (N), Phosphor (P) und Kalium (K). Enthalten Dünger diese drei Kernnährelemente, werden sie als Volldünger bezeichnet - die Gehaltsangaben erfolgen auf den Düngersäcken in Prozent und immer in der Reihenfolge N-P-K. Ein Dünger mit 23-19-17 hat demnach 23 % Stickstoff, 19 % Phosphor und 17 % Kalium.

Calcium (Ca) und Magnesium (Mg) sind sekundäre Nährstoffe, während Eisen (F), Schwefel (S), Mangan (Mn), Bor (B), Molybdän (Mb), Zink (Zn) und Kupfer (Cu) als Mikronährstoffe oder Spurenelemente gelten. Marihuana benötigt mehr Magnesium, als in den meisten Düngern enthalten ist. Mg und Ca werden gewöhnlich beim Anmischen des Substrats in Form von Dolomitkalk zugeführt. Bei handelsüblicher Topferde sind Spurenelemente normalerweise in ausreichender Menge enthalten (ebenso in Düngerpräparaten wie Peters und Eco-Grow) und müssen nicht zugeführt werden. Bei erdlosen Substraten, die keine besonderen Zusätze enthalten, mangelt es sehr an Mg, Ca und Spurenelementen. Es ist immer sinnvoll, einen Dünger zu verwenden, der Spurenelemente enthält. Die sekundären Nährstoffe und die Spurenelemente sind meist nicht auf dem Düngeretikett angegeben.

N, P, K, Ca und Mg werden auch unter dem Sammelbegriff Makronährstoffe zusammengefaßt.

Die Kernnährstoffe

Stickstoff ist der wichtigste Nährstoff, er wird von der Pflanze zum Aufbau von Eiweiß benötigt und fördert die Plasmabildung der Zellen. Er spielt eine entscheidende Rolle bei der Chlorophyllbildung und ist vor allem verant-

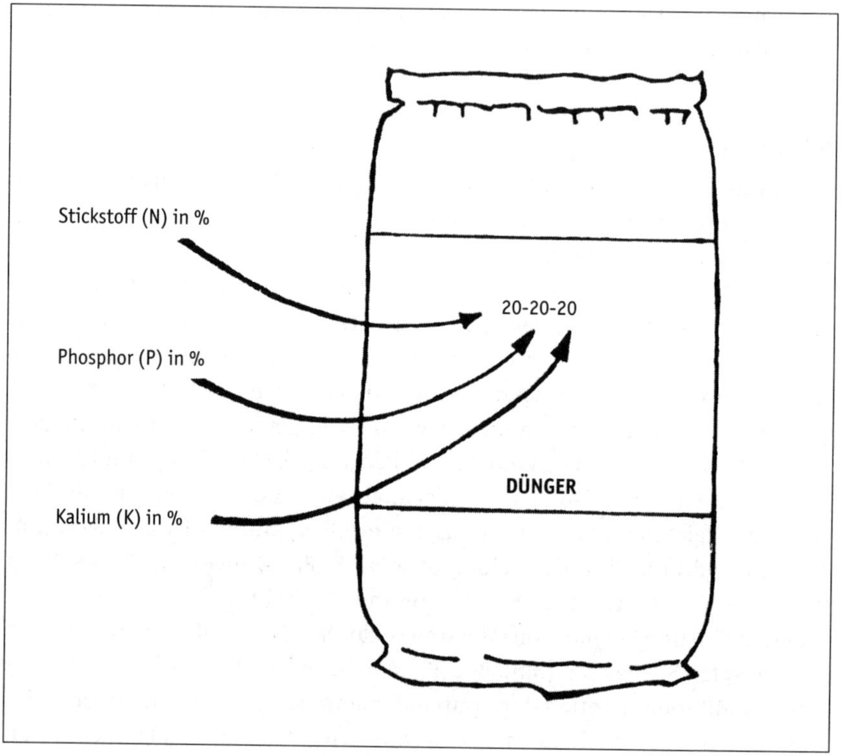

wortlich für Blatt- und Stengelwachstum, also für Größe und kräftigen Wuchs der Pflanze. Seine stärkste Aktivität entfaltet N in den jungen Knospen, Trieben und Blättern. In der vegetativen Phase braucht Marihuana große Mengen an Stickstoff.

Phosphor (P) ist wichtig für die Photosynthese und sorgt für den Aufbau von Adenosintriphosphat (ATP), das innerhalb der Pflanze als Energiesspeicher und -überträger fungiert. P verhilft allgemein der Pflanze zu kräftigem Wuchs und fördert Harz- bzw. Samenproduktion. Das meiste P braucht Cannabis während der Keimung, beim Wachstum von Sämling oder Steckling, sowie in der Blütezeit.

Kalium (K) wird für die Bildung und den Transport von Zucker und Stärke benötigt, ebenso zur Zellteilung beim Wachstum. K erhöht den Chlorophyllgehalt der Blätter und unterstützt die Regulierung der Stomata. Kalium kräftigt den Wurzelwuchs; es wird auch behauptet, daß es die Resistenz gegen Krankheiten erhöht und die Wasseraufnahme verbessert. K wird in allen Wachstumsphasen benötigt.

Sekundäre Nährstoffe und Spurenelemente

Magnesium (Mg) findet sich als zentrales Atom in jedem Chlorophyllmolekül und spielt eine große Rolle bei der Absorption des Lichts. Außerdem neutralisiert es saure Salze im Boden und toxische Verbindungen, die von der Pflanze produziert werden. Es ist der einzige Sekundärnährstoff, an dem es im allgemeinen mangelt. Die Gabe von Dolomitkalk vorm Eintopfen stabilisiert den pH-Wert und reichert das Substrat mit Mg und Ca an. Wenn Sie nicht gleich zu Anfang Dolomitkalk ins Substrat gemischt haben, dann geben Sie bei jedem Wässern Epsomer Bittersalz hinzu.

Calcium (Ca) hat fundamentale Bedeutung für Zellbildung und Wachstum. Der Marihuanapflanze sollte an jeder Wurzelspitze etwas Calcium zu Verfügung stehen.

Die Spurennährstoffe (Schwefel, Eisen, Mangan, Zink, Kupfer, Bor, Molybdän) sind u.a. wichtig für die Chlorophyllbildung und werden nur in geringen Mengen benötigt, wobei bisher wenig über die genaue Menge bekannt ist. Sie fungieren hauptsächlich als Katalysatoren für die innerhalb der Pflanze ablaufenden Prozesse.

▸ Düngen, aber richtig

Zweck des Düngens ist, der Pflanze in ausreichender Menge die Nährstoffe zuzuführen, die sie zum gesunden Wachstum braucht, ohne hierbei das Substrat bzw. Pflanzmedium durch Überdüngung zu vergiften. Ein Topf, der 20 bis 25 Liter fruchtbare Topferde enthält, wird die Pflanze einen Monat lang mit allen notwendigen Nährstoffen versorgen. Bevor der Vorrat der enthaltenen NPK-Nährstoffe erschöpft ist, müssen neue zugeführt werden. Bei erdlosen Substraten ohne Düngerzusätze muß von Anfang an NPK-Dünger verabreicht werden. Bei erdlosen Substraten mit Düngerzusatz gebe ich nach der ersten oder zweiten Woche Dünger. Die meisten Fertigsubstrate enthalten sekundäre Nährstoffe und Spurenelemente. Bei Substraten ohne Zusätze müssen Sie einen NPK-Dünger verwenden, der sekundäre Nährstoffe und Spurenelemente enthält.

Bei den Änderungen ihres Stoffwechsels, die eine Pflanze im Laufe des Lebens durchmacht, ändert sich auch ihr Bedarf an Dünger. Beim Keimen und als

Sämling hat sie einen hohen Bedarf an Phosphor (P). Die Vegetationsphase erfordert große Mengen an Stickstoff (N), damit sie grüne Blätter bilden kann; auch P und K werden in beträchtlicher Menge benötigt, es empfiehlt sich also die Verwendung eines Volldüngers. In der Blütephase tritt das vegetative Wachstum dann in den Hintergrund: Nun wird vor allem P gebraucht, N und K verlieren an Bedeutung. Der Einsatz eines speziellen Blüte-Düngers mit geringem N- und K-, jedoch hohem P-Anteil wird sich in größeren Blüten bemerkbar machen. Freilich gibt es auch Anbauer, die weiter den Volldünger verwenden und damit gute Resultate erzielen. Ein Dünger mit hohem N-Anteil fördert gewöhnlich buschigeren Wuchs in der Blütezeit. Eine gewisse Menge N braucht Marihuana auch beim Blühen; ohne Stickstoff werden die älteren Blätter gelb und sterben vorzeitig ab.

Dünger sind entweder (wasser-)löslich, oder sie arbeiten mit Langzeitwirkung und setzen ihre Wirkstoffe nach und nach frei. In beiden Kategorien gibt es sowohl organische wie chemische Dünger.

Lösliche Dünger eignen sich sehr gut für die Kultivierung von Topfpflanzen im Haus und werden sowohl von gewerblichen Gärtnereien wie auch von zahlreichen Marihuana-Anbauern bevorzugt. In Wasser gelöster Dünger läßt sich problemlos zuführen und - falls erforderlich - aus dem Substrat herausspülen. Die Menge, welche den Pflanzen in gelöster Form zu Verfügung steht, läßt sich exakt bestimmen. Ein vielseitiger löslicher Dünger kann im Wasser in den Boden eingebracht oder direkt auf die Blätter gesprüht werden; bei letzterer Methode erhält die Pflanze die Nährstoffe dort, wo sie gebraucht werden.

Lösliche chemische Dünger

Chemische Düngergranulate werden leicht überdosiert, die Folge ist eine toxische Anreicherung von Salzen im Boden. Es ist nahezu unmöglich, sie rasch genug herauszuspülen, um die Pflanze zu retten.

Osmocote ist ein chemischer Dünger, der zeitverzögert arbeitet. Er wird aufgrund seiner leichten Anwendungsweise in vielen Gärtnereien verwendet, denn er muß nur alle paar Monate gegeben werden. So etwas ist zwar äußerst bequem, aber hier hat der Anbauer keine genaue Kontrolle mehr. Diese Düngerart ist am besten für eingetopfte Zierpflanzen geeignet, wo es vor allem um minimale Arbeitskosten und gleichförmigen Wuchs geht.

Peters wird seit vielen Jahren von gewerblichen Gärtnereien eingesetzt. Leute, die Marihuana im Haus anbauen, schätzen ihn, weil die Salze so rein sind

Allzweckdünger

Blütendünger

und er leicht anzuwenden ist. Er enthält Chelatoren, die eine Festlegung der Elemente im Boden verhindern, sowie sämtliche notwendigen Sekundär- und Spurennährstoffe. Es werden jedoch keine Chloridkarbonate oder überschüssigen Sulfate freigesetzt, womit einer Versalzung vorgebeugt wird. Peters-Dünger läßt sich sowohl bei Erdmischungen wie erdfreien Substraten verwenden und ist in verschiedenen NPK-Varianten erhältlich. Nachfolgend eine Übersicht über die am meisten beim Anbau im Haus verwendeten - bei den hier aufgeführten Produkten wird ein halber bis ganzer Teelöffel in 4 Liter Wasser gelöst und bei jedem Gießvorgang verabreicht.

1 General Purpose (20-20-20) ist überall erhältlich und wird beim Sämling und in der vegetativen Phase eingesetzt. Enthaltene Nährstoffe (in Prozent): Mg 0,05-6; Fe 0,05; Mn 0,0031; B 0,0068; Zn 0,0025; Cu 0,0036; Mo 0,0009.

2 Peat-Lite Special (20-10-20) eignet sich sehr gut für die vegetative Phase. Der niedrige P-Anteil hält die Wurzeln im Zaum. Hohe Anteile an sekundären Nährstoffen und Spurenelementen. Inhalt (in Prozent): Mg 0,15; Fe 0,10; Mn 0,056; E 0,02; Zn 0,0162; Cu 0,01; Mo 0,01.

3 Geranium Special (15-15-15) wird ebenfalls in der vegetativen Phase verwendet und eignet sich gut bei niedrigem pH-Wert. Diese Variante hat einen nichtsauren N-Lieferanten; man riskiert keine toxische Konzentration von

Eco-Grow

Ra-Pid-Gro

Ammonium. Enthaltene Nährstoffe (in Prozent): Mg 0,15; Fe 0,10; Mn 0,056; E 0,02; Zn 0,0162; Cu 0,01; Mo 0,01.

4 Blossom Booster (10-30-20) hat den hohen P-Anteil, den die Pflanze zur Blüte benötigt. Er vergrößert die Anzahl und Größe der Blütenspitzen. Enthaltene Nährstoffe (in Prozent): Mg 0,15; Fe 0,10; Mn 0,056; E 0,02; Zn 0,0162; Cu 0,01; Mo 0,01.

Eco-Grow wird von Eco Enterprises in Seattle (Washington) hergestellt. Die Varianten dieses Düngers wurden vor allem für Hydrokulturen entwickelt, können jedoch auch bei Erdmischungen verwendet werden. Eco-Grow hat ein ausgewogenes Spektrum und versorgt die Pflanze mit allen notwendigen Nährstoffen. All seine Inhaltsstoffe werden aus Mineralien gewonnen, es wird nichts Künstliches hinzugesetzt. Es sollte erwähnt werden, daß sich dieser Dünger nicht vollkommen auflöst: In der Lösung sind jedoch genug Nährstoffe enthalten, Sie müssen sich also keine Gedanken machen, wenn sich am Boden ein wenig Sediment absetzt. Bei Verwendung von normalem Leitungswasser liegt der pH-Wert des Düngers bei 6,3.

Eco-Grow enthält die folgenden sekundären Nährstoffe und Spurenelemente (in Prozent): Ca 6; S 2,6; Mg 2,0; Fe 0,2; Mn 0,1; Cl 0,1; Cu 0,005; Zn 0,05; B 0,045; Mo 0,002; Co 0,001.

1 Standard (10-8-14) ist ein Allzweckdünger, der für die vegetative Phase entwickelt wurde.

Miracle-Gro

2 Monstera (20-6-12): Diese Variante ist für Pflanzen, die für rasches Wachstum hohe N-Gaben brauchen.

3 Bloom (3-35-10) sorgt für fette, gesunde und kräftige Blütenspitzen. Niedriger N- und hoher P-Anteil.

Ra-Pid-Gro wird ebenfalls gern von Profi-Gärtnern wie auch Marihuana-Anbauern verwendet. Die Multi-Use (23-19-17) Variante löst sich sofort in Wasser und enthält nur einige Spurenelemente, erfordert also eine ergänzende Gabe von Spurennährstoffen. Ra-Pid-Gro wird beim Sämling und in der Vegetativphase benutzt. Man kann diesen Dünger auch während der Blüte benutzen, doch er liefert hohe Dosen von unnötigem N, das zu unerwünschter vegetativer Entfaltung führen kann.

Miracle-Gro ist ein altbekannter, zuverlässiger Dünger für Zierpflanzen im Heim und den Gemüsegarten, von dem zahlreiche Varianten erhältlich sind. Bei Miracle-Gro sind die Spuren- sowie sekundären Nährstoffe auf dem Etikett abgedruckt: Kupfer 0,05 %; Chelat-Eisen 0,10 %; Mangan 0,05 %; Zink 0,05 %.

1 Der Tomatendünger (18-18-21) enthält auch 0,05 % Magnesium (Mg). Tomaten stellen von ihrem Nährstoffbedarf her ähnliche Anforderungen wie Marihuana. Dieser Dünger ist wunderbar geeignet für Sämlinge und vegetative Phase.

2 Den Allzweckdünger (15-30-15) nehmen Marihuana-Ambauer gern in der Blütephase. Die hohe P-Konzentration fördert eine rasche Blütenbildung.

Organische Dünger mit Langzeitwirkung

Organisch gezogenes Marihuana hat einen vollmundigeren Geschmack, doch erfordert der organische Anbau im Hause einiges an Know-how. Es gilt hier die Einschränkungen beim Substrat bzw. Pflanzmedium und die beengten Räumlichkeiten zu bedenken, mit denen man im Haus konfrontiert ist - im Freien ist organischer Anbau leichter, weil die frei waltenden Naturkräfte eine wichtige Rolle spielen. Im Haus ist davon nichts zu spüren. Nie vergessen: Sie haben die Rolle von Mutter Natur übernommen und müssen alles simulieren! Seinem Wesen nach ist der Anbau im Hause nicht gut mit langfristigem organischen Gärtnern vereinbar, doch manche organische Techniken wurden mit erstaunlichem Erfolg auch beim Hausanbau angewendet.

Bei den meisten im Haus angelegten organischen Gärten wird Topferde mit einem hohem Anteil an Wurmhumus, Torf, Sand, Dung, Lauberde, Kompost und feinem Dolomitkalk verwendet. In einem Topf ist aber nun mal nicht genug Platz, um einen guten organischen Boden zu entwickeln - indem man nämlich erst alle möglichen wertvollen Kompostsorten und organischen Nährstoffe mischt, um dann die optimale Bodengare zu erhalten. Selbst wenn dies möglich wäre, würde es Monate in Anspruch nehmen - kostbare Zeit, in denen man sich den Pflanzen zu widmen hat! - und könnte obendrein dazu führen, daß sich schädliche Insekten einnisten oder Pilzbefall auftritt. Am einfachsten und sichersten ist es, die alte ausgelaugte Erde nach der Ernte rauszuwerfen und neue Pflanzen in frischen organischen Boden zu setzen.

Organische Dünger wie Tierdung, Wurmhumus, Blut- und Knochenmehl etc. eignen sich sehr gut, um den Nährstoffgehalt des Bodens zu verbessern, doch die Nährstoffe werden unterschiedlich schnell freigesetzt und für die Pflanze verfügbar. Die Verfügbarkeit der Nährstoffe ist also schwer kalkulierbar, doch geht man mit organischen Düngern kaum die Gefahr einer Überdüngung ein. Am besten scheinen sie zu wirken, wenn man sie miteinander kombiniert; so ergibt sich eine konsistentere Verfügbarkeit der Nährstoffe. Normalerweise wird von Marihuana-Anbauern eine Mischung von 20-40 % Wurmhumus und anderen organischen Stoffen verwendet, um eine solide, schnell verfügbare Stickstoff-Basis zu erhalten. Später zur Blütezeit düngen sie dann mit Fledermaus-Guano.

Wer im Haus in Hochbeeten anbaut, schafft die beste Voraussetzung für organisches Gärtnern: Die große Erdmasse kann Nährstoffe speichern, fördert die organischen Zersetzungsprozesse und gewährleistet eine kontinuierliche

Nährstoffversorgung. Hier kann sich auch die Wärme entwickeln, die die Aktivität der Bodenflora unterstützt.

Alfalfamehl ist reich an Stickstoff, es enthält etwa 1,5 % N, sowie 0,5 % Phosphor und etwa 2 % Kalium.

Blutmehl (das Blut wird in Schlachthäusern gesammelt, getrocknet und pulverisiert) ist ein exzellenter Lieferant für schnellwirkenden löslichen Stickstoff (12 bis 15 % seines Gewichts), enthält etwa 1,2 % Phosphor und weniger als 1 % Kalium. Vorm Anpflanzen eingebracht oder als ergänzende Düngergabe verabreicht, fördert es grünen und laubreichen Wuchs. Bei zu starker Dosierung oder bei Kontakt mit den Blättern kann es zu Verbrennungen führen. Zudem lockt Blutmehl fleischfressende Tiere an. Also immer gut in die Erde einarbeiten, wenn Sie es als gelegentliche Zugabe verwenden.

Knochenmehl ist seit altersher als phosphor- und stickstoffreicher Dünger gebräuchlich. Alter sowie Art der Knochen entscheiden über den Nährstoffgehalt dieses pulverisierten Schlachthofprodukts - ältere Knochen haben einen höheren Phosphorgehalt als junge. Am besten in Kombination mit anderen organischen Düngern verwenden. Sein Kalkgehalt hilft den Säuregehalt des Bodens zu reduzieren, es wirkt am raschesten in gut durchlüfteter Erde.

Material	*N*	*P*	*K*	*Bemerkung*
Blut (getrocknet oder als Mehl)	12-15	1,2	1	löslich
Knochenmehl (ungedämpft)	2-4	15	25	Calcium, SN
Knochenmehl (gedämpft)	2-3	18-25	0,2	20 % Ca, SN
Canolamehl	0	1,2	1,3	Eisen, SN
Geflügeldung (trocken)	3-4	2-4	1-2	löslich, SN
Kompost	1-2	1	1	SN
Rinderdung	0,6-2	0,3	0,5-1	versalzt
Kaffeesatz	2	0,3	0,7	sauer
Federn (trocken oder als Mehl)	12-15	0	0	einige SN
Fischmehl	8	7	2	löslich
Ziegendung	0,5	0,4	0,4	SN
Granitstaub	0	0	4-5	einige SN
Kalifeldspat	0	0	6-8	einige SN
Grünsand (Glaukonit)	0	1	5-7	Eisen, Mg, SN
Guano (Fledermaus)	2-5	8-10	1-2	löslich, SN
Guano (Seevögel)	10-15	5	2	löslich, SN

Huf- u. Hornmehl	6-15	2	0	SN
Pferdedung	0,6	0,4	0,4	SN
Papierasche	0	0,1	2-3	hoher pH
Kolloidphosphat	0	18-24	0	Calcium, SN
Meeresalgen (flüssig)	5	0,5	0,3	löslich, SN
Meeresalgen (Mehl)	1	1	1	löslich, SN
Schafdung	0,8	0,4	0,5	SN
Schweinedung	6	0,4	0,2	SN
Holzasche (Hartholz)	0	1,5	7-10	löslich
Holzasche (Weichholz)	0	0,8	5	löslich
Wurmhumus	3,5	1	1	SN

SN = Spurennährstoffe

Je nach Herkunft, Alter, Erosion, Klima etc kann der Nährstoffgehalt in organischen Düngern erheblich schwanken. Die obengenannten Zahlen sind nur Richtwerte. Wenn Sie genaue Zahlen wissen wollen, erkundigen Sie sich beim Händler.

Knochenmehl aus ungedämpften Knochen enthält 2 bis 4 % Stickstoff und 15 bis 25 % Phosphor. Der Abbau der Fettsäuren in rohem Knochenmehl braucht natürlich seine Zeit. Dieses Mehl wird vor allem als Phosphorlieferant beim Anpflanzen von Herbstzwiebeln benutzt.

Gedämpftes Knochenmehl wird aus frischen Tierknochen hergestellt, die bei einem Druck von 3 bar gedämpft wurden, um das Fett zu entziehen. Dies hat einen geringen N-Verlust und einen Anstieg des P-Gehalts zur Folge. Gedämpfte Knochen sind leichter zu pulverisieren, und die Nährstoffe sind im Boden schneller verfügbar. Es enthält bis zu 30 % Phosphor und etwa 1,5 % Stickstoff. Je feiner es gemahlen ist, desto rascher wirkt es. Geben Sie es bei Saisonbeginn als Phosphorlieferant, entweder beim Anpflanzen oder um Blüten- und Fruchtbildung zu fördern. Oder als mittsommerlichen Oberflächendünger; nur leicht einarbeiten, dann mit Mulch abdecken.

Baumwollsamenmehl wird aus geschälten Baumwollsamen hergestellt, denen man das Öl entzogen hat (so gut wie alle chemischen Schadstoffe der industriellen Baumwollproduktion sind in diesem Öl gelöst). Dieser saure Dünger enthält etwa 7 % Stickstoff, 2,5 % Phosphor und 1,5 % Kalium. Am besten ergänzt man ihn mit Phosphorit (Gesteinsmehl) oder Knochenmehl, was eine ausgewogene Düngermischung ergibt. Baumwollsamenmehl ist wunderbare Nahrung für Pflanzen, die es gern sauer haben.

Hühnerdung wird von vielen Gärtnern gern verwendet, weil er einen hohen Stickstoffgehalt besitzt. Wenn Sie einen guten Lieferanten für Hühnerdung auftun können, dann holen Sie sich, so viel Sie kriegen können. Häufeln Sie ihn neben dem Komposthaufen auf, lassen Sie ihn ein paar Monate verrotten und decken ihn dann mit einer Plane ab, um den Prozeß zu drosseln. Benutzen Sie ihn als Aktivator für den Kompost, indem sie ihn so oft wie möglich leicht in die Oberfläche einarbeiten. Stammt der Hühnerdung von einer industriellen Hühnerfarm, die Wachstumshormone einsetzt, dann sollten Sie ihn mindestens ein Jahr lang kompostieren, damit die Hormone ausgewaschen werden. Hühnerdreck ist oft mit Federn vermischt, die bis zu 17 % Stickstoff enthalten können, was ein zusätzliches Plus darstellt.

Der durchschnittliche Nährstoffgehalt bei frischem Hühnerdung ist 1,5 % N; 1,5 % P; 0,5 % K; und bei getrocknetem 4 % N; 4 % P; 1,5 % K. Beide haben ein breites Spektrum an Spurenelementen.

Zahlreiche Anbauer, die organisch gärtnern, düngen ausschließlich mit Aufgüssen (Brühen). Schwarzwurz steckt voller Nährstoffe, und viele Gärtner pflanzen sie eigens zur Herstellung von Aufgüssen an.

Was (in den USA) als "*Stierdung*" verkauft wird, stammt eigentlich von Milchkühen. Rinderdung wird seit Jahrhunderten als Dünger eingesetzt, was zu der weitverbreiteten Annahme geführt hat, er sei ein guter Dünger und ebenso guter Zuschlagstoff.

Rinderdung ist äußerst nützlich als Zuschlagstoff für Mulch und Erde, hat gute Wasserhaltekraft und sorgt dafür, daß die Erde lange fruchtbar bleibt. Sein Nährstoffgehalt ist ziemlich niedrig, und man sollte ihn nicht als alleinigen Stickstofflieferanten verwenden.Sein durchschnittlicher Nährstoffgehalt: 0,6 % N; 0,3 % P; 0,3 % K, plus das ganze Spektrum der Spurennährstoffe. Im Verhältnis von 13,5 bis 16 kg pro Quadratmeter ausbringen.

Kaffeesatz ist sauer und fördert die Aktivität der Essigsäurebakterien im Boden. Der Satz von Filterkaffee enthält ca. 2 % Stickstoff und in Spuren auch weitere Nährstoffe. Er eignet sich gut für den Komposthaufen; bei säureliebenden Pflanzen wie Azaleen, Blaubeeren, Kamelien und Rhododendron sollten Sie ihn auf die Erde streuen und leicht einarbeiten.

Kieselgur - ein Süßwassersediment, das im Tertiär aus den Kieselsäuregerüsten der Infusorien und Kieselalgen entstanden ist - enthält das ganze Spektrum der Spurennährstoffe und ist ein guter Insektenkiller. Entweder beim Kultivieren des Bodens untermischen oder als Oberflächendünger zugeben.

Dolomitkalk reguliert den pH-Wert und sorgt für bessere Verfügbarkeit der Phosphate, er wird im allgemeinen zum Aufkalken verwendet und besteht aus Calcium und Magnesium.

Federn bzw. Federmehl enthalten 12-15 % Stickstoff, der sehr langsam freigesetzt wird. Die im Hühnermist enthaltenen oder in einer Hähnchenschlächterei besorgten Federn sind eine wunderbare Ergänzung zum Komposthaufen oder Dünger. Bei Federmehl wurden die unter Druck gedämpften Federn getrocknet und pulversisiert; es enthält 2,5 % sehr langsam freiwerdenden Stickstoff und wird gern beim herbstlichen Unterarbeiten des Gründüngers verwendet - dann hat man im Frühjahr stickstoffreichen Boden.

Fischmehl (getrockneter und gemahlener Fisch) ist reich an Stickstoff (etwa 8 %) und enthält etwa 7 % Phosphorsäure und viele Spurennährstoffe. Wegen seines unangenehmen Geruchs sollte man es nicht beim Hausanbau anwenden. Ein wunderbarer Aktivator für den Komposthaufen - und ein relativ schnell wirkender Dünger, den man gut einarbeiten oder nach dem Auftragen mit Mulch abdecken sollte. Fischmehl stets in luftdicht verschlossenem Behälter aufbewahren, damit es nicht Katzen, Hunde und Fliegen anlockt.

Fischmehl und -emulsion können bis zu 10 % Stickstoff enthalten, die Emulsion im allgemeinen weniger als das Mehl. Mit ihr steht ein preiswerter, organischer und waserlöslicher Flüssigdünger mit gutem Stickstoffgehalt zur Verfügung, der reich an Spurennährstoffen ist und außerdem Phosphor und Kali enthält. Er läßt sich auch mit dem Zerstäuber auf die Blätter aufbringen, wobei man die Lösung wässrig halten sollte, da er sonst die feinen Poren verklebt. Selbst geruchsbehandelte Fischemulsion stinkt, dieser Dünger ist also nur im Freien verwendbar.

Ziegenkot ähnelt Pferdedung, ist aber nährstoffreicher. Man kompostiert ihn und verwendet ihn dann wie Pferdedung.

Granitstaub oder -mehl enthält bis zu 5 % Kalium und etliche Spurenelemente. Die Nährstoffe werden sehr allmählich über Jahre hinweg freigesetzt - ein preiswerter Kaliumlieferant, der sich nicht auf den pH-Wert auswirkt. Als Oberflächendünger verwenden, oder im Verhältnis von 5 bis 7 kg auf 10 m^2 einbringen. Granitstaub mit Phosphat und Dung kombinieren, das ergibt eine komplette Düngermischung für die Anpflanzung im Frühjahr.

Kalifeldspat liefert bis zu 8 % Kalium und kann auch etliche Spurennährstoffe enthalten.

Grünsand enthält Glaukonit, ein Eisenaluminiumsilikat - ein intensiv grünes, körniges Mineral, das sich in vielen marinen Sandsteinen und Mergeln findet. Abgebaut wird Grünsand z.B. in einer urzeitlichen Meeresbodenformation in New Jersey, wo sich Muscheln und organische Stoffe abgelagert haben; er ist reich an Eisen, Phosphor, Kalium (5 bis 7 %) und enthält zahlreiche Spurennährstoffe. Manche organische Gärtner lehnen es ab, Grünsand zu verwenden, weil die Vorkommen so knapp bemessen sind. Bei Grünsand kommt es bestimmt zu keinen Verbrennungen an den Pflanzen, denn seine Nährstoffe setzt er über einen Zeitraum von vier Jahren frei. Geben Sie Grünsand in reichlicher Menge als Oberflächendünger, oder 7 bis 12 kg auf 10 m^2 in den Boden einarbeiten. Dies ist zu jeder Jahreszeit möglich, und Sie haben damit einen Langzeitlieferanten an Kalium und Spurenelementen.

Fledermaus-Guano besteht, wie schon der Name vermuten läßt, aus den Exkrementen von Fledermäusen. Er ist reich an löslichem Stickstoff, Phosphor und Spurenelementen. Daß seine Vorräte beschränkt sind - er wird als organischer Super-Blütendünger geschätzt -, macht sich auch im Preis bemerkbar. Er wird in schwer zugänglichen Höhlen abgebaut; beim Trocknen findet keine nennenswerte Zersetzung statt. Fledermaus-Guano kann Tausende von Jahren alt sein. Neuere Ablagerungen enthalten hohe Mengen an Stickstoff und können bei zu starker Dosierung zu Verbrennungen führen. Die älteren - und beliebteren - Sorten sind reich an Phosphor und ein exzellenter Blütendünger. Fledermaus-Guano ist normalerweise in Pulverform erhältlich und kann im Freiland das ganze Jahr über als Oberflächendünger verwendet oder in Form von Aufguß auf die Blätter zerstäubt werden. Vorsicht: Beim Hantieren mit dieser Substanz keinen Staub einatmen, dies kann Brechreiz oder Reizhusten verursachen! Manche Fledermäuse vertilgen jede Nacht Tausende von Insekten, andere ernähren sich von faulen Früchten. Diese prähistorisch anmutenden Wesen sind für das Ökosystem unentbehrlich, man sollte sie also tunlichst als Freunde behandeln und schützen. Fledermaus Guano ist in den üblichen Gartengeschäften nicht zu finden, man muß sich hier an die Spezialversender halten, die in der Fachpresse inserieren.

Der klassische Guano von Seevögeln enthält ebenfalls viel Stickstoff und noch weitere Nährstoffe. Er kommt aus diversen Küstenregionen zu uns. Der Humboldtstrom an der Küste Perus und Nordchiles sorgt für ein regenarmes Klima, was die Zersetzung des Guano auf ein Minimum beschränkt - dieser südamerikanische Guano gehört zu den besten Sorten der Welt. Er wird auf kargen, unfruchtbaren Felseninseln abgebaut. Durchschnittliche Dosierung: 1 Eßlöffel auf 4 Liter Wasser.

Gips, das in der Natur als Mineral vorkommende Dihydrat des Calciumsulfats, wird zum Absenken des pH-Werts oder bei mangelnder Dränage und Durchlüftung eingesetzt und erweist sich auch als nützlich, um die rasche Freisetzung von Stickstoff zu stoppen oder zu drosseln.

Hornmehl gibt es in verschiedener Körnung, es gilt als exzellenter Lieferant von langsam fließendem Stickstoff. Sein Nachteil: Es zieht Fliegen an und wird gern von Maden befallen. Es muß erst von den Bodenbakterien aufgeschlossen werden, bevor es für die Pflanze verfügbar ist. Also zwei oder drei Wochen vorm Anpflanzen einbringen. Es hält sich ein halbes Jahr oder noch länger im Boden. Huf- und Hornmehl enthält 6 bis 15 % Stickstoff und etwa 2 % Phosphorsäure. Bei feingemahlenem Hornmehl ist allerdings der Stickstoff rascher verfügbar, und man hat weniger Probleme mit Madenbefall.

Pferdedung kann man sich in Pferdeställen und an der Rennbahn besorgen. Bei Pferdemist nur solchen nehmen, wo die Einstreu aus Stroh oder Torf bestand, in Holzspänen könnten unter Umständen Krankheitserreger lauern.

Bevor Sie mit Pferdemist düngen, muß er mindestens zwei Monate lang kompostiert sein. Bei der Verrottung sterben die Unkrautsamen ab, und sie verbessert die Wirksamkeit der Nährstoffe. Das enthaltene Stroh könnte zwar einen hohen Anteil des verfügbaren Stickstoffs verbrauchen, sorgt aber auch für gute Belüftung im Dung, man kann den Mist also ziemlich hoch häufeln und muß keine Stoffe zusetzen, die für Durchlüftung des Komposthaufens sorgen. Wenn sie den Mist beim Aufhäufeln leicht feststampfen, wird Luft entweichen, worauf er dann mehr Wasser aufnimmt, das zur Kompostierung benötigt wird. Die Nährstoffe im Pferdemist: 0,6 % N; 0,6 % P; 0,4 % K und das ganze Spektrum der Spurenelemente.

Kelp ist der Cadillac unter den Spurennährstoffen. Kelp sollte eine dunkelgrüne Farbe haben, frisch sein und nach Ozean riechen; es enthält 60 bis 70 mineralische Spurenelemente in Chelatform (d.h. wasserlöslich und im Boden verfügbar).

Gemahlene Austernschalen werden normalerweise als Kalkzugabe unters Geflügelfutter gemischt. Sie enthalten bis zu 55 % Calcium und in Spuren auch zahlreiche andere Nährstoffe, die langsam freigesetzt werden. Austernschalen in kleinen Mengen zum Komposthaufen hinzufügen, oder mit anderen Düngern bei der Bodenkultivierung einarbeiten, um adäquaten Calciumgehalt zu gewährleisten.

Papierasche enthält etwa 5 % Phosphor und über 2 % Kalium. Ein wunderbarer wasserlöslicher Dünger - aber nicht in hohen Dosen anwenden, weil sie einen ziemlich hohen pH-Wert hat.

Taubenkot hat eine sehr hohe Stickstoffkonzentration, ist aber schwieriger zu finden. Kann in gleicher Weise wie Hühnerdung verwendet werden.

Kaninchenmist ist ebenfalls ein guter Dünger, aber kaum in großen Mengen zu finden. Anwendung wie bei Hühner- oder Taubenkot.

Phosphorit ist ein Phosphatgestein auf Kalkbasis, das feingemahlen wird, bis es die Konsistenz von Talkpuder hat. Dieses Gesteinsmehl enthält über 30 % Phosphat und eine ganze Reihe Spurenelemente. Es wird nicht aus der Erde ausgewaschen und bleibt unverändert, bis es von den Wurzeln absorbiert wird. Man bringt es alle vier oder fünf Jahre ein, und zwar zwei Monate nach dem jährlichen Ausbringen des Mistdüngers, und nimmt knapp 5 kg auf 10 m^2 Bodenfläche.

Kolloidphosphat, auch weiches Phosphat genannt, ist eine natürliche Tonphosphatablagerung, die über 20 % Phosphor (P2O5), überdies Calcium und viele Spurenelemente enthält. Kolloidphosphat ist ein wertvoller organischer Dünger. In der ersten Saison gibt es 2 % seines Gewichts an Phosphat ab, und in den folgenden Jahren insgesamt 18 %. Es führt bei der Pflanze nicht zu Verbrennungen, weil es stets in der Menge vorliegt, in der es gebraucht wird. Es trägt auch zur Krümelbildung des Bodens bei, weil es sich günstig auf Erdwürmer und nützliche Bodenmikroben auswirkt. Man sollte es jährlich - in Verbindung mit Kalk, stickstoffreichem Dung und Algenmehl - in den Boden einbringen und nimmt 2,5 kg auf auf 10 m^2 Boden. Oder in Verbindung mit Kalk alle vier Jahre 7 bis 10 kg auf 10 m^2 einbringen.

Kalifeldspat ist ein wichtiger Kalium-Lieferant. Es wird sehr langsam freigesetzt und bleibt viele Jahre lang im Boden.

Algenpulver oder Kelpmehl: Algen bzw. Tang werden draußen auf dem Meer abgefischt oder am Strand gesammelt, gründlich gereinigt, getrocknet und zu Mehl vermahlen. Dieses Mehl ist reich an Kalium, es enthält zahlreiche Spurenelemente, Vitamine, Aminosäuren und Pflanzenhormone. Der Nährstoffgehalt hängt von der jeweiligen Algensorte und ihren Wachstumsbedingungen ab. Algenmehl wird von der Pflanze leicht absorbiert und wirkt sich positiv auf die Arbeit der Mikroorganismen im Boden aus, auf Struktur und Stickstoff-Festlegung. Es kann auch mithelfen, die Resistenz der Pflanze gegen Krankheiten und leichten Frost zu erhöhen. Die besten Resultate erzielt man, wenn man es im Frühjahr einbringt (0,5 bis 1 kg auf 10 m^2 Gartenfläche), es kann aber eigentlich das ganze Jahr über dem Boden zugeführt werden. Man sollte den Bodenbakterien einige Wochen Zeit geben, für die Verfügbarkeit der Nährstoffe zu sorgen. Algenmehl beschleunigt auch die Verrottung im Komposthaufen und lindert den Umpflanzschock der Pflanzen.

Algendünger in flüssiger Form enthält Stickstoff, Phosphor, Kalium und alle lebensnotwendigen Spurenelemente (sie liegen in Chelatform vor, d.h. sie sind wasserlöslich und im Boden rasch verfügbar) sowie Pflanzenhormone. In wässriger Lösung in den Boden einbringen oder bei akutem Nährstoffmangel als Schnellkur auf die Blätter sprühen. Die Flüssigform ist auch bestens zum Einweichen der Samen oder zum Eintauchen von Stecklingen oder Wurzeln vor dem Einpflanzen geeignet.

Schafdung kann man sich aus Schafställen besorgen. Reich an Nährstoffen, ergibt einen wunderbaren Aufguß. Durchschnittlicher Nährstoffgehalt: 0,8 % N; 0,5 % P; 0,4 % K; außerdem sämtliche Spurenelemente. Schafdung ist heiß, da er wenig Wasser und viel Luft enthält, d.h. er wird sich im Komposthaufen rasch erwärmen. Rinder- und Schweinemist sind hingegen kalt, da sie viel Wasser speichern und sich leicht zusammenpressen lassen, wobei die Luft entweicht.

Schweinedung enthält gegenüber Rinder- und Pferdedung mehr Nährstoffe, die jedoch langsamer abgegeben werden; außerdem ist er wesentlich feuchter. Durchschnittlicher Nährstoffgehalt von Schweinemist: 0,6 % N; 0,6 % P; 0,4 % K, plus die ganze Palette der Spurenelemente.

Krabben- und *Garnelenkot* haben einen relativ hohen Phosphorgehalt.

Kaliumsulfat wird normalerweise chemisch hergestellt, indem man Steinmehl mit Schwefelsäure behandelt. Die Great Salt Lake Minerals & Chemicals Company bietet eine konzentrierte natürliche Form an; sie holt es aus dem Great Salt Lake.

Holzasche (Hartholz) liefert 10 % Kalium, bei Weichholz sind es rund 5 %. Das Kalium wird sehr rasch ausgewaschen, also gleich nach dem Verbrennen einsammeln und an trockenem Ort aufbewahren. Man kann sie einer Mischung aus anderen Düngern zugeben und nimmt dann 2,5 bis 5 kg auf 10 m^2. Bildet die Holzasche Schichten, dann wird das Kalium rasch ausgespült und der Boden kompakt und klebrig. Da Holzasche sehr alkalisch ist, sollte man sie nicht bei Azaleen, Blaubeeren, Kamelien, Rhododendron und anderen säureliebenden Pflanzen verwenden. Aber als Ergänzung zum Komposthaufen ist Holzasche immer gut.

Wurmlosung besteht aus verdautem Humus und anderen organischen Sub-

stanzen, der NPK-Gehalt ist unterschiedlich. Ein guter Lieferant für löslichen Stickstoff, der sofort zur Verfügung steht und bei der Pflanze nicht zu Verbrennungen führt. Wurmhumus ist auch ein wunderbarer Zuschlagstoff, der die Krümelstruktur des Bodens verbessert - mit Topferde vermischt, ergibt er einen fruchtbaren, guten Boden. Die Regenwürmer ernähren sich von in Zersetzung befindlichen organischen Stoffen; in reiner Form sehen ihre Exkremente wie grobes Graphitpulver aus. Diese Wurmlosung enthält neben Stickstoff (die Menge kann schwanken) noch viele andere Nährstoffe. Sie ist schwer und sehr dicht, beim Mischen mit Pflanzenerde sollte man nie mehr als 30 % Wurmlosung zugeben, weil sonst der Wurzelwuchs behindert wird. Man kann Wurmhumus sackweise im Gartenhandel kaufen, aber es gibt auch Leute, die ihn selber herstellen.
Abschließend sei bemerkt, daß der Nährstoffgehalt von organischem Dünger je nach Herkunft, Klimaverhältnissen, Alter, Erosion, etc. schwanken kann. Beachten Sie die Angaben des Händlers.

Organische Düngung mit Spurenelementen

Algendünger in flüssiger oder pulverisierter Form ist reich an Spurenelementen, die sofort für die Pflanze verfügbar sind. Für den ökologisch bewußten Gärtner sind Algenpräparate der Dünger, wenn es den Pflanzen Spurenelemente zuzuführen gilt.

▸ Der Aufguß

Ein Topf mit 20 oder 40 Liter Substrat kann nicht all die organischen Nährstoffe enthalten, die eine Pflanze im Laufe ihres Lebens benötigt. Dieses Problem löst man, indem man einen Aufguß verabreicht - so eine Brühe ist zwar übelriechend und umständlich herzustellen, aber sehr effizient. Ein Aufguß kann nahezu alle in Wasser gelösten Nährstoffe enthalten, die die Pflanze braucht. Fischemulsion ist gewissermaßen so eine Bio-Brühe, die es fertig zu kaufen gibt. Sie können auch ihr altes Goldfischwasser in die Töpfe gießen! Stickstoffreiche Wurmlosung und phosphorreicher Fledermaus-Guano sind z.B. die Hauptbestandteile der organischen U-mix Aufguß-Fertigmischungen, da ihre löslichen Nährstoffe den Pflanzen sofort zur Verfügung stehen. Wenn es Sie anwidert, Fledermaus-Guano, Rindermist oder sonstige Exkremente ins Haus zu bringen, in Wasser aufzulösen und damit Ihre Pflanzen zu düngen, sollten Sie lieber auf biologischen Anbau verzichten!

Von diesen biologischen Aufgüssen sind viele verschiedene Mixturen erhältlich, und im allgemeinen kann man sie alle bedenkenlos verwenden. Einfach die organische(n) Substanz(en) in Wasser einrühren, über Nacht stehen lassen, erneut durchrühren, und vorm Gießen den Bodensatz abseihen, indem Sie die Flüssigkeit durch einen alten Nylonstrumpf gießen. Die Aufgüsse können bei jedem Gießvorgang zur Anwendung kommen.

Dünger fürs Umpflanzen, für Keimlinge und Klone

Otho Up-Start ist ein Präparat in Flüssigform, das sich sofort in Wasser löst; es wurde speziell speziell zur Förderung des Sämlingswachstums, für den problemlosen Topfwechsel bei Klonen und größeren Pflanzen entwickelt. Es gibt viele ähnliche Produkte, die genauso gut wirken. Die NPK-Formel liefert 10 % Phosphor, also genau das, was junge Pflanzen zum gesunden Wurzelwachstum brauchen. Vitamin B1 lindert den Umpflanzschock. Das Wurzelhormon Naphtylessigsäure (0,015 % des Eigengewichts) stimuliert Wurzelbildung und -wuchs. Bei Klonen oder umgetopften Pflanzen muß die Pflanze ja zu allererst ihre Wurzeln entwickeln, damit sie Wasser und Nährstoffe aufnehmen kann.

Vitamin B1 gibt es unter vielen Handelsnamen; es mildert den Umpflanzschock und das Anwelken. Mit Vitamin B1 läßt sich jedes Umtopfen rasch und problemlos erledigen.

Superthrive ist ein flüssiges Hormon-Vitamin-Präparat (enthält laut Etikett 0,09 % B1 und 0,048 % eines Naphtalinderivats) in konzentrierter Form, das viele Anbauer als Universal-Elixir schätzen. Wer weiß, es mag ja durchaus hilfreich sein. Mir selbst fiel nur auf, daß es dem Wachstum der Pflanzen zumindest nicht schadet.

Superthrive soll der Verbesserung des Wurzelwachstums dienen. Zuerst die Schnittstelle vor dem Anpflanzen 2 bis 5 Minuten lang in unverdünntes Superthrive tauchen. Dann den Steckling ins Pflanzmedium setzen, und den wurzelbildenenden Klon dann mit einer Lösung von 33 Tropfen Superthrive auf 5 Liter Wasser gießen. Nur einmal anwenden!

Superthrive wird auch als ergänzender Dünger benutzt. Mit der ersten Düngergabe können Sie bis zu 33 Tropfen auf 5 Liter Lösung beimischen. Diese Dosis wird nur einmal angewendet. Anschließend werden bei jedem Gießvorgang ein bis zwei Tropfen auf 5 Liter Gießwasser verabreicht.

Düngung mit Spurenelement-Präparaten

Compound 111, S.T.E.M. und FTE sind Produkte der Firma Peters. Viele andere Firmen stellen ausgezeichnete Produkte her, die mit ihnen vergleichbar sind. Diese Spurenelement-Varianten werden in großer Zahl beim Anbau im Haus angewendet, und ebenso von gewerblichen Gärtnereien. Sie schaffen Abhilfe, wenn es an Spurenelementen mangelt - allerdings enthält keines dieser Präparate Magnesium.

Compound 111 ist ein ergänzender Dünger und enthält neben Spurenelementen (1,5 % Fe; 0,12 % Mn; 0,0754 % Zn; 0,11362 % Cu; 0,23242 % B; 0,10757 % Mo) auch Chelatoren, Substanzen, die die Wurzelpenetration verbessern, sowie Farbindikatoren. Dieses Präparat empfiehlt sich vor allem dann, wenn Sie sich Ihren Dünger aus Einzelkomponenten selbst mischen oder einen Dünger verwenden, der keine Spurenelemente enthält. Compound 111 ist die am leichtesten einsetzbare Spurenelement-Kombination, hier müssen Sie keinerlei Komplikationen befürchten. Der Anteil jedes Elements ist so bemessen, daß es zu keiner toxischen Konzentration im Boden kommen kann, und im Gegensatz zu S.T.E.M. enthält Compound 111 keinen Schwefel. Oft hat man ja den Verdacht, es fehlt an Spurenelementen, doch läßt sich anhand der Mangelsymptome nicht eindeutig feststellen, an welchen oder in welcher Menge - solche Probleme löst man am besten, indem man Compound 111 verabreicht.

S.T.E.M. (Soluble Trace Element Mix) wurde entwickelt, um der Pflanze sehr rasch und in hohen Dosen Spurenelemente zu verabreichen, und zwar mit einer einzigen Gabe. Dieses Präparat ist das stärkste und heißeste, was in dieser Hinsicht auf dem Markt ist - Sie sollten es also mit äußerster Vorsicht verwenden.

Seine Power können Sie an den hohen Prozentzahlen der Inhaltsanalyse erkennen: 15 % S; 45 % B1; 3,20 % Cu; 7,5 % Fe; 8,15 % Mn; 0,046 % Mo; 4,5 % Zn.

FTE (Fritted Trace Elements) ist ein Präparat, das unter Erdmischungen oder erdlose Substrate gemischt wird und seine Wirkstoffe sehr langsam über einen Zeitraum von 6 bis 12 Monaten abgibt. Eine Komplexverbindung mit pulverisierten Glas schützt die Spurenelemente vor raschem Auswaschen. Die Nährstoffe werden hier der Pflanze während ihrer ganzen Lebensdauer in gleichmäßiger Dosierung zu Verfügung gestellt. Es handelt sich hier also um eine Art Depotdünger, und dies ist der einzige, den ich empfehlen kann. FTE ist sicherer in der Anwendung als die löslichen Präparate, aber auch hier besteht die Gefahr einer Überdüngung. Hat man einmal überdüngt, läßt sich

FTE nicht mehr herausspülen! Nur einen halben Teelöffel auf 28 Liter Substrat verwenden. Die Inhaltsanalyse von FTE: 5 % Mn; 14 % Fe; 1,5 % Cu; 5 % Zn; 0,8 % B, 0,07 % Mo.

▸ Mischen und Dosieren

Wenn Sie Pulver, Kristalle oder Flüssigkeit in Wasser lösen, dann nehmen Sie immer eine kleine Menge warmes Wasser (32-38 °C) und rühren die Substanz ein. Vergewissern Sie sich, daß sie vollkommen aufgelöst ist. Dann füllen Sie mit lauwarmem Wasser auf. Damit ist eine gleichmäßige Verteilung im Wasser gewährleistet.

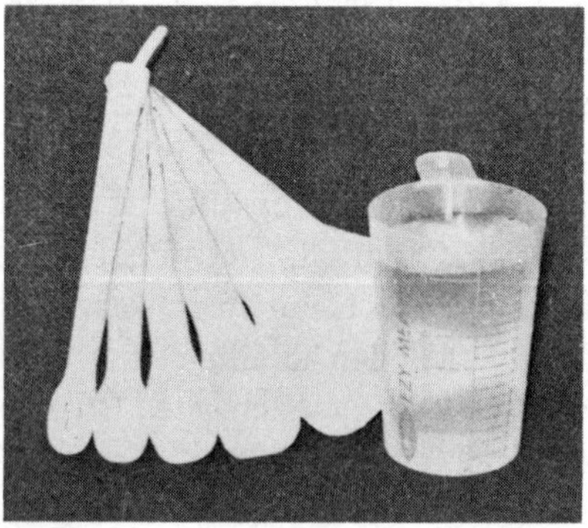

Meßbecher und Löffel

Töpfe enthalten relativ wenig Erde, um Nährstoffe zu speichern, auch kann es unter Umständen zu einer toxischen Versalzung kommen. Halten Sie sich immer ganz genau an die Gebrauchsanweisung! Mehr als die angegebene Düngermenge zu verabreichen, bedeutet keineswegs, daß die Pflanzen dann schneller wachsen, sondern dies kann das chemische Gleichgewicht des Bodens verändern - mit der Folge, daß von einzelnen Nährstoffen zuviel abgegeben wird und andere der Pflanze nicht zur Verfügung stehen.

▸ Düngen - wann und wieviel

Zunächst heißt die Frage natürlich: Brauchen die Pflanzen Dünger? Dies läßt sich durch Augenschein und Beobachtung feststellen, durch Untersuchung des Bodens auf seinen NPK-Gehalt, oder indem man mit einer Testpflanze experimentiert. Ganz gleich, nach welcher Methode Sie vorgehen, beachten Sie stets: Pflanzen in kleinen Töpfen verbrauchen die verfügbaren Nährstoffe rasch und müssen oft gedüngt werden, während Pflanzen in großen Kübeln (oder Beeten) mehr Boden zu Verfügung steht, der mehr Nährstoffe speichern kann und weniger oft gedüngt werden muß.

Optischer Augenschein: Wenn die Pflanzen problemlos wachsen und gesunde dunkelgrüne Blätter haben, dann ist anzunehmen, daß der Boden ihnen alle erforderlichen Nährstoffe liefert. Sobald die Wuchsfreudigkeit nachläßt oder die Blätter eine blaßgrüne Farbe annehmen, wird es Zeit zu düngen. Allerdings darf man durch Lichtmangel vergilbte Blätter nicht mit den gelben Blättern verwechseln, die ein Nährstoffmangel hervorruft.

Bei einem NPK-Test läßt sich genau feststellen, wieviel von jedem Hauptnährelement der Pflanze zur Verfügung steht. Bei diesem Test wird eine Bodenprobe mit einer Chemikalie vermischt. Nachdem sich die Bodensubstanz abgesetzt hat, vergleicht man die Farbe der Flüssigkeit mit einer Farbtabelle. Anschließend führt man der Pflanze den entsprechenden Prozentsatz an fehlendem Dünger zu. Diese Methode ist sehr exakt, aber auch sehr aufwendig und umständlich.

Viele Gärtner experimentieren statt dessen lieber mit zwei oder drei Testpflanzen. Diese Methode vermittelt Erfahrungswerte, und auf diese Weise können Sie Ihre gärtnerischen Fähigkeiten entwickeln. Das Experiment funktioniert besonders gut mit Stecklingen. Geben Sie den Testpflanzen etwas Dünger und beobachten Sie, ob sie eine gesunde grüne Farbe bekommen und rascher wachsen. Wenn es der Testpflanze guttut, wird es auch beim Rest des Gartens nützlich sein.

Nun hat man also festgestellt, daß die Pflanzen Dünger brauchen, aber die Frage lautet natürlich: Wieviel? Die Antwort ist einfach: den Dünger gemäß der Gebrauchsanweisung beim üblichen Gießen zuführen, oder ihn verdünnen und öfters zuführen. Immer daran denken: Kleine Pflanzen brauchen weniger Dünger als große. Morgens oder vormittags düngen, damit die Pflanze den Tag über Zeit hat, den Dünger zu absorbieren und zu verarbeiten. Es läßt sich kaum vorhersagen, wie oft man düngen soll. Wir wissen, daß große Pflanzen mehr Nährstoffe brauchen als kleine. Je öfter gedüngt wird, desto weniger konzentriert sollte die Düngergabe sein. Das "wie oft" ist eine der großen Streitfragen in der Gärtnerbranche. Beim Anbau im Haus läßt sich Marihuana zu enormer Wachstumsleistung antreiben, es wird große Mengen an Dünger absorbieren und herrlich wachsen. Viele Anbauer setzen bei jedem Gießvorgang bis zu einem Teelöffel Peters-Dünger 20-20-20 oder 10-30-20 auf 4 Liter Wasser zu! Dies funktioniert am besten bei erdlosen Substraten, also Pflanzmedien, die rasch entwässern und leicht durchzuspülen sind. Andere Züchter wiederum verwenden nur fruchtbare organische Topferde mit Dolomitkalk-Zugabe und verabreichen keinerlei ergänzenden Dünger bis zur Blütezeit - dann wird ein Superblütendünger eingesetzt.

Im Gartenfachhandel gibt es Düngerbeimischgeräte mit Siphon, die dem Wasser löslichen Dünger zuführen. Die Vorrichtung wird einfach an den Wasserhahn geschraubt, der Siphon dann in der konzentrierten Düngerlösung versenkt, und am anderen Ende wird der Gartenschlauch angeschlossen. Die Zuführ-Apparatur ist oft auf ein Verhältnis von 1:15 eingestellt. Das bedeutet, eine Einheit Flüssigdüngerkonzentrat wird mit 15 Einheiten Wasser gemischt. Dabei muß ein ausreichender Wasserfluß gewährleistet sein, damit die Saugwirkung funktioniert - eine Zerstäuberdüse am Schlauchende kann sich hier nachteilig auswirken. Beim Aufdrehen des Wasserhahns wird die Düngerlösung in den Schlauch gesaugt und mit dem Wasser über die Pflanzen verteilt. Hier wird also generell bei jeder Wässerung Dünger verabreicht - der zugesetzte Prozentsatz an Düngerlösung ist entsprechend gering bemessen.

Wenn man eine mit Wasser plus Düngerzusatz gefüllte Tonne in 90 bis 120 cm Höhe aufstellt und in Bodennähe einen Schlauchanschluß installiert, wird die Schwerkraft dafür sorgen, daß die Düngerlösung konstant fließt. Mit dieser simplen Vorrichtung läßt sich das Düngen sehr erleichtern, zudem hat das Gießwasser immer Raumtemperatur.

Ich selbst kann hierzu feststellen, daß man aus nichts besser lernt als eigener Erfahrung. Es gibt Hunderte verschiedener NPK-Varianten, und jede ist für unsere Zwecke geeignet! Beim Auswählen Ihres Düngers studieren Sie sorgfältig das Etikett, denn Sie müssen wissen, was er zu leisten vermag (bzw. zu leisten behauptet). Und machen Sie ruhig erst mal eine Probe mit ein paar Versuchspflanzen.

Sobald Sie eine Vorstellung davon haben, wieviel Dünger Ihr Garten braucht, legen Sie einen regelmäßigen Düngeplan fest, den Sie strikt einhalten: wöchentlich, vierzehntägig, alle 2 Monate, bei jedem Gießvorgang, bei jeder zweiten Wässerung - wie auch immer. Damit fährt man am besten, trotzdem sollte man natürlich stets wachsam sein und die Pflanzen genau im Auge behalten, damit eventuelle Anzeichen von Überdüngung oder Nährstoffmangel rasch erkannt werden.

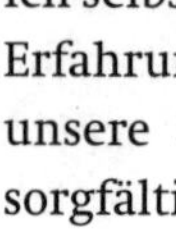

Das Pflanzmedium alle ein bis zwei Monate gut durchspülen (mit 4,5 bis 8,5 Liter Frischwasser auf 5 Liter Substrat). Das ist die beste Präventivmaßnahme gegen toxische Versalzung des Bodens. Bei zu häufigem Spülen (z.B. wöchentlich) würde der Boden ausgewaschen.

Blattdüngung

Das Zerstäuben der Düngerlösung auf die Blätter der Pflanze macht einige Nährstoffe sofort verfügbar - die Pflanze kann sie über die Blätter absorbieren. Mit dieser Form der Düngung läßt sich einer Übersalzung des Bodens vorbeugen, doch wie bei der Bodendüngung kann man auch hier überdüngen. Eine tägliche Blattdüngung mit schwacher Lösung hingegen wird die Nährstoffe von den Blättern waschen (wie zuviel Gießen sie aus dem Boden spült). Ein vernünftiger Blattnährplan beginnt, wenn die Pflanzen einen Monat alt sind. Die Lösung sollte fein zerstäubt werden. Schlagen Sie nach unter Spritzen und Sprühen.

Blattdüngung bedeutet zwar mehr Arbeit, führt aber umgehend zu Resultaten. Bei Stickstoffmangel war zu beobachten, wie sich das blasse Gelb der Blätter nach Blattdüngung binnen 12 Stunden zu einem blassen Grün verwandelt hat! Wenn plötzlich und unerwartet das Substrat ausgelaugt ist, dann bietet sich mit der Blattdüngung eine gute Schnellkur an - die Nährstoffe werden direkt zugeführt und sofort absorbiert. Substrat bzw. pH-Wert bleiben hierbei unberührt, aber es kann durchaus zu einer Verbesserung der Wurzelabsorption führen. In der Praxis wird oft eine Kombination aus Blatt- und Bodendüngung angewendet. Gute organische Blattdünger sind Fischemulsion und Fledermaus-Guano. Natürlich muß die Lösung vorm Ausbringen durch ein feines Sieb (Nylonstrumpf) geseiht werden, damit keine

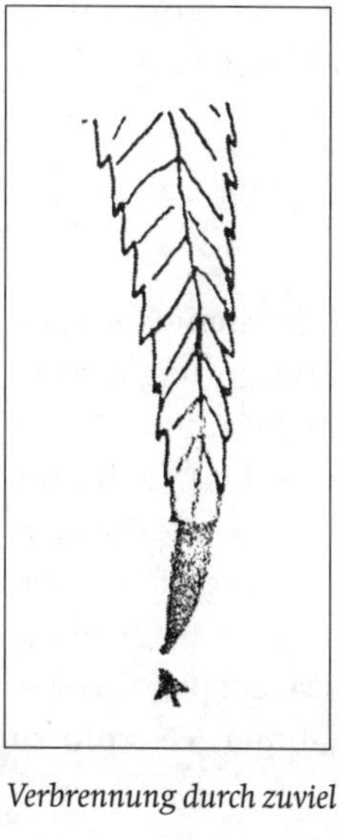

Verbrennung durch zuviel Dünger

Stark überdüngte Pflanze

Feststoffpartikel die Zerstäuberdüse verstopfen. Chemische Blattdünger sind von verschiedenen Herstellern erhältlich: Peters, Ra-Pid-Gro, Miracle-Gro und Eco-Grow. Für die Blattdüngung in der gleichen Verdünnung anwenden wie bei Bodendüngung.

Überdüngung kann beim Anbau im Haus zum echten Problem werden. Zuviel Dünger hat eine toxische Konzentration der Nährstroffe (Salze) im Boden zur Folge, dies bringt die gesamte Bodenchemie durcheinander. Eine Überdüngung äußert sich zuerst in sehr raschem Wuchs und überaus üppigem Grün, bis die Nährstoffkonzentration im Boden dann einen toxischen Level erreicht. Die Übersalzung führt zu Verbrennungen an den Blattspitzen (sie verfärben sich erst gelb, dann schwarz), und wenn es sich um starke Überdüngung handelt, ringeln sich die Blätter regelrecht ein.

Bei kleinen Töpfen, deren bescheidener Erd- bzw. Substratinhalt nur geringe Nährstoffmengen speichern kann, ist die Gefahr einer Überdüngung größer als bei den größeren Töpfen. Während ein größerer Topf oder z.B. ein Pflanzkübel weitaus mehr Substrat fassen und Nährstoffe aufnehmen kann, dauert es hier natürlich auch länger, sie bei Überdüngung herauszuwaschen. Um bei überdüngtem Boden die überschüssigen Nährstoffe auszuwaschen, sollte man das Pflanzmedium mit 8,5 Liter Wasser auf auf 5 Liter Substrat durchspülen. Nach ein bis zwei Wochen sollte sich die Pflanze dann erholt haben und wieder zu normalem Wachstum zurückkehren. Ist die Lage ernst - also bei eingeringelten Blättern -, kann es erforderlich sein, den Boden mehrfach durchzuspülen. Sobald die Pflanze den Eindruck erweckt, als sei die Krise überstanden, mit Blattdüngung beginnen oder eine schwächere Düngerlösung verwenden.

▸ Mangel- und Überschußsymptome

Wenn beim Anbau im Haus etwas schief läuft, tippt man irrtümlicherweise meist auf Düngermangel. Aber unterschätzen Sie nie die Bedeutung des pH-Werts von Boden und Gießwasser! Liegt der pH-Wert nicht zwischen 6,5 und 7 (bzw. 6 und 6,5 bei der Hydrokultur), dann sind manche Nährstoffe für die Pflanze nicht verfügbar - auch wenn sie in ausreichender Menge vorhanden sind. Der pH-Wert verhindert, daß die Pflanze sie absorbieren kann. Verschiebt sich der pH-Wert um nur einen Punkt, so bedeutet dies eine zehnfache Erhöhung von Alkalinität bzw. Säuregehalt. Das heißt, ein pH-Wert von 5,5 bedeutet zehnmal so sauer wie pH 6,5! Ein pH-Wert unter 6,5 kann zu

Calciummangel, dies wiederum zu Verbrennungen an Wurzelspitzen und Pilzbefall an Blättern führen. Ein pH-Wert über 7 kann die Eisenabsorption der Pflanze reduzieren, was sich in chlorotischen Blättern mit gelblichen Adern bemerkbar macht.

Die meisten Nährstoff-Mangelerscheinungen lassen sich auf einen falschen pH-Wert zurückführen. Ich fand es schon immer erstaunlich, wie sich Leute über die richtige Düngung den Kopf zerbrechen, ohne je auf den pH-Wert zu achten. Schlagen Sie nach unter pH-Wert.

Neben dem pH-Wert sollte man auch die klimatischen Bedingungen im Anbau-Raum überprüfen. Draußen im Freien ist Marihuana ein ziemlich unverwüstliches Kraut. Im Haus jedoch haben Sie die Rolle von Mutter Natur übernommen und müssen diesem Kraut den idealen Lebensraum schaffen. Überprüfen Sie Temperatur und vor allem Ventilation - versuchen Sie es zuerst mit einer Feinregulierung beim Klima, bevor Sie Ihren Pflanzen Nährstoffmangel bescheinigen. Schlagen Sie nach in der Checkliste.

Nährstoffmangel kann normalerweise nicht bei frischer Topferde auftreten (wenn sie genügend Dolomitkalk enthält), und ebenso wenig in erdlosen Substraten, wenn ihnen Nährstoffe und Spurenelemente sowie Dolomitkalk zugesetzt wurden. Jedes frische Pflanzmedium sollte stets an einen regelmäßigen Düngezeitplan gekoppelt sein. In Sachen Nährstoffe können zwei grundlegende Hauptfehler auftreten: (1) Mangelzustand, sichtbar an hellgrünen Blättern. Man behebt ihn durch Volldüngergaben. N, P und K werden im gleichen Verhältnis benötigt, und es kommt selten vor, daß ein einzelner Nährstoff zu Übersalzung führt. (2) Überdüngung, erkennbar an sehr dunkel- bis schmutziggrüner Blattfarbe und / oder Verbrennungen an Blattspitzen. Abhilfe: überschüssige Nährstoffe ausspülen.

Mangel- und Überschußsymptome bei Makronährstoffen

Im allgemeinen fehlt es meist an Stickstoff. Das Wachstum wird gedrosselt, die unteren Blätter verfärben sich gelb und sterben schließlich ab. Abhilfe schafft man durch Zuführung von N oder NPK-Volldünger. Am raschesten wirkt Blattdüngung. Überdüngung mit N wird zu schwachem Wuchs führen und sogar die Blütenbildung verzögern, wenn sich Stickstoff im Boden sammelt.

Phosphormangel kommt seltener vor. Anzeichen sind eine auffallend dunkelgrüne Blattfarbe, die Blätter sind insgesamt kleiner, und die Pflanze wirkt verkrümmert. Die unteren Blätter vergilben und sterben ab. Mit P oder NPK-

Blattspitzen verfärben sich braun und ringeln sich ein

Volldünger behandeln. Hat man überdüngt und der P-Gehalt des Bodens einen toxischen Level erreicht, kann es einige Zeit dauern, bis dies nach außen hin erkennbar wird. Marihuana benötigt sein ganzes Leben lang viel Phosphor und verträgt auch größere Mengen im Boden. Als Anzeichen für toxischen P-Gehalt gelten Kleinwüchsigkeit der Pflanze und extrem dunkles Grün der Blattfärbung. Abhilfe: gründliches Durchspülen des Bodens.
Auch Mangel an Kalium kommt gelegentlich vor - oft sind die Pflanzen, denen K fehlt, die höchsten und wirken äußerlich gesund. Aber dann färben sich die Spitzen der unteren Blätter gelb, schließlich wird das ganze Blatt dunkelgelb und stirbt ab. Das im Boden vorliegende K ist allerdings durch die hohe Übersalzung eingeschlossen. Man muß zuerst die toxischen Salze herausspülen, dann gibt man NPK-Dünger in Form von Blattdüngung.
Ein Mangel an sekundären Nährstoffen läßt sich leicht vermeiden, wenn man vor dem Eintopfen eine Tasse feinen Dolomitkalk auf jeweils 28 Liter Pflanzmedium untermischt. Dolomitkalk versorgt die Pflanze mit Mg und Ca.
Oft mangelt es an Magnesium (Mg), und zwar meist bei erdlosen Substraten, es kann aber auch bei Erdmischungen vorkommen. Die unteren Blätter vergilben, wobei die Blattadern grün bleiben, während sich Blattspitze und all-

mählich das ganze Blatt braun färben. Die Blattspitze biegt sich nach oben, dann stirbt das Blatt ab. Auf diese Weise kann sich die gesamte Pflanze binnen weniger Wochen verfärben und absterben. Abhilfe: gießen wie üblich und auf 2 Liter Gießwasser einen Telöffel Epsomer Bittersalz zugeben. Sollten sich die Syptome zur Spitze der Pflanze hinauf ausgedehnt und die Triebe gelblichgrün verfärbt haben, so werden Sie zuerst dort eine neue, frische Grünfärbung feststellen. Nach ein paar Tagen wird sie sich nach unten ausbreiten, bis auch die untersten Blätter wieder ergrünen. Weiterhin beim regelmäßigen Gießen Epsomer Bittersalz verabreichen, bis die Mangelsymptome ganz verschwunden sind. Bei erdlosen Substraten kann regelmäßig Epsomer Bittersalz gegeben werden - dies erübrigt sich allerdings, wenn der Dünger Mg enthält.
Calciummangel kommt selten vor, doch wenn er einmal vorliegt, kann es bereits zu spät für Gegenmaßnahmen sein. Hat die junge Pflanze zuwenig Ca bekommen, wird sich dies auch in kümmerlichem Wuchs bemerkbar machen. Mangelerscheinungen sind Gelbfärbung und Absterben der Blattränder. All dem beugt man am besten vor, indem man vorm Eintopfen Dolomitkalk ins Substrat mischt. Wenn nötig, einen Spurenelement-Dünger einsetzen, der Ca enthält.

Mangelerscheinungen bei Spurenelementen

Bei Böden, in denen Marihuana wächst, gibt es so gut wie nie Probleme mit Schwefelmangel. Viele Dünger enthalten Schwefel (S) in irgendeiner Form. Mangelsymptome: Die Blätter verfärben sich blaßgrün, und mit NPK-Volldünger läßt sich das Problem nicht beheben. In diesem Fall sollten Sie es mit einem speziellen Spurenelement-Dünger versuchen.
Mangel an Eisen (Fe) kommt beim Anbau im Haus schon hin und wieder mal vor. Bei einer unter Eisenmangel leidenden (chlorotischen) Pflanze verfärbt sich das Blatt zwischen den Adern gelb, während die Adern grün bleiben. Bei starkem Mangel fallen die Blätter ab. Die Ursache einer Chlorose ist im allgemeinen eher in einem zu hohen pH-Wert als einem Eisenmangel zu suchen. Abhilfe schafft man mit einer Korrektur des pH-Werts. Wenn nötig, Blattdüngung durchführen mit einem Dünger, der Eisen in löslicher Chelatform enthält. Ich empfehle hierzu Compound 111.
An anderen Spurenelementen wie Mangan, Bor, Molybdän, Zink und Kupfer wird es im Boden kaum je fehlen. Wer handelsübliche Topferde oder mit Düngerzusätzen versehene erdlose Substrate bzw. NPK-Dünger mit Spuren-

elementen verwendet, kann davon ausgehen, daß im Pflanzmedium sämtliche Spurenelemente enthalten sind. Zwar gibt es Düngerpräparate, die ausschließlich Spurenelemente enthalten, doch ihre richtige Anwendung ist gar nicht so einfach. Spurenelemente werden nur in winzigen Mengen benötigt, und es kann leicht zu einer toxischen Überdosierung kommen. Ich empfehle, einen speziellen Spurenelement-Dünger nicht mehr als ein- oder zweimal pro Saison (im Abstand von 2 Monaten) und nur dann zu verwenden, wenn es unbedingt nötig ist. Bei diesen Spurenelement-Präparaten nehme ich am liebsten Compound 111.

5. KAPITEL

Hydrokultur

Wie schon im Wort angedeutet (hydro ist das griechische Wort für Wasser), wird die Pflanze bei der Hydrokultur mit nährstoffangereichertem Wasser ernährt. Die Pflanzen kommen ganz ohne Erde aus - sie wurzeln in erdlosen Substraten. Bei der Hydrokultur kann der Gärtner zwei sehr wichtige Faktoren sehr genau überwachen: (1) die Nährstoffaufnahme und (2) die Sauerstoffaufnahme der Wurzeln.

Hat man das Prinzip begriffen, ist das Gärtnern mit Hydrokultur genau so einfach und bereitet ebenso viel Freude wie der Anbau mit Hochdrucklampen. Es gilt ein paar Grundregeln zu beachten, wenn man mit einem guten System produktiv arbeiten will. Schauen wir uns zunächst mal an, wie und warum Hydrokultur funktioniert.

Das Substrat ist stets eine tote, inerte Substanz, die keinerlei Nährstoffe enthält. Sämtliche Nährelemente werden mit der Nährlösung zugeführt. Diese Lösung umfließt die Wurzeln der Pflanze in regelmäßigen Zeitabständen und läuft wieder ab - nun beschleunigt der rings um die Wurzeln vorhandene Sauerstoff die Nährstoffaufnahme. Aus diesem Grund wachsen die Pflanzen in der Hydrokultur auch so rasch: Sie nehmen die Nährstoffe im gleichen Tempo auf, in dem sie sie verwerten können. Das tun die Wurzeln in Bodenkulturen zwar auch, aber selbst in den besten Böden findet sich nie soviel Sauerstoff, wie in erdlosen Hydrokultursubstraten zur Verfügung steht.

Die Hydrokultur ist ideal für Leute, die bereit sind, täglich 10 bis 20 Minuten in ihrem Heimgarten zu verbringen. Denn sie erfordert besonders sorgfältige Pflege - die Pflanzen wachsen schneller, und da gibt es natürlich mehr Dinge,

Dieses Hydrokultursystem von Humboldt Hydroponics ist eines von vielen neuen Systemen, die für den Anbau im Haus entwickelt wurden

die schiefgehen können. Viele Leute halten nichts von Hydrokultur, weil sie mehr Aufwand erfordert. Und ich habe noch keine Hydrokultur gesehen, die weniger Arbeit machte als ein vergleichbarer Garten, in dem mit Erdmischungen oder erdlosen Substraten gearbeitet wurde.

Leider kommt es oft vor, daß sich Leute derart überschwenglich für die Hydrokultur begeistern, daß sie alles auf einmal wollen: Sie kaufen all diesen neuen technischen Kram und verlieren den Überblick. Das größte Problem für Leute mit einem neu gekauften Hydrokultursystem ist offenbar, sich an die Betriebsanleitung zu halten. Und wer sich mit dem Gedanken trägt, so

ein System selbst zu konstruieren, sollte bedenken, daß es ein bis zwei Monate dauert, bis man eine Eigenbau-Anlage soweit im Griff hat, daß sie einigermaßen fehlerfrei funktioniert. Und man sollte weder bei der ersten noch bei der zweiten Ernte mit Supererträgen rechnen!
Die Hydrokultur erfordert ein äußerst gewissenhaftes Vorgehen, denn sie verzeiht Fehler nicht so leicht wie das herkömmliche Gärtnern mit Erde oder erdlosen Substraten. Eine Bodenmischung wirkt stets als Puffer und speichert Nährstoffe länger als ein totes Medium wie z.B. Kies. Und die fortschrittlichsten Hydrokultursysteme kommen sogar völlig ohne Substrat aus: Die Wurzeln hängen frei in der Luft und werden mit feinzerstäubter Nährstofflösung besprüht! Die Sprühkammer liegt im Dunkeln, um Algenbildung zu vermeiden.
Ich habe festgestellt, daß in Hydrokultur gezogene Pflanzen - bei guter Hege und Pflege - schneller wachsen und eine etwas üppigere Blätterbildung zeigen als in Boden gezogene. Der Gartenkalender verkürzt sich hier um ein bis zwei Wochen. Der wahre Vorteil der Hydrokultur zeigt sich in der Spätphase: Während bei eingetopften Pflanzen der Wurzelwuchs irgendwann an seine Grenzen stößt und nachläßt, erhalten die Wurzeln bei der Hydrokultur unverändert ein Maximum an Nährstoffen.
Vom Prinzip her ist die Hydrokultur recht simpel - in der Praxis kann die Sache allerdings recht komplex werden. Ihre Hauptfaktoren sind die Nährlösung, deren Zuführung, und das Pflanzmedium; das meistverwendete Medium ist Kies, er gibt den Wurzeln Halt, während sie - nach diversen Methoden - von der Nährlösung umspült werden. Sinkt der Pegel der Nährlösung, wird der Sauerstoff aktiv und leistet seinen Beitrag zur Nährstoffaufnahme.

▸ Die verschiedenen Systeme

Sie unterscheiden sich nach der Methode, mit der die Nährlösung an die Wurzeln herangeführt wird. Nach ihr richtet sich auch das benutzte Pflanzmedium.
Hydrokultursysteme kann man in aktive und passive Systeme unterteilen. Um aktive handelt es sich z.B. bei Ebbe-Flut-Systemen und den Anlagen, wo die Nährlösung von oben her zugeführt wird, den sogenannten Top-feed-Systemen.
Passive Systeme funktionieren aufgrund der Kapillarwirkung des Dochts und der Saugspannung des Substrats; die Nährlösung steigt über den Docht

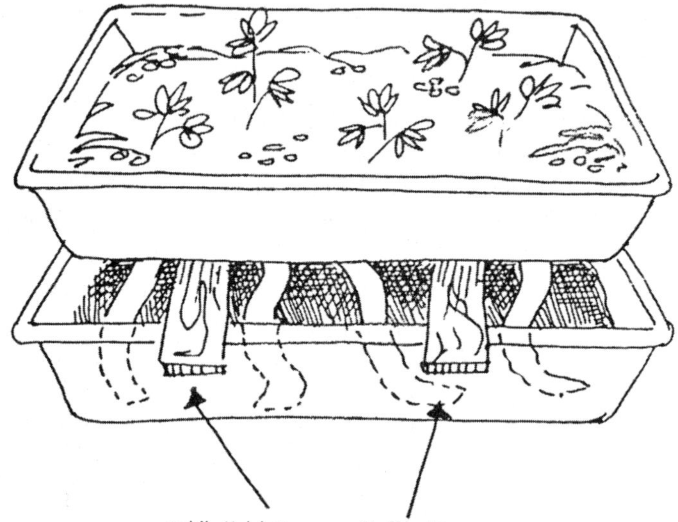

Dochtsystem

hinauf ins Medium und wird dort von den Wurzeln absorbiert. Die bei Dochtsystemen verwendeten Medien sind Vermiculit, Sägemehl, Torf etc. Um raschen Wuchs zu fördern, halten die meisten Dochte das Medium zu feucht, infolgedessen kriegen die Wurzeln nicht genügend Luft. Bei richtiger Steuerung arbeitet so ein Dochtsystem allerdings sehr ordentlich. Die Variablen sind das Medium, die Anzahl der Dochte, ihre Dicke und Struktur. Ein Dochtsystem kommt ohne bewegliche Teile aus. Es gibt keine störungsanfällige Mechanik, die kaputtgehen könnte und für die man Ersatzteile kaufen müßte. Vom Anschaffungspreis her ist ein Dochtsystem äußerst preiswert, und ist es mal aufgebaut und funktioniert sachgemäß, hat man sehr wenig Arbeit damit. Dochtsysteme sind äußerst effizient beim Bewurzeln von Stecklingen. Des weiteren unterscheidet man Hydrokultursysteme danach, ob die Nährlösung nur einmal verwendet oder nach der Zuführung gesammelt und wiederverwendet wird (geschlossenes System). Bei ersteren wird Sand, Sägemehl oder sonst ein allgemein verfügbarer Stoff als Medium verwendet. Es wird hier weniger Nährlösung zugeführt und weniger Abfall erzeugt, die Sache ist unkompliziert und macht wenig Arbeit. Diese Systeme werden im gewerb-

Die beiden Thai-Pflanzen in dieser Hydrokultur brachten ein halbes Pfund getrocknete Blütenspitzen!

lichen Bereich vor allem dort eingesetzt, wo keine fruchtbaren Böden (bzw. wenig Wasser) zur Verfügung stehen, als Substrat verwendbare Stoffe (z.B. Sand) jedoch in Hülle und Fülle vorhanden sind.

Bei der Anstaubewässerung (Ebbe-Flut-System) und den Top-feed-Systemen handelt es sich um aktive geschlossene Systeme: die Nährlösung wird von einer Pumpe an die Wurzeln herangeführt, beim Ablaufen gesammelt und wiederverwendet. Hier arbeitet man mit Kultursubstraten, die rasch dränieren und gute Durchlüftung aufweisen, z.B. mit feinem Kies, Bimssteingrus oder Ziegelsplitt. Die Flutmethode findet bei den meisten gewerblichen Hydrokultursystemen und bei vielen Heimgärtner-Anlagen Anwendung. Der Umgang mit diesen Systemen ist einfach, er erfordert keinen großen Arbeitsaufwand.

Beim Ebbe-Flut-System wird die Nährlösung von unten her ins Beet geflutet; dabei wird die sauerstoffarme und CO_2-reiche Luft herausgepreßt. Läuft die

Lösung wieder ab, wird sauerstoffreiche Luft ins Pflanzmedium gesaugt. Die Top-feed-Methode, bei der die Lösung mit kleinen Schläuchen an die Basis der Pflanzen geleitet wird, ist ein bißchen komplizierter; beim Zuführen wird sie mit Sauerstoff angereichert.

▸ Das Medium

Das Medium bzw. Substrat muß Sauerstoff, Wasser, und Nährstoffe speichern und den Wurzeln Halt geben. Wie bei Erdmischungen ist auch bei der Hydrokultur die Struktur des Mediums sehr wichtig. Die Nährlösung rasch genug ablaufen können, damit die Wurzeln genug Sauerstoff bekommen. Für aktive geschlossene Systeme braucht man also ein rasch dränierendes Medium, das wenig Feuchtigkeit für lange Zeit speichert.

Faserige Materialen wie Vermiculit können viel Wasser speichern und sind aufgrund ihrer hohen Wasserhaltekraft für passive Dochtsysteme geeignet.

Eine wichtige Rolle spielt die Körnung des Substrats. Wie bei festem Boden gilt auch hier: je kleiner die Partikel, desto fester ist das Gefüge, und um so langsamer geht die Dränage vonstatten. Je gröber die Körnung, desto rascher die Entwässerung, und um so besser die Durchlüftung.

Stoffe mit unregelmäßiger Struktur haben mehr Oberfläche und somit eine bessere Wasserhaltekraft als runde Körner. Man sollte kein scharfkantiges Material verwenden, um Beschädigungen am Wurzelgeflecht zu vermeiden. Feiner glatter Kies, Ziegel- oder Basaltsplitt sind für die Marihuanazucht in aktiven Systemen am besten geeignet. Bei der Verwendung von Gesteinssorten sollte man darauf achten, daß sie vulkanischen Ursprungs sind, da hier ein neutraler pH-Wert vorliegt. Die meisten Anbauer verwenden Kies - der hält genau die richtige Menge an Feuchtigkeit und Nährstoffen, bleibt aber nicht zu feucht. Für unsere Zwecke am besten geeignet ist feiner Kies von 3 bis 9 mm Korngröße (ideal wäre, wenn das Medium zur Hälfte aus 6 mm großen Steinchen besteht). Neu auf dem Markt ist Geolite, ein Hydrokultur-Füllmedium auf keramischer Basis, das womöglich noch besser geeignet ist als Kies.

Sie sollten alle Steinsorten gründlich waschen, um den Staub zu entfernen, der sich sonst am Boden absetzt. Gewaschen sollte das Substrat auch deswegen sein, weil es sonst unter Umständen mit den Nährstoffen reagiert: Schotter aus einem Kalksteinbruch enthält z.B. Calciumkarbonat, und alter Beton enthält jede Menge Kalk. Wird gewässert, dann treibt das Calciumkarbonat den pH-Wert hoch - der Beton könnte Ihren Pflanzen früher oder später den Garaus machen. Sägemehl speichert zuviel Wasser und ist daher schlecht geeignet für den Marihuana-Anbau, außerdem ist es zu sauer. Andere Mischungen, z.B. aus Kieseln oder Steinen, die von der Meeresküste stammen, könnten möglicherweise zuviel Meersalz enthalten. Wer hier Grund zum Mißtrauen hat: Unter Umständen ist es einfacher, ein frisches Substrat zu besorgen, als den Versuch zu unternehmen, Ihr Medium vom Salz zu befreien.

Steinwolle

Steinwolle ist die beste Erfindung seit der Sonne! Es ist ein inertes, steriles, poröses und nicht abbaubares Füllmedium, das den Wurzeln festen Halt gibt. Wie alle erdlosen Substrate, funktioniert auch Steinwolle gut als als kurzzeitiges Nährstoffreservoir. Der Anbauer kann also präzise die Nährstoffaufnahme überwachen und hat so den Wuchs seiner Pflanzen genau unter Kontrolle.

Dieses revolutionäre neue Pflanzmedium besteht aus gebündelten Mineralfasern, die vor allem aus Kalkstein oder Granit, aber auch anderen Gesteinssorten hergestellt werden. Steinwolle sieht ein bißchen so aus wie die verklumpten Fusseln, die sich im Sieb einer Waschmaschine sammeln. Auch unter dem Markennamen Rockwool bekannt, wird sie seit vielen Jahren als Dämmstoff beim Hausbau u.a. verwendet - es ist durchaus möglich, daß das Haus, in dem Sie gerade sitzen, voller Steinwolle steckt. Die Sorte, die zur Isolierung verwendet wird, ist der beim Gartenbau benutzten sehr ähnlich.

Vor allem die holländischen Anbauer arbeiten gern mit Steinwolle. Dort scheint ja das ganze Land ein einziges Treibhaus zu sein - vollautomatisch bewässert!

Der Anbau in Steinwolle hat gewaltige Vorzüge - mit ihr steht ein ökonomisches, beständiges und leicht zu überwachendes Substrat zur Verfügung. Und der Clou dabei: Aufgrund ihrer Faserstruktur speichert Steinwolle auch dann noch 20 % Sauerstoff, wenn sie vollkommen mit Nährlösung durchtränkt ist.

In den USA wurde Steinwolle im Jahr 1985 eingeführt. Es hat eine Weile gedauert, bis es sich unter den Gärtnern herumgesprochen hat - auch heute soll es noch etliche Anbauer geben, die nie was von Steinwolle gehört haben. In den Treibhäusern Europas hingegen wird Steinwolle schon seit vielen Jahren eingesetzt. Auf den Dreh mit der Steinwolle kamen 1969 die Dänen, als sie aufgrund einer neuen europäischen Verordnung über die Verwendung von Erdsubstraten im gewerblichen Gartenbau nach einer Alternative suchten. Man schätzt, daß in Europa heute 50 Prozent aller im Treibhaus gezogenen Gemüse in Steinwolle kultiviert werden.

Andere Medien wie Torf und Erdmischungen werden in der Herstellung immer teurer und können große Qualitätsunterschiede aufweisen - dies und nicht zuletzt die erheblichen Kosten der Sterilisierung haben die europäischen Anbauer veranlaßt, neue Alternativen zu erproben.

Steinwolle kann sowohl in Systemen mit einmaliger wie in solchen mit mehrfacher Verwendung der Nährlösung benutzt werden. Bei geschlossenen Systemen ist die Zusammensetzung der Lösung ständigen Schwankungen unterworfen - weil die Pflanzen sich nur bestimmte Nährstoffe herauspicken, kann es zur toxischen Konzentration einzelner Salze kommen. Die Nährlösung muß also kontinuierlich überwacht und die Zusammensetzung ggf. korrigiert werden, damit sie den Pflanzen genau in der Konzentration zur Verfügung steht, die sie zum optimalen Wachstum brauchen. Beim erstgenannten Systemtyp hingegen entnehmen die Pflanzen die Nährstoffe, die sie brauchen, der Rest verschwindet im Abfluß, und beim nächsten Wässern bekommen sie frische Nährlösung.

Es wird immer soviel Lösung zugeführt, daß 10 bis 20 Prozent ablaufen und das Substrat durchspülen - so werden gleichzeitig überschüssige Salze entfernt und neue Nährstoffe zugeführt.

Die europäischen Anbauer haben sich auf Steinwolle verlegt, weil sie billig und leicht kontrollierbar ist. Sie haben ihre Vorzüge erkannt und sind dabei geblieben.

Steinwolle wird aus einer oder mehreren Gesteinssorten in Verbindung mit Kalkstein und Koks hergestellt. Die Komponenten werden bei einer Temperatur von über 1300° C geschmolzen, das Schmelzgut fließt dann - wie bei der Herstellung von Zuckerwatte - über schnell rotierende Zylinder, wobei es abkühlt und Fasern bildet. Diese werden gepreßt und kommen in Form von Quadern, Matten oder Granulat in den Handel. Die Quader sind formstabil, sie lassen sich in jeder gewünschten Größe zurechtschneiden. Das Granulat läßt sich wunderbar in Pflanzbehälter füllen und wird wie Vermiculit und Perlite auch als Zuschlagstoff für Erdmischungen verwendet.

Beim Einsatz im offenen Tropfwassersystem läßt sich Steinwolle leicht mit einer Zeituhr-Schaltung bewässern. In Europa wird hier normalerweise zwei- oder dreimal am Tag eine kleine Menge Dünger verabreicht und genügend

Lösung zugeführt, um einen täglichen Auswascheffekt von 10 bis 25 Prozent zu erreichen.
Aber lassen Sie sich nicht von all den Vorteilen blenden: Steinwolle kann zwar 10- bis 14mal soviel Wasser wie herkömmliche Erdmischungen speichern, aber es fehlt ihr natürlich deren Puffereigenschaft. Der pH-Wert von Steinwolle liegt etwa bei 7,8. Eine saure Düngerlösung (mit einem pH-Wert von etwa 5,5) ist erforderlich, damit sich der effektive pH-Wert bei 6,5 oder weniger einpendelt. Jeder Irrtum beim Zusammenstellen der Lösung oder beim pH-Wert wird sich potenzieren und kann schlimme Folgen haben. Man muß also auf der Hut sein und sowohl pH-Wert wie Zusammensetzung der Lösung permanent überwachen. Beim Hantieren mit Steinwolle gilt es ein paar Vorsichtsmaßregeln zu beachten - grundsätzlich immer Handschuhe und Schutzbrille tragen! Ist sie mal richtig vollgesogen, läßt sich leichter mit ihr umgehen, dann ist der Staub gebändigt und reizt nicht mehr die Haut. Steinwolle stets außer Reichweite von Kindern aufbewahren! Ihre Kleidung müssen Sie nach längerem Hantieren mit Steinwolle besonders gründlich waschen.
Steinwolle bleibt dermaßen feucht, daß sich auf der Oberfläche gern Algen bilden, sofern sie Licht ausgesetzt ist. Die grünen schleimigen Algen mögen zwar keinen allzu schönen Anblick bieten, aber sie nehmen den Pflanzen keine Nährstoffe weg. Es könnten sich allerdings harmlose Mücken einnisten. Die unansehnliche Algenbildung läßt sich vermeiden, indem man die Steinwolle mit schwarzer Folie abdeckt.

Sterilisation

Nach jeder Ernte muß das Medium sterilisiert werden. Dies ist wesentlich einfacher, als das Medium zu entsorgen und durch ein frisches zu ersetzen (wie man es bei Erdmischungen tun sollte). Für Leute, die in einer kleinen Mietwohnung leben, ist die Hydrokultur also eine gute Alternative zum umständlichen Hantieren mit schweren, Schmutz verursachenden Erdmischungen. Statt große Mengen Erde rein- und rauszuschleppen, wird das erdlose Substrat nach jeder Ernte sterilisiert und wiederverwendet. Es könnte etwas befremdlich wirken, wenn Sie mitten im Winter einen ganzen Kofferraum voll Topferde in ein kleines Apartment tragen. Große Mengen Topferde auszutauschen, erweckt nicht bloß Mißtrauen bei den Nachbarn, sondern ist zudem teuer. Die Gründe für die Sterilisierung liegen auf der Hand: Reinlichkeit ist oberstes Gebot, es dürfen sich keinesfalls schädliche

Mikroorganismen einnisten, denn sonst wäre Ihr wunderschöner Garten bald ruiniert.

Vor dem Sterilisieren muß sämtliches Wurzelwerk aus dem Medium entfernt werden. Bei einer Marihuanapflanze im Alter von 3 oder 4 Monaten, die eine Höhe von 1,2 bis 1,5 m erreicht hat, ist der Wurzelballen etwa so groß wie ein Telefon. In Beeten kann die Pflanze wesentlich mehr Wurzelmasse entwickleln. Wenn ein paar Wurzelreste im Substrat hängenbleiben, ist das nicht schlimm, aber Sie sollten versuchen, mindestens 90 bis 95 Prozent der Wurzel zu entfernen. Je weniger Fäden zurückbleiben, desto geringer die Chance, daß sie Ihr System verstopfen und Funktionsstörungen verursachen.

Die Wurzeln neigen dazu, sich am Boden des Beets auszubreiten. Der Wurzelballen läßt sich leicht in einem Stück entfernen. Wahrscheinlich bleibt dabei ein bißchen vom Substrat zwischen den Wurzeln hängen, doch es ist einfacher, das Substrat aufzufüllen, als es zwischen den Wurzeln herauszupulen.

Das Sterilisieren kann auf verschiedene Arten erfolgen. Die am häufigsten angewendete Methode ist ganz einfach: Erst lassen Sie die Nährlösung aus dem Tank, dann stellen Sie eine Lösung aus gewöhnlicher Wäschebleiche (Calcium- oder Natriumhypochlorit) oder Chlorwasserstoff her, den man z.B. auch bei Hot-tubs und Schwimmbädern verwendet.

Geben Sie eine Tasse Bleiche auf 19 Liter Wasser, fluten Sie das Medium mit der Sterilisierlösung, lassen Sie sie eine Stunde lang einwirken, dann wieder ablaufen und spülen mit viel frischem Wasser das ganze System - Beete, Schläuche und Abflüsse - gründlich durch. Zur Sicherheit zweimal eine halbe Stunde lang spülen, damit keine giftigen Chemikalien zurückbleiben. Anschließend ist die Anlage bereit zum neuen Anpflanzen.

Die Nährstoffe der Hydrokultur

Zwecks genauerer Informationen über Nährstoffe schlagen Sie im 4. Kapitel nach und lesen, was dort über *Wasser und Dünger* steht. Prinzipiell gelten bei der Hydrokultur die gleichen Grundsätze wie bei Erdmischungen.

Verwenden Sie immer den besten Dünger, den Sie kriegen können. Die in diesem Buch empfohlenen Dünger haben sich in der Hydrokultur bewährt. Eco-Grow und Dyna-Gro sind die beliebtesten Präparate, weil sie die ganze Bandbreite der Nährstoffe enthalten. Ein bei der Hydrokultur verwendeter Dünger sollte alle notwendigen Makronährstoffe und Spurenelemente enthalten.

Ob Sie bei der Hydrokultur lieber organisch gärtnern oder chemische

Dünger benutzen, bleibt Ihnen überlassen - die letztere Methode ist natürlich weniger zeit- und arbeitsintensiv.
Bei der Verabreichung organischer Aufgüsse ist darauf zu achten, daß keine Schwebstoffe, Fasern oder Bodensatz ins System geraten, da es sonst leicht zu Verstopfungen in den Leitungen kommt. Auch bei billigen chemischen Düngern (von denen ist abzuraten!) kann die Lösung Schwebstoffe enthalten, die sich mit der Zeit ansammeln und ein öfteres Reinigen des Systems erforderlich machen.

▸ Die Nährlösung

Die Nährlösung sollte mindestens alle zwei - höchstens drei - Wochen ausgewechselt werden. Man könnte sie auch länger drinlassen, aber dies kann zu leichten Mangelerscheinungen führen und die Wuchsfreudigkeit beeinträchtigen. Es wird gewiß nicht schaden, die Lösung im wöchentlichen Turnus auszutauschen. Die Pflanzen absorbieren die Nährstoffe in unterschiedlicher Menge, deshalb sind manche schneller aufgebraucht. Dünger ist beim Gärtnern wohl die Komponente, die am wenigsten Kosten verursacht. Wer beim Dünger knausert oder nicht rechtzeitig die Nährlösung erneuert, riskiert, daß die Pflanzen soweit verkümmern, daß es zu spät ist, wenn ihm der Schaden auffällt - die Pflanzen werden sich nicht mehr erholen, das Resultat ist eine mickrige Ernte. Regelmäßiges Erneuern der Nährlösung ist die beste Vorbeugung gegen Mangelerscheinungen!
Durch die Nährstoffentnahme der Pflanzen ist der pH-Wert der Lösung ständigen Schwankungen unterworfen, auch dies ein Grund, die Lösung öfter zu erneuern. Weil die jeweiligen Nährstoffe in unterschiedlicher Menge entnommen werden, kann es zur Konzentration von Salzen kommen (unverbrauchter Dünger). Dies läßt sich im allgemeinen vermeiden, indem man reine Nährstoffe verwendet und das Substrat beim Austauschen der Nährlösung gründlich mit frischem, lauwarmem Wasser durchspült.

Alle zwei Wochen die Nährlösung erneuern.

Bei der Hydrokultur bietet sich die Möglichkeit, die Pflanzen mit einem Maximum der benötigten Nährstoffe zu versorgen. Doch es besteht auch die

Gefahr, daß sie verhungern oder sehr schnell überdüngt sind. Vergessen Sie nie, daß es sich hier um ein hochsensibles System handelt: Ein einziger Störfaktor - sei es ein Stromausfall, ein Versagen der Pumpe, eine verstopfte Leitung oder eine jähe Schwankung des pH-Werts - kann im Nu gravierende Schäden verursachen. Wenn Ihnen nur ein einziger Fehler unterläuft, kann dies zum raschen Absterben oder lethalen Verkümmern der Pflanzen führen!

▸ Der pH-Wert

Beim Hydrokultur-Anbau gedeiht Marihuana bei einem pH-Wert zwischen 5,8 und 6,8 (wobei 6,3 als Idealwert gilt). Gerade bei der Hydrokultur müssen Sie ein besonders wachsames Auge auf den pH-Wert haben! Sämtliche Nährstoffe liegen in gelöster Form vor; der pH-Wert der Nährlösung kann sich im Nu verändern, da - wie schon erwähnt - die einzelnen Nährstoffe in unterschiedlicher Menge absorbiert werden. Am raschesten werden sie von den Wurzeln aufgenommen, wenn der pH-Wert zwischen 6 und 6,5 liegt.

Täglich den pH-Wert überprüfen, um zu gewährleisten, daß er stets im optimalen Bereich liegt.

Wenn Sie den pH-Wert erhöhen wollen, sollten Sie niemals Natriumhydroxid verwenden, da es sehr ätzend ist. Leichter zu hantieren ist mit Kaliumhydroxid (Ätzkali). Führen Sie Buch über Ihre pH-Messungen - so behalten Sie die Entwicklung im Auge.

Der Sammelbehälter

Der Sammelbehälter sollte so groß wie möglich sein. Schauen Sie regelmäßig nach - wenn Sie vergessen, rechtzeitig Wasser und/oder Nährlösung nachzufüllen, kann dies das Ende Ihres Gartens bedeuten! Pflanzen verbrauchen weitaus mehr Wasser als Nährstoffe, zudem muß man die permanente Verdunstung des Wassers einkalkulieren. Je nach Klimaverhältnissen (Luftfeuchtigkeit und Temperatur) und Größe der Pflanzen ist mit ca. 5 bis 25 % Wasserverbrauch pro Tag zu rechnen. Das bedeutet etliche -zig Liter Nährlösung pro Woche! Die Verdunstung läßt sich mindern, wenn man den Sammelbehälter abdeckt. Wird das Wasser verbraucht, erhöht sich die Konzentration der gelösten Elemente - die Lösung enthält weniger Wasser und fast die gleiche Menge

Nährstoffe. Anspruchsvollere Systeme sind mit Ventil ausgerüstet (normalerweise mit Schwimmer), so daß Frischwasser zuläuft, wenn der Pegel im Sammelbehälter sinkt. Die meisten Systeme haben an der Innenwand des Tanks eine Markierung, an der Sie erkennen, wenn der Pegel sein Minimum erreicht hat - dann muß Wasser nachgefüllt werden. Das kann durchaus täglich der Fall sein! Um den Verlust durch Verdunstung zu kompensieren, sollte der Tank mindestens 20 % mehr Nährlösung enthalten, als zum Fluten der Beete benötigt wird. Je mehr Flüssigkeit zur Verfügung steht, desto besser.

Überprüfen Sie täglich den Pegel der Nährlösung im Sammelbehälter und füllen Sie, falls erforderlich, auf.

Eine 70 oder 200 Liter fassende Hydrokultur-Anlage zu leeren und mit frischer Nährlösung zu füllen, ist kein Kinderspiel. Eine Pumpe, die die Lösung aus dem Tank pumpt, wird die Sache wesentlich erleichtern. Wenn das Wasser erst ein paar Tage stehen muß, damit sich das enthaltene Chlor verflüchtigt (oder um seinen pH-Wert zu regulieren), sollten Sie es der Pumpe überlassen, das Wasser ins System zu pumpen - das spart Ihnen viel Arbeit. Die gebrauchte Nährlösung kann man entweder nach draußen in den Gemüsegarten oder in den Kanalabfluß leiten - nie in den Faulbehälter. Eine gebrauchte Lösung sollten Sie niemals für andere Marihuanapflanzen verwenden.

Wenn keine Pumpe vorhanden ist, um die gebrauchte Nährlösung aus der Anlage zu pumpen, sollte die Anlage hoch genug installiert sein, damit Sie die Lösung mit einem Siphonschlauch zum nächsten Abfluß oder hinaus in den Freilandgarten leiten können.

Der Bewässerungszyklus

Der Bewässerungszyklus richtet sich nach der Pflanzengröße, den Klimaverhältnissen und dem verwendetem Substrat. Handelt es sich um große, runde Körner, die rasch entwässern - also beispielsweise um feinkörnigen Kies -, dann sollte man zwei- bis viermal täglich wässern. Bei faserigen Materialien wie Vermiculit, die nicht so rasch dränieren, wird weniger oft gewässert - sie eignen sich ohnehin besser für Dochtsysteme.

Flutsysteme mit feinem Kies werden im allgemeinen zweimal täglich 30 Minuten lang geflutet. Das Wasser sollte bis zu einem Zentimeter unter der

Oberfläche des Kiesbetts ansteigen und jedesmal wieder vollkommen ablaufen. Von oben her bewässerte Systeme sollte man drei- bis viermal täglich 30 Minuten lang wässern.
Während des Anstaus und kurz danach haben Pflanzbeet und Tankinhalt die gleiche Nährstoffkonzentration. Nach einer Weile jedoch ändern sich sowohl pH-Wert wie Nährstoffkonzentration. Wenn zwischen den Wässerungen entsprechend viel Zeit verstreicht, kann sich die Nährstoffkonzentration derart verändern, daß die Pflanze nichts mehr mit der Lösung anfangen kann. Wie oft man wässern soll - darüber gibt es geteilte Ansichten.
Wie bei Erdmischungen fährt man am besten, indem man sich durch Experimentieren Erfahrungswerte aneignet. Wie ein Anbauer mal zu mir sagte: "Nach 'ner Weile hat man den Bogen raus." (Bei dem hat es zwei Jahre gedauert, bis sein Hydrokultursystem reibungslos funktionierte - nun erntet er jeden Monat ein knappes Kilo Blüten - Trockengewicht! - in seinen zwei Räumen, wo er unter drei Lampen Gras zieht.) Wenn möglich, sollten Sie immer nur mit einer oder zwei Pflanzen experimentieren, und nicht gleich mit einem ganzen Beet voll.
Die Temperatur der Nährlösung sollte zwischen 18,5 und 24 °C liegen. Falls es im Winter Probleme gibt, den Anbau-Raum entsprechend zu beheizen, sollte man lieber die Nährlösung erwärmen, statt den Raum zu heizen. Dies bewerkstelligt man mit geerdeten Heizkabeln, die in der Flüssigkeit versenkt werden. Bei einem großen Sammelbehälter kann es einige Tage dauern, bis die Kabel die Lösung erwärmt haben. Die Heizkabel nie ins Substrat legen, denn dann würden die Wurzeln regelrecht gebraten!
Ist die Luft kühler als das Wasser, verdunstet das Wasser rasch. Je größer der Temperaturunterschied, desto feuchter die Luft! Wägen Sie ab, wie Sie hier die Energiekosten (Raumheizung oder Erwärmen des Wassers) verteilen wollen.
Wenn Sie die Nährlösung erneuern, sollte die Temperatur des Wassers nicht unter 16 °C liegen. Kaltes Wasser wird den Pflanzen einen Schock versetzen. Bis es es sich halbwegs auf Raumtemperatur erwärmt hat, können einige Tage vergehen, und bis dahin leiden die Pflanzen, was sich in kümmerlichem Wuchs auswirken wird.
Die Wassertemperatur sollte nie höher als 30 °C sein. Zu hohe Temperaturen schaden den Wurzeln. Heizvorrichtungen, die in Wasser verlegt werden, müssen ordnungsgemäß geerdet sein, und sie sollten aus einem Material bestehen, das keine Schadstoffe absondert. Das am meisten verwendete Material ist Blei.

▸ Nährstoffmangel bei der Hydrokultur

Bei regelmäßiger Pflege und Überwachung des Hydrokultur-Gartens werden sich kaum Probleme mit Nährstoffen einstellen. Wenn die genaue Ursache der Mangelsymptome nicht bekannt ist, sollten Sie die Lösung erneuern. Dies ist die einfachste und sicherste Methode. Läßt sich hingegen eindeutig feststellen, woran es mangelt, dann führen Sie zwei Wochen lang (bzw. bis die Mangelerscheinungen verschwinden) 10 bis 20 Prozent mehr des fehlenden Nährstoffs hinzu. Schlagen Sie nach, was im Dünger-Kapitel unter *Mangel- und Überschußsymptome* steht.

Die Hydrokultur erfordert genauere Beobachtung als die Bodenkultur. Kommt es bei sinkendem pH-Wert zu einem Nährstoffmangel, könnte es sich verheerend auf die Pflanzen auswirken - und ein Gärtner mit wenig Erfahrung wird das Problem womöglich erst im fortgeschrittenen Stadium bemerken. In diesem Fall muß rasch und zielsicher für Abhilfe gesorgt werden; die Pflanze braucht allerdings ein paar Tage, um darauf zu reagieren. Die schnellsten Resultate erzielt man mit Blattdüngung.

Und wenn es an mehreren Nährstoffen gleichzeitig mangelt - wenn man zwar Mangelsymptome erkennt, aber die genaue Diagnose entweder sehr schwierig oder unmöglich ist? Nun, wenn gravierende Probleme auftreten und Sie ratlos sind: Sofort die Nährlösung erneuern! Damit stehen alle fehlenden Elemente wieder zur Verfügung. Nicht erst lange Diagnosen anstellen, sondern rasch handeln!

Wenn Anzeichen von Nährstoffmangel auftreten, die Nährlösung erneuern und den pH-Wert regulieren.

Eine weit verbreitete und schwer zu diagnostizierende Mangelerscheinung ist Magnesiummangel (die meisten Dünger enthalten nicht genügend Magnesium, um dies grundsätzlich auszuschließen). Hartes Wasser enthält viel Magnesium und Calcium, unter Umständen in ausreichender Menge, um diesen Mangel auszugleichen. Ansonsten geben Sie beim Wässern Epsomer Bittersalz zu.

Sollten Sie Überdüngung feststellen - damit ist leicht klarzukommen. Einfach die Nährlösung ablassen und das System mit frischem Wasser durchspülen. Wie oft Sie spülen, hängt davon ab, wie ernst das Problem ist - mindestens zweimal. Dann bereiten Sie eine frische Nährlösung vor, bei der Sie

genau auf die Zusammensetzung achten.
Die Mangelerscheinungen treten natürlich bei allen Pflanzen auf, die die betreffende Nährlösung erhalten. Dagegen zeigen sich klimatische Störungen wie Temperaturstreß, Lichtmangel, Schäden durch Zugluft (Verbrennungen), Pilzbefall und Insektenschäden gewöhnlich zuerst an den Pflanzen, die am schlimmsten betroffen sind. Zum Beispiel werden Pflanzen, die in unmittelbarer Nähe eines Heizluftschachts stehen, Verbrennungsschäden aufweisen, während der übrige Garten vollkommen gesund erscheint. Oder eine am äußeren Rand stehende Pflanze neigt zu Geilwuchs, weil sie weniger Licht erhält.

▸ Eigenbausysteme

Natürlich können Sie Ihr System auch selber bauen. Das ist gar nicht so schwer, doch es gibt ein paar Dinge zu beachten, wenn es richtig funktionieren soll. Das A und O beim Eigenbau ist: Alle Anschlüsse müssen absolut dicht sein, und es sollten möglichst wenig Nahtstellen vorhanden sein! Verschließen Sie Nahtstellen mit wasserfestem Kitt oder benutzen Sie Silikonmasse bzw. Materialien, wie sie für professionelle Installationsarbeiten verwendet werden. Alle Rohrmuffen und Abflußöffnungen müssen absolut fest sitzen, nichts darf herausrinnen! Teflonband eignet sich übrigens z.B. gut zum Abdichten von Schraubverbindungen.
Nichts ist enttäuschender, als wenn man nach ein paar Tagen Abwesenheit nach Hause kommt und feststellen muß, daß kurz nach Abreise die Hydrokulturanlage das Schlafzimmer im ersten Stock unter Wasser gesetzt hat und nicht bloß die Pflanzen verloren, sondern Wasserschäden im ganzen Haus entstanden sind. Die ganze mühevolle Arbeit mit dem Eigenbausystem, bloß um ein paar Mark zu sparen - und nun das! Am Ende kommt Sie der Spaß teurer zu stehen, als wenn Sie sich gleich eine fertige Anlage angeschafft hätten... und an eine Ernte ist fürs erste nicht zu denken.
Bei vielen Hydrokultursystemen, die mit An- und Abstau arbeiten, müssen die Beete höher liegen als der Sammelbehälter, damit die Lösung nach dem Anstauen wieder zurückfließen kann. Daran sollten Sie denken, bevor Sie eine Hydrokulturanlage in einem Raum mit niedriger Decke installieren. Das Sammelbecken läßt sich notfalls auch in einem Loch im Boden anlegen. Ein Anbauer hat sich im Kellerboden eine Betonwanne gebaut und arbeitet mit einer Pumpe, wie sie bei Senkgruben verwendet wird.

Wichtig ist, daß der Sammelbehälter die entsprechende Größe und einen Deckel hat. Wie bereits erwähnt: Je größer die Flüssigkeitsmenge, umso weniger gravierend werden sich Fehler auswirken - ein großes Rervoir an Nährlösung ist nicht so rasch erschöpft, und der pH-Wert ist weniger starken Schwankungen unterworfen.
Und die Behälter, in denen die Pflanzen wachsen, müssen groß genug sein! Die Wurzeln müssen genug Raum haben, um der Pflanze Halt zu geben. In großen Beeten bilden die Wurzeln gern dicke Klumpen am Boden der Wanne. Mitunter nehmen sie solche Ausmaße an, daß sie wie eine Matte wirken. In kleineren Beeten von 5 bis 13 Liter Fassungsvermögen kann es passieren, daß die Wurzeln nach zwei bis sechs Wochen den ganzen Boden ausfüllen und zur Öffnung hinauswachsen. Wie bei Erdmischungen, so hat die Größe des Pflanzbehälters auch bei der Hydrokultur einen gewissen Puffereffekt.

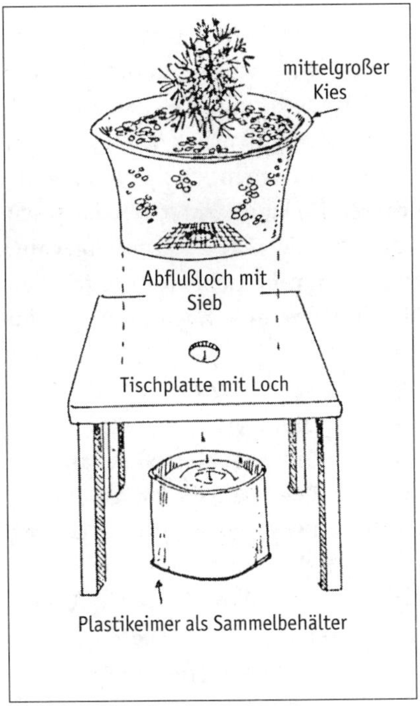

Anstau im Handbetrieb: Der Inhalt des Eimers wird zweimal täglich in den Pflanzbehälter gekippt

Wurzeln können schnell die Abflußöffnung verstopfen. Über dem Abfluß sollten Sie also ein kleines Sieb (Maschenweite 5 mm oder kleiner) aus nichtrostendem Material anbringen. Es sollte leicht zu entfernen und zu reinigen sein.
Wie oft gewässert bzw. Nährlösung zugeführt wird, hängt vom Substrat ab. Ein rasch dränierendes Medium wie feiner Kies muß zwei- bis viermal täglich gewässert werden, während bei Vermiculit einmal täglich genügt. Das Beet füllen, dann rasch ablaufen lassen, damit den Wurzeln so schnell wie möglich Sauerstoff zur Verfügung steht.
Die simpelste Konstruktion besteht darin, einen 20-l-Plastikeimer zu nehmen, ein Loch in den Boden zu bohren und ihn mit Waschkies zu füllen. Das Loch wird von außen mit einem Korken verschlossen - dann wird die Nähr-

lösung (ebenfalls in einem 20-l-Eimer) in den Pflanzeimer gegossen. Nach 20 oder 30 Minuten wird der Korken rausgezogen, die Nährlösung läßt man in den anderen Eimer zurücklaufen und stellt sie beiseite für den nächsten Anstau - ein paar Stunden später oder vielleicht auch erst am nächsten Tag. Hier plätschert's also von oben, und die Lösung wird dabei mit Sauerstoff angereichert! Dieses Schlichtversion ist ein preiswerter Einstieg - man schaut sich mal an, wie die Sache funktioniert. Gewiß keine besonders effiziente oder produktive Lösung, und Sie werden bestimmt nasse Füße kriegen!

Ein anderes Modell für manuellen Betrieb besteht darin, das Beet über einen Schlauch mit dem Sammelbehälter (Eimer mit Henkel) zu verbinden. Wird der Sammelbehälter höher gestellt, sorgt die Schwerkraft dafür, daß die Nährlösung ins Beet fließt. Nach ein paar Stunden stellt man den Sammelbehälter wieder auf den Boden, und die Lösung fließt zurück. Dieses System ist in zwei oder drei Stunden installiert, und wahrscheinlich findet man die Behälter bei sich zu Hause und muß nur rasch im Baumarkt einen Schlauch und ein paar Dichtungen besorgen. Hat man sie mal zusammengebaut, macht diese Anlage nicht mehr viel Arbeit - man braucht nur täglich den Eimer hoch- und runterzuheben, und dabei merkt man auch gleich, wenn die Lösung (durch Verdunstung) weniger wird.

Der nächste Schritt wäre ein aktives geschlossenes System, bei dem die Lösung durch eine Aquariumpumpe ins Beet gepumpt wird; auch hier erfolgt der Anstau von unten. Die Pumpe pumpt Luft in den verschlossenen Sammelbehälter, der Druck läßt die Lösung hinauf ins Beet steigen. Auch wenn sie sich im Beet befindet, wird Luft durch die Nährlösung gepumpt - die Lösung wird also durchlüftet, solange sie in Kontakt mit den Wurzeln ist. Die Pumpe kann man mit einer billigen Zeitschaltuhr koppeln, dann läuft die Anlage automatisch; die Lösung verbleibt zwei Stunden lang im Beet. Diese Variante eignet sich gut für Leute, die nicht jeden Tag anwesend sein und die Nährlösung manuell zuführen können.

Eine kompliziertere und kostenintensivere Variante des obigen Systems arbeitet mit einer in der Nährlösung versenkten Pumpe. Hier kann die Lösung in 20- bis 30-Minuten-Intervallen mehrmals am Tag an- und abgestaut werden. Mit dieser Methode arbeiten viele Hobbygärtner und professionelle Gärtnereien. Sie hat eine hohe Erfolgsquote, weil sie bei geringem Aufwand optimale Kontrolle ermöglicht. Die Nährlösung wird mehrmals am Tag zugeführt, was ein Maximum an Verfügbarkeit und Absorption gewährleistet.

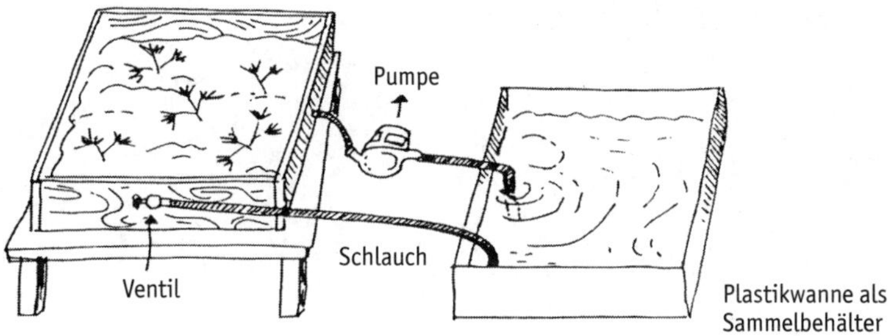

Eine Zeitschaltuhr automatisiert den Ablauf. Sorgen Sie dafür, daß das System so angelegt ist, daß sich die Pumpe immer unter Wasser befindet. Außerdem ist darauf zu achten, daß kein unerwünschter Siphoneffekt eintritt.

Das Einpflanzen

Mit direkter Einsaat wird man wenig Glück haben: Die kleinen Samenkörner werden entweder fortgespült, gelangen zu tief ins Medium oder trocknen aus. Erfahrene Anbauer ziehen ihre Sämlinge oder Stecklinge in Torfquelltöpfen (oder Schaumstoffwürfeln). Ist das Pflänzchen zwei oder drei Wochen alt, wird es ins Hydrobeet gesetzt - hierzu müssen Sie allerdings das Nylonnetz um den Torftopf entfernen. Für das Umpflanzen von Stecklingen sind Torftöpfe ideal: Wenn das Pflänzchen samt Torftopf im Hydrobeet sitzt, wird der umgebende Torf genau die Feuchtigkeit speichern, die die Wurzel in der Trockenzeit zwischen Ab- und Anstau der Lösung braucht.

Lesen Sie nach, was unter Umpflanzen steht. Bei der Hydrokultur geht Umpflanzen leicht von der Hand, man nimmt die Pflanze einfach aus dem Beet und transferiert sie an eine andere Stelle - je jünger die Pflanze ist, desto einfacher ist es. Wenn sie lange Wurzeln hat, können sie beim Umpflanzen leicht brechen und die Pflanze erleidet einen Schock, also gehen Sie sanft mit ihr um! Nach dem Einsetzen schöpfen Sie etwas Nährlösung aus dem Behälter und begießen die Pflanze, oder Sie verwenden eine hierzu angesetzte B1-Lösung. Dann die Nährlösung im System anstauen, damit gleich genug Feuchtigkeit da ist, um die Wurzeln in der neuen Umgebung zu beleben.

Das Beet kann vier- bis sechsmal pro Tag gewässert werden, wenn die Nährlösung jedesmal wieder vollkommen abläuft. Die Dauer des Anstaus sollte nicht mehr als 30 Minuten betragen.

6. KAPITEL

Die Luft

Frische Luft ist das A und O des erfolgreichen Innenraum-Anbaus. Denken Sie daran, daß Sie die Rolle von Mutter Natur übernommen haben - draußen im Freien ist stets reichlich frische Luft vorhanden! Es kann durchaus vorkommen, daß an einem sehr windstillen Tag der CO_2-Gehalt über einem Feld rasch wachsender Vegetation nur ein Drittel so hoch ist wie normalerweise - aber schon bald wird der Wind frische Luft heranbringen. Der Regen wäscht immer wieder den Staub und die Schmutzpartikel aus der Luft und von den Pflanzen. Nun, die Naturvorgänge draußen spielen sich im weiten Rahmen der Atmosphäre ab! Sie haben als Mutter Natur in Ihrem kleinen Anbau-Raum nun die Aufgabe, die Luftverhältnisse der freien Natur zu kopieren und müssen stets für frische, CO_2-reiche Luft sorgen!
Auch die Wurzeln brauchen Luft zum Atmen. Zur Ernährung der Pflanze muß neben Wasser und Nährstoffen auch Sauerstoff zur Verfügung stehen. Ist der Boden zu fest gepackt oder zu naß, kriegen die Wurzeln keine Luft.
Aus der Luft bezieht die Pflanze wichtige Elemente, ohne die sie nicht wachsen kann: Sauerstoff (O_2) und Kohlendioxid (CO_2). Den Sauerstoff braucht sie zum Atmen, zum Verbrennen von Kohlenhydraten und anderen Nährstoffen, woraus sie ihre Energie bezieht. Das Kohlendioxid ist wichtig für die Photosynthese. Ohne CO_2 wird die Pflanze sterben! Denn mit Hilfe von CO_2 produziert sie aus Lichtenergie und Wasser den für ihren Stoffwechsel und ihr Wachstum wichtigen Traubenzucker - sinkt der CO_2-Gehalt, läßt sofort das Wachstum nach. Als Abfallprodukt wird bei der Photosynthese Sauerstoff frei. Eine Pflanze gibt mehr Sauerstoff ab, als sie verbraucht, verbraucht jedoch mehr Kohlendioxid, als sie abgibt - nur bei Dunkelheit ist die ver-

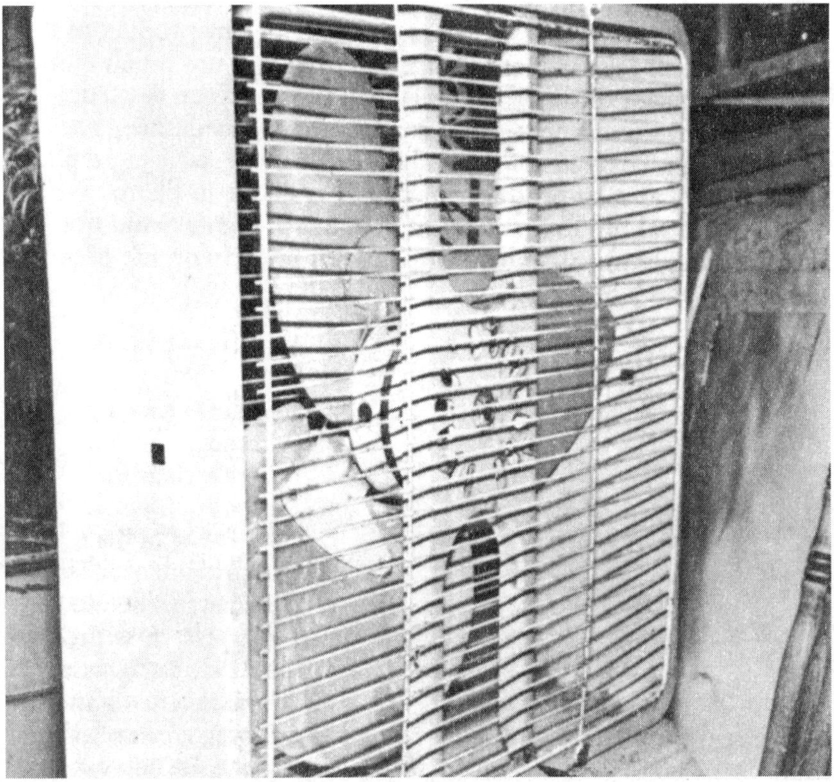

Ein großer Ventilator, im offenen Türeingang plaziert

brauchte Sauerstoffmenge größer.

Flora und Fauna (und zu der zählen wir jetzt auch mal die menschliche Spezies) ergänzen einander. Die Pflanzen geben als Abfallprodukt Sauerstoff ab, den Mensch und Tier zum Atmen brauchen. Mensch und Tier wiederum produzieren als Abfallprodukt das von den Pflanzen benötigte CO_2. Ohne die Pflanzen könnten Mensch und Tier nicht leben, und ohne Mensch und Tier könnte die Pflanzenwelt nicht überleben - zumindest nicht in der Form, wie wir sie kennen.

▸ Ventilation und Zirkulation

Damit die Atmung der Stomata reibungslos funktioniert, muß im Raum entsprechende Ventilation gegeben sein. Frischluft ist das billigste Element, das wir der Pflanze zur Verfügung stellen können. Bei der Marihuanazucht im Haus ist Frischluft einer der am meisten vernachlässigten Faktoren, der wesentlich zu einer erfolgreichen Ernte beiträgt. Erfahrene Anbauer wissen das und installieren deshalb einen Ventilator. Drei Faktoren beeinflussen die Bewegung der Luft im Raum: (1) die Aktivität der Stomata, (2) die Arbeit des Ventilators, und (3) die Zirkulation.

Ventilator

Frische Luft gibt es draußen in Hülle und Fülle, und für die Frischluft in der Heimplantage sorgt man am besten mit einem Absaugventilator, den man unweit der Decke in der Raumwand installiert.

Die Stomata sind mikroskopisch kleine Poren an der Blattunterseite, die man mit den Nasenlöchern eines Tieres vergleichen könnte. Beim Tier geht der Austausch von eingeatmetem CO_2 und ausgeatmetem O_2 über Nase und Lungen vonstatten; bei der Pflanze wird das über die Stomata besorgt. Je größer die Pflanze ist, desto mehr Stomata besitzt sie, die CO_2 aufnehmen und O_2 abgeben. Je größer das Volumen der Pflanze, desto mehr CO_2-reiche Luft braucht sie für ihr gutes Gedeihen. Verschmutzte oder gar verstopfte Stomata behindern den Luftaustausch. Stomata verkleben leicht durch Schmutz, verpestete Luft oder Sprays, die einen klebrigen Film auf dem Blatt hinterlassen. Und verstopfte Stomata können nicht mehr atmen. In der Natur sorgen Regen und Wind für die Reinigung. Im Haus muß der Gärtner den Regen mittels Zerstäuber und den Wind mit einem Ventilator simulieren.

Mindestens einmal im Monat sollten die Blätter auf der Ober- und Unterseite mit sauberem, lauwarmem Wasser abgewaschen werden. Schlagen Sie nach unter *Spritzen und Sprühen*.

Zirkulation Bei stillstehender Luft verbraucht die Pflanze all das CO_2, das sich rings ums Blatt in der Luft befindet. Ist die Luft in diesem Bereich ver-

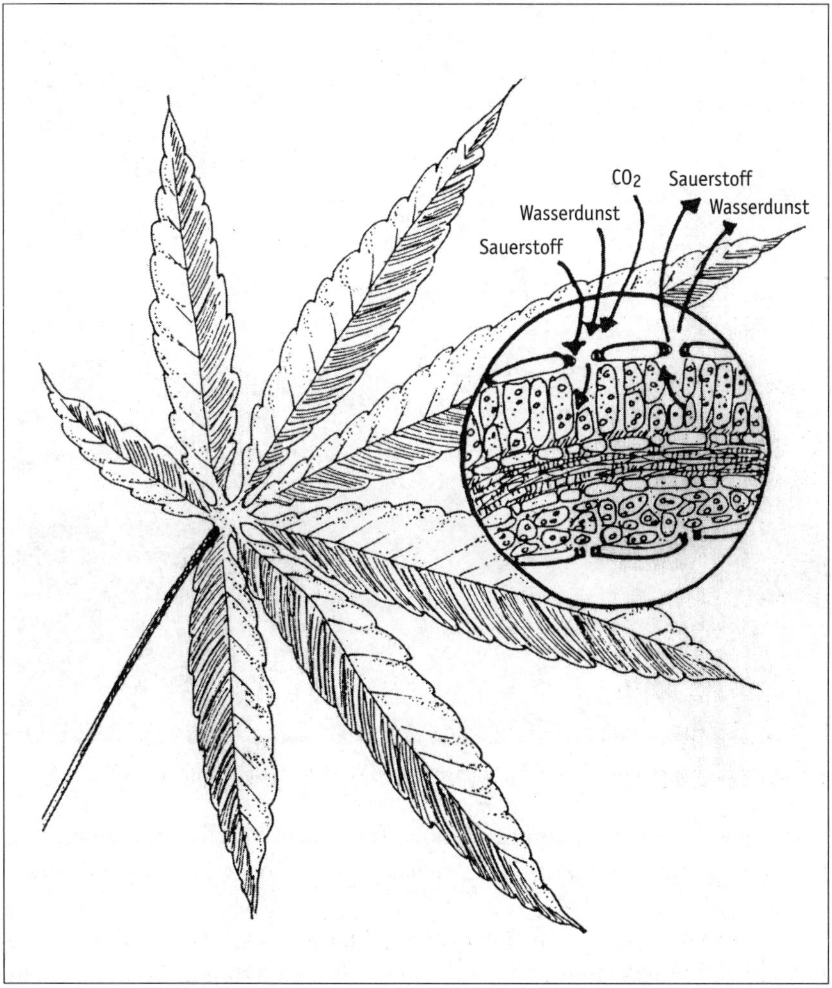

braucht und wird keine frische CO_2-reiche Luft herangeführt, kommt es bei der Pflanze zu Mangelerscheinungen, das heißt, ihr Wachstum wird langsamer. Zudem bildet die Luft im Raum gern Schichten, die warme Luft hängt unter der Decke, und die kühlere bleibt am Boden. Diese Probleme sind im Nu gelöst, wenn man eine Tür oder ein Fenster öffnet - oder einen Schwenkventilator im Raum aufstellt. Luftzirkulation ist auch wichtig zur Vorbeugung gegen Insekten- und Pilzbefall. Zwar mögen Schimmelsporen in der

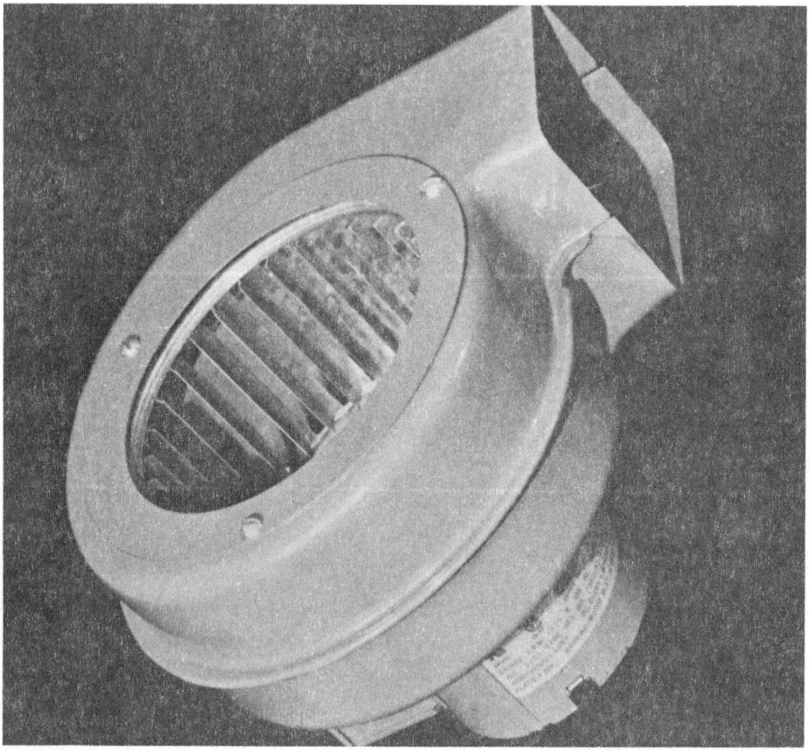

Dieser Absaugventilator läßt sich leicht an einen 4-Zoll-Abluftschlauch anschließen.

Luft treiben, wird die Raumluft jedoch von einem Ventilator in Bewegung gehalten, hindert es die Sporen, sich auf Boden oder Pflanzen niederzulassen.

Ventilation Ein durchschnittlicher Anbau-Raum von 3 mal 3 Meter Größe braucht pro Woche 40 bis 110 Liter Wasser. Wo bleibt all dieses Wasser? Es wird verdunstet. Somit hängen also praktisch Woche für Woche -zig Liter Wasser in der Luft. Verbleibt all diese Feuchtigkeit in einem kleinen Raum, werden die Blätter schlaff, die Transpiration läßt nach, die Stomata kriegen keine Luft mehr. Es muß also für Luftaustausch gesorgt, die feuchte Luft durch trockene ersetzt werden, damit die Stomata wieder atmen können. Diese Aufgabe erledigt am besten ein Absaugventilator, der die Luft aus dem Raum befördert.

Erfolgreiche Anbauer wissen, daß ein Ventilator genauso wichtig ist wie

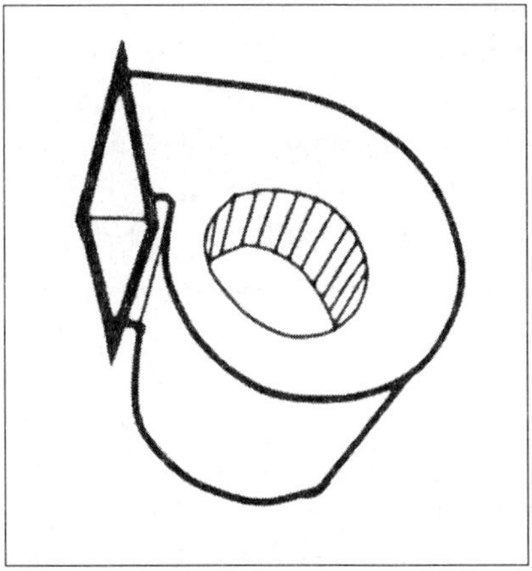

Radialventilator

Wasser, Dünger, Wärme und Licht. In manchen Fällen ist ist Frischluft sogar noch wichtiger! Nicht umsonst haben alle Treibhäuser große Ventilatoren. Und unser Anbau-Raum ist ja etwas ganz ähnliches - das Treibhaus soll uns als Vorbild dienen! In den meisten Räumen ist ein Fenster oder eine Wandöffnung vorhanden, die sich zum Einbau eines Ventilators eignen.

Wichtig beim Ventilatoreinbau ist vor allem: draußen dürfen weder Licht noch Geruch wahrnehmbar sein. Damit kein Licht hinausdringt, kann man auf der Innenseite eine Sichtblende anbringen, oder man legt zwischen Ventilator und Wandöffnung eine Schlauchverbindung. Bei kleineren Räumen nimmt man einen Abluftschlauch mit 4 Zoll Durchmesser, wie er bei manchen Wäschetrocknern verwendet wird, bei größeren ein verzinktes Stahlrohr mit 8 Zoll Durchmesser. Das ins Freie führende Ende sollte hoch genug - mindestens 3,5 m - überm Boden sein, damit sich keiner, der draußen vorbeigeht, über den seltsamen Harzgeruch in der Luft wundert. Auch ein Kamin ist zur Ableitung geeignet; der Schornstein sollte nicht mit Feuerstätten belegt sein. Den Ventilator immer in Deckennähe installieren, damit er die feuchte Warmluft ableitet. Achten Sie darauf, daß alles gut abgedichtet ist. Zur Sicherheit sollten Sie bei Dunkelheit mal rausgehen und kontrollieren, ob kein Licht nach draußen dringt. Schlagen Sie nach unter *Einbau des Ventilators*.

Treibhausventilatoren sind mit Lamellen ausgestattet, um den Rückstrom von Außenluft zu verhindern. In kalten Wintern oder heißen Sommern könnte die einströmende Außenluft zu starkem Abfall oder Anstieg der Raumtemperatur führen, was ernsthaften Schaden unter den Pflanzen anrichten kann.

Warum ein Absaugventilator? Weil der am effizientesten ist. Ein Absaugventilator saugt die Luft viel besser aus dem Raum als ein normaler Ventilator sie hinauszudrücken vermag. Die Kapazität von Absaugventilatoren bemißt man danach, wieviel Kubikmeter Luft sie pro Minute befördern können.

Beim Kauf eines Absaugventilators sollten Sie ein Gerät wählen, das in der Lage ist, innerhalb von fünf Minuten den Rauminhalt Ihres Anbau-Raums auszutauschen. Die hinausbeförderte Luft wird sofort durch frische Luft ersetzt, die durch zahlreiche winzige Ritzen und Öffnungen in den Raum hereinströmt. Wenn der Raum rundum hermetisch abgeschlossen ist, müssen Sie ein Fenster aufmachen oder ggf. eine Öffnung anlegen, um die Zuführung von Frischluft zu ermöglichen.

▸ Temperatur

Jeder Anbau-Raum sollte mit einem präzisen Thermometer ausgestattet sein, an dem sich jederzeit die Raumtemperatur ablesen läßt. Quecksilber-Thermometer sind im allgemeinen genauer als die mechanischen mit Feder. Ideal wäre ein Tag-und-Nacht-Thermometer, also eines, das Maximum- und Minimumtemperatur anzeigt - hier kann der Gärtner genau feststellen, wie tief die Temperatur bei Nacht abfällt und welchen Höchstwert sie tagsüber erreicht. Dies ist aus vielerlei Gründen wichtig, auf die wir noch eingehen werden.

Unter normalen Bedingungen liegt die ideale Temperatur für den Marihuana-Anbau im Haus bei 22 bis 24° C. Nachts kann die Temperatur um 6 bis 8° C sinken, ohne daß es sich auf die Wachstumsrate auswirkt. Sie sollte aber nie um mehr als 11° C abfallen, weil es sonst Probleme mit der Feuchtigkeit bzw. Schimmelbildung geben kann. Tagestemperaturen über 38° C und unter 16° C scheinen das Wachstum zu drosseln. Gesunden, kräftigen Wuchs erzielt man nur, wenn im Raum konstant die richtige Temperatur herrscht. Achten Sie darauf, daß die Pflanzen nicht zu dicht an Wärmequellen wie Vorschaltgerät oder Heizluftschacht stehen, damit sie nicht austrocknen oder Verbrennungen erleiden!

Temperaturen über 32° C sind nicht zu empfehlen, außer wenn die Luft mit CO_2 angereichert wird, dann darf die Temperatur bis auf 38° C steigen. Da ein Temperaturanstieg die chemischen Prozesse beschleunigt, muß auch alles andere erhöht werden, einschließlich der Ventilation. Je wärmer die Luft ist, desto mehr Feuchtigkeit kann sie aufnehmen (darauf werden wir gleich näher eingehen). Feuchte Luft bekommt den Stomata schlecht und verlangsamt eher das Wachstum, als es zu beschleunigen, und beim nächtlichem Temperaturabfall könnte die Kondensierung der überschüssigen Feuchtigkeit diverse Problemchen mit sich bringen.

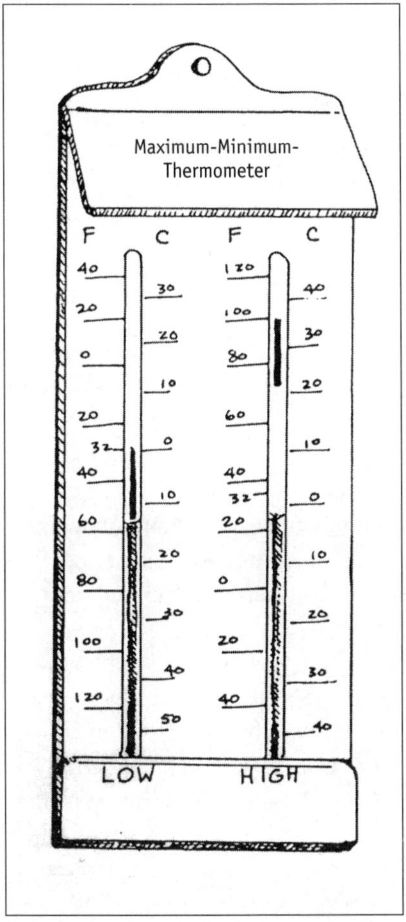

Die Stifte registrieren Höchst- und Tiefstwert

Besonders im Sommer kann die steigende Temperatur im Raum zum Problem werden. Der ideale Anbau-Raum liegt deshalb im Keller, wo das umgebende Erdreich gute Isolation gegen die Sommerhitze bietet. Denn bei einer Außentemperatur von über 35° C und der Wärme, die die Hochdrucklampe entwickelt, kommt es im Raum schnell zum Hitzestau. Es haben schon etliche Anbauer ihre Ernte verloren, wenn am 4. Juli die Sonne vom Himmel knallte - an diesem amerikanischen Feiertag zieht es die Leute hinaus ins Grüne, und manche vergessen dann (oder sind zu paranoid), für ausreichende Ventilation im Anbau-Raum zu sorgen, während sie außer Haus sind. Bei einem unzureichend ausgestatteten Anbau-Raum (ohne Ventilator und womöglich auf dem Speicher) kann die Temperatur im Sommer bis auf 48° C steigen. So etwas übersteht keine Pflanze ohne Ventilation und gewaltige Mengen an Wasser. Mutter Natur würde ihren Pflanzen das nicht zumuten - Sie etwa?

Das andere Extrem ist natürlich die Winterkälte. Im letzten Winter war es in den meisten Teilen der USA so kalt wie seit vielen Jahren nicht mehr. In Portland fiel der Strom aus, die Heizungen gingen aus und die Leitungsrohre froren auf. Die Bewohner mußten ihre Häuser verlassen, bis es ein paar Tage später wieder Strom gab. Etliche Anbauer fanden bei der Rückkehr verwelkte Plantagen vor, in jenem dunklen, widerlichen Grün, wie es nur ein Frost bescheren kann. Aus den kaputten Wasserrohren lief das Wasser. Die Temperatur im Anbau-Raum darf nie unter den Nullpunkt sinken, weil der Frost die Zellen zerstört - die Blätter sterben dann entweder ab oder wachsen nur noch sehr langsam. Der Wuchs verlangsamt sich bereits bei 10° C, also sorgen Sie immer für angenehme Wärme. Wer die Pflanzen mit einem Kälte-Test stressen will, tut das auf eigenes Risiko!

Ein Thermostat reguliert die Raumtemperatur. Er mißt die Temperatur, schaltet das angeschlossene Heiz- oder Kühlgerät ein oder ab - so bleibt die Temperatur immer in einem bestimmten Bereich. Ein Thermostat läßt sich ebenso mit elektrischen wie mit Öl betriebenen Heizöfen koppeln. Viele Haushalte sind heute ohnehin mit Heizungen ausgestattet, die per Raumthermostat geregelt werden.

Nur in wirklich kalten Räumen sollte auch der Ventilator mit dem Thermostat gekoppelt sein. Wird es im Raum zu heiß und zu stickig, schaltet er den Ventilator ein, und sobald die gewünschte Raumtemperatur erreicht ist, schaltet er ihn wieder ab.

Normalerweise wird es ausreichen, die Temperatur über den Ventilator zu regeln. Wenn Hitze und Feuchtigkeit zum Problem werden, kann man einen Air-Conditioner installieren und die Luft kühlen. Wenn allein die Hitze Probleme macht, kann ein Air-Cooler helfen, der mit Kühlpatrone und Ventilator arbeitet.

Beim Thermostat gibt es zwei Arten: einstufig und zweistufig. Der einstufige sorgt dafür, daß Tag und Nacht konstante Temperatur herrscht. Der zweistufige ist etwas teurer, er sorgt dafür, daß bei Tag eine andere Temperatur herrscht als bei Nacht. Das ist sehr bequem und spart zudem Kosten, weil nachts die Temperatur ohne weiteres um 6 bis 8° C absinken kann, ohne den Pflanzenwuchs zu beeinträchtigen.

Bei nichtisolierten Räumen mit starken Temperaturschwankungen muß man sich also irgendwas einfallen lassen. Am einfachsten wäre es wohl, man pflanzt woanders an - aber wenn Sie nur einen sommerheißen bzw. winterkalten Speicher zur Verfügung haben, sorgen Sie auf jeden Fall für ausreichende Ventilation. Und dichten Sie ringsum alles gut ab, das senkt die Kosten für Heizung bzw. Kühlung.

Wird der CO_2-Gehalt auf 0,12 oder 0,15 % angereichert, dann fördern Temperaturen im Bereich zwischen 30 und 38° C einen rascheren Gasaustausch. Die Abläufe von Photosynthese und Chlorophyllsynthese werden beschleunigt, die Pflanzen wachsen schneller. Mit diesem Temperaturanstieg von 8 bis 14° C erhöhen sich natürlich auch Wasser- und Nährstoffverbrauch sowie das Raumbedürfnis der Pflanzen!

Im Bereich zwischen 26 und 32° C wird das Keimen der Samen und die Wurzelbildung der Klone beschleunigt. Die Temperatur läßt sich auf zwei Arten erhöhen: (1) Einsatz einer Heizmatte und (2) Abdecken der jungen Sämlinge und Klone mit einem Folienzelt. Neben der Temperatur wird hierbei auch die Luftfeuchtigkeit erhöht. Sobald die sprießenden Keimlinge aus der Erde kommen, das Zelt abnehmen, damit die Luft zirkulieren kann. Die Klone hingegen sollten während des gesamten Wurzelbildungsprozesses abgedeckt bleiben. Stets auf Anzeichen von Schimmel oder Fäule achten! Um Schimmel vorzubeugen, sollte man hin und wieder frische Luft zwischen den Klonen zirkulieren lassen.

Die Aufstellung eines Schwenkventilators verhindert, daß im Raum die warme Luft im oberen und die kühle im unteren Bereich verbleibt. Normalerweise werden 1000-W Hochdrucklampe und Vorschaltgerät genügend Wärme erzeugen. Das auf einem Regalbrett oder einer Konsole in Bodennähe stehende Vorschaltgerät trägt überdies zur Zirkulation bei, weil die trockene Hitze, die es abstrahlt, einen Aufwärtsstrom erzeugt. In kühleren Klima-zonen ist es tagsüber durch gestiegene Außentemperaturen auch im Raum warm genug - bis es bei Einbruch der Nacht draußen kalt wird. Dies kann man kompensieren, indem man die Lampen nachts brennen läßt; das wird den Raum soweit erwärmen, daß Tag und Nacht eine akzeptable Temperatur herrscht.

Mitunter wird es vielleicht zu kalt, als daß Lampe und Vorschaltgerät genug Wärme liefern könnten. Viele Anbau-Räume sind jedoch mit Zentralheizung und/oder Anschluß an eine zentrale Klimaanlage ausgestattet. Beide werden normalerweise durch einen Zentralthermostat geregelt, der die Temperatur des ganzen Hauses kontrolliert. Wenn man den Thermostat auf 22° C stellt und sämtliche Innentüren im Haus geöffnet hält, bleibt es im Anbau-Raum angenehm warm, nämlich 22° C. Für die meisten Anbauer ist diese Methode freilich zu kostspielig und unwirtschaftlich. Normalerweise genügt es, wenn der Thermostat zwischen 15,5 und 18,5° C steht - in Verbindung mit der Wärmeabstrahlung des Lampensystems wird sich dann die Temperatur im Anbau-Raum im gewünschten Bereich halten. Zu besseren Ergebnissen kommt man natürlich durch Einsatz zusätzlicher Heizquellen. Elektrische Heizgeräte wie auch simple Glühbirnen sind zwar teuer im Energieverbrauch, sorgen aber rasch für Wärme. Die Glühbirnen erhöhen zudem noch die Lichtintensität und erweitern das Spektrum. Propan- und Erdgasheizgeräte erwärmen nicht nur die Luft, sondern liefern als Abfallprodukt CO_2 - ein doppelter

Gewinn, der ihren Einsatz ökonomisch sinnvoll macht.
Es gibt heute etliche neue Kerosinheizgeräte auf dem Markt, die gut zum Heizen und zur CO_2-Produktion geeignet sind. Nehmen Sie nur ein Gerät, das den Brennstoff vollkommen verbrennt und keinen Geruch hinterläßt. Lassen Sie die Finger von Kerosinheizgeräten äterer Bauart oder ineffizienten Heizölbrennern - Sie könnten ein gefährliches Risiko eingehen!
Einer der gebräuchlichsten Brennstoffe zum Beheizen von Wohnhäusern ist wohl immer noch das Öl, eine schmutzige Sache, die die Umwelt belastet. Das Verbrennen von Holz ist zwar auch nicht die sauberste Art, funktioniert aber gut als Heizquelle. Wenn ein Ofen die Raumluft verpestet, muß auf jeden Fall per Ventilator Frischluft zugeführt werden!
Die Raumtemperatur hat auch Einfluß auf Insektenleben und Pilzbefall. Generell läßt sich sagen: Je kühler es ist, desto weniger werden sich Insekten und Pilze vermehren. Die Regulierung der Raumtemperatur ist ein wichtiges Mittel zur Schädlingsbekämpfung.

▸ Luftfeuchtigkeit

Relative Luftfeuchtigkeit ist das Verhältnis zwischen dem Feuchtigkeitsgehalt der Luft und der größten Feuchtigkeitsmenge, welche die Luft bei gleicher Temperatur enthalten könnte. Je wärmer es ist, desto mehr Wasserdampf kann die Luft aufnehmen; je kühler es ist, desto weniger. Bei Temperaturabfall geht der überschüssige Wasserdampf vom gasförmigen in den flüssigen Zustand über - er kondensiert. So kann beispielsweise ein Raum von 21,6 m^3 (3 x 3 x 2,4 m) bei einer relativen Luftfeuchtigkeit von 100 % und einer Temperatur von 21 ° C rund 400 Gramm Wasser in der Luft haben. Steigt die Temperatur auf 38 ° C, können es bei einer relativen Luftfeuchtigkeit von 100 % gar rund 1600 Gramm sein! Das ist viermal soviel! Wo bleibt all das Wasser, wenn die Temperatur sinkt?

Die Luft in einem Raum von 21,6 m^3 (3 x 3 x 2,4 m) kann enthalten:

113 Gramm Wasser bei 0 ° C
198 Gramm Wasser bei 10 ° C
396 Gramm Wasser bei 21 ° C
510 Gramm Wasser bei 26,5 ° C
793 Gramm Wasser bei 32,5 ° C
1587 Gramm Wasser bei 38 ° C

Fällt nachts die Temperatur, dann steigt die relative Luftfeuchtigkeit. Je größer der Temperaturunterschied, desto mehr variiert die relative Luftfeuchtigkeit. Bei Schwankungen über 8° C kann der Einsatz einer zusätzlichen Heizquelle oder Ventilation erforderlich werden.

Steigt die Temperatur um 11° C, verdoppelt sich die Wasserhaltekraft der Luft.

Cannabis gedeiht am besten bei einer relativen Luftfeuchtigkeit zwischen 40 und 60 %. Wie bei der Temperatur, so fördert auch eine halbwegs konstante Luftfeuchtigkeit ein gesundes, gleichmäßiges Wachstum. Sie beeinflußt die Transpiration der Stomata: Bei feuchter Luft verdunstet das Wasser langsamer. Die Stomata schließen sich, die Transpiration wird gedrosselt, und damit das Wachstum der Pflanze. Bei trockener Luft kann das Wasser rascher verdunsten - die Stomata öffnen sich, Transpiration und Wachstum werden beschleunigt.

Transpiration in trockener Luft geht nur dann rasch vonstatten, wenn den Wurzeln genügend Wasser zur Verfügung steht. Ist das nicht der Fall, schließen sich die Stomata, um die Pflanze vor Dehydration zu schützen, wodurch sich ihr Wachstum verlangsamt.

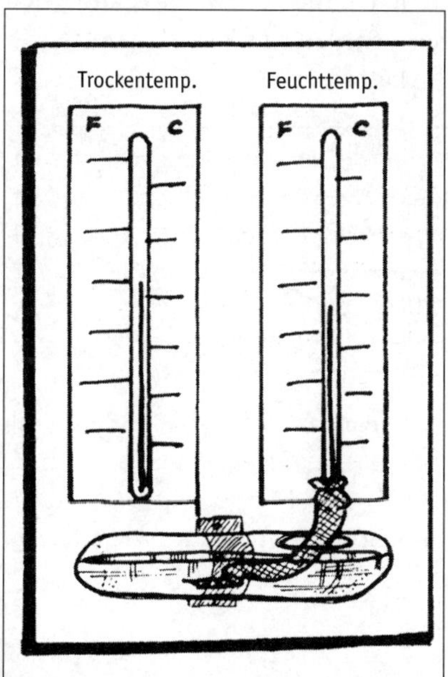

Hygrometer

Die Kontrolle der relativen Luftfeuchtigkeit ist auch eine Vorbeugemaßnahme gegen Schädlinge. Hohe Luftfeuchtigkeit (80 % und mehr) fördert Pilzbefall und Stengelfäule, bei niedriger (55 % oder weniger) ist das Risiko weit geringer. Manche Insekten haben es gern feucht, andere nicht. Spinnmilben z.B. vermehren sich weniger schnell in feuchten Räumen.

Die relative Luftfeuchtigkeit wird mit dem Hygrometer gemessen - ein sehr wichtiges Instrument, das Ihnen und Ihren Pflanzen viel Frustration ersparen kann! Mit seiner Hilfe kann man sich genau orientieren und die Luftfeuchtigkeit auf einen sicheren Level von 50 % bringen, was die Transpiration fördert und Schimmelbildung verhindert.

Es gibt zwei Arten von Hygrometer. Die preiswerte Version mit Spiralfeder, die eine Meßgenauigkeit von 5 bis 10 % erreicht, genügt wohl den Anforderungen eines Anbauers, dem es vor allem darum geht, die Luftfeuchtigkeit bei rund 50 % zu halten. Die andere Variante, Psychrometer genannt, ist etwas teurer, mißt aber sehr genau (siehe Zeichnung). Ein Psychrometer arbeitet mit der Messung von Trocken- und Feuchttemperatur und ist zu empfehlen, wenn man mit mehreren Lampen arbeitet oder auf absolute Meßgenauigkeit Wert legt.

Ein Feuchtigkeitsregler erfüllt eine ähnliche Funktion wie der Thermostat, nur reguliert er die Luftfeuchtigkeit. Eine herrliche Erfindung - so ein Feuchtigkeitsregler ist nur mit Drüsenköpfen aufzuwiegen! Die kostspieligeren Modelle sind auch hier die präziseren. Feuchtigkeitsregler und Thermostat werden mit dem Absaugventilator gekoppelt (siehe untenstehende Zeichnung). Beide können unabhängig voneinander den Ventilator ein- bzw. abschalten. Sobald die Luftfeuchtigkeit (oder die Raumtemperatur) den gewünschten Bereich übersteigt, wird der Ventilator in Betrieb gesetzt, der die feuchte (bzw. heiße) Luft nach draußen befördert.

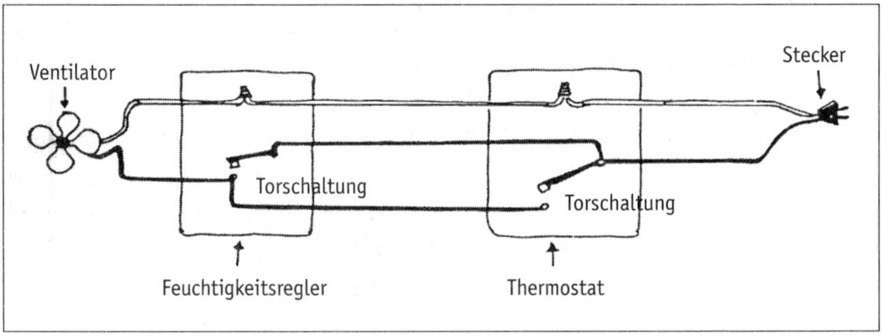

Die beste Methode, die Luftfeuchtigkeit im Raum zu steuern, bietet ein Absaugventilator

Die von Hochdrucklampe und Vorschaltgerät abgestrahlte Hitze senkt die Luftfeuchtigkeit - im allgemeinen werden die trockene Wärme des Lampensystems und ein Absaugventilator ausreichen, um die Luftfeuchtigkeit im Raum unter Kontrolle zu halten. Andere Lieferanten für trockenwarme Luft wie ein Holzofen oder Gasbrenner können ebenfalls verwendet werden. Wenn es in der Wand eine Öffnung gibt, aus der warme Heizluft in den Raum geleitet wird, dann achten Sie darauf, daß sie nicht direkt auf die Pflanzen bläst, weil sie sonst austrocknen. Ich kenne einen Anbauer, der auf ausgelegte Silikatpäckchen (Trockenmittel in Verpackungen) schwört, um die Luftfeuchtigkeit zu reduzieren.

Erhöhen läßt sich die Luftfeuchtigkeit leicht durch Versprühen von Wasser oder Aufstellen eines Wassereimers (Verdunstung). Automatische Luftbefeuchter gibt es in verschiedener Preislage; sie bestehen im Grunde aus einem Wasserbehälter und einem per Feuchtigkeitsregler gesteuerten Ventilator, der das verdunstende Wasser im Raum verteilt. So ein Gerät ist nur dann erforderlich, wenn im Raum ständig überdurchschnittlich trockene Luft herrscht. Es gibt auch Geräte, die den Feuchtigkeitsgehalt der Luft senken; die sind etwas komplizierter, weil das Wasser kondensiert werden muß. Ein solcher Luftentfeuchter ist hilfreich, um den Raum vor Pilzbefall zu schützen. Man stellt einfach den Regler auf den gewünschten Prozentwert ein, und schon hat der Raum die perfekte Luftfeuchtigkeit! Diese Geräte gibt es in verschiedener Preislage - die Anschaffung lohnt sich, wenn man ernsthafte Probleme mit zu großer Feuchtigkeit hat und ein Ventilator nicht viel dagegen ausrichten kann. Es gibt auch Firmen, wo man Luftentfeuchter wochen- oder monatsweise mieten kann.

Junge Sämlinge und wurzelnde Klone gedeihen besser, wenn die Luftfeuchtigkeit bei 70 bis 80 % liegt. Bei trockener Luft kann das unterentwickelte Wurzelsystem nicht rasch genug die Wassermenge absorbieren, die das Pflänzchen braucht. Die erhöhte Luftfeuchtigkeit schützt vorm Austrocknen.

▸ CO_2-Versorgung

Kohlendioxid (CO_2) ist ein farb- und geruchloses, nicht brennbares und ungiftiges Gas. Die Luft, die wir atmen, enthält 0,03 Vol.-% (= 300 ppm) Kohlendioxid. Das im Anbau-Raum enthaltene CO_2 wird von den Pflanzen rasch verbraucht, und sinkt der CO_2-Gehalt unter 0,02 %, werden sich Wachstum und Photosynthese erheblich verlangsamen.

Ein unter der Decke hängender CO_2-Generator

Die Anreicherung der Luft mit CO_2 wird in gewerblichen Gewächshäusern seit vielen Jahren praktiziert, weil die zusätzliche Versorgung mit CO_2 das Pflanzenwachstum stimuliert. Da der Hausanbau von Marihuana den Bedingungen im Treibhaus sehr nahekommt, lassen sich hier die gleichen Prinzipen anwenden. Marihuana kann mehr CO_2 verarbeiten als die normalerweise in der Luft enthaltenen 0,03 %. Erhöht man den Gehalt auf 0,12 oder 0,15 %, also 1200 oder 1500 ppm (Parts per million), den nach Auffassung vieler Profigärtner optimalen Wert, dann wachsen die Pflanzen dreimal so schnell, *vorausgesetzt, ihnen stehen Licht, Wasser und Nährstoffe in ausreichender Menge zu Verfügung*. Stehen die Pflanzen allerdings unter Leuchtstoffröhren, zeigt die CO_2 -Begasung nur wenig oder gar keine Wirkung - die Röhren liefern den Pflanzen nicht genügend Licht, um das zusätzliche CO_2 zu verarbeiten. Doch unter Hochdrucklampen lassen sich mit CO_2-Anreicherung und ausreichender Wasser- und Nährstoffversorgung absolut erstaunliche Ergebnisse erzielen! Cannabis wächst unter diesen Bedingungen wirklich rascher und effizienter als in freier Natur. Es sind diverse Pflanzkammern bzw. Minitreibhäuser auf dem Markt, bei denen die Kombination dieser Wachstumsfaktoren mit verblüffendem Erfolg angewendet wird.

CO_2 steigert nicht die THC-Produktion, sondern es werden in kürzerer Zeit

mehr Blätter gebildet. Und je größer die Grünmasse einer potenten Marihuanasorte, desto mehr THC wird geerntet!
Unter CO_2-Begasung wachsendes Marihuana stellt höhere Anforderungen als üblich und bedarf besonderer Pflege. Es braucht etwa doppelt soviel Wasser und Nährstoffe, bei einer erhöhten Raumtemperatur von 30 bis 38° C werden die chemischen Prozesse in der Pflanze wesentlich beschleunigt. Beachten Sie, daß diese Superpflanzen auch mehr Raum beanspruchen! Bei richtiger Pflege wachsen sie so rasch und werden so voluminös, daß die Blüte früher als im Normalfall eingeleitet werden muß.
Tatsächlich hat die erstaunliche Wirkung schon manchen Anbauer frustriert - diese Superpflanzen wachsen mit solchem Tempo, daß es den Gärtner einfach überfordert. Denn stehen bei CO_2-Begasung nicht die benötigten Nährelemente zur Verfügung, wird die Begasung keinen Nutzen bringen und ist bloß Verschwendung. Auch wenn es an nur einem einzigen Faktor mangelt, ist das Ergebnis unbefriedigend. Bei mangelnder Wasser- und Nährstoffversorgung kann es sogar passieren, daß die Pflanze verkümmert - auch wenn sie einen größeren Topf braucht und ihn nicht rasch genug bekommt, wird sie im Wuchs verkümmern.

CO_2-Begasung bedeutet, daß sich der Wachstumszyklus um 1 bis 4 Wochen verkürzt - und Sie mehr Zeit für die intensivere Pflege der Pflanzen aufbringen müssen.

Der Einsatz einer zusätzlichen Hochdrucklampe ist beim beschleunigten Wachstum zwar hilfreich, aber nicht unbedingt nötig. Unter Umständen wird der Garten dann so schnell wachsen, daß man kaum noch hinterherkommt. Ein Mehr an CO_2 bedeutet nicht, daß die tägliche Leuchtdauer der Lampe erhöht werden muß - die Photoperiode muß genauso funktionieren wie unter normalen Bedingungen.
Um effizient zu wirken, muß der CO_2-Gehalt an jeder Stelle des Raumes rund 0,15 % betragen. Um dies zu gewährleisten, muß der Raum rundum abgedichtet sein - Ritzen, die größer als 3 mm sind, sollte man abdichten, damit das Gas nicht entweicht. In einem abgedichteten Raum läßt sich der CO_2-Gehalt besser kontrollieren. Nachdem der Ventilator die abgestandene Luft im Raum abgesaugt hat, beginnt man mit der Begasung - hier wird ein Ventilator mit Lamellen benötigt, denn sie verhindern, daß CO_2 durch die Ventilatoröffnung entweicht. Die Anforderungen an Raumventilation sind je nach

Begasungssystem verschieden, darauf werden wir in den Abschnitten *CO_2-Generatoren und CO_2 in komprimierter Form* eingehen.

Die Erzeugung von CO_2

Der CO_2-Gehalt der Raumluft läßt sich auf verschiedene Arten erhöhen. CO_2 ist ein Nebenprodukt beim Verbrennungsprozeß, man kann es also durch Verbrennung von Brennstoffen erzeugen - außer solchen, die Schwefeldioxid und Äthylen enthalten (die den Pflanzen schaden). Auch bei Fermentierung und bei organischen Zerfallsprozessen wird als Nebenprodukt CO_2 frei; in tropischen Regenwäldern z.B. ist der CO_2-Gehalt in Bodennähe zwei- bis dreimal so hoch wie in der übrigen Luft. Aber es würde natürlich keiner auf Idee kommen, zwecks CO_2-Gewinnung seinen Komposthaufen ins Haus zu schaffen. Trockeneis wird aus gefrorenem CO_2 hergestellt - das Gas wird frei, wenn es mit Luft in Kontakt kommt. Es könnte teuer werden und ziemlichen Ärger bringen, wollte man versuchen, einen großen Raum mit Trockeneis zu begasen. Bei diesen Methoden gibt es diverse Varianten, und sie funktionieren mehr oder weniger gut. Ohne den Einsatz kostspieliger Meßgeräte läßt sich kaum kalkulieren, wieviel CO_2 bei Fermentierung, Kompostierung oder Trockeneis freigesetzt wird. Wie bereits angedeutet, wird die Verwendung von Trockeneis über längere Zeit hinweg sehr teuer. Ein knappes Kilo Trockeneis erhöht den CO_2-Gehalt in einem Raum von 3 x 3 m für eine Dauer von 24 Stunden auf etwa 2000 ppm. Wie ein verdrossener Gärtner mal bemerkte: “Das Zeug schmilzt schneller, als man guckt.” Daß ein miefender Komposthaufen im Haus kaum der geeignete CO_2-Lieferant sein kann, sagten wir schon, außerdem müßte man ihn zu diesem Zweck zweimal am Tag umschichten.

Mit Fermentierung läßt sich durchaus CO_2 erzeugen, allerdings kaum die Menge bemessen, die freigesetzt wird. Nachfolgend ein Rezept zur CO_2-Herstellung. Sie brauchen hierzu einen Plastikeimer mit ca. 4 Liter Fassungsvermögen. Mixen Sie eine Tasse Zucker und eine Packung Bierhefe mit etwa 3,5 Liter warmem Wasser - die Brühe stinkt entsetzlich, erzeugt aber einen ganz brauchbaren CO_2-Stoß. Das ist eine der billigsten Methoden und eignet sich vor allem bei sehr kleinen Anbau-Räumen. Sämlinge scheinen mit CO_2-Begasung einen Vorsprung zu haben, den sie bis zur Ernte beibehalten. Das CO_2 wird sehr rasch freigesetzt; man sollte die Brühe ein- bis viermal pro Tag erneuern - man gießt die Hälfte weg und setzt dann knapp 1,5 Liter Wasser und eine weitere Tasse Zucker zu. Hefe muß nicht neu zugesetzt werden, die Anfangsmenge reicht aus, da sich die Hefepilze vermehren. Das ist wie bei einer Startmischung für Sauerteig, lassen Sie sie also nicht absterben! So lange die Hefepilze aktiv sind, kann die Mischung immer wieder zur CO_2-Produktion eingesetzt werden. Wer sich wirklich in die Sache reinknien will, kann mit mehreren Eimern arbeiten und sie abwechselnd auffrischen - sofern ihn nicht irgendwann der Gestank in die Flucht schlägt!

CO_2-Generatoren

Gewerbliche Gärtnereibetriebe erzeugen Kohlendioxid mit großen CO_2-Generatoren. Diese Feuerlufterhitzer mit offener Brennkammer werden mit Propan, Butan oder Erdgas betrieben. Der Sauerstoff der Luft verbrennt; als Nebenprodukte fallen Hitze, Wasser und CO_2 an. Die CO_2-reiche Luft wird zwischen die Pflanzen geleitet. Pro Kilo verbrannten Brennstoff werden 3 Kilo CO_2, 1,5 Kilo Wasser und über 50000 Kilojoule Wärme erzeugt. In kleinen Räumen kann man auch Äthyl- oder Methylakohol in einer Petroleumlampe verbrennen. In einem 3 x 3 m großen Raum würden dann 100 g Brennstoff in 24 Stunden etwa 2300 ppm CO_2 liefern.

Aufgrund ihrer Wärmeentwicklung sind CO_2-Generatoren in heißen Sommern nicht zu verwenden. Die in Treibhäusern benutzten Geräte sind zu groß für unser Hobbygärtchen; einige Hersteller liefern allerdings auch Generatoren kleineren Zuschnitts, die ähnlich wie die großen arbeiten. Diese Kleingeräte sind für Räume mit einer Fläche von 18 bis 36 m^3 gedacht. Sie eignen sich gut für Anbauer mit größeren oder kühlen Räumlichkeiten - sie heizen nämlich ganz schön ein! Wir sagten es schon: pro Kilo Gas fallen 1,5 kg Wasser und mehr als 50000 Kilojoule Wärme an, was sich in kleinen Räumen doch als unpraktisch erweisen könnte.

Die CO_2-Generatoren, die ich bisher zu sehen bekam, arbeiteten nach zwei Grundprinzipien. Da gibt es die unter der Decke hängende Variante mit Durchflußmesser, Zündflamme und Brenner. Sie ist mit einem Sicherheitsventil ausgerüstet und sieht im Grunde wie ein Gasofen mit Zündflamme aus. Sowohl Zünd- wie Brennerflamme befinden sich in einem verschlossenen Gehäuse. Das Gerät kann manuell eingeschaltet oder mit einem Solenoidschalter an die gleiche Zeitschaltuhr angeschlossen werden, an der auch die Lampe hängt. Ein in Bodennähe aufgestellter Schwenkventilator läßt die CO_2-reiche Luft zirkulieren; das Gerät versorgt 18 bis 36 m^2.

Der andere Typ steht auf dem Boden und hat an der Seite vom Brennergehäuse einen Ventilator, der die warme CO_2-reiche Luft zu den Pflanzen hinbläst. Das Gerät ist mit elektronischer Steuerung und Sicherheits-Timer ausgestattet - sollte die Flamme aus irgend einem Grund ausgehen, wird sie elektronisch neu gezündet. Es läßt sich mit einer Zeitschaltuhr koppeln und eignet sich für Räume mit 9 bis 18 m^2.

Bemerkung In geringen Mengen wird CO_2 auch vom Menschen gebraucht. Enthält die Luft mehr als 0,4 % (4000 ppm), kann das Einatmen über einen längeren Zeitraum gefährlich sein. Der CO_2-Gehalt läßt sich mit dem geeigneten Meßsystem kontrollieren. In hoher Konzentration ist dieses Gas nicht nur für Menschen schädlich, sondern auch Pflanzen können mehr als 0,2 % (2000 ppm) nicht mehr verarbeiten.
Schon eine relativ kleine Flamme verändert den CO_2-Gehalt im Anbau-Raum. Ein Absaugventilator hilft vermeiden, daß die Konzentration zu hoch ansteigt. Undichte Stellen finden Sie, indem Sie eine Lösung aus 50 % Wasser und 50 % Spülmittel (Flüssigseife) auf die Zuleitungen auftragen. Erscheinen Blasen, dann entweicht Gas. Nie mit einem lecken Brennersystem arbeiten!

Das Gas gibt es im Fachhandel oder an Tankstellen, die Kanister sind unauffällig und leicht zu transportieren.
Propanbehälter kann man sich ebenfalls beim Fachhandel besorgen, sie sind unauffällig und leicht zu füllen - im Gegensatz zu den schweren, klobigen Flaschen mit komprimiertem CO_2, auf die wir gleich noch kommen werden.
Neue Propangasflaschen sind heute zwecks Rostschutz oft mit einem inerten Gas gefüllt. Lassen Sie es heraus, bevor Sie die Flasche zum ersten Mal füllen. Dieses inerte Gas verträgt sich nicht gut mit Propan, und es brennt auch nicht.
Nie zuviel einfüllen! Das Gas verändert bei Temperaturwechsel sein Volumen.
Ich denke, auf lange Sicht ist es wohl am praktischsten und am preisgünstigsten, sich einen CO_2-Generator zu kaufen, und zwar bei einem zuverlässigen Händler, der ein gutes Fabrikat führt. Es gibt auch Leute, die sich sowas selbst bauen. Man muß hierzu einen Heizbrenner auftreiben, der sauber verbrennt und einen Knopf hat, mit dem sich die Flamme regulieren läßt. Propan und Erdgas verbrennen mit blauer Flamme. Bei gelber Flamme entweicht zuviel unverbranntes Gas, es wird mehr Sauerstoff gebraucht, damit das Gas restlos verbrennen kann. Gute Ausgangsgeräte für ein Eigenbaumodell sind Propan-Heizgeräte, -Öfen oder -Lampen. Richten Sie sich nach dem untenstehenden

Musterbeispiel, um herauszufinden, welche CO_2-Menge bei der jeweiligen Raumgröße benötigt wird. Man berechnet zuerst die Raumgröße und bestimmt dann die Gasmenge, die verbrannt werden muß, um den gewünschten CO_2-Gehalt zu erzeugen - hierzu wird das Raumvolumen durch den optimalen CO_2-Level dividiert.

Beispiel:
Raumvolumen = Länge x Breite x Höhe
Raumvolumen = 10 x 10 x 8 Fuß (= ca. 3 x 3 x 2,4 m)
Raumvolumen = 800 Kubikfuß (= ca. 22 m^3)
Gewünschter CO_2-Gehalt = 0,0015 %
0,0015 x 800 Kubikfuß = 1,2 Kubikfuß

Es werden also 1,2 Kubikfuß (= 0,03 m^3) CO_2 benötigt, um den Raum zu versorgen.
Jedes Pfund (453 g) Brennstoff - Kerosin, Propan oder Erdgas - erzeugt rund 3 Pfund CO_2. Man braucht also ein Drittelpfund Gas, um 1 Pfund CO_2 zu erzeugen. Ein Pfund CO_2 hat eine Verdrängung von 8,7 Kubikfuß.
Die Menge des benötigten CO_2 geteilt durch 8,7 mal 0,33 ergibt die benötigte Brennstoffmenge in Pfund.
1,2 : 8,7 x 0,33 = 0,045 Pfund Brennstoff = rund 20 Gramm.
Die benötigte Brennstoffmenge für ein Raumvolumen von rund 22 Kubikmeter beträgt demnach rund 20 Gramm.
Um die verbrauchte Gasmenge festzustellen, wiegen Sie einfach die Gasflasche vorm Einschalten, lassen Sie den Brenner eine Stunde lang laufen, und wiegen die Flasche erneut. Die Differenz ist die verbrauchte Menge.
Es ist leichter, auf diese Art die Menge des erzeugten CO_2 zu messen, als den CO_2-Gehalt der Raumluft. Den Gehalt der Luft zu messen, ist unter amerikanischen Anbauern noch nicht sehr verbreitet, da es bisher kaum erschwingliche Meßgeräte gibt. Das billigste Gerät kostet umgerechnet rund 350 DM und für jede Messung benötigt man ein mit Chemikalien gefülltes Glasröhrchen, das mit rund 6 Mark zu Buche schlägt. Zu beziehen sind diese Gerätschaften bei der Firma National Dragger Inc, PO Box 120, Pittsburgh, PA 15275, USA. Es arbeiten diverse Leute an der Entwicklung preiswerterer Meßgeräte, die wohl auch irgendwann auf den Markt kommen werden.
Präzise Angaben über die Ventilation sind bei CO_2-Generatoren schwer zu machen. Da es schwierig ist, den genauen CO_2-Gehalt zu bestimmen, läßt sich nur schwerlich sagen, wie belüftet werden muß. Ein erfahrener Anbauer,

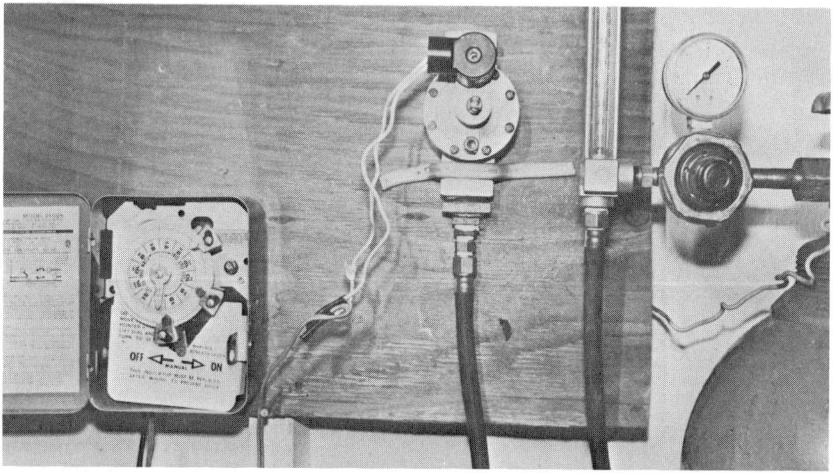

Zeitschaltuhr, Solenoidventil, Regulator, Durchflußmesser und Flasche mit komprimiertem CO_2-Gas

den ich kenne, behauptet, er könne den CO_2-Gehalt in der Luft spüren. Am sichersten wäre es natürlich, den genauen CO_2-Gehalt der Luft zu messen, aber das ist für die meisten Leute zu teuer. Um einen Raum zu belüften, in dem ein CO_2-Generator eingesetzt wird, koppeln Sie einen Absaugventilator mit Feuchtigkeitsregler und Thermostat. Stellen Sie den Feuchtigkeitsregler auf 50 % relative Luftfeuchtigkeit und den Thermostat auf 32° C. Das wird den CO_2-Gehalt so regulieren, daß er auf optimalem Level bleibt. Falls der Ventilator die ganze Zeit über laufen sollte, stimmt etwas nicht! Er sollte höchstens einmal in der Stunde anlaufen, um den CO_2-Gehalt auf optimalem Level einzupendeln.

Die Generatoren sind für größere Räume gedacht, wo die Wärmeentwicklung kein großes Problem darstellt. Für kleinere Räume eignet sich am besten komprimiertes CO_2-Gas in Flaschen. Das CO_2 wird direkt aus der Gasflasche in den Raum abgegeben, dabei entsteht keinerlei Wärme, und die abgegebene Menge läßt sich genau messen. Allerdings ist bei CO_2-Flaschen irgendwann die Rentabilitätsgrenze erreicht. Denn bei über 30 m^2 Fläche kann sich die von Generatoren erzeugte Wärme gut verteilen und die Geräte produzieren eine dem Raumvolumen angemessene CO_2-Menge; bei größeren Räumlichkeiten sind Generatoren gewiß die preiswertere Alternative. Allerdings können sich manche Leute nicht mit dem Gedanken anfreunden, daß irgendwo im Haus unbeaufsichtigt eine Flamme brennt. Mit dem CO_2-Brenner sollten Sie nur dann arbeiten, wenn Sie ein sicheres Gefühl bei der Sache haben!

Begasung mit reinem CO_2-Gas

CO_2 in komprimierter Form ist eine sichere Sache, es ist vielseitig verwendbar und leicht zu kontrollieren. In Verbindung mit Hochdrucklampen ist CO_2-Gas aus Druckgasbehältern eine wunderbare Sache.
Die Flasche mit CO_2-Gas ist bei diesem Begasungssystem mit Zeitschaltuhr, Solenoidventil, Regulator und Durchflußmesser gekoppelt.
Das Gas fließt aus der Flasche in den Durchflußmesser. Das Solenoidventil öffnet sich und läßt das Gas in den Raum. Die meisten Durchflußmesser geben pro Stunde 10 bis 50 Kubikfuß (0,3 bis 1,5 m^3) CO_2 ab. Wird der Regulator auf 10 Kubikfuß eingestellt und bleibt eine halbe Stunde lang geöffnet, werden in dieser halben Stunde 5 Kubikfuß (0,15 m^3) Gas abgegeben. Um in einem Raum von 3 x 3 x 2,4 m (= ca. 22 m^3) eine Konzentration von 1500 ppm zu erzeugen, werden 1,2 Kubikfuß (= 0,03 m^3) CO_2 benötigt. Die genaue Menge des in den Raum abgegebenen Gases läßt sich über Durchflußrate und Zeit regeln.

Beispiel:
Benötigte CO_2-Menge geteilt durch Durchflußrate = Zeit
1,2 geteilt durch Durchflußrate = Zeit
1,2 : 10 = 0,12 Std.
0,12 Std. x 60 Minuten = 7,2 Minuten

Wenn der Durchflußmesser auf 10 Kubikfuß (= ca. 0,3 m^3) pro Stunde eingestellt ist, muß der Timer 7,2 Minuten lang das Ventil öffnen, um die optimale CO_2-Konzentration von 1500 ppm zu erhalten.
Man benötigt hierzu eine spezielle Zeitschaltuhr für kurze Zeitperioden, weil die normale 24-Stunden-Zeitschaltuhr bei Kurzperioden (unter 1 Std.) nicht präzise arbeitet. Ist die Kurzzeituhr so eingestellt, daß alle paar Stunden 7,2 Minuten lang begast wird, steigt der CO_2-Gehalt im Raum bis zur optimalen Konzentration und fällt dann wieder ab, bis der nächste CO_2-Stoß verabreicht wird. Besser wäre, die 7,2 Minuten in kürzere Intervalle zu unterteilen, damit im Raum eine gleichmäßige CO_2- Konzentration herrscht.
Zehn Minuten vor der Begasung mit der CO_2-Flasche sollte man den Raum gründlich lüften. Immer darauf achten, daß während der Begasung der Ab-

saugventilator abgeschaltet bleibt. Einschalten sollte man ihn frühestens eine Stunde nach Begasung.

Der Geruch des Skunk

Mit einem guten Absaugventilator, der die Abluft ins Freie befördert, läßt sich am besten vermeiden, daß es im ganzen Haus nach frischem Marihuana riecht. Wenn der Geruch penetrant und adäquate Belüftung schwierig ist, kann ein Ionisator helfen. Er erzeugt negative Ionen - diese verteilen sich in der Raumluft, heften sich an die schwebenden Partikel (Sporen, Schmutzteilchen u.a.) und neutralisieren sie.
Von Anbauern wird das Gerät vor allem zur Neutralisierung des starken Duftes verwendet, den die reifenden Pflanzen verströmen, doch es reinigt die Luft generell von Schmutzpartikeln, was zur Gesundheit der Pflanzen beiträgt. So ein Gerät braucht nicht viel Strom, es kostet ca. 500 bis 600 DM. Überprüfen Sie alle paar Tage den Filter!
Ein Anbauer war von der Idee mit dem Ionisator so begeistert, daß er gleich fünf Geräte in einem Raum aufstellte, in dem fünf Hochdrucklampen hingen. Sie funktionierten so perfekt, daß sein Marihuana überhaupt keinen Geruch mehr hatte, selbst nach der Ernte nicht! Wenn der Duft der Ernte zum Problem wird, leiten sie die Abluft ggf. in den Kamin, den Speicher oder einen anderen abgelegenen Raum und stellen dort den Ionisator auf. Auf diese Weise behält das Marihuana sein würziges Bouquet!
Die Leistung von Absaugventilatoren wird nach dem Durchsatz der Luft (m^3/h) bemessen, den sie bewältigen.

Verwenden Sie einen Absaugventilator, der das Luftvolumen des Anbau-Raums innerhalb von fünf Minuten (oder weniger) auszutauschen vermag.

▸ Einbau des Ventilators

1 Berechnen Sie das Raumvolumen: Bei einem Raum von 3 m Länge, 3 m Breite und 2,4 m Höhe beträgt es beispielsweise 21,6 m^3 (Länge x Breite x Höhe).

2 Suchen Sie einen Ventilator aus, der die ganze Luft im Raum binnen 5 Minuten absaugen kann. Kaufen Sie ein Gerät, das sich leicht an der Wand

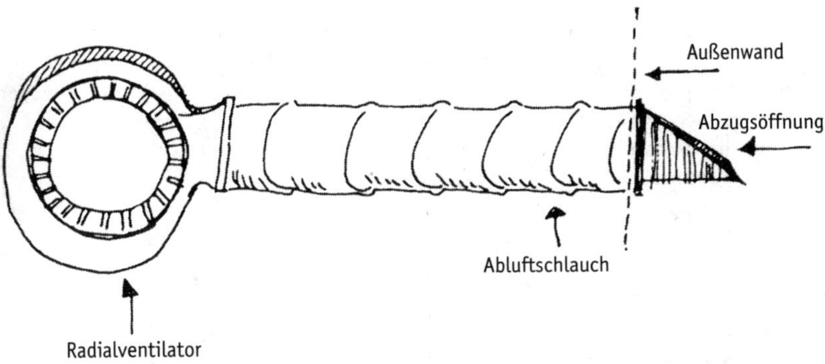

installieren bzw. am 4-Zoll-Abluftschlauch anschließen läßt; bei einem 4-Zoll-Schlauch ist ein leistungsstarker Highspeed-Radialventilator zu empfehlen. (Bei Räumen mit 2 bis 3 Lampen nehme ich gern 8-Zoll-Ventilatoren.)

3 Den Ventilator hoch oben an der Wand bzw. in Deckennähe montieren, damit er die aufsteigende feuchte Warmluft absaugt.

4 Wenn möglich, die Außenwand durchbrechen und den Ventilator direkt an der Wandöffnung anbringen. Keine Sorge wegen dem Loch - das können Sie rings um die Ventilatoröffnung wieder zugipsen.

5 Man kann den Ventilator auch an einem Schiebefenster installieren: Eine Sperrholzplatte (1 cm stark) so zuschneiden, daß sie das Fenster ringsum abdeckt. Die Fensterscheiben mit lichtundurchlässiger schwarzer Farbe streichen. Den Ventilator in die Sperrholzplatte einbauen. Holzplatte samt Ventilator an Fensterrahmen oder Wand befestigen.

6 Um zu verhindern, daß Licht nach draußen dringt, verwenden Sie einen Abluftschlauch (4 Zoll). Die Schlauchöffnung nach draußen legen und am anderen Ende einen Radialventilator anschließen. Achten Sie darauf, daß die Rohrschelle gut festsitzt.

7 Eine weitere Variante besteht darin, die Abluft in den Kamin oder hinaus auf den Speicher zu leiten, wo keiner sich am Geruch stört oder das Licht

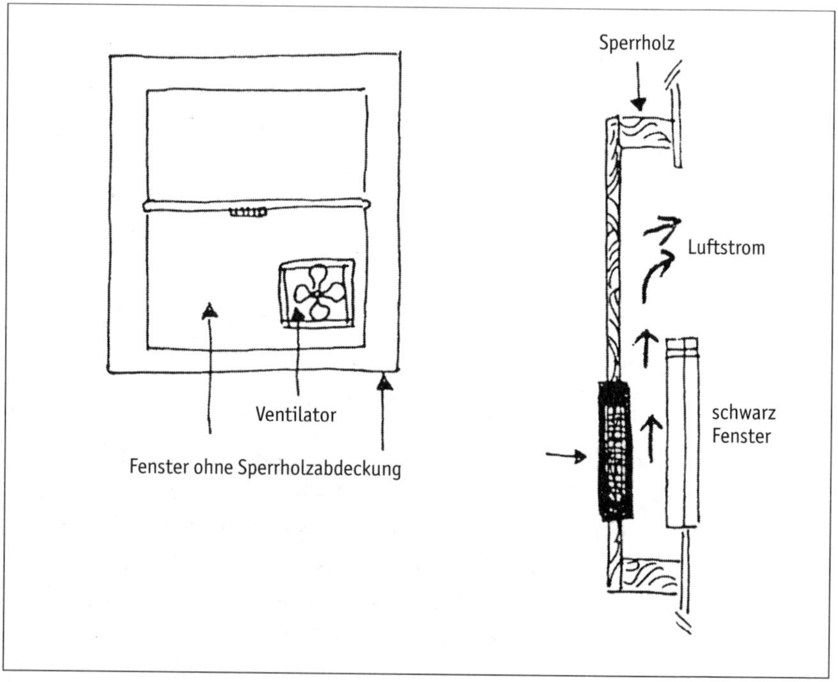

sieht. Im Kamin zuerst die Rußablagerungen entfernen: Eine Kette an einem Seil befestigen, hinablassen und solange im Kamin hin- und herschwenken, bis die Ablagerungen hinabfallen - am Boden wird sich eine Tür befinden, hier können Sie den Dreck entfernen. Und hier wird auch die Abluft eingeleitet.

8 Den Ventilator ggf. mit Feuchtigkeitsregler und Thermostat koppeln, damit immer dann Abluft hinausbefördert wird, wenn es nötig ist. Schlagen Sie ein paar Seiten zurück: Im Abschnitt Luftfeuchtigkeit finden Sie eine Schaltskizze. Bei der Arbeit an Elektrogeräten immer den Stecker rausziehen!

9 Sie können den Ventilator natürlich auch mit der Zeitschaltuhr koppeln und ihn immer eine bestimmte Zeit lang laufen lassen. Dies macht man im allgemeinen bei CO_2-Begasung. Vor jeder Begasung schaltet sich der Ventilator ein und befördert die abgestandene Luft aus dem Raum.

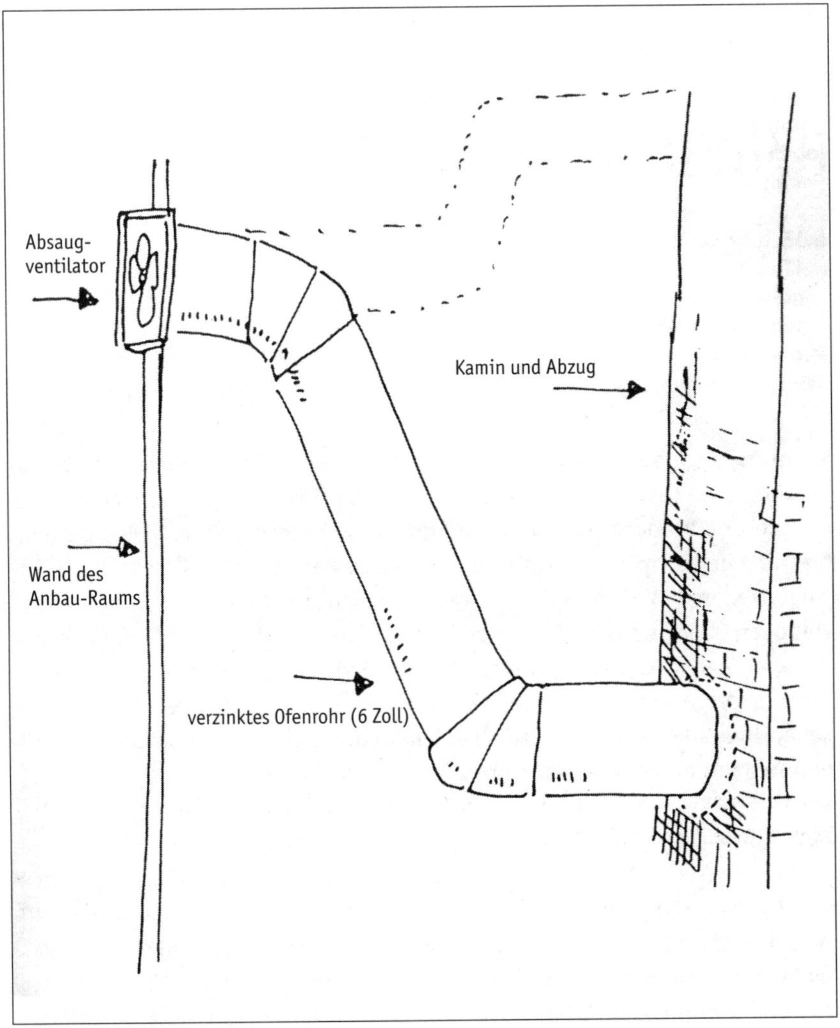
Absaug-
ventilator
Kamin und Abzug
Wand des
Anbau-Raums
verzinktes Ofenrohr (6 Zoll)

7. KAPITEL

Schädlinge und Pilzkrankheiten

Sie müssen immer damit rechnen, daß Insekten in Ihrer Heimplantage auftauchen, sich sattfressen, vermehren und pudelwohl fühlen. In freier Natur fleucht und kreucht es überall, und im Haus wird Ungeziefer sich stets dort breitmachen, wo Sie es (als Mutter Natur) zulassen. Zudem ist die Luft nie frei von Pilzsporen - sie können ohne weiteres von draußen in Ihren Anbau-Raum gelangen oder durch eine befallene Pflanze eingeschleppt werden. Bei günstigen klimatischen Bedingungen werden sich die Sporen niederlassen und keimen. Gegen Insekten- wie Pilzbefall kann man vorbeugen, haben sich Schädlinge aber mal eingenistet, muß man unter Umständen zu harten Maßnahmen greifen, um sie auszumerzen.

Vorbeugung

Sauberkeit ist das A und O, wenn man sich vor Insekten und Pilzbefall schützen will. Der Anbau-Raum sollte ringsum abgeschlossen sein, damit sich die Vorgänge im Innern genau überwachen lassen. Halten Sie immer den Boden sauber und achten Sie darauf, daß keine abgestorbenen Pflanzenteile in den Töpfen herumliegen. Im Haus keinen Mulch verwenden - die Schädlinge lieben schmutzige Eckchen, feuchtes altes Laub und Mulch, denn dort können sie sich wunderbar einnisten. Es besteht auch die Gefahr, daß Sie mit Ihren Werkzeugen mikroskopisch kleine Schädlinge in den Raum einschleppen, die für die Pflanzen fatal sein können. Das bedeutet zwar nicht, daß Sie und Ihre Werkzeuge jedesmal beim Betreten klinisch rein sein sollten - obwohl das gewiß kein Nachteil wäre -, doch sollte man im üblichen Rahmen vorbeugen: Stets nur mit sauberer Kleidung und sauberem Werkzeug

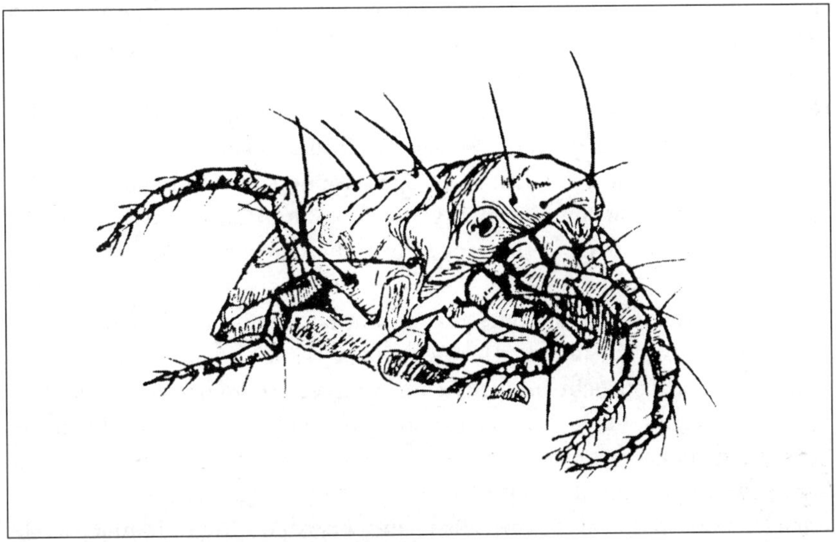

So sieht eine Spinnmilbe aus der Nähe aus! Igitt!

arbeiten! Im Anbau-Raum sollten Sie ein Werkzeugsortiment haben, das sie nur dort verwenden. Wenn Sie an einer kranken Pflanze gearbeitet haben, desinfizieren Sie Ihr Werkzeug, indem Sie es in Franzbranntwein tauchen oder mit Wasser und Seife abwaschen - so vermeiden Sie eine Übertragung.
Persönliche Sauberkeit ist sehr wichtig - wenn Sie sich um eine kranke Pflanze gekümmert haben, waschen Sie die Hände, bevor Sie sich den gesunden zuwenden. Machen Sie keinen Spaziergang durch den Freilandgarten und gehen dann in den Anbau-Raum, sondern machen Sie es umgekehrt. Überlegen Sie kurz, ehe Sie den Raum betreten: Lief ich nicht gerade draußen über von Rostpilz befallenen Rasen und habe den Hund gestreichelt? Habe ich nicht gerade im Wohnzimmer den von Spinnmilben befallenen Philodendron angefaßt?
Wenn Sie eine Ernte in Topferde oder erdlosen Substraten gezogen haben, sollten Sie das Pflanzmedium anschließend beseitigen. Manche Anbauer benutzen immer wieder die gleiche alte Topferde mit guten Resultaten; sie füllen den Boden der Töpfe mit Holzkohle, um überschüssige Salze zu absorbieren und den Boden säurefrei zu halten. Nun, gebrauchte Topferde ist wunderbare Gartenerde fürs Freiland - aber bei Verwendung im Innenraum kann sie schädliche Insekten und Pilze enthalten, die mittlerweile gegen Sprays

immun geworden sind. Es mag zwar ein paar Mark kosten, beim Anpflanzen jedesmal mit frischer Topferde zu beginnen, aber auf diese Weise wird Ihnen so manches Problem erspart bleiben!

Gebrauchte Topferde hat vor allem viel von ihrer Lockerheit verloren, ihr festes Gefüge wird sich negativ auswirken. Die Wurzeln können es weniger gut penetrieren und nicht mehr atmen, da es wenig Sauerstoff speichert. Die wertvollen Kern- und Sekundärnährstoffe (N, P, K und Ca, Mg) sind erschöpft, ebenso die Spurenelemente. Und eine Pflanze, die keinen guten Start bekommt, ist anfällig für Krankheiten.

Man kann Insekten fernhalten, indem man bestimmte Zweitpflanzen einsetzt. Viele Insekten (außer Thripsen) hassen Knoblauch! Da Knoblauch wenig Platz beansprucht und leicht umzutopfen ist, eignet er sich hervorragend als Begleitpflanze beim Marihuana-Anbau in Innenräumen. Wenn Sie Samen säen oder umtopfen, pflanzen Sie einfach ein paar Knoblauchzehen dazu (etwa 1 cm tief). Binnen einer Woche werden sie sprießen, und nun wachsen sie heran und vertreiben die Insekten. Die schlanke Knoblauchpflanze wirft kaum Schatten und hat kompakte Wurzeln. Beim Umtopfen setzen Sie sie einfach mit um; sie ist sehr widerstandsfähig und reagiert weniger sensibel aufs Umpflanzen als Marihuana. Gewöhnlich reift Marihuana früher als Knoblauch, nach der Marihuana-Ernte kann man ihn dann zu einer anderen jungen Cannabispflanze setzen. Ich empfehle, den Knoblauch vorm Umtopfen kurz in eine Insektizid/Fungizidlösung zu tauchen, um die Übertragung von Schädlingen zu vermeiden.

Ringelblumen halten ebenfalls Insekten fern, allerdings nicht so gut wie Knoblauch. Freilich sind sie hübscher, müssen aber blühen, wenn sie als Insektenschutz wirken sollen. Außerdem nehmen sie allerhand Platz weg.

Pflanzen Sie Marihuana-Sorten an, die resistent gegen Insekten- und Pilzbefall sind. *Viele Marihuana-Anbauer haben festgestellt, daß diverse Arten von Cannabis Indica zwar sehr resistent gegen Insekten, manche jedoch weniger resistent gegen Pilzbefall sind. Bei der Auswahl Ihrer Mutterpflanzen sollten Sie durch Vergleiche regelmäßig überprüfen, welche Pflanzen am resistentesten sind. Es ist sehr erstaunlich zu beobachten, wie manche Pflanzen erkranken und andere in unmittelbarer Nähe überhaupt keine Symptome zeigen.* Sorgen Sie dafür, daß die Pflanzen immer gesund sind und rasch wachsen. *Krankheitskeime werden zu allererst die kränkelnden Pflanzen befallen. Kräftige Pflanzen wachsen oft viel zu rasch heran, bevor ihnen Insekten oder Pilzbefall etwas anhaben können. Und bei einer kerngesunden Pflanze werden ein paar Insekten oder geringer Pilzbefall*

Bei rasch heranwachsenden Pflanzen gibt es selten Probleme mit Insekten

keinen gravierenden Schaden anrichten.

Machen Sie den Insekten das Leben sauer, indem Sie für gute Luftzirkulation sorgen. Die Tierchen hassen das, denn bei Wind können sie nicht gut fliegen oder verlieren den Halt an der Pflanze. Und Schimmelsporen werden ebenfalls keine Chance haben, am Boden zu landen - und sich ohnehin kaum entwickeln können, wenn die Zirkulation dafür sorgt, daß Boden, Blätter und Stengel trocken sind.

Ventilation verändert rasch die Luftfeuchtigkeit im Raum. Eine narrensichere Methode, die Luftfeuchtigkeit zu regeln, besteht darin, den Absaugventilator mit einem Feuchtigkeitsregler zu koppeln. Es gab mal einen Anbauer, der hatte Riesenprobleme mit Schimmel - die Luftfeuchtigkeit in seinem Anbau-Raum betrug fast 100 %! Wenn der reinkam, beschlug sofort seine Brille. In der Tat war es so feucht, daß sogar aus den Stengeln Wurzeln sprossen! Nun, der Mann installierte einen Absaugventilator, der die stickig feuchte Luft nach draußen beförderte, und war bald darauf seinen Schimmel los!

Ein Gärtner, der im Haus anbaut, sollte also vorbeugende Maßnahmen treffen. Es ist leichter, Krankheiten vorzubeugen, als kranke Pflanzen zu kurieren. Wenn sich Insekten und Pilzkrankheiten ungehindert ausbreiten, können sie binnen weniger Wochen die ganze Pflanzung ruinieren.

Gegenmaßnahmen

Selbst nach entsprechender Vorbeugung können sich mitunter Schädlinge einnisten. Zuerst werden sie sich über eine empfindliche, geschwächte Pflanze hermachen, sich von dort ausbreiten und eine Pflanze nach der anderen befallen, bis sie über den ganzen Garten verteilt sind. So etwas kann innerhalb von Tagen passieren. Die Insekten legen Tausende von Eiern, aus denen sich binnen weniger Wochen ausgewachsene Nachfolger entwickeln. Nehen wir mal an, Sie haben keine Vorbeugemaßnahmen getroffen, und nicht regelmäßig jede Pflanze aus der Nähe inspiziert, und nun haben 100 mikroskopisch kleine Krabbeltierchen jeweils 1000 Eier gelegt, aus denen zwei Wochen später ebenfalls kleine Krabbeltierchen geworden sind. Nach einem Monat wimmeln Millionen Insekten in Ihrem Garten und fressen sich satt!
Sprays wirken zwar auch bei ausgewachsenen Insekten (aber längst nicht bei allen), am besten sollte man sie jedoch nach dem Schlüpfen anwenden, weil die Jungen am schwächsten sind. Ölspray für den Gartengebrauch kann man entweder als alleiniges Spritzmittel oder zusätzlich zur Vernichtung der Larven einsetzen.
Mitunter sind Insektensprays nicht zu jeder Jahreszeit im Handel. Im Winter macht in manchen Supermärkten die Gartenabteilung den Winter über dicht oder verkleinert ihr Angebot. Sie könnten unter Umständen Mißtrauen erregen, wenn Sie mitten im Winter Insektengift für Ihren Gemüsegarten kaufen wollen!
Die hier empfohlenen Produkte haben sich in der Praxis als wirksam erwiesen. Das heißt nicht, daß sie die besten oder gar einzigen wären, die es gibt. Welches Präparat Sie auch erwerben: Lesen immer zuerst genau die Gebrauchsanweisung!

▸ Schädlingsbekämpfung

Bei der Schädlingsbekämpfung haben Sie man mehrere Optionen - wobei Vorbeugung und Hygiene an erster Stelle stehen. Aus der untenstehenden Liste ist zu ersehen, wie sich die Ausbreitung von Schädlingen vermeiden läßt: es beginnt mit der Reinlichkeit im Anbau-Raum.

Gehen Sie bei der Schädlingsbekämpfung stets in logischer Reihenfolge vor.

Logische Folge der Schädlingsbekämpfung

1. *Vorbeugung*
    - **a.** Sauberkeit
    - **b.** frische Topferde benutzen
    - **c.** eigenes und nur im Anbau-Raum verwendetes Werkzeug
    - **d.** krankheitsresistente Pflanzen
    - **e.** gesunde Pflanzen
    - **f.** Zweitpflanze einsetzen
    - **g.** Klimaüberwachung
    - **h.** keine Haustiere im Raum
2. *Manuell entfernen*
    - **a.** mit den Fingern
    - **b.** mit Schwämmchen
3. *Biologische Spritzmittel*
4. *Natürliche Feinde (Nützlinge)*
5. *Chemikalien*

Manuell entfernen ist ganz wörtlich zu nehmen: Jedes Insekt, das man entdeckt, wird zwischen Daumen und Zeigefinger (oder zwei Schwämmchen) zerquetscht. Man sollte dabei Handschuhe tragen, sonst wird die Sache zu eklig.

Wenn es gar nicht anders geht und man mit Sprays arbeiten muß, sollte man zunächst auf starke Chemikalien verzichten - die sind nur der allerletzte Ausweg. Das wachsende Umweltbewußtsein hat dazu geführt, daß mittlerweile etliche Sprays auf natürlicher Basis entwickelt worden sind; sie bieten Vorzüge, wie man sie bei den aggressiven chemischen Giften nicht kannte. Wie bei jedem Spray scheint sich auch bei Anwendung natürlicher Präparate das Wachstum der Pflanzen etwas zu verlangsamen. Die versprühte Substanz haftet eine Zeit lang auf den Blättern, was zu verklebten Stomata führt - bis sich die Substanz dann verflüchtigt oder abgewaschen wird. Je stärker die Wirkung des Sprays, desto mehr belastet es die Pflanze. Man sollte so selten wie möglich sprühen, und in den letzten beiden Wochen vor der Ernte grundsätzlich gar nicht. Lesen Sie nach, was unter *Spritzen und Sprühen* am Ende dieses Kapitels steht. Bei jedem Spray vor Gebrauch unbedingt die Gebrauchsanweisung studieren!

Benutzen Sie grundsätzlich nur solche Kontaktgifte, die für Nahrungspflanzen verwendet werden dürfen. Sprays niemals bei jungen Sämlingen oder

Stecklingen verwenden, da sie bei den zarten Pflänzchen zu Verbrennungen führen können.

Bazillus thuringiensis (Bt)

Der Bazillus thuringiensis, kurz Bt genannt, wird zur Bekämpfung von Raupen eingesetzt. Er wird von den Raupen mit der Nahrung aufgenommen und führt zu einer Lähmung des Verdauungstrakts. Bt wirkt z.B. bei den Larven von Kohlweißling, Kohlmotte, Traubenwickler, Eulenfalter, Apfel- und Pflaumengespinstmotte, Schwärmer und Frostspanner, auch bei manchen Nematoden. Im Handel ist Bt in Form von Sporen oder als Flüssigpräparat (Dipel, Biotrol, Thuricide).
Bt/H-14, unter dem Markennamen Vectobac und Gnatrol im Handel, wirkt gegen gefräßige Erdnematoden, die mit bloßem Auge schwer zu erkennen sind. Die befallenen Pflanzen verlieren ihre Wuchsfreudigkeit und bekommen Wurzelfäule.
Alle Arten von Bazillus thuringiensis sind für Menschen, Tiere und Pflanzen unschädlich.

Diatomeenerde

Diatomeenerde, auch Kieselgur oder Bergmehl genannt, ist ein vor allem aus Siliciumdioxid bestehendes Süßwassersediment, das im Tertiär aus den Kieselsäuregerüsten der Infusorien (Aufgußtierchen) und Diatomeen (Kieselalgen) entstanden ist. Die Ablagerungen, die -zig Meter dicke Schichten bilden, werden abgebaut, pulverisiert und kommen als ungiftiges benetzbares Puder in den Handel, das bei den meisten Schädlingen ohne harten Chitinpanzer (bei Blattläusen und Spinnmilben) sowie bei Schnecken tödlich wirkt - allerdings auch bei einigen Nützlingen. Die scharfkantigen Partikel der Diatomeenerde (die übrigens 14 Spurenelemente in löslicher Form enthält) werden von den Insekten mit der Nahrung aufgenommen und zerstören dann von innen her den Körper. Menschen und Tiere - z.B. Regenwürmer oder Vögel - sind dagegen weitgehend unempfindlich. Wenn Sie mit diesem staubfeinen Pulver hantieren, sollten Sie in jedem Fall eine Schutzmaske tragen, um Reizungen der Atemwege zu vermeiden.
Um zu verhindern, daß Schnecken an die Pflanzen herankommen, legt man einen 5 cm breiten und 5 mm hohen Streifen Diatomeenerde um die Pflanzen. Wenn Sie 1 Teil Diatomeenerde auf 3 bis 5 Teile Wasser mischen und ein paar Tropfen biologisch abbaubare Seife zugeben, erhalten Sie eine Spritz-

brühe, die Sie direkt auf die befallenen Stellen sprühen können. Auch das Bestäuben mit dem Pulver ist sehr wirksam. Benutzen Sie eine Ketchupflasche oder ein professionelles Stäubegerät, um Diatomeenerde auf die Unterseite der Blätter zu bringen. Der Staub bleibt an den feuchten Blättern haften, bis er durch Regen oder Sprühbewässerung abgewaschen wird. Damit Diatomeenerde ihre Wirkung entfalten kann, sollten Sie 48 Stunden nach der Anwendung nicht wässern oder gießen.

Vorsicht: Niemals Diatomeenerde verwenden, die bei Schwimmbadfiltern verwendet wird! Diese ist chemisch behandelt; das Produkt enthält eine kristalline Form der Kieselerde, die beim Einatmen zu Gesundheitsschäden führt.

Hausgemachte Spritzbrühen

Es gibt zahlreiche Spritzmittel, die man selbst herstellen kann und die vorzüglich als Insektengift wirken. Das Wirkungsprinzip dieser hausgemachten Sprays beruht zumeist auf ihrem scharfen beißenden Geschmack oder üblen Geruch. Normalerweise werden hierzu Pflanzen, die natürliche Insektenabwehrstoffe enthalten, mit etwas Wasser in einem Mixer zerkleinert. Das entstandene Konzentrat wird durch einen Nylonstrumpf oder ein feines Tuch geseiht und zur Anwendung mit Wasser verdünnt.

Durch Kochen oder Erhitzen werden die Wirkstoffe normalerweise zerstört. Um sie zu extrahieren, zerkleinern Sie die Pflanze und lassen das Resultat einige Tage lang in einem Mineralöl ziehen. Dieses Öl wird mit Wasser gemischt - damit es emulgiert, muß man ein wenig Seife hinzugeben.

Diesen Spritzmitteln kann jede reine und biologisch abbaubare (Kern-, Schmier-, Flüssig-) Seife als Haftmittel und zur Entspannung des Wassers zugegeben werden. Die Seife löst sich am besten, wenn man pro Liter Wasser einen Teelöffel Alkohol beigibt.

Mit Kamille-Spray läßt sich Mehltau und Umfallkrankheit vorbeugen.

Chrysanthemen, Ringelblumen und die Blüten der Kapuzinerkresse, Schnittlauch und Speisezwiebeln, Chilischoten, Meerettich, Minze und Oregano, Tomaten- und Tabakreste vertreiben oder vernichten viele Insekten und Raupen - zum Beispiel Blattläuse, Milben und Weiße Fliegen. Mit Tabakspray sollten Sie sehr vorsichtig sein (Siehe unter Nikotin- und Tabaksprays). All diese Mixturen können im Mischverhältnis variieren, aber die Soße aus dem Mixer sollten Sie stets durch einen Nylonstrumpf oder Gaze seihen, ehe Sie sie zum Sprühen mit Wasser verdünnen.

Ein gutes hausgemachtes Insektenspray auf pflanzlicher Basis besteht aus 1 Teelöffel Chili- oder Tabasco-Sauce sowie vier Knoblauchzehen auf knapp 1 Liter Wasser. Alles im Mixer zerkleinern, abseihen und in den Zerstäuber füllen.

Ein wirksames Spray gegen winzige Insekten wie Spinnmilben erhalten Sie, wenn Sie eine achtel bis viertel Tasse Löschkalk mit einem Liter Wasser verrühren. Seife zugeben; die Seife wirkt hier sowohl als Haftmittel wie auch als Insektizid. In großen Dosen kann Kalk ätzend sein - das Spray vor dem Anwenden immer erst an einer einzelnen Testpflanze ausprobieren.

Gegen die Raupen des Kohlweislings helfen gehäckselte und in Wasser eingeweichte Tomatenblätter, die man in Wasser ziehen läßt - man versprüht das Wasser.

Oder wie wär's mit einem Spray aus im Mixer zerkleinerten Insekten, in Wasser emulgiert?

In jedes hausgemachte Spray gehören ein paar Tropfen biologisch abbaubares Seifenkonzentrat (einprozentige Lösung: 1 Eßlöffel Seife auf knapp 1 Liter Wasser). Wichtig: Die Seife darf keine Sulfate oder aggressiven Chemikalien enthalten, da es sonst zu nekrotischen Flecken auf den Blättern kommt. In diese Lösung kommt der Saft einer frischgepreßten Knoblauchzehe, Chilipulver, Franzbranntwein oder zerkleinerte Insekten. Die Mixtur kräftig schütteln. Hausgemachte Spritzmittel sind mitunter so effektiv, daß manche Anbauer allein damit arbeiten. Sollte sich nach ein oder zwei Anwendungen keine Wirkung zeigen, versuchen Sie es mit einem stärkeren Mittel wie Safer oder Pyrethrum.

Insektizidseife

Insektizidseifen sind milde, für Mensch und Tier (Bienen!) unschädliche Kontaktgifte und werden aus tierischen oder pflanzlichen Fettsäuren hergestellt. Sie werden gegen Blattläuse, Wolläuse, Spinnmilben, Thripse und Weiße Fliegen eingesetzt und wirken, indem sie die Körpermembranen der Insekten zerstören.

Flüssigseife wie Ivory oder Castille sind biologisch abbaubar und vernichten Insekten in gleicher Weise wie Safer's, sind allerdings nicht so stark. Man gibt ein paar Verschlußkappen voll Ivory oder Castille auf knapp 1 Liter Wasser, und schon hat man ein spritzfertiges Insektenspray! Diese Seifen eignen sich übrigens auch als Netzmittel beim Wässern von frischem Torf, trockener Topferde oder Sämlingen. Die Seife mindert die Oberflächenspannung des

Wassers, dann dringt es besser ein. Ivory und Castille können auch bei allen Sprays als Haftmittel beigegeben werden - Kontaktgifte müssen gut an den Blättern haften! Die Wirksamkeit von Seifensprays hält allerdings nur einen Tag lang an.
Safer Insecticidal Soap ist bei Anbauern sehr beliebt als organisches Allzweck-Insektenspray. Es wird aus Kaliumsalzen der höheren Fettsäuren plus Alkohol hergestellt. Wie es genau wirkt, ist nicht bekannt. Es dringt angeblich in den Insektenkörper ein und lähmt das Nervensystem, blockiert die Atmung und entzieht Körperflüssigkeit. Bei Berührung sind die Schädlinge nach etwa einer Stunde tot.
Die Wirkung von Safer hält nicht lange an. Wenn Sie eine Pflanze um acht Uhr morgens besprühen, wird ein Insekt, das zur Mittagszeit auf ihr landet, keinerlei Wirkung mehr spüren. Das hat seine Vor- und Nachteile. Man kann die Pflanze kurz nach dem Sprühen ernten, aber um die Schädlinge auszumerzen, muß man mehrmals sprühen.
Der Trick bei Safer ist: Man muß in großer Menge sprühen. Tränken Sie Ihren Garten damit. Weil es bei Berührung wirkt (die Insekten sterben an Atemlähmung) muß man eine kräftige Dosis verabreichen, wenn man wirklich Erfolg haben will. Trotzdem die Lösung nie stärker machen als im empfohlenen Verhältnis von 1:40! Man kann Safer alle zwei Tage anwenden.
Ein weiterer Vorteil bei Safer ist, daß Sie dabei keine schädlichen Nebenwirkungen befürchten müssen. Die Fettsäuren, aus denen das Mittel hergestellt wird, sind auch im menschlichen Körper präsent und dienen als Abwehrstoffe gegen Pilzkrankheiten.

Nikotin(sulfat)- und Tabak-Sprays

Nikotin ist ein flüchtiges Insektizid und wird aus Tabak hergestellt. Es ist für fast alle Insekten tödlich - auch für den Menschen, wenn er das Konzentrat schluckt. Nikotinpräparate werden oft als Schwefelverbindung angeboten; eine bekannte Marke ist z.B. das Nikotinsulfat von Black Flag.
Nikotinsulfat ist ein exzellentes Insektizid für alle Pflanzen außer den Nachtschattengewächsen (Aubergine, Tomate, Paprika, Kartoffel). Man kann Nikotinsulfat als Fertigpräparat kaufen - aber auch einfach mit verdünntem Tabaksaft arbeiten. In wässriger Lösung versprüht, vernichtet er Blattläuse und Weiße Fliegen. In schwacher Konzentration ist Nikotinsulfat für den Menschen nicht giftig.

Ölspray

Ölspray ist ein unschädliches, ungiftiges Insektizid, das nicht die Umwelt belastet. Ähnlich wie Mineralöl bei medizinischen Anwendungen, vernichtet der dünne unsichtbare Ölfilm auf den Pflanzen träge und immobile Sauginsekten, indem er sie erstickt. Ölspray wird zur Bekämpfung von Blattläusen, Schildläusen, Spinnmilben und Thripsen eingesetzt.

Der Gebrauch von Ölsprays ist in Gewächshäusern weit verbreitet. Es handelt sich hierbei um ein spezielles Öl für gärtnerische Zwecke, Sie dürfen also keineswegs Maschinenöl oder dergleichen nehmen. Bei diesem Öl für den Gartenbau wurden nahezu alle Bestandteile entfernt, die sich bei Pflanzen schädlich auswirken können; es deckt Insekten samt Brut luftdicht ab und führt zum Erstickungstod. Beim Kauf des Öls darauf achten, daß es sich um ein Produkt für Gartenzwecke handelt, leicht ist und seine Viskosität bei 60-70 liegt. Je leichter das Öl, desto unschädlicher ist es für die Pflanze. Mit Öl arbeite ich eigentlich immer nur während der vegetativen Phase. Auf diese Weise bleibt genug Zeit, daß sich bis zur Ernte alle Rückstände verflüchtigt haben und der Rauch keinen Beigeschmack hat.

Geben Sie zwei Tropfen Öl auf einen Liter Wasser (einprozentige Lösung). Mehr als ein paar Tropfen könnte die zarten frischen Triebe verbrennen und die Stomata verkleben. Die Anwendung gegebenenfalls wiederholen - normalerweise sprüht man dreimal im Abstand von 5 bis 10 Tagen. Beim ersten Sprühen wird es viele Eier und die Mehrzahl der ausgewachsenen Population erwischen. Junge schlüpfen nach 10 Tagen; beim zweiten Sprühen werden der frisch geschlüpfte Nachwuchs und die verbleibenden Alt-Krabbler vernichtet. Die dritte Anwendung rafft dann die letzten Überlebenden hinweg.

Pyrethrum

Dieses extrem starke Gift wird aus den Blüten der Chrysantheme (Chrysanthemum coccioneum und C. cinergrii folium) gewonnen, die in den tropischen Berglandschaften Ekuadors und Kenias kultiviert wird. Als Breitband-Insektizid wirkt Pyrethrum bei den meisten Insekten tödlich - auch bei Nützlingen und Schaben. Als Spray ist es sehr effektiv zur Bekämpfung von Fluginsekten. Erhält das Insekt jedoch nicht die tödliche Dosis, wird es sich unter Umständen wieder erholen. Aus diesem Grund wird Pyrethrum oft mit Rotenon oder Ryana kombiniert. Dieses Breitband-Insektizid sollten Sie nur benutzen, um bestimmte Stellen an stark befallenen Pflanzen zu besprühen. Man kann es in der Spraydose, als Pulver oder Flüssigkeit kaufen. Das Spray ist in der Anwendung sehr bequem, kann aber zu Verbrennungen an den Blättern führen, wenn man näher als 30 cm herangeht. Alle Formen von Pyrethrum verflüchtigen sich innerhalb weniger Stunden.

Pyrethrum als Spray ist relativ neu auf dem Markt. Es ist das beste, was ich kenne, um Spinnmilben und so gut wie alle anderen Insekten (außer Bienen) auszumerzen. Dieses aus natürlichen Stoffen gewonnene Fraß- und Berührungsgift entfaltet zwar eine tödliche Wirkung; sie hält aber, vor allem bei Sonnenlicht, nicht lange an.

Mit der Sprühdose läßt sich sich eigentlich nichts verkehrt machen, wenn man auf den entsprechenden Abstand zur Pflanze achtet. Auch ein unerfahrener Anbauer, der zum erstenmal mit Pyrethrum sprüht, wird erstaunt sein über die Wirkung - sie beruht darauf, daß der feine Sprühnebel sich im ganzen Raum verteilt und sämtliche Schädlinge erwischt, egal wo sie hocken. Immer auf genügend Abstand zur Pflanze achten: Beim Austritt aus der Düse ist der feine Sprühnebel eiskalt und kann hierdurch Schäden an den Blättern verursachen. Lesen Sie genau die Gebrauchsanweisung auf der Dose!

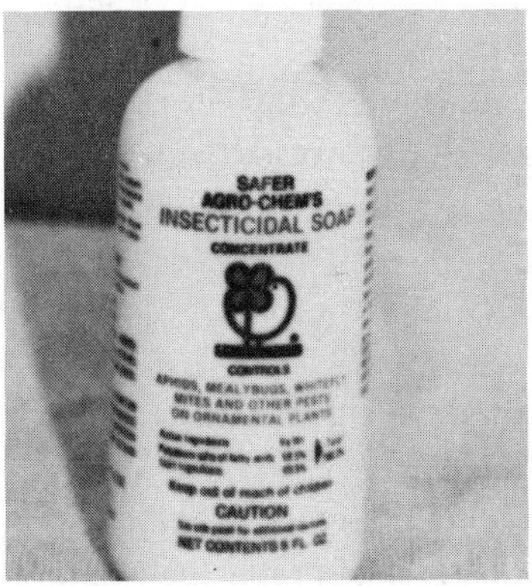

Insektizidseife

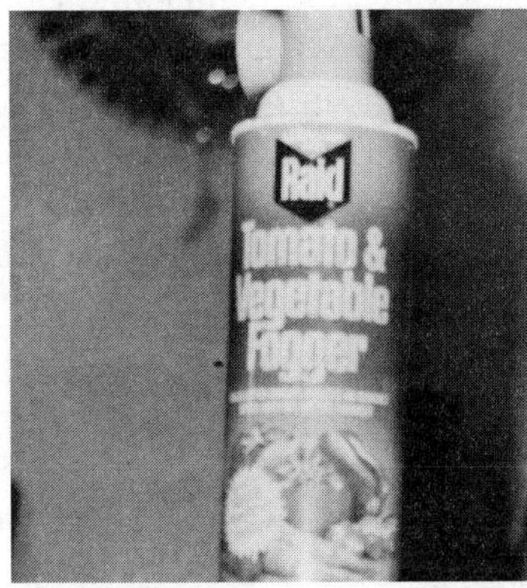

Pyrethrum

Pyrethrum kann auch für den Menschen und andere Warmblütler schädlich sein. Sprühdosen enthalten außerdem das für Menschen giftige Piperonylbutoxid. Sie sollten beim Sprühen eine Schutzmaske tragen, da der feine Sprühnebel leicht eingeatmet wird. Benutzen Sie kein synthetisches Pyrethrum, denn es wirkt giftig auf Bienen - achten Sie beim Kauf darauf, daß die Dose das auf natürlicher Basis gewonnene Pyrethrum enthält.

Schwefel

Schwefel wird schon seit Jahrhunderten zur Bekämpfung von Pilzbefall eingesetzt. Sollte der Gebrauch von Schwefel erforderlich werden, dürfen Sie ihn nur in sehr schwacher Konzentration anwenden. Bei Schwefel kommt es im Nu zu Verbrennungen an den Blättern. Seien Sie vorsichtig.

Fallen

Schwarzlicht kann gegen eierlegende Motten eingesetzt werden. Allerdings erwischt man damit auch Nützlinge, der Einsatz kann also unter Umständen mehr Schaden als Nutzen bringen.
Wenn Sie mit Pheromonfallen arbeiten, stellen Sie sie abseits der Pflanzen auf, um die Schädlinge wegzulocken.
Bei Farbfallen macht man sich die Erkenntnis zunutze, daß Insekten von gewissen Farben angezogen werden. Die rot oder gelb angestrichenen Tafeln sind mit einem Leim-Spray behandelt - lassen sich Insekten darauf nieder, bleiben sie kleben.

Bekämpfung durch Nützlinge

Bei den Nützlingen handelt es sich entweder um winzige Parasiten, die sich an den Schädling heften und diesen allmählich - über einen Zeitraum von mehreren Tagen hinweg - verzehren, oder es sind größere Insekten, die täglich mehrere Schädlinge vertilgen. Je mehr Nützlinge präsent sind, desto rascher werden sie der Schädlingsplage Herr. Die Nützlinge vermehren sich rascher als die Opfer und setzen ihnen in wachsender Überzahl zu. Nützlinge sind die Krieger im nie endenden Kreuzzug für schädlingsfreie Pflanzen!
Wenn Sie sich Nützlinge per Post liefern lassen, schauen Sie regelmäßig im Briefkasten nach - lassen Sie das Päckchen im Sommer nicht bei rund 50° C im Briefkasten schmoren.
Läßt man Nützlinge im Anbau-Raum frei, muß dafür gesorgt sein, daß sich die kleinen Killer wohlfühlen. Mindestens zwei Wochen vorher jedes Sprühen von chemischen Insektiziden (wie Malathion oder Diazinon) unterlassen! Pyrethrum und Insektizidseife können noch wenige Tage zuvor eingesetzt werden, vorausgesetzt, alle Rückstände werden abgewaschen. Nach Aussetzen der Nützlinge darf 30 Tage lang nicht gespritzt werden!
Nützlinge arbeiten sehr gut in Anbau-Räumen, die nicht zwischen Ernte und Neupflanzung sterilisiert wurden. Räume, in denen fortlaufend geerntet wird, bieten ihnen ein ideales Umfeld.

In Räumen mit Hochdrucklampen haben sich vor allem flügellose Nützlinge bewährt. Geflügelte Insekten werden sofort in die Lampe fliegen. Der Marienkäfer ist ein gutes Beispiel: Setzt man montags 500 dieser Tierchen aus, werden am Freitag nur noch ein paar ganz Unverwüstliche übrigsein. Der Rest ist an der heißen Lampe verschmort. Wenn Sie Fluginsekten aussetzen, tun Sie es bei Dunkelheit - dann haben Sie mehr davon.
Oft sind Nützlinge winzig klein und müssen an jeder einzelnen Pflanze ausgesetzt werden. Das erfordert Sorgfalt und Geduld, Sie müssen hier mit einigem Zeitaufwand rechnen. Und die Nützlinge stellen auch gewisse Ansprüche ans Klima. Wenn der Einsatz Erfolg bringen soll, beachten sie die Anforderungen, die Ihre Nützlinge stellen, und sorgen Sie für günstige Lebensbedingungen.

Spinnmilben

Die Spinnmilbe ist bei Heimplantagen das am meisten verbreitete Schädlingsinsekt. Eigentlich gehören Milben nicht zu den Insekten, sondern zu den Spinnentieren. Sie haben acht Beine, Insekten hingegen nur sechs. Die mikroskopisch kleinen Tierchen siedeln auf der Blattunterseite und saugen dem Blatt den Saft aus. Meist fallen dem Anbauer zuerst die verräterischen gelblich-weißen Pünktchen auf der Blattoberseite auf. Bei genauerem Hinsehen entdeckt man dann winzige Spinnweben an Stengeln und unter Blättern. Besonders gut sieht man die Fäden, wenn sie mit Wasser besprüht sind. Die Spinnmilben erscheinen als winzige Flecken auf der Unterseite der Blätter. Mit bloßem Auge hat man Mühe, den Befall auf Anhieb zu erkennen. Eine Lupe bzw. ein kleines Mikroskop helfen, die gelblichen, weißen, braunen oder roten Milben und ihre hellfarbigen Gelege zu identifizieren.
Bekämpfung: in logischer Folge vorgehen. Zuerst vergewissern, ob alle Vorbeugemaßnahmen ergriffen wurden. Die Spinnmilbe fühlt sich am wohlsten bei trockener Luft und Temperaturen zwischen 21 und 27° C; bei über 27° C kann sie sich binnen 5 Tagen vermehren. Um ihr den Spaß zu verderben, senken Sie die Temperatur auf 16° C und spritzen Sie die Pflanzen mit einem Wasserstrahl ab - halten Sie dabei auf die Blattunterseiten. Das wird die Spinnmilben vom Blatt fegen und erhöht zugleich die Luftfeuchtigkeit. Ihr Vermehrungszyklus wird gestört, und Sie haben nun Gelegenheit, ihnen den Garaus zu machen, bevor sie größeren Schaden anrichten können.
Sind die Blätter zu mehr als 50 Prozent beschädigt, müssen Sie sie entfernen, wegwerfen und darauf achten, daß keine Milben und Eier wieder zurück in

Die weißen Pünktchen auf dem Blatt sind hier deutlich sichtbar

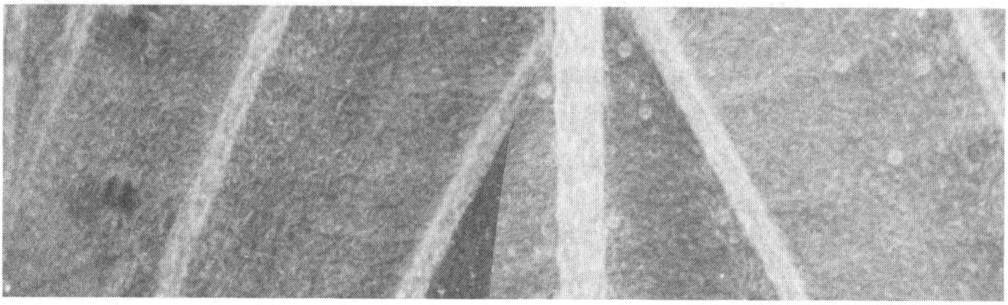

Milben (links) und Eier (rechts) auf der Unterseite eines Blattes

den Garten gelangen! (Wenn die Milben nur ein oder zwei Pflanzen befallen haben, so isoliert man diese und behandelt sie separat.) Hat man für eine feindselige Umgebung gesorgt und die beschädigten Blätter entfernt, gibt es diverse Bekämpfungsarten - man kann entweder nur eine oder alle zugleich anwenden.

Manuelles Entfernen: Alle Milben, die man findet, ablesen und zerquetschen, oder jedes Blatt mit zwei Schwämmchen abwaschen. Vorsicht: Nicht mit ungewaschenen Händen oder Schwämmen die Schädlinge auf gesunde Pflanzen übertragen! Die manuelle Methode ist am besten, wenn die Zahl der Milben relativ gering ist. Es dauert ewig.

Hausgemachte Spritzmittel wirken sehr gut, wenn sich die Milben noch nicht zu weit ausgebreitet haben. Sind die Milben nach 4 oder 5 Anwendungen nicht ausgerottet, müssen Sie zu einem stärkerem Spray wie Safer oder Pyrethrum greifen.

Bei Safer Insecticidal Soap sollten 2 oder 3 gut dosierte Anwendungen im Abstand von 5 bis 10 Tagen den gewünschten Erfolg bringen.

Pyrethrum (Spraydose) ist das wirksamste natürliche Gift gegen Spinnmilben! Zwei bis drei Anwendungen im Abstand von 5 bis 10 Tagen sollten genügen, um sie auszumerzen, wenn man zugleich auf Hygiene und Klimaverhältnisse achtet. Die erste Anwendung wird die meisten ausgewachsenen Milben und viele Eier vernichten. Milben schlüpfen nach 5 bis 10 Tagen, mit der zweiten Anwendung erwischt man die frisch geschlüpften und die restlichen ausgewachsenen Tierchen. Das dritte Sprühen beseitigt eventuelle Überlebende.

Raubmilben sind ebenfalls gut zur Bekämpfung geeignet. Beim Einsatz der Raubmilben gilt es zu bedenken, daß dieser Nützling pro Tag nur eine gewisse Anzahl Schädlinge vertilgen kann - im Durschnitt 20 Eier oder 5 erwachsene Tiere. Daran können Sie in etwa abschätzen, wie rasch die Nützlinge die Spinnmilben dezimieren werden - diese sind die einzige Nahrung der Raubmilben; sind alle weggefuttert, dann verhungern die Raubmilben und gehen ein. Generell sollte man mit 20 Raubmilben pro Pflanze beginnen, es dürfen auch ein paar mehr sein. Die Raubmilben immer direkt auf der betroffenen Pflanze aussetzen! Darauf achten, daß Temperatur und Luftfeuchtigkeit den Ansprüchen der Raubmilben gerecht werden, damit diese erfolgreich gegen die Schädlinge vorgehen können. Beim Anbau im Hause kommen vor allem zwei Arten der Raubmilbe zur Anwendung: Amblyseius californicus und Phytoseiulus longipes.

Haben Spinnmilben die ganze Pflanzung befallen, dann können die Raubmilben sie nicht mehr rasch genug vertilgen, um der Plage Herr zu werden. Raubmilben sollte man einsetzen, solange die Spinnmilben noch nicht überhand genommen haben. Sobald man die ersten paar Milben entdeckt, setzt man die Nützlinge aus, und danach in monatlichem Abstand. So können die Raubmilben Schritt halten. Eine Lieferung lebender Nützlinge kostet im Fachhandel 20 bis 30 DM. Vorm Aussetzen alle Pflanzen gut abspülen, um sämtliche Überreste von toxischen Sprays oder Fungiziden zu entfernen.

Weiße Fliegen

Wie die Spinnmilben, so tummeln sich auch die Weißen Fliegen auf der Blattunterseite und können weiße Pünktchen auf der Blattoberseite verursachen.

Man kommt ihnen auf die Schliche, indem man einen Zweig schüttelt - dann fliegen sie unterm Blatt hervor. Sie sehen wie winzige Motten aus und werden ca. 1 mm lang. Normalerweise erscheinen sie zuerst an der schwächsten Pflanze, und zwar unterhalb der Spitze. Sie arbeiten sich nach unten vor oder fliegen weiter zu den umstehenden Pflanzen.

Bekämpfung: Die entsprechenden Vorbeugemaßnahmen treffen. Manuell erwischt man die Fliegen kaum, dafür sind sie zu flink. Die ausgewachsenen Tiere werden von der Farbe Gelb angezogen - man kann ihnen mit Gelbfallen beikommen. Hierzu genügt es, einen leuchtendgelben Gegenstand mit einer klebrigen Substanz zu bestreichen und zwischen den Pflanzen zu plazieren. Solche Fallen funktionieren sehr gut, die Reinigung ist allerdings eine ziemlich widerliche Angelegenheit.

Auch Sprays auf natürlicher Basis helfen gegen Weiße Fliegen. Vor dem Sprühen alle Blätter entfernen, die mehr als zur Hälfte beschädigt sind - am besten verbrennen. Hausgemachte Spritzmittel funktionieren gut, man sprüht im Abstand von 5 bis 10 Tagen. Ebenso verfährt man mit Safer Insecticidal Soap oder Pyrethrum aus der Sraydose.

Als natürlicher Feind empfiehlt sich die Schlupfwespe Encarisa formosa - diese kleinen Wespen greifen nur Weiße Fliegen an, sie stechen keine Menschen! Wie bei allen Nützlingen auch hier vorm Aussetzen alle toxischen Sprays von den Pflanzen waschen. Encarisa formosa ist ein Parasit und etwa 0,6 mm lang - also etwa halb so groß wie die Weiße Fliege. Deshalb brauchen die Schlupfwespen einige Zeit, um eine Population Weißer Fliegen auszumerzen oder überhaupt erst mal unter Kontrolle zu bekommen. Wenn sich die Schlupfwespe über die Weiße Fliege hermacht, dauert es ein Weilchen, bis ihr Opfer tot ist: Der Parasit ernährt sich erst eine Zeit lang vom Wirtsinsekt, dann legt er seine Eier in dessen Körper ab. Sobald man die erste Weiße Fliege entdeckt, sollte man pro Pflanze zwei oder mehr Schlupfwespen aussetzen und dies alle 2 bis 4 Wochen wiederholen, bis die Pflanzen geerntet werden.

Blattläuse

Wenn sich Blattläuse draußen im Freien breitmachen, nisten sie sich auch gern in Heimplantagen ein. Sie sind etwa so groß wie ein Stecknadelkopf und mit bloßem Auge gut zu erkennen. Es gibt sie in grün, gelb, schwarz und sogar rosa, mit und ohne Flügel. Blattläuse scheiden Honigtau aus und machen sich gern über geschwächte Pflanzen her. Die zarten Spitzen werden

zuerst befallen; die Tierchen verstecken sich am liebsten auf den Unterseiten der Blätter. Eine Blattlausplage kann binnen weniger Tage den ganzen Garten ruinieren!
Bekämpfung: Blattläuse sind leicht manuell zu entfernen und zu vernichten. Sie beißen in die Pflanze und entziehen ihr den Pflanzensaft und damit Zuckerverbindungen und Eiweiße - wenn sie am Blatt kleben, können sie sich kaum bewegen und sind leicht zu zerquetschen.
Hausgemachte Spritzmittel und Safer wirken sehr gut. Nachdem Sie möglichst viele Blattläuse manuell entfernt haben, zwei- oder dreimal im Abstand von 5 bis 10 Tagen spritzen. Im gleichen Turnus kann man Pyrethrum aus der Sprühdose anwenden.
Als natürlicher Feind wird die Florfliege eingesetzt. Sobald man Blattläuse entdeckt, setzt man pro Pflanze 1 bis 20 Florfliegen aus, je nachdem, wie stark die Pflanze befallen ist. In monatlichem Abstand wiederholen. Wenn möglich, kaufen Sie ausgewachsene Florfliegen, keine Larven, denn es dauert einige Zeit, bis die Tiere geschlüpft sind und sich zu schlagkräftigen Blattlauskillern entwickelt haben.
Marienkäfer arbeiten auch sehr effektiv. In den Sommermonaten kann man sie im Gartenfachhandel bekommen. Der einzige Nachteil bei Marienkäfern ist, daß die Hochdrucklampe wie ein Magnet auf sie wirkt. Man sollte pro Pflanze etwa 50 Marienkäfer aussetzen - die Hälfte wird sofort in die Lampe fliegen und zischend an der heißen Birne verenden. Nach 1 oder 2 Wochen werden sämtliche Marienkäfer der Lampe zum Opfer gefallen sein, und man muß neue aussetzen.

Thripse

Thripse kommen in Anbau-Räumen selten vor. Diese winzigen geflügelten und flinken Tierchen schädigen die Pflanze, indem sie die Epidermis und Parenchynzellen aussaugen. Sie hocken gern im Innern der Blüten; besaugte Pflanzenteile sterben vom Rand her ab. Sie fallen kaum auf, doch wenn man sich Mühe macht und genau hinschaut, wird man sie als eine Schar kleiner Flecken ausmachen, die über die Blätter krabbeln.
Bekämpfung: Vorbeugemaßnahmen treffen. Manuelles Entfernen funktioniert, solange nicht allzu viele Thripse vorhanden sind. Leicht zu fangen sind sie freilich nicht.
Hausgemachte Spritzmittel wirken sehr gut. Zwei- bis viermal im Abstand von 5 bis 14 Tagen anwenden. Ebenso Safer Insecticidal Soap und Pyrethrum, im gleichen Turnus.

Wolläuse

Sie sind ziemlich verbreitet. Die 2 bis 7 mm große, wachsweiße, ovale Wollaus bewegt sich kaum vom Fleck, entwickelt sich sehr langsam und lebt in Kolonien, die sich meist dort befinden, wo die Seitentriebe vom Stengel abzweigen. Wie Blattläuse scheiden auch Wolläuse klebrigen Honigtau aus. Man bekommt sie recht leicht unter Kontrolle, da sie sich kaum bewegen und sehr langsam fortpflanzen.

Bekämpfung: Auch hier Vorbeugemaßnahmen treffen. Bei kleinen Populationen kann man die Schädlinge manuell entfernen. Man hebt sie mit dem Fingernagel ab oder beseitigt sie mit einem in Franzbranntwein getauchten Wattestäbchen.

Hausgemachte Spritzmittel wirken gut, vor allem, wenn sie viel Franzbranntwein enthalten. Zwei- bis dreimal im Abstand von 5 bis 10 Tagen anwenden. Oder im gleichen Turnus Safer Insecticidal Soap sprühen.

Natürliche Feinde sind Marienkäfer und Florfliege. Beide arbeiten sehr effizient und vertilgen die Wolläuse rascher, als sie sich vermehren können. Wenn Sie diese Nützlinge einsetzen, entfernen Sie erst manuell alle sichtbaren Wolläuse und setzen dann pro Pflanze 5 bis 10 Nützlinge aus, je nach Befall. Das Aussetzen alle 2 Wochen wiederholen. Nach einem Monat sollte sich die Wollauspopulation merklich reduziert haben.

Schildläuse

Die Schildlaus kommt beim Hausanbau von Marihuana nur höchst selten vor. Sie ähnelt von Aussehen und Verhalten her der Wollaus, hat aber eine eher runde Form und kann weiß, gelb, braun, grau oder schwarz sein; ihr stark ausgeprägter Rückenschild hat 2 bis 4 mm Durchmesser. Die kleinen Viecher rühren sich so gut wie nie vom Fleck. Sie leben gern in Kolonien rings um die Blattknoten; manche scheiden klebrigen Honigtau aus.

Bekämpfung: Vorbeugemaßnahmen treffen. Manuelles Entfernen mag Ihnen eklig erscheinen, funktioniert aber sehr gut. Ein Wattestäbchen in Franzbranntwein tauchen und damit die Schildlaus betupfen. Man muß schon die Fingernägel, ein kleines Messer oder eine Pinzette zu Hilfe nehmen, um die festsitzenden Schädlinge von der Pflanze zu lösen.

Hausgemachte Spritzmittel wirken gut, vor allem, wenn sie viel Franzbranntwein enthalten. Desgleichen Safer Insecticidal Soap. Alle zehn Tage sprühen. Pyrethrum (Spraydose) zwei- bis dreimal anwenden, im Abstand von 5 bis 10 Tagen. Die Schildlaus hat zwar viele natürliche Feinde, doch sind bisher keine im Handel erhältlich.

Bienen und Wespen

Sie können einem ganz schön auf die Nerven gehen. Sie tun zwar den Marihuanapflanzen nichts, aber wenn sie den Anbauer stechen, tut das ganz schön weh. Auf der Suche nach Blüten gelangen sie mitunter auch bei kühler Jahreszeit durch eine Ritze oder ein offenes Fenster in den Anbau-Raum, wo es ihnen dann natürlich wunderbar gefällt. Manuelles Entfernen ist hier wohl kaum der richtige Weg. Ein Schwenkventilator ist die beste Präventivmaßnahme - der Wind erschwert ihre Flugmanöver, und sie werden sich einen gastlicheren Garten suchen. Es gibt diverse Sprühgifte, für Wespen auch Fallen. Die Hochdrucklampe zieht sie magnetisch an, viele werden an der heißen Lampe den Tod finden.

Fruchtfliegen und Kribbelmücken können ebenso zum Problem werden. Zwar richten sie keinen Schaden unter den Pflanzen an, aber sie nerven. Sie werden früher oder später der heißen Lampe zum Opfer fallen, aber wenn Sie nicht solange warten wollen und Ihnen das Aufsammeln toter Insekten nicht zuwider ist: Jedes Insektenspray wird ihnen den Garaus machen.

Die schlimmste Mückenplage, die mir je begegnete, war ein ganzer Schwarm, der kurz vor der Ernte schlüpfte. Sie schwirrten im Raum umher, und wenn sie auf den harzreichen Blüten landeten, blieben sie kleben - die wirkten wie Fliegenfänger. Es war praktisch unmöglich, die winzigen Mücken zu entfernen. Und es schmeckte grauenhaft, wenn sie dann zischend und knisternd in Rauch aufgingen!

▸ Pilzkrankheiten

Pilze sind sehr primitive Pflanzen, die kein Chlorophyll produzieren; sie vermehren sich durch mikroskopisch kleine Sporen. Die Luft enthält meist zahlreiche Pilzsporen; unter günstigen Bedingungen werden sie sich niederlassen, keimen und und Ihnen Ärger machen. Ich kenne Fälle, wo eine ganze Ernte binnen weniger Tage durch Pilzbefall vernichtet wurde! Einer der Anbau-Räume lag z.B. in der Nähe eines Sumpfes, wo es vor Sporen nur so wimmelte. Der Anbauer entschloß sich, woanders anzubauen, nachdem ihm Sporen aus dem Sumpf viermal hintereinander die Ernte ruiniert hatten. Nicht sterilisierte und zu nasse Erde, gepaart mit feuchter Luft ohne Zirkulation ist genau die Umgebung, die Pilzsporen suchen - hier werden sie prächtig gedeihen! Auch wenn es viele verschiedene Arten gibt, sind sie doch allesamt mit den gleichen Methoden zu bekämpfen.

▸ Vorbeugung

Vorbeugung ist der erste Schritt und das A und O der Pilzbekämpfung. Im Abschnitt Die Einrichtung des Anbau-Raums empfahl ich, alles zu entfernen, was Pilzen als Nährboden dienen oder Schimmel beherbergen könnte, z.B. alte Klamotten oder Vorhänge. Befolgen Sie diesen Rat, es ist eine wichtige Vorbeugemaßnahme. Ist der Raum mit Teppichen ausgelegt, sollten Sie den Teppich mit weißer Plastikfolie abdecken. Falls sich Schimmel an den Wänden zeigt, gründlich mit einem Fungizid besprühen, das auch im Garten Anwendung findet. Die Wände mit Pinesol abwaschen (wird aus natürlichem Fichtenöl hergestellt). Bei feuchten, schimmeligen Wänden empfiehlt es sich zu tünchen, bei hartnäckigem Schimmel am besten mehrmals.

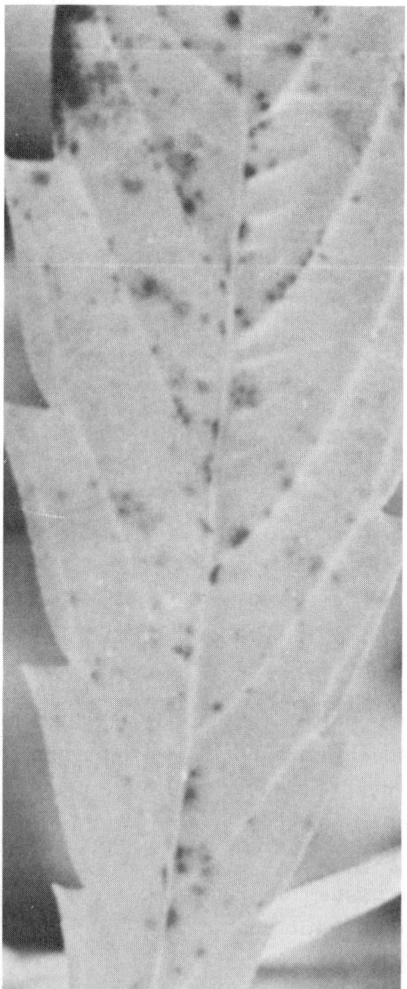

Pilzbefall läßt sich vermeiden!

Am wichtigsten bei der Verhütung von Schimmel und Pilzbefall sind Sauberkeit und Klimakontrolle. All die sauberen, gut belüfteten Anbau-Räume, die ich besucht habe, hatten kaum oder gar keine Probleme. Und all die schmuddeligen, mies gepflegten Räume hatten Pilzprobleme und brachten eine mickrige Ernte. Wenn sich der Anbau-Raum im Keller befindet, ist ein Anstrich mit mattweißer Farbe und Fungizid-Zusätzen unbedingt notwendig. Bei einem Raum waren die Wände von oben bis unten voll Schimmel - man hat sie dann weiß getüncht und auf dem Boden, der aus nackter Erde bestand, Kalk ausgestreut, es wurde ein Ventilator eingebaut und generell auf Sauberkeit geachtet. Seit einem Jahr hat man dort keine Probleme mit Schimmel mehr!

Es gibt viele Methoden, um die Luftfeuchtigkeit zu senken. Ventilation ist die erschwinglichste, einfachste und am häufigsten angewendete. Wasserdampf ist eines der Nebenprodukte, die bei CO_2-Generatoren anfallen. Ein Luftentfeuchter tut hier gute Dienste - für den durchschnittlichen Anbauer lohnt sich die Anschaffung eines solchen Geräts nicht, aber man kann es mitunter auch bei Leihfirmen mieten. Holz-, Kohle-, Gas oder elektrische Öfen eignen sich ebenso zur Senkung der Luftfeuchtigkeit. Wenn der Raum über einen Heizluftschacht der Zentralheizung verfügt, sollte er geöffnet sein, die einströmende Warmluft reduziert ebenfalls die Luftfeuchtigkeit.

▸ Gegenmaßnahmen

Pilzbefall ist zu vermeiden durch Überwachen aller Faktoren, die das Wachstum der Pilze begünstigen. Sollte es trotz Vorbeugung zu Pilzbefall kommen, läßt sich mit einfachen Maßnahmen eine weitere Ausbreitung verhindern - abgefallenes Laub am Boden sowie abgestorbene Blätter an den Pflanzen entfernen, Korrekturen an Raumklima und Substrat. Dies hilft so gut wie immer, solange sich der Pilzbefall noch nicht ausgebreitet hat. Sind nur einzelne Pflanzen befallen, kann man diese isolieren und gezielt behandeln. Pilzkrankheiten können sich wie ein Buschfeuer ausbreiten! Bei den ersten Anzeichen holen Sie alles nach, was unter Vorbeugemaßnahmen genannt wurde, und sprühen Sie im ganzen Raum ein Fungizid. Spritzen wird unumgänglich, wenn sich der Befall trotz vorbeugender Maßnahmen ausbreitet.

Logische Folge der Pilzbekämpfung

1. *Vorbeugung*
   - **a.** Sauberkeit
   - **b.** niedrige Luftfeuchtigkeit
   - **c.** Ventilation
2. *Entfernen*
3. *Kupfer-, Kalksufatspray*

Umfallkrankheit

Die Umfallkrankheit wird durch einen Bodenpilz verursacht, der die gekeimten Sämlinge faulen läßt und gelegentlich auch wurzelnde Stecklinge befällt.

Der Stengel wird geschwächt, verfärbt sich knapp überm Boden dunkel, bis dann die innere Zirkulation unterbrochen wird und das Pflänzchen abstirbt. Die Umfallkrankheit wird normalerweise verursacht und begünstigt durch: (1) bereits im nichtsterilen Substrat präsente Sporen, (2) Übergießen und zu nassen Boden oder (3) extreme Luftfeuchtigkeit.

Schließen Sie diese drei Faktoren von Anfang an aus - verwenden Sie frische, sterilisierte Erde oder erdlose Substrate, reinigen Sie vorher gründlich die Töpfe, und überprüfen Sie durch tägliche Inspektion des Bodens, daß es Sämlinge und Klone nicht zu feucht haben. Viele Anbauer ziehen Sämlinge und Stecklinge am liebsten in rasch dränierenden, sterilen Medien wie grobem Sand, feinem Vermiculit - oder in Torfquelltöpfen, denen ich persönlich den Vorzug gebe.

Umfallkrankheit

Bei diesen Medien ist Übergießen nahezu unmöglich. Verzichten Sie bei gekeimten Sämlingen ggf. auf das Abdecken mit Folie - unterm Folienzelt kann die Luftfeuchtigkeit ungesunde Ausmaße annehmen und zur Umfallkrankheit führen. Klone sind hier weniger empfindlich, sie vertragen das Abdecken besser. (Schlagen Sie nach, was im 4. Kapitel zum Wässern von Stecklingen und Sämlingen gesagt wird.)

Der Umfallkrankheit läßt sich im Anfangsstadium durch Wässern mit einem Fungizid wie Captan oder einer milden Bleichlösung (2 bis 5 Tropfen auf 4,5 Liter) entgegenwirken. Die Krankheit schreitet sehr rasch fort und führt binnen weniger Tage zum Absterben des jungen Pflänzchens. Die Hauptursache ist Übergießen - also immer mit Bedacht wässern!

Bodenpilze

Im Boden eingeschleppte Pilze belagern mit ihren Zellfäden die Wurzeln der Pflanze. Man entdeckt sie normalerweise erst dann, wenn sich die Fruchtkörper

Fruchtkörper von Bodenpilzen

über dem Boden zeigen und ihr Myzelgeflecht sich bereits im Boden ausgebreitet hat. Mit ihnen muß man rechnen, wenn man ein unsteriles Medium verwendet und/oder die Dränage zu wünschen übrig läßt. Bei mangelnder Dränage haben es die Wurzeln zu feucht, und sie werden anfällig für Pilz- und Fäulnisbefall.

Dieser Pilzart läßt sich durch ein steriles Medium und gute Dränage vorbeugen. Wie im 3. Kapitel beschrieben, sorgt man für gute Dränage durch richtige Bodenstruktur und entsprechende Wasserabzugslöcher im Topf.

Im Boden eingeschleppte Pilze bekämpft man, indem man den Boden mit Captan oder einer biologisch abbaubaren Seifenlösung behandelt. Verdünnen Sie das Fungizid laut Gebrauchsanweisung.

Pilzbefall an Blättern

Eine andere Pilz-Variante manifestiert sich in kleinen dunklen Flecken, die auf Blättern oder am Stengel auftauchen. Hervorgerufen werden sie normalerweise durch (1) die Verwendung von kaltem Wasser bei der Sprühbewässerung (siehe unter Spritzen und Sprühen); pilzähnliche Flecken bilden sich aufgrund von Temperatur-Streß und können sich dann zum Pilzbefall entwickeln; (2) extreme Luftfeuchtigkeit (über 60 Prozent).

Diesem Pilzbefall ist leicht vorzubeugen. Sprühen Sie nie mit kaltem, sondern stets mit lauwarmem Wasser und überwachen Sie die Luftfeuchtigkeit mit einem Hygrometer - und vor allem: installieren Sie einen Ventilator, der für den Austausch der feuchten Luft sorgt. Die rasch wachsenden Pflanzen nehmen große Mengen Wasser auf und geben sie durch Verdunstung wieder ab; verbleibt die feuchte Luft zu lange im Raum, hemmt dies das Wachstum der Pflanzen. Ein Ventilator schafft hier rasch Abhilfe. Ein Hygrometer gibt es in den meisten Gartenfachgeschäften für unter 20 Mark zu kaufen. Steigt die Luftfeuchtigkeit über 60 %, wird die Entwicklung von Pilzen begünstigt. Die trockene Wärme, die von Hochdrucklampe und Vorschaltgerät abgestrahlt wird, sowie der Einsatz eines Ventilators reichen im allgemeinen aus, um Pilzbefall in geschlossenen Räumen zu verhüten.

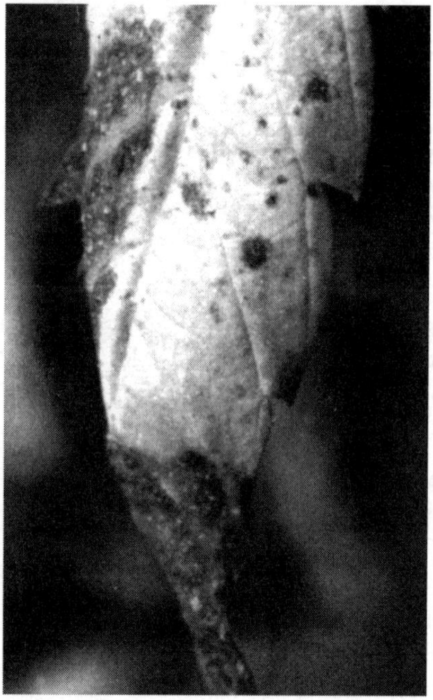

An diesem Blatt erkennt man fort geschrittenen Pilzbefall

In der kühleren Jahreszeit wird die trockene Wärme des Hochdrucklampensystems - wenn die Lampe brennt - für niedrige Luftfeuchtigkeit und eine Raumtemperatur von 23° C sorgen. Ist nachts die Lampe abgeschaltet, wird der Temperaturabfall zur Kondensation und erhöhter Feuchtigkeit führen. Überprüfen Sie die Luftfeuchtigkeit bei Tag und bei Nacht und stellen Sie fest, ob ein gravierender Unterschied herrscht. Sollte sie über 60 % steigen und sich Pilzbefall zeigen, schalten Sie nachts den Ventilator ein. Wird es zu kalt, stellen Sie ein Heizgerät auf und sorgen Sie für eine Temperatur, die nicht mehr als 3 bis 6° C unter der Tagestemperatur liegt.

Befallene Blätter müssen entfernt werden. Holen Sie alles nach, was unter Vorbeugemaßnahmen genannt wurde, und spritzen Sie drei- bis viermal im Abstand von 3 bis 5 Tagen mit einem Fungizid.

Mehltau

Mehltau ist als weißlicher, mehlartiger Belag erkennbar, der sich an Stengel und Knospen zeigt. Die erkrankten Pflanzenteile welken, verfärben sich braun und sterben ab. Diese Pilzkrankheit kann sich rasch ausbreiten. Vorbeugung: auf Ausgewogenheit der Nährstoffe im Boden achten und für gute Dränage sorgen.

Schimmel

Grauschimmel (Botrytis) ist ein Pilz, der uns allen vertraut ist -ein pelzig aussehender Belag von grauer, weißlicher bis bläulicher Farbe. Grauschimmel kann sich so gut wie überall bilden, an den Wänden ebenso wie auf der Oberfläche von Topferde oder Substrat.
Die Luft enthält immer Schimmelsporen, selbst in den saubersten Räumen. Solange man freilich auf optimale Bedingungen im Anbau-Raum achtet, werden sie kaum die Chance haben, Fuß zu fassen. Grauschimmel kommt in zwei Stadien vor: nichtgekeimte Sporen, die auf den Blättern leben, und gekeimte Sporen, die in das Gewebe der Blätter eindringen, wo der Pilz in latenter, inaktiver Form verbleibt, bis sich günstige Bedingungen für den Ausbruch der Krankheit ergeben. Grauschimmel bildet sich vor allem gern an offenen, verletzten Stellen oder an geschwächten Pflanzen. Die Sporen dringen selten in gesundes Gewebe ein.
Pflanzen können auch an Botrytis leiden, ohne daß man es ihnen äußerlich ansieht. Werden ständig neue Pflanzen in den Garten gebracht, läßt sich schwerlich sagen, wo die Krankheit herkommt. Das Schadbild beginnt mit braunen Flecken und Faulstellen, dann bildet sich der typische graue Schimmelrasen; in diesem Stadium werden Sporen freigesetzt.
Schimmel verhindern Sie, indem Sie für niedrige Luftfeuchtigkeit und gute Ventilation sorgen und auf Sauberkeit im Raum achten!
Der Blütenschimmel ist eine Variante, die reife Pflanzen befällt. Er kann sich binnen weniger Tage über den gesamten Pflanzenbestand ausbreiten - es sieht aus, als würde der befallene Teil sehr rasch verfaulen. Vorbeugemaßnahmen: niedrige Luftfeuchtigkeit (50 % oder weniger), ausreichende Luftzirkulation und vor allem Ventilation. Blütenschimmel kann durch das Verfaulen abgestorbener Blätter ausgelöst werden. Wenn Sie an dichten Blütenständen vergilbte Blätter entfernen, pflücken Sie stets das Blatt samt Stiel ab, damit keine Reste an der Pflanze verbleiben, die dann faulen könnten. Siehe untenstehendes Photo.
Schimmel auf der Oberfläche des Substrats oder an den Wänden wird manuell entfernt. Pinesol in starker Konzentration anwenden, den Schimmel von der Wand waschen - oder wo immer er wächst. Bei Behandlung der Pflanzen

Blattstiel entfernen, um Blütenschimmel zu vermeiden

keine aggressiven Fungizide wie Pinesol verwenden, sondern nur speziell hierzu geeignete Präparate. Grauschimmel bildet sich gern in schmudd eligen, vernachlässigten Anbau-Räumen, also achten Sie auf Reinlichkeit und lassen Sie nie welke Blätter herumliegen. Wer Probleme mit Grauschimmel hat, sollte nach jeder Ernte den Raum mit Pinesol auswaschen.

Bei Schimmel an der Blüte sofort die befallenen Teile entfernen, und zwar bis zu 5 oder 10 cm unterhalb der Schimmelstelle. Passen Sie auf, daß der entfernte Pflanzenteil nicht mit gesunden Pflanzen in Kontakt kommt, und waschen Sie anschließend Hände und Werkzeug, damit keine Sporen auf gesunde Pflanzen übertragen werden. Gegen Blütenschimmel gibt es keine Chemikalien oder Sprays, hier helfen nur Klimakontrolle und Sauberkeit.

Viren

Viren sind uns noch immer ein ziemliches Rätsel. In manchen Fällen verhalten sie sich wie lebende Organismen, in anderen wie leblose Chemikalien. Doch wir wissen, daß Viren durch Insekten, Pflanzen, Tiere und Menschen übertragen werden können. Auch durch infizierte Werkzeuge können Viren von einer Pflanze zur nächsten geschleppt werden.

Typische Symptome einer Virusinfektion sind Kümmerwuchs und geringer Ertrag an Blüte und Frucht. In manchen Fällen können Viruskrankheiten auch zu plötzlichem Verwelken und Absterben führen.

▸ Spritzen und Sprühen

Die Anwendung von Spritzmitteln kann zu einer Schädigung der Pflanze führen. Zu den Symptomen gehören Verbrennungen an den Blättern, plötzliches Welken oder verminderte Wuchsfreudigkeit. Falls Sie befürchten, ein Spray könnte sich schädlich auswirken, besprühen Sie erst einige wenige

Pflanzen und warten ein paar Tage ab, um zu sehen, wie diese darauf reagieren. In geschlossenen Räumen sollten Sie chemische Sprays - wenn überhaupt - nur mit äußerster Vorsicht anwenden. Benutzen Sie beim Sprühen eine Gasmaske, vor allem, wenn Sie mit Spraydosen arbeiten! Die feinzerstäubten Chemikalien verbleiben im Innenraum in höherer Konzentration in der Luft als draußen im Freien, deshalb kann auch ein im Grunde unschädliches Spray sehr rasch zu Reizungen führen, wenn es über längere Zeit eingeatmet wird.

Sprays nützen nur dann, wenn sie in Maßen angewendet werden. Jedesmal, wenn die Pflanze besprüht wird, verkleben die Stomata - die Folge ist ein Nachlassen der Wuchsfreudigkeit. Es hilft, die Pflanze anschließend abzuspülen; bei zu häufigem Spritzen wird Ihr Garten langsamer wachsen.

Ein großes Spritzgerät mit 5 bis 10 Liter Fassungsvermögen reicht für kleine und mittlere Pflanzungen. Diese im Gartenfachhandel erhältlichen Geräte sind mit einem Schlauch und einem langen Metallrohr ausgestattet, an dessen Ende die Spritzdüse sitzt - dies erleichtert das Spritzen der Blattunterseiten, worauf es vor allem ankommt! Die Geräte sind aus stabilem Material hergestellt und für dauerhaften Einsatz gerüstet. Ich selbst ziehe Behälter aus Plastik vor, weil es nicht rostet und leichter ist. Eine verstopfte Messingdüse läßt sich leicht mit einer aufgebogenen Herftklammer reinigen. Der Umgang mit Druckspeicherspritzen ist kinderleicht, man erzeugt mit der Handpumpe den nötigen Druck und kann loslegen.

Für größere Anbauflächen empfiehlt sich ein elektrisch betriebenes Nebelgerät, das mit einem Gebläse ausgestattet ist. Die Spritzbrühe wird mit starkem Druck durch die Düse gepreßt, und der feine Sprühnebel dringt bis in die letzte Ecke. So ein Gerät ist gut geeignet für die Anwendung von Safer Insecticidal Soap und diverse Fungizide.

Ein Anbauer, der mit einer selbstgebauten Handpumpe arbeitet und sie hauptsächlich zur Blattdüngung benutzt, behauptet, daß er bei täglicher, am frühen Morgen durchgeführter Blattdüngung bei seinen Pflanzen keinerlei Probleme mit Pilzbefall hat.

Dann gibt es natürlich auch die im Gartenfachhandel erhältliche kleine Sprühflasche aus stabilem Kunststoff für 1 oder 2 Liter. Die Spritzdüse läßt sich zum Reinigen abschrauben - das ist wichtig, da sie beim Ausbringen hausgemachter Aufgüsse, die oft noch winzige Partikel enthalten, leicht verstopft. Man sollte also immer eine Nadel zum Durchstoßen bereitliegen haben. Achten Sie auf die Stabilität des Produkts, es soll ja einige Zeit lang

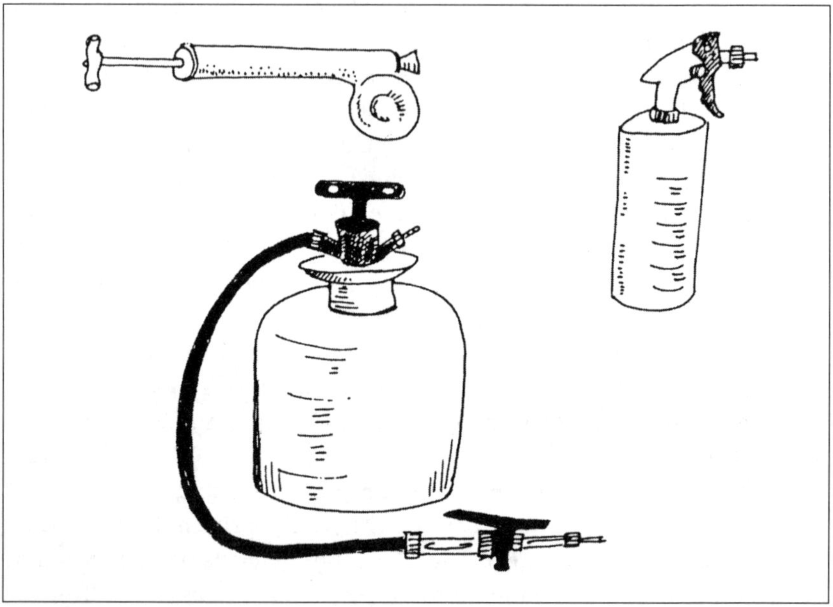

Verschiedene Spritzgeräte

halten. Um einen Garten von 3 x 3 m zu versorgen, werden im allgemeinen 25 bis 30 Liter Spritzbrühe benötigt. Mit einer kleinen Plastikflasche ist das verdammt viel Zeug!

Vor und nach dem Gebrauch müssen Sie Pumpe und Behälter gründlich reinigen! Man kann zwar für Nährstoffe und Insektizide den gleichen Behälter benutzen, sollte aber niemals die beiden mischen und sie zusammen ausbringen. Werden Chemikalien verdünnt, vermindert dies ihre Wirksamkeit; außerdem könnte es zu unliebsamen Reaktionen zwischen den in beiden Flüssigkeiten enthaltenen Elementen kommen.

Insektizid- und Fungizidlösungen immer erst kurz vor der Anwendung zubereiten (angesetzte Düngerlösungen hingegen können auch über Monate hinweg benutzt werden). Bleibt nach dem Spritzen Flüssigkeit übrig, sollten Sie diese entsorgen - nicht über Nacht stehen lassen und am nächsten Tag weiterverwenden, da sich das chemische Gleichgewicht der Lösung verändern kann.

Spritzen Sie immer früh am Morgen. Die Pflanzen brauchen Zeit, um die Wirkstoffe der Flüssigkeit zu absorbieren und wieder zu trocknen. Wird am frühen Abend gespritzt, kann dies bei den feuchten Blättern leicht zu Pilzbefall oder Wasserflecken führen.

Die Flüssigkeit sollte immer lauwarm sein oder Raumtemperatur haben. Bei zu warmem oder zu kaltem Wasser erleiden die Pflanzen einen Schock, auch hier kann es zu Wasserflecken kommen. Und bei lauwarmem Wasser kann die Pflanze die Wirkstoffe besser absorbieren und verarbeiten.

Vor jedem Spritzen mit Fungiziden oder Insektiziden sollten die Pflanzen gut gewässert sein. Haben Sie genügend Wasser aufgenommen, dann werden sie den Schock des Killersprays besser überstehen. Anders bei der Blattdüngung: die Pflanzen absorbieren die löslichen Nährstoffe schneller, wenn im Substrat und in der Pflanze weniger Feuchtigkeit vorhanden ist. Das ist aber kein Grund, die Pflanzen verdursten zu lassen!

Beim Ansetzen von Lösungen immer genau der Gebrauchsanweisung folgen und alles lesen, was auf dem Etikett steht! Pulver und Kristalle erst in ein wenig heißem Wasser lösen, dann mit lauwarmem Wasser auffüllen.

Anfänger, die nie zuvor gespritzt haben, können sich auch zuvor Rat im Gartenfachgeschäft holen. Sagen Sie einfach, Ihre Dieffenbachie hätte Spinnmilben.

Immer die ganze Pflanze von allen Seiten besprühen, Ober- und Unterseite der Blätter, Stengel und Topf. Vorsicht bei aggressiven Spritzmitteln - sie können bei zarten frischen Trieben leicht zu Verbrennungen führen!

Sie sollten einen Meßbecher und einen Löffel haben, die Sie nur zu diesem Zweck verwenden und immer gründlich reinigen. Ist eine Spritzlösung zu stark angesetzt (was bei kleinen Mengen leicht vorkommen kann), wird sie nicht etwa mehr Schädlinge killen, sondern zu Verbrennungen an den Pflanzen führen. Beim Ansetzen kleiner Spritzmittelmengen sollten Sie besonders genau abmessen! Schon ein paar Tropfen zuviel können die Lösung zu aggressiv machen und die Pflanzen schädigen.

Am besten sprüht man nur in der vegetativen Phase, damit die Wirkstoffe bis zur Ernte vollkommen abgebaut sind. In den letzten zwei Wochen vor der Ernte niemals mit toxischen Chemikalien spritzen! Sobald die Blütenbildung beginnt, besteht die Gefahr von Schimmelbildung - die im üppig wuchernden Blütenstand verbleibende Feuchtigkeit könnte nach ein oder zwei Tagen einen attraktiven Nährboden für Schimmelsporen abgeben.

Nach jedem Spritzen sollten Sie die Pflanzen zwei oder drei Tage später mit lauwarmem Wasser abspülen - ausgiebig mit dem Schlauch besprühen, das Wasser muß von den Blättern tropfen, um eine Reinigungswirkung zu erzielen! Nebeln Sie den Garten kräftig ein, damit alle Rückstände und der feine

Sprayfilm, der die Stomata verstopft, abgewaschen werden (eventuell auf den Blättern vorhandene Nährstoffe werden gelöst und absorbiert). Achten Sie darauf, auch die Blattunterseiten abzuspülen. Viele Fungizide hinterlassen eine dicke, pudrige Schicht, hier muß dann ggf. zwei- oder dreimal abgespült werden.

Eine Woche vor der Ernte sollten Sie die Pflanzen über mehrere Tage hinweg mit frischem Wasser besprühen, um sie gründlich zu reinigen.

Bei der Wahl eines Insektengifts oder Fungizids immer nur solche Präparate (Kontaktgifte) nehmen, die für Gemüse und eßbare Früchte vorgesehen sind. Studieren Sie genau das Etikett! Warten Sie lieber ein paar Tage länger als die auf dem Etikett empfohlene Frist, und spülen Sie dann alle Blätter gründlich ab, bevor Sie ggf. Teile der Pflanze ernten. Im Innenraum bleibt die toxische Wirkung länger erhalten, da im Freien viele Chemikalien durch Einwirkung von Sonnenlicht abgebaut werden. Tragen Sie beim Spritzen stets eine Gasmaske!

Wichtig: Ziehen Sie stets die Hochdrucklampe hoch, damit sie nicht im Weg ist und kein Sprühnebel oder Spritzwasser an die die Lampe kommt! Wenn das relativ kühle Wasser auf die heiße Lampe trifft, kann sie platzen. Das wird Ihnen nicht bloß einen gewaltigen Schreck einjagen, sondern kann auch schwere Augen- und Hautschäden verursachen. Wenn die Lampe platzt, sofort das System ausschalten und den Stecker herausziehen!

TEIL 2

WACHSTUMSPHASEN

Der Lebenzyklus der Marihuanapflanze läßt sich in drei Phasen unterteilen. Die des Sämlings dauert etwa einen Monat - in dieser Zeit keimt der Samen, der Sämling bildet Wurzel, Stengel und einige Blätter aus. In der vegetativen Phase entwickelt die Pflanze dann ihr buschiges Laub und ein kräftiges Wurzelwerk; diese Phase kann 2 Monate bis 1 Jahr oder noch länger dauern. Die letzte Phase ihres Lebenszyklus erreicht die Pflanze mit der Blütenbildung. Werden die Blüten befruchtet, bilden sich Samen.
Beim Anbau im Haus läßt sich die Photoperiode durch künstliche Beleuchtung beliebig steuern. Die vegetative Phase läßt sich mit 18-Stunden-Tagen aufrechterhalten, die Blüte durch Verkürzung auf 12-Stunden-Tage auslösen (d.h. 12 Stunden Licht und 12 Stunden ununterbrochene Dunkelheit).

8. KAPITEL

Same und Sämling

Im Samen ist der genetische Bauplan der Pflanze gespeichert. Der Same ist das Produkt geschlechtlicher Vermehrung und enthält Erbanlagen sowohl des männlichen wie des weiblichen Elternteils. Die im Samenkorn gespeicherten Gene entscheiden über die Größe der Pflanze, ihre Krankheits- und Schädlingsresistenz, die Formbildung von Wurzel, Stengel, Blattwerk und Blüte, ihren Cannabinoidgehalt und viele andere Merkmale. *Wie gut eine Pflanze unter Hochdrucklampen gedeiht und wieviel THC sie produziert, hängt in allererster Linie von der Erbmasse des Samens ab.*

Da der THC-Gehalt weitgehend von den Erbanlagen abhängt, sollte man immer die Samen der potentesten Marihuanasorte nehmen, die sich finden läßt. Die meisten Anbauer sind der Ansicht, daß die diversen Sorten von Cannabis Indica von ihrer Genetik her besonders gut zur Kultivierung unter Hochdrucklampen geeignet sind. Cannabis Indica hat einen gedrungenen, buschigen Wuchs, kompakte Wurzeln, einen kräftigen Stengel und breite Blattfinger, und bildet dichte, kompakte Blütenstände. Indica ist im allgemeinen sehr resistent gegen Schädlinge und auch einigermaßen gegen Pilzbefall gefeit. Sie reift sehr rasch heran und entwickelt unter Hochdrucklampen hohen THC-Gehalt. In der Tat ziehen viele Leute das im Haus angebaute Gras dem aus Freilandanbau vor! Der ideale Indica-Same stammt von Pflanzen, die unter Hochdrucklampen gezogen und seit vielen Generationen einer selektiven Zuchtwahl unterlagen. Wurden Pflanzen über mehrere Generationen hinweg unter Hochdrucklampen angebaut und hatten Zeit, sich zu akklimatisieren, dann entwickeln sie bei Innenklima sogar einen noch kräftigeren Wuchs als früher im Freien. Berühmte Sorten wie Skunk, Kush und Afghani

Cannabis Sativa und Cannabis Indica

Bei Cannabis Indica erreichen die Blütenstände fast das doppelte Gewicht wie bei Cannabis Sativa

Indica-Blatt *Sativa-Blatt*

gehören zur Indica-Familie; zur Sativa die aus Thailand, Hawaii, Kolumbien, Mexiko usw. stammenden Marihuanasorten. Manche Anbauer kultivieren am liebsten diese Provenienzen, vor allem Thai- und Hawaii-Sorten. Die Pflanzen der Sativa-Familie sind höher und schlanker im Wuchs, sie bilden breitwuchernde Wurzeln, lange Stengel, schmale Blattfinger und spärliche Blüten, und bringen insgesamt weniger Ertrag pro Flächeneinheit und Wuchszeit als die im Haus angebauten Indica-Sorten. Sie bilden im allgemeinen viel THC, allerdings sind die Blütenstände weniger schwer. Sativa gedeiht im Freien weitaus besser als im Haus.

Der Same besteht aus dem Embryo - der die Erbanlagen enthält und mit einer Nährstoffreserve ausgestattet ist - und einer schützenden Hülle. Reife Samen haben eine harte, dunkelbraune oder gefleckte Schale und keimen am besten. Weiche, bläßliche oder grüne Samenkörner sind im allgemeinen nicht ausgereift; man sollte sie nicht verwenden; sie keimen weniger gut, und das Resultat ist möglicherweise eine schwächliche Pflanze. Voll ausgereifte, trockene Samen keimen sehr rasch, bei älteren (wenn sie mal ein Jahr oder älter sind) kann es etwas länger dauern.

Zum Keimen brauchen Cannabis-Samen lediglich Wasser, Wärme und Luft, kein Licht. Bei entsprechender Feuchtigkeit und einer Temperatur zwischen 21 und 32° C werden sie in zwei bis sieben Tagen keimen - je wärmer es ist, desto rascher; allerdings sollte die Temperatur nie höher als 32° C sein. Die schützende Hülle platzt auf, und ein winziger weißer Sproß erscheint - dies ist die Keimwurzel. Als nächstes bilden sich dann die Keimblätter heraus und dringen auf der Suche nach Licht aufwärts.

Es gibt zwei Methoden, die Samen keimen zu lassen. Die erste: Samen in einem warmen Raum (21 bis 32° C) in ein feuchtes Papierhandtuch oder Mull legen und dafür sorgen, daß kein Licht drankommt. Das Tuch immer gut wässern, überschüssiges Wasser muß ablaufen können; so enthält es genügend Feuchtigkeit, um den Samen binnen weniger Tage zum Keimen zu bringen. Der Same verfügt zwar über eine Nährstoffreserve, wässert man jedoch mit einem leichten Zusatz an Flüssigdünger, wird dies sein Wachstum beschleunigen. Bei feuchtem Klima hilft eine milde Bleich- oder Fungizidlösung (2 bis 5 Tropfen auf 4 Liter), gegen Schimmelbefall vorzubeugen. Sobald die weiße Keimlingswurzel erscheint, können Sie den Keimling einpflanzen. Die zarte kleine Wurzel nicht zu lange grellem Licht oder Zugluft aussetzen! Den Keimling in ein feinkörniges Medium setzen, die zarte Wurzel muß nach unten gerichtet sein.

Die zweite Methode besteht darin, den Samen in eine flache Pflanzschale, in einen großen 4- bis 20-Liter-Topf oder in einen Torfquelltopf zu setzen. Das Pflanzmedium muß gleichmäßig feuchtgehalten werden. Beim Pikieren nehmen Sie dann einen Löffel und schaufeln damit den Sämling samt an der Wurzel haftendem Substrat heraus. Sämlinge in Torftöpfen nach 2 bis 3 Wochen - wenn die ersten Wurzelspitzen durch die Topfwand dringen - samt Topf einpflanzen. Sollte sich eine leichte Gelbfärbung zeigen, müssen Sie Dünger verabreichen.

Ich kenne Leute, die legen die Samen in eine flache Pikierkiste und stellen sie in die Lade ihres beheizten Wasserbetts. Sobald sie keimen, kommen sie ein paar Tage lang oben aufs Wasserbett und werden von unten gewärmt. Dann werden sie im Anbau-Raum eingepflanzt.

Ein Folienzelt über dem Keimbehälter sorgt dafür, daß es die Keimlinge schön feucht haben und eine gleichbleibende Temperatur herrscht - es genügt, eine transparente Plastik- oder Zellophantüte über den Topf zu stülpen. In diesem Fall braucht der Same nur anfangs gewässert zu werden. Sobald der Sproß erscheint, entfernt man die Folie. Würde man sie an Ort und Stelle belassen, könnte dies zur Umfallkrankheit oder anderen Pilzkrankheiten führen.

Man kann die Samen zum Keimen auch unter die Hochdrucklampe stellen. Dies ist zwar nicht unbedingt notwendig, aber die Lampe sorgt für trockene Wärme. In diesem Fall muß öfter gewässert werden! Auch ein unter oder in dem Substrat plaziertes Heizband wird die Keimung beschleunigen, jedoch nicht so rasch den Boden austrocknen lassen.

Das größte Problem, das Leute bei keimenden Samen haben: sie geben ihnen zuviel Wasser. Der Boden sollte gleichmäßig durchfeuchtet sein. Eine flache Schale oder ein Gefäß mit einem Heizband darunter muß ggf. täglich gewässert werden, ein hoher 4-Liter-Topf nur alle 2 oder 3 Tage. Fühlt sich die Oberfläche (bis in 1 cm Tiefe) trocken an, ist es Zeit zu wässern. Bedenken Sie, daß die Keimlinge mit ihren winzigen Wurzeln nicht sehr viel Wasser aufnehmen können.

Es empfiehlt sich, an Samen ein Vielfaches dessen anzupflanzen, was man später an ausgereiften Pflanzen ernten möchte. Nur so kommt man zu einem üppig bestückten Anbau-Raum! Solange sie klein sind, beanspruchen die Pflanzen wenig Platz - und die Hochdrucklampe braucht die gleiche Strommenge, ob nun 10 oder 100 Jungpflanzen unter ihr stehen. Wenn die Pflänzchen heranwachsen, sortiert man die kleinwüchsigen und schwächlichen aus. Die gesunden und kräftigen werden in größere Töpfe umgesetzt - man kann sie auch gegen andere Sorten eintauschen oder an Freunde verschenken! So ein kleiner Steckling von einer potenten weiblichen Pflanze ist für jeden Anbauer ein kostbares Gut - er kann zur Mutterpflanze einer ganzen Plantage werden!

Die ersten zwei Blätter, die sich am Keimling zeigen, werden als Keimblätter bezeichnet. Der Stengel wächst in die Höhe, und einige Tage später entfaltet sich dann das erste Paar echter Blätter. In dieser Phase wird das Pflänzchen als Sämling bezeichnet; sie dauert noch rund 3 Wochen. Nun entwickelt sich vor allem das Wurzelsystem, der Wuchs an Grünmasse ist gering. Wasser ist in dieser Entwicklungsphase von größter Bedeutung. Die junge Wurzel ist sehr klein und braucht nicht viel, aber ständig Wasser. Zuviel Wasser wird sie ertränken und kann zu Wurzelfäule oder Umfallkrankheit führen - gibt man aber zuwenig, wird sie vertrocknen. Während die Sämlinge heranwachsen, entwickeln sich manche schneller und wirken generell kräftiger und gesünder, während andere nur schleppend vorankommen und schwächlich und dürr wirken. Hat man viele Samen keimen lassen, so kann man nun die kränkelnden, mickrigen Pflänzchen aussortieren; die kräftigen werden sorgsam gepflegt. Dieses Ausdünnen sollte zwischen der 3. und 5. Woche stattfinden. Sämlinge lassen sich leicht und ohne großes Risiko umpflanzen.

9. KAPITEL

Vegetatives Wachstum

Nach der Sämlingsphase folgt die vegetative Phase. Nun kommt die Chlorophyllproduktion auf Touren - die Pflanze bildet soviel Grünmasse, wie sie aufgrund der Versorgung mit Licht, Nährstoffen, CO_2 und Wasser kann. Bei guter Pflege kann die Pflanze täglich 12 bis 50 mm wachsen. Läßt man sie jetzt verkümmern, dann wird sie wochenlang brauchen, um sich wieder zu erholen. Das Wurzelwerk muß sich ungehindert entfalten können, um der Pflanze die dringend benötigten Nährstoffe und Wassermengen zuzuführen. *Ungehindertes vegetatives Wachstum ist der Schlüssel zu einer guten Ernte.* Während der vegetativen Phase verändert die Pflanze ihren Nährstoff- und Wasserbedarf. Die Transpiration läuft schneller ab, also steigt der Wasserverbrauch. Hohe Stickstoffgaben sind nötig, auch Phosphor und Kalium werden viel rascher verbraucht. Je größer die Pflanze wird, desto rascher trocknet der Boden aus. Das gutentwickelte Wurzelsystem kann nun weitaus mehr Wasser und Nährstoffe aufnehmen. Die Pflanze bildet kräftige Seitentriebe aus. Je mehr Grünmasse sie in der vegetativen Phase bildet, desto mehr Blüten wird sie treiben, und um so höher wird der Ertrag bei der Ernte sein.

Täglich 18 Stunden Licht der Halogen-Metalldampflampe fördern das vegetative Wachstum, eine höhere Dosis wird die Produktivität der Pflanze nicht steigern. Da bei den Samen die Herkunft meist ungewiß ist, gibt man, um ein Maximum an vegetativem Wachstum zu fördern, die maximale Tageslichtdosis. Wird die 18-Std.-Photoperiode beibehalten, wird Marihuana länger als ein Jahr (theoretisch für ewig) in der vegetativen Phase bleiben.

Dies eröffnet dem Anbauer im Haus frappierende Möglichkeiten - sobald das

Geschlecht einer Pflanze feststeht, kann sie z.B. zur Mutterpflanze für eine Vielzahl von Klonen werden; oder abgeerntete Pflanzen können wieder verjüngt werden (siehe unter *Zweite Ernte*).
In der vegetativen Phase kommen Praktiken wie das Beschneiden, Herunterbinden und Klonieren zur Anwendung, und diese wollen wir im folgenden behandeln.

▸ Klon und Mutterpflanze

Klonieren (das Schneiden und Ziehen von Stecklingen) ist die effizienteste und produktivste Art der Cannabis-Vermehrung, die uns heute bekannt ist. Technisch gesehen bedeutet Klonieren, daß der Pflanze eine Zelle entnommen wird, aus der man dann eine komplette Pflanze heranzieht. Wenn wir den Begriff in diesem Buch verwenden, bedeutet er jede Art von asexueller Vermehrung. Marihuana kann man geschlechtlich oder ungeschlechtlich vermehren.
Samen sind das Produkt der sexuellen (generativen) Vermehrung, Klone hingegen das Produkt asexueller (vegetativer) Vermehrung.
Das Klonieren besteht darin, an der wachsenden Pflanze eine Astspitze abzuschneiden und sie wurzeln zu lassen. Viele Leute haben dieses Verfahren schon bei Zierpflanzen wie Philodendron, Efeu oder Coleus angewendet und die Stecklinge dann in Wasser oder Sand wurzeln lassen; anschließend wird der bewurzelte Steckling in fruchtbare Topferde gesetzt.
Steht das Geschlecht einer Pflanze fest *(siehe: Geschlechtsbestimmung durch Klonieren)* und ist die weibliche Pflanze mindestens zwei Monate alt, dann können Sie die simple und äußerst produktive Vermehrungsmethode des Klonierens anwenden. Zum Schneiden von Sinsemilla-Klonen kann jede weibliche Pflanze verwendet werden, einerlei, ob sie aus Samen gezogen oder Klon eines Klons ist - ich kenne einen Anbauer, der schon seit mehr als 20 Generationen mit Klonen arbeitet! Nun, die Klone C-1 stammen von einer Originalpflanze, die als Sämling gezogen wurde. Diese ersten Klone wurden ihr in der vegetativen Phase entnommen, dann wurden aus den Klonen C-1 die Klone C-2 gezogen. Zwei Wochen später wurde bei C-1 die Blüte eingeleitet; die C-2 befanden sich mittlerweile in der vegetativen Phase, ihnen wurden nun die Klone C-3 entnommen. Inzwischen ist er schon weit über C-20 hinaus, und bisher ließ sich weder ein Abfall in der Potenz noch in der Wuchsfreudigkeit feststellen!

Diese junge Pflanze war schon Mutter zahlreicher Stecklinge

Bei Gärtnern, die im Haus anbauen, ist die Stecklingsvermehrung mittlerweile so beliebt, daß es mitunter schwierig wird, gute Samen für den Haus-Anbau aufzutreiben. Aber wer braucht die schon? Anstelle von Samen tauschen die Anbauer Klone aus!

Durch vegetative Vermehrung erhält man eine exakte genetische Kopie der Mutterpflanze. Eine weibliche Pflanze wird 100 prozentige Weibchen hervorbringen, die der Mutter haargenau gleichen (es mag gelegentlich vorkommen, daß sich am Klon einer eindeutig weiblichen Pflanze eine männliche Blüte bildet, oder daß sich eine Pflanze anders entwickelt als die übrigen Klone).

Bei den Klonen werden Sie also sämtliche Eigenschaften Ihrer hochgeschätzten Mutterpflanze wiederfinden - rasches Wachstum, buschiges Blattwerk, die gleichen schweren Blütenstände, gleichhoher THC-Gehalt -, was die Pflege vereinfacht.

Sind Umgebung und Wachstumsbedingungen die gleichen wie bei der Mutterpflanze, werden aus derselben Pflanze geschnittene Klone zu identischen Pflanzen heranwachsen. Läßt man sie in einem anderen Raum bzw.

unter anderen Klimaverhältnissen aufwachsen, wird sich auch ihr Äußeres verändern. Wird z.B. eine Indica mit breiten Blattfingern gestreßt, wird sie nun sehr schmale Blätter bilden.

Der einen Monat alte Steckling einer sechs Monate alten Mutterpflanze ist in Wirklichkeit nicht einen Monat, sondern sechs Monate alt - wie die Mutter. Eine sechsmonatige Pflanze produziert natürlich mehr THC als eine einmonatige. Durch Klonieren kann der Anbauer den THC-Gehalt seiner Pflanzen rapide steigern: Der 4 Wochen alte, bewurzelte Steckling verhält sich wie eine 6 Monate alte Pflanze und kann, sobald es der Anbauer wünscht, zur Blüte gebracht werden. Die bewurzelten Klone läßt man im allgemeinen 2 Wochen bis 3 Monate lang wachsen - bzw. bis sie eine Höhe von 30 bis 120 cm erreicht haben -, dann wird die Blüte eingeleitet.

Ein augenfälliger Unterschied zwischen aus Samen und aus Stecklingen gezogenen Pflanzen ist die Blattgröße. Die jungen Sämlinge haben plumpe, breite Blätter, die gereiften Klone hingegen die Blätter einer 4 bis 8 Monate alten Pflanze.

Hochdrucklampen sind im Betrieb nicht gerade billig. Durch Stecklingsvermehrung läßt sich die Reifezeit von 5 bis 10 Monaten (wenn Samen angepflanzt werden) auf 2 bis 5 Monate verkürzen - so spart man Stromkosten! Ich kenne einen Anbauer, der mit einer Hydrokultur-Anlage von Living Systems arbeitet und jeden Tag einen neuen Klon zieht und eine Pflanze erntet. Er hat 120 Pflanzen, der Zyklus beträgt 90 Tage (gerechnet vom Schneiden des Stecklings bis zum Tag, an dem die ausgereifte Pflanze geerntet wird).

Produktive Anbauer arbeiten mit zwei Räumen - im ersten für die vegetative Phase stehen Klone, Mutterpflanzen und Sämlinge unter einer 1000-W Halogen-Metalldampflampe, und im zweiten, größeren Raum werden die Pflanzen unter einer 1000-W Halogen-Metalldampflampe und einer 1000-W Natriumdampf-Hochdrucklampe zum Blühen gebracht.

Das Licht kann besser einwirken, da die Klone keine Gelegenheit haben, allzu hoch zu werden. Sie wissen ja: Je geringer der Abstand zwischen Lampe und Pflanze, desto rascher wachsen sie. Wenn die unteren Äste im Schatten der oberen liegen, leidet ihr Wuchs.

Da Klone gleich welchen Alters immer größer sind als aus Samen gezogene Pflanzen, haben sie kleine, kompakte Wurzelballen und sind somit besser für Töpfe geeignet - bis es der Wurzel im Topf zu eng wird, ist es schon Zeit zu ernten. Eine 5 oder 6 Monate alte, aus Samen gezogene Pflanze hingegen

wird schon bald vom Topf im Wachstum beengt und verkümmert - diese räumliche Enge ist immer ungesund und erhöht die Anfälligkeit für Schädlinge bzw. verschlimmert die Lage bei Nährstoffmangel oder Überdüngung.
Je kräftiger die Pflanze und je rascher ihr Wuchs, desto weniger Gefahr besteht, daß sie von Krankheiten befallen wird. Werden aus Samen gezogene Pflanzen im 5. oder 6. Monat von Spinnmilben befallen, müssen sie etliche Spritzungen überstehen, bis die Schädlinge ausgemerzt sind. Der Anbauraum kann erst dann vollständig geräumt und gründlich gespritzt oder ausgeräuchert werden, wenn die Pflanzen nach Abschluß der Blütephase geerntet worden sind - und das kann etliche Monate dauern.
Die Klon-Pflanzen können ohne weiteres für einige Tage hinausgeschafft werden, um im Raum zu spritzen oder die Wände mit antiseptischer Tünche zu streichen. Einen Raum voller 6 Monate alter Pflanzen in 20-Kilo-Töpfen zu räumen, ist hingegen schon eine schweißtreibende Arbeit. Den ohnehin bereits angegriffenen Pflanzen wird das Umstellen nicht sehr gut bekommen. Werden sie wieder in den Anbau-Raum zurückgebracht, brauchen sie ewig, um wieder zu ihrem geregelten Wachstum zurückzufinden. Weil die Lebenszeit bei Klonen wesentlich kürzer ist, bleibt auch den Schädlingen weniger Zeit, zur ernsthaften Plage zu werden oder gar eine Immunität gegen Sprays zu entwickeln.
Gesunde Klone von einer erprobten, krankheitsresistenten Mutterpflanze sind die beste Garantie für eine erfolgreiche Ernte. Kommt es unter den kleinen Klonen zu Schädlingsbefall, wird man rasch damit fertig - sie lassen sich ohne viel Mühe und ohne Schaden zu nehmen aus dem Raum schaffen, den man nun durch gründliches Spritzen oder Ausräuchern von Insekten befreien kann.
Experimente sind bei Klonen viel präziser - da es sich um erbgleiche Pflanzen handelt, kan man verschiedene Stimulanzien (Dünger, Licht, herunterbinden- etc.) an einigen Klones testen und weiß dann genau, wie der Rest des Bestandes reagieren wird.
Das Klonieren hat freilich auch seine Nachteile. Da von der Mutterpflanze genaue Kopien produziert werden, haben diese auch alle Schwächen der Mutterpflanze - ist sie nicht resistent gegen Krankheiten, sind es die Klone ebenso wenig. Schädlings- oder Pilzbefall kann dann im Nu den ganzen Bestand hinwegraffen.

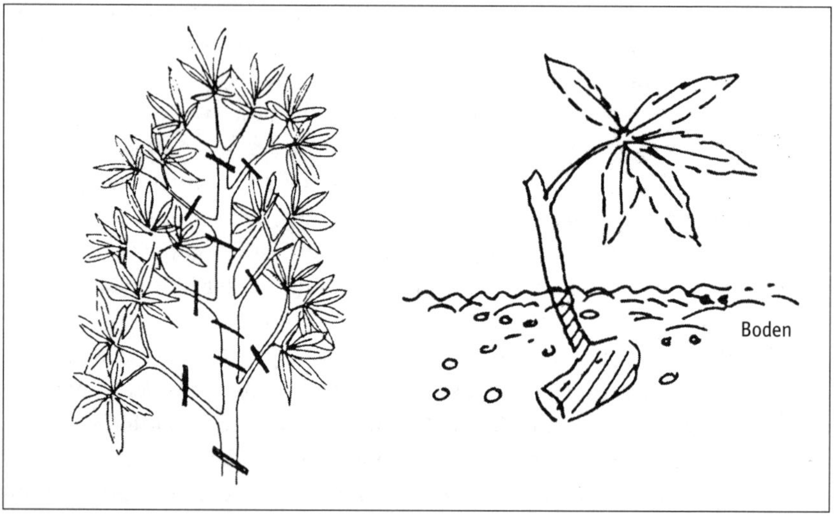

Ein einzelner Ast der Mutterpflanze kann in mehrere Teile zerschnitten werden - jedes Teil kann Wurzeln bilden und zu einer neuen Pflanze heranwachsen, die genau der Mutterpflanze gleicht

Insgesamt hat sich Cannabis Indica durchweg als krankheitsresistente Pflanze gezeigt - nicht zuletzt deshalb ist sie unter den Heim-Anbauern auch so beliebt. Wer mit Klonen von 3 bis 4 verschiedenen Mutterpflanzen arbeitet, wird bei Krankheitsbefall nicht gleich den gesamten Bestand verlieren. In einem sauberen Anbau-Raum wird es ohnehin nie zu derart verheerenden Auswirkungen kommen - so etwas passiert jedoch oft in Räumen, in denen mehrmals geerntet wurde, ohne den Raum anschließend gründlich zu reinigen. Man darf sich auch nicht über Schädlinge oder Krankheiten wundern, wenn man wiederholt ineffiziente Insektizide oder Fungizide versprüht.
Der einzige Nachteil, den das Klonieren meiner Erfahrung nach sonst noch hat, besteht darin, daß man die die guten, potenten Spitzen der Mutterpflanze nicht rauchen darf, sondern sie zum Bewurzeln einpflanzen muß!
Klonieren ist eine simple Sache. Wer sich an die hier gegebenen Anweisungen hält, wird eine 100prozentige Überlebensrate erzielen. Die Mutterpflanze kann man sich entweder aus Samen oder durch Klonieren ziehen. Sie sollte mindestens zwei Monate alt sein und alle wünschenswerten Eigenschaften aufweisen.

Grundsätzlich kann man aus so gut wie jeder Pflanze Stecklinge schneiden, gleich wie alt sie ist oder in welcher Wachstumsphase sie sich befindet. Ist sie in der vegetativen Phase, schlagen sie rasch Wurzeln und wachsen schnell heran. Klone von blühenden Pflanzen wurzeln ebenfalls rasch, brauchen jedoch rund einen Monat, um wieder zum vegetativen Wachstum zurückzukehren, zudem können sie verfrüht blühen, und die Blütenstände sind empfänglich für Schimmelsporen.

Einen wunderbaren Fundus für Stecklinge hat man, wenn man sich mehrere Mutterpflanzen in der vegetativen Phase hält. Man sollte sich jedes Jahr ein paar gute Mutterpflanzen aus Samen ziehen. Die Klone werden gesünder und kräftiger sein, wenn die Mutterpflanze nicht durch fortwährendes Abschneiden von Stecklingen strapaziert wird. Natürlich kann man auch aus einem Klon wiederum Klone schneiden - man schneidet z.B. aus C-1 den Klon C-2, kurz bevor C-1 zu blühen beginnt.

Das Klonieren ist für die Marihuanapflanze das traumatischste Erlebnis überhaupt. Im frisch geschnittenen Klon findet ein ungeheurer Veränderungsprozeß statt, seine ganze Chemie verändert sich - will er überleben, so muß der abgeschnittene Zweig, der zuvor Blätter austrieb, jetzt Wurzeln entwickeln. Man sollte nun auf keinen Fall Sprays einsetzen und jeden zusätzlichen Streß vermeiden.

Forscher haben herausgefunden, daß Pflanzen viel besser wurzeln, wenn der Stengel eine hohe Kohlenhydrat- und niedrige Stickstoff-Konzentration hat. Ein Durchspülen des Bodens mit reichlich Wasser wird die Nährstoffe (inklusive Stickstoff) herauswaschen, doch Vorsicht: allzu starkes Spülen könnte den Boden zu sehr durchnässen. Als Alternative zur Bodenspülung bietet sich ein Durchspülen der Blätter an (Umkehrung der Blattdüngung). Füllen Sie das Spritzgerät einfach mit frischem, lauwarmem Wasser und nebeln Sie die Pflanze eine Woche lang jeden Morgen tüchtig ein - so wird den Blättern rasch der Stickstoff entzogen. Das Wachstum der Mutterpflanze verlangsamt sich, sobald kein Stickstoff mehr da ist - nun wird es zu einer Akkumulierung von Kohlenhydraten kommen. Der höchste Kohlenhydratgehalt findet sich normalerweise in den tiefersitzenden, älteren und reiferen Zweigen. Ein gutes Zeichen für hohen Kohlenhydratgehalt ist, wenn man einen Zweig biegt und er dabei abknickt, statt sich zu biegen (Verholzung durch Zellulose). Zum Wurzeln brauchen die Stecklinge ein Minimum an Stickstoff und hohe Phosphorgaben.

Es sind diverse Präparate (flüssig oder als Pulver) im Handel, die die Wurzel-

bildung fördern.
Profis nehmen lieber Flüssigpräparate (Bewurzelungshormone), da sie aufgrund ihrer Konsistenz zuverlässiger wirken als die in Pulverform.
Um an der Schnittstelle Wurzeln zu bilden, muß ein Steckling sich gewaltig umstellen, anstelle von Stengelzellen nun zuerst undifferenziertes Gewebe und dann Wurzelzellen bilden. Die Bewurzelungshormone fördern den Prozeß der Wurzelbildung, indem sie das undifferenzierte Wachstum stimulieren. Die hierfür bekannten Substanzen sind Naphtylessigsäure, Indolbuttersäure und Dichlorphenoxyessigsäure. Die nachstehend aufgeführten Präparate wurden mit Erfolg als Bewurzelungshormone angewendet. Viele der im Handel erhältlichen Produkte enthalten einen oder alle der obigen synthetischen Stoffe sowie ein Fungizid gegen Schimmelbildung und Umfallkrankheit.

1 Dip-N-Grow
2 Woods Rooting Compound
3 Hormodin
4 Hormex
5 Rootone-F
6 Up-Start
7 Superthrive
8 Weidenwasser

Vorsicht: Manche der Produkte sind nicht zur Verwendung bei eßbaren Pflanzen geeignet - lesen Sie also immer genau das Etikett, ehe Sie sich für ein Präparat entscheiden.
Ein natürliches Mittel, das die Wurzelbildung stimuliert, ist Weidenwasser. Welche in der Weide enthaltene Substanz es nun genau ist, die als Stimulator wirkt, ist nicht bekannt. Wiederholte Experimente haben jedoch gezeigt,daß bei Verabreichung von Weidenwasser 20% mehr Wurzelsubstanz gebildet wird als bei normalem Wasser.
Zur Herstellung des Weidenwassers suchen Sie sich eine Weide aus, an der Sie ein paar diesjährige Äste abschneiden (3 bis 6 mm Durchmesser). Laub entfernen und die Äste in 25 mm lange Stücke zerschneiden. Füllen Sie die Stücke - aufrecht nebeneinander, damit möglichst viele reinpassen - in ein Wasser- oder Einmachglas und gießen Sie etwa 12 mm hoch Wasser ins Glas. Das Glas dann 24 Stunden stehen und die Weidenstückchen ziehen lassen. Das Weidenwasser abgießen - fertig! Die frisch geschnittenen Marihuana-Klone 24 Stunden im Weidenwasser ziehen lassen, dann in den Bewurzelungstopf setzen. Bei Anwendung von Hormonpräparaten können Sie zum Verdünnen statt der angegebenen Wassermenge auch Weidenwasser

verwenden - Sie werden staunen, wie das wirkt!
Klone wurzeln besser, wenn der Boden ein paar Grad wärmer ist als üblich - die Wärme beschleunigt die chemischen Abläufe und damit ihr Wachstum. Eine kühlere Lufttemperatur wird die Transpiration reduzieren - dies erreicht man, indem man die Blätter durch Einnebeln mit Wasser kühlt. Das hilft den ohnehin traumatisierten Klonen, Feuchtigkeit einzusparen, da sie mangels kaum oder noch gar nicht gebildeter Wurzeln noch kein Wasser aus dem Boden aufnehmen können.

Üben Sie zuerst mit 5 bis 10 Stecklingen, ehe Sie in größerem Umfang klonieren.

▸ Geschlechtsbestimmung durch Klonieren

Durch Klonieren läßt sich mit 100prozentiger Sicherheit das Geschlecht bestimmen, ohne in den Wachstumszyklus der Elternpflanze einzugreifen.
Geschlechtsbestimmung durch Klonieren ist kinderleicht. Schneiden Sie einfach von jeder der betreffenden Elternpflanzen zwei Stecklinge - zwei für den Fall, daß einer nicht überlebt. Etikettieren Sie jeden Klon und die dazugehörige Elternpflanze, wenn Sie mehr als eine Pflanze untersuchen (wasserfeste Etiketten benutzen!).
Beim Wurzeln dürfen die Stecklinge jetzt nur 12 Stunden pro Tag unter der Hochdrucklampe stehen - stellen Sie sie anschließend in einen dunklen Schrank oder stülpen Sie einen Karton drüber. Mit der 12-Std.-Photoperiode wird die Blüte ausgelöst. Zur Not genügt auch eine Leuchtstofflampe - auch wenn die eigentlich nicht hell genug ist. Manche Anbauer stellen die Klone zur Einleitung der Blüte gern 1 Woche lang unter die Leuchtstofflampe und dann unter die Hochdrucklampe. Binnen ein oder zwei Wochen werden Sie das Geschlecht der Pflanzen erkennen. Ernten Sie alle männlichen (Vater-Pflanzen außer jenen, die Sie für Zuchtzwecke behalten wollen, und behalten Sie die weiblichen (Mutter-)Pflanzen. Falls Pollen zum Bestäuben gebraucht wird, können auch männliche Pflanzen kloniert und zur Blüte gebracht werden.
Diese Methode hat den Vorteil, daß die Elternpflanze ungestört im 18-stündigen Tagesrhythmus weiterwachsen kann. Sie muß nicht blühen und dann wieder auf vegetatives Wachstum zurückschalten. Dies würde sehr viel Zeit beanspruchen, Ihre Ernte schmälern und die Pflanze unnötig irritieren.

Die Elternpflanze lassen Sie also unbehelligt weiterwachsen, während die Klone nur eine tägliche Lichtdosis von 12 Stunden bekommen - achten Sie darauf, daß sie in der 12-stündigen Dunkelperiode durch keinen Lichtschimmer gestört werden

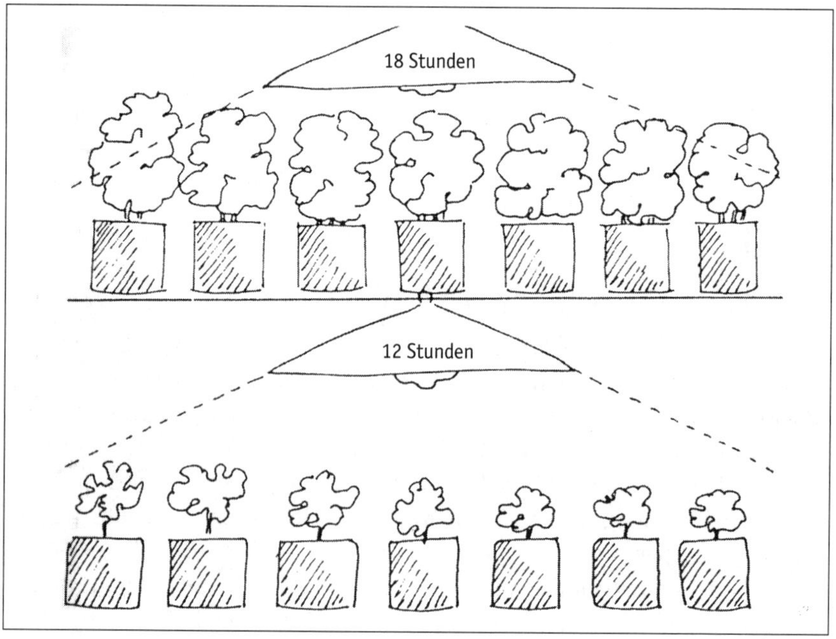

▸ Klonieren - Schritt für Schritt

Erster Schritt Suchen Sie eine Mutterpflanze aus, die mindestens 2 Monate alt und 60 cm hoch ist. Das Substrat täglich morgens durchspülen, mit mindestens 5 Liter Wasser auf 30 Liter Substrat (für gute Dränage sorgen!), oder spülen Sie jeden Morgen gründlich die Blätter (umgekehrte Blattdüngung). Beginnen Sie damit eine Woche vorm Schneiden der Stecklinge - so wird der Stickstoff ausgewaschen.

Zweiter Schritt Suchen Sie an der Pflanze einige der älteren Zweigspitzen aus, die fest und gesund sind, 3 bis 6 mm dick und 5 bis 20 cm lang. Machen Sie mit einer scharfen Klinge einen Schnitt im Winkel von 45 Grad - wichtig ist eine saubere Schnittfläche, das Ende des Stengels darf nicht zerquetscht wer

Vor dem Schneiden des Stecklings werden die Blätter getrimmt

den! Schneiden Sie zwei oder drei Paar Blätter bzw. Triebe ab, damit der untere Teil des Stengels frei ist zum Einpflanzen. Über der Erdoberfläche sollte er mindestens zwei Blattpaare, unterhalb mindestens ein oder zwei Paar getrimmte Nodien (Blattknoten) aufweisen. Den Schnitt immer genau in der Mitte zwischen zwei Nodien machen! Liegt er zu dicht an den Nodien, könnte es bei einem der verbleibenden Nodien zu mutiertem Wuchs führen. Das abgeschnittene Ende sofort in frisches lauwarmes Wasser tauchen. Das ist sehr wichtig, weil sich sonst in dem winzigen Loch in der Mitte des Stengels eine Luftblase bilden kann, die den Transpirationsstrom blockiert - wird er unterbrochen, stirbt der Steckling nach 24 Stunden ab.

Dritter Schritt Wenn möglich, Torftöpfe oder Torfpreßlinge benutzen, das wird Pflege und Umpflanzen sehr erleichtern. Oder kleine Töpfchen oder Pikierkiste mit grobem, gewaschenem Sand, feinem Vermiculit oder erdlosem Substrat füllen. Wenn nichts anderes vorhanden ist, können Sie auch Topferde nehmen. Das Substrat mit lauwarmem Wasser gut durchfeuchten. Mit einem Bleistift oder Eßstäbchen ein Loch ins Medium bohren, etwas größer als der Stengel des Stecklings. Achten Sie darauf, daß am Boden noch etwa 2 cm hoch Substrat bleibt, in dem der Steckling wurzeln kann.

Vierter Schritt Nun zum Bewurzelungshormon. Profis nehmen die flüssige Form. Die Lösung erst kurz vor der Anwendung ansetzen. Auf dem Etikett werden Sie Angaben für Hart- und Weichhölzer finden - richten Sie sich nach denen für Weichholz. Jeden Steckling 10 bis 20 Sekunden lang in der Hormonlösung schwenken. Den Steckling ins Loch einführen, das Medium sachte ringsum andrücken. Bei Hormonen in Pulverform einfach das untere Ende des Stengels im Pulver rollen; beim Einsetzen darauf achten, daß ringsum eine dicke Schicht Hormonpulver am Stengel haftet, wenn Sie das Medium andrücken.

Fünfter Schritt Leicht wässern mit einer milden Vitamin-B1-Lösung (oder einem Präparat, das B1 enthält), bis die Oberfläche gleichmäßig feucht ist. Wässern nach Bedarf.

Sechster Schritt Stecklinge wurzeln am besten, wenn sie täglich 18 Stunden unter der Leuchtstofflampe stehen (manche Anbauer behaupten, 24 Stunden wären besser). Wollen Sie das Geschlecht bestimmen, geben Sie 12 Stunden Licht. Steht keine Leuchtstofflampe zur Verfügung, stellen Sie die Stecklinge unter die Halogen-Metalldampflampe. Abstand zur Lampe: 90 bis 120 cm - mit Tuch oder dergleichen abschirmen, das mindert den Schock der traumatisierten Pflänzchen.

Siebter Schritt Schützen Sie die wurzelnden Stecklinge mit einem Folienzelt, das erhöht die Luftfeuchtigkeit. Diese Abdeckung kann aus klarer Plastikfolie, aus Glas oder einfach einem überstülpten Zellophanbeutel bestehen; lassen Sie eine kleine Öffnung für die Frischluftzufuhr. Stattdessen können Sie die Klone auch mehrmals täglich mit einem Sprühnebel aus lauwarmem Wasser versorgen - beide Methoden beugen einen Feuchtigkeitsverlust der Pflänzchen vor, die ja noch keine Wurzeln haben, um Wasser aufzunehmen.

Achter Schritt Unterm Folienzelt wird im allgemeinen eine Temperatur von 21 bis 27° C herrschen. Falls es nicht warm genug ist, können Sie mit einer Heizmatte oder einem Heizband nachhelfen - oder Sie bringen unter den

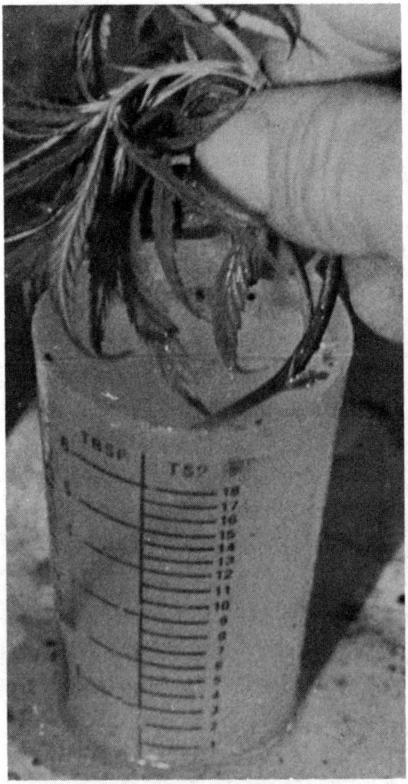

Bewurzelter Steckling

Steckling wird in Hormonlösung getaucht

Klonen eine Glühbirne an.

Neunter Schritt Manche Stecklinge werden ein paar Tage lang angewelkt erscheinen. Oder die Blätter faulen an, weil sie feuchten Boden berühren - entfernen Sie die faulen Blätter. Bis zum Ende der ersten Woche sollten sie sich wieder erholt haben. Sind sie nach einer Woche stark gewelkt, werden Sie vermutlich nicht überleben oder so verkümmert sein, daß sie kaum mit den anderen Pflanzen Schritt halten können.

Zehnter Schritt Nach ein bis vier Wochen sollten die Klone Wurzeln gebildet haben. Die Blattspitzen färben sich gelb, und am Wasserabzugsloch wird man hervorschauende Wurzeln entdecken; die Stecklinge beginnen nach oben zu wachsen. Um den Wurzelwuchs zu überprüfen, nehmen Sie behutsam einen Steckling aus dem Topf und schauen nach. Bei Torftöpfen werden an der Seite oder am Boden hervordringende Wurzelspitzen zu erkennen sein.

Diese Klone wurde vor drei Wochen geschnitten

▸ Umpflanzen

Ist die Pflanze für ihren Topf zu groß geworden, muß sie in einen größeren umgesetzt werden, in dem die rasch wachsenden Wurzeln genügend Raum haben. Beengte Wurzeln führen zum Verkümmern der Pflanze - ihre Wuchsfreudigkeit läßt nach, sie wirkt dürr und kränklich, bildet die neuen Seitentriebe am Stengel in größeren Abständen. In krassen Fällen sieht es aus, als wollte die Pflanze ausbüchsen: sie wächst bloß noch vertikal - eine in einem 10-cm-Topf gereifte weibliche Pflanze wird zwar eine Höhe von 1,20 m erreichen, ihr Umfang jedoch kaum 15 Zentimeter betragen! Und sie würde ewig lange brauchen, um sich wieder zu einer normalen Pflanze zu entwickeln. Das kostet den Gärtner Geld und bringt jede Menge Frust.

Beim Umpflanzen im neuen Topf die gleiche Art Substrat verwenden, damit sich die Wurzeln nicht lange umgewöhnen müssen. Bei in Vermiculit oder grobem Sand gewurzelten Klonen schütteln Sie den Wurzelballen gut aus - ohne ihn dabei zu beschädigen! - ehe Sie ihn ins neue Medium setzen. Faule Gärtner (wie ich) und Neulinge ziehen Stecklinge oder Samen gern in Torftöpfen, weil das Umpflanzen kinderleicht ist: man setzt einfach das Pflänzchen samt Torfpott in den größeren Topf.

Nach dem Klonieren ist Umpflanzen das zweite große Trauma im Leben der Pflanze. Es erfordert besondere Sorgfalt und manuelles Geschick. Die zarten Wurzelhaare sind sehr empfindlich und können durch Licht, Luft und Tolpatschigkeit leicht Schaden nehmen. Die Wurzeln wachsen im Dunkeln, in geschützter und stets gleicher Umgebung. Bleiben sie zu lange ohne Substrat, trocknen sie aus und sterben ab.

Beim Umpflanzen jede unnötige Irritation der Wurzeln vermeiden. Ortho-Up-Start oder Vitamin B1 mildern den Umpflanzschock. Die Pflanze braucht Zeit zum Eingewöhnen, bis Wasseraufnahme der Wurzel und -transport zur Pflanze hinauf wieder funktionieren. Sie benötigt jetzt weniger N und K, jedoch große Mengen an P. Bei richtiger Anwendung von Up-Start und möglichst geringer Irritation der Wurzeln wird man kaum etwas von Umpflanzschock oder Anwelken bemerken.

Im neuen Topf sollte man der Pflanze ein paar Tage lang gefiltertes bzw. weniger intensives Licht zukommen lassen. Ist eine Leuchtstofflampe vorhanden, stellen sie die umgetopfte Pflanze erst unter diese, und später dann unter die Hochdrucklampe.

Topfen Sie spät am Tag um, damit sich die Pflanze über Nacht erholen kann. Das Geheimnis erfolgreichen Umpflanzens ist manuelles Geschick, Up-Start und jede Menge Wasser.

Das Wasser sorgt dafür, daß sich der Boden dicht um die Wurzeln lagert und sie nicht austrocknen. Der enge Kontakt zwischen Wurzel und Boden ist lebenswichtig, nur so kann die Wurzel die Pflanze mit Wasser und Nährstoffen versorgen. Einen Schock erleidet die Pflanze ohnehin - das sollten Sie stets bedenken, sie findet sich ja plötzlich in völlig neuer Umgebung wieder und muß sich erst eingewöhnen! Währenddessen sind Photosynthese und Chlorophyllproduktion reduziert, desgleichen Wasser und Nährstoffaufnahme der Wurzeln. Das Licht muß gedämpft sein, damit der Blattwuchs im gleichen

Tempo abläuft, wie die Wurzeln Wasser und Nährstoffe liefern können. Gehen Sie sanft mit den jungen Pflänzchen um!
Pflanzen, denen man das Trauma des Umpflanzens zumutet, sollten so gesund wie möglich sein. Allerdings wurde auch schon so manches kränkelnde, im Wurzelwuchs beengte Pflänzchen durch Umsetzen in einen größeren Topf kuriert.

▸ Umpflanzen - Schritt für Schritt

Werfen Sie zuerst einen Blick auf die Tabelle mit den Topfgrößen im 3. Kapitel. Beim nachfolgenden Beispiel handelt es sich um einen einmonatigen Steckling, der in einem 10-cm-Topf mit grobem Sand gewurzelt hat und nun in einen 25-Liter-Topf umgepflanzt wird.

Erster Schritt Ein oder zwei Tage vorm Umpflanzen wird der Steckling mit zur Hälfte verdünntem Up-Start oder Vitamin B1 gewässert.

Zweiter Schritt Den 25-Liter-Topf bis 5 cm unterm Rand mit fruchtbarer Blumenerde oder erdloser Substratmischung füllen.

Dritter Schritt Das Pflanzmedium gründlich wässern, bis es gut durchfeuchtet ist.

Vierter Schritt Den Steckling-Topf in beide Hände nehmen, zwischen ihnen hin- und herrollen, bis sich an der Seitenwand der Boden löst. Legen Sie die Rechte über die Oberfläche des Topfes, wobei der Pflanzenstengel zwischen ihren Fingern ruht. Den Topf umdrehen und den Wurzelballen aus dem Topf gleiten lassen - nun haben Sie die Pflanze in der Hand. Vorsicht, den Wurzelballen nicht zerfallen lassen.

Fünfter Schritt: Behutsam den Wurzelballen in das vorbereitete Loch im 25-Liter-Topf gleiten lassen. Achten Sie darauf, daß keine Wurzelspitzen nach oben zeigen.

Sechster Schritt Den Boden rings um den Wurzelballen auffüllen. Sachte, aber gut andrücken.

Siebter Schritt Mit zur Hälfte verdünntem Up-Start oder Vitamin B1 wässern; der Boden sollte gut durchfeuchtet, aber nicht aufgeweicht sein.

Achter Schritt Die umgetopfte Pflanze am Rand des Gartens oder unter einem Lichtfilter plazieren; in den ersten zwei oder drei Tagen sollte die Pflanze kein grelles Licht erhalten.

Neunter Schritt Die frische Topferde enthält genügend Nährstoffe, um die Pflanze 4 Wochen lang zu versorgen. Dann wird ergänzende Düngung nötig. Bei erdlosen Substraten wird eine Woche nach Umtopfen eine ausgewogene NPK-Düngung erforderlich.

▸ Beschneiden und Herunterbinden

Beschneiden und Herunterbinden bedeuten einen gravierenden Eingriff in das Wuchsverhalten der Pflanze. Es verändert ihre physische Gestalt, den Transpirationsfluß und Hormonhaushalt. Beschneiden nimmt die Pflanze ziemlich mit, während Herunterbinden sich eher verhalten auswirkt. Wird ein Zweig beschnitten, wachsen aus den Nodien unterhalb des Schnittes zwei neue Zweige. Das bedeutet aber nicht, daß die Pflanze nun die doppelte Grünmasse produziert, denn sie kann immer nur in ganz bestimmtem Tempo wachsen. Eine fixe Zweigamputation wird sie also keineswegs schneller wachsen oder mehr Laub bilden lassen. Bedenken Sie, daß Trimmen oder Beschneiden in den ersten Tagen zu verlangsamtem Wuchs führen kann! Beim Anbau im Haus dauert der gesamte Wachstumszyklus ja meist nur 2 bis 5 Monate. Und bei jedem Beschneiden würde man kostbare Pflanzenteile entfernen, die in knapp 8 Wochen von Blüten gekrönt sein könnten!
Herunterbinden ähnelt in seiner Wirkung dem Beschneiden - es verändert den Hormonhaushalt der Pflanze, im Gegensatz zum Beschneiden werden ihr dabei keine genommen. Die Wirkung dieses Biegens besteht darin, daß es den Einfluß wuchshemmender Hormone neutralisiert. Bei dieser simplen Prozedur wird die Pflanze viel weniger gestreßt als beim Beschneiden - man biegt einfach den Zweig in die gewünschte Richtung und bindet ihn fest. Die Zweige können einiges an Biegen verkraften, bevor sie abknicken oder brechen. Auch wenn mal ein Zweig knickt - binden Sie ihn fest, das heilt von selbst wieder. Junge Zweige vertragen diese Prozedur besser als die älteren, die weniger flexibel sind. Bindet man den horizontal gebogenen Zweig fest

wachsen seine Blüten nach oben zum Licht. Da sie alle mehr Licht erhalten, wird sich jede einzelne zu einem beeindruckenden Blütenstand entwickeln - auf diese Weise läßt sich der Ertrag enorm steigern. Ein Pflanzkübel aus Holz ist hierbei sehr hilfreich, weil man an den Seiten Spaliere annageln und an diesen die Zweige festbinden kann. Auf dem Photo erkennen Sie, wie sich erfolgreiches Herunterbinden auswirkt.

Wird der Zweig horizontal gebogen, wachsen die Blüten nach oben.

Draht zum schonenden Anbinden (auf Rolle oder in handlichen Stücken) gibt es im Gartenfachhandel; er ist mit Kunststoff ummantelt und schneidet nicht ins Gewebe der Pflanze. Man kann auch Verschlußclips (von Zellophanbeuteln), Elektro- oder Telefondraht verwenden, dies ist wohl am billigsten. Der Draht muß lose um den Zweig liegen -strangulieren Sie die Pflanze nicht! Wird der Flüssigkeitsstrom im Innern unterbrochen, stirbt der Zweig ab!
Gehen Sie beim Anbinden behutsam vor, auch wenn Marihuana einiges wegstecken kann. Wenn eine Achsel aufreißt oder ein Zweig abknickt, können Sie das Malheur beheben, indem Sie die Stelle mit einem kleinen Stöckchen schienen, das Sie entweder mit Draht oder Klebeband befestigen.

In der Praxis wird oft eine Kombination aus Beschneiden und Herunterbinden angewendet. Beim Beschneiden ist irgendwann Schluß und die Pflanze ruiniert; beim Herunterbinden wird das kaum je der Fall sein.

Beschneiden führt zu buschigerem Wuchs. Wird die Endknospe entfernt, entwickeln sich die unteren Zweige rascher. Das Beschneiden der Endknospe verändert die Konzentration der wuchshemmenden Hormone, die verhindern, daß die Seitentriebe zu schnell wachsen. Je weiter ein Zweig von den Hormonen der Pflanzenspitze entfernt ist, um so geringer ist ihre Wirkung. Deshalb wächst Marihuana in unbeschnittenem Zustand in der Form eines Tannenbaums.

Beim Anbau im Haus wird nur selten beschnitten. Man arbeitet hier ja meist mit Stecklingen, die nach kurzer Zeit zur Blüte gebracht und nur 60 bis 120 cm hoch werden. Ein Beschneiden - damit auch die Blätter weiter unten Licht bekommen, oder um ein einheitliches Gartenprofil zu schaffen - erübrigt sich hier; der Anbau mit Klonen ist im Haus die einfachste und wohl auch produktivste Methode.

Beim Beschneiden stets sauberes Werkzeug verwenden. Man kann eine Rasierklinge, eine scharfe Gartenschere oder eine Haushaltsschere nehmen. Wenn Sie im Anbau-Raum beschneiden, benutzen Sie Ihr Werkzeug nur dort. Mit einer im Freilandgarten benutzten Schere können Sie alles mögliche einschleppen, von Blattläusen bis zu Hundekot. Wenn Sie Werkzeug von draußen benutzen, reinigen Sie es zuvor in Alkohol.

Beim Beschneiden von im Haus angebautem Marihuana gibt es drei Methoden. Bei der ersten werden die untersten Zweige jener Pflanzen entfernt, die größer als 60 bis 90 cm sind. Das konzentriert die Blütenhormone, dann werden die Blütentrauben kräftiger und schwerer. Viele Anbauer beschneiden nicht, sondern arbeiten nach folgendem Prinzip: Es werden möglichst viele Pflanzen auf engstem Raum zusammengepfercht - sie werden nicht sehr buschig, da sie kaum Platz haben. Die Pflanzen (aus Stecklingen gezogen) läßt man 4 Wochen lang wachsen, dann wird die Blüte eingeleitet; sie werden nicht größer als 60 oder 90 cm. So kann das Licht viel intensiver wirken, und die ganze Pflanze wird zu einer einzigen Blütentraube, sie hat so gut wie keine Blätter. Die kleinen Stecklinge werden dicht an dicht in 5-l-Töpfe gesetzt - jede Pflanze wird also auf minimalem Raum in kürzestmöglicher Zeit ein Maximum an Marihuana erbringen. Ob diese Methode produktiver ist als andere, sei dahingestellt. Wissenschaftliche Expertisen hierzu gibt es bisher nicht, aber viele glückliche und zufriedene Anbauer.

Bei der zweiten Methode werden die Spitzen abgeknipst. Das zerstreut die Blütenhormone und führt zu buschigerem Wuchs. Beschneiden im Alter von 1 oder 2 Monaten und erneut mit 2 oder 3 Monaten macht die Pflanze buschiger; bei kontinuierlichem Beschneiden wird sie eine strauchartige Form annehmen. (Es gibt sogar Anbauer, die ihre Pflanzen in ornamentaler Form beschneiden!) Hierzu läßt man ein paar Pflanzen 6 Monate oder noch länger in großen Behältern (45 bis 90 Liter) oder in Hydrokulturbeeten heranwachsen. Der Ertrag an dichten Blütenständen ist vermutlich geringer als bei nicht beschnittenen, aber der Gesamtertrag ist hoch. Anbauer, die beschneiden, behaupten, daß es den Blütenertrag steigert, und wer weiß, vielleicht ist es ja der Fall. Anbauer, die viel beschneiden, nutzen den Beschnitt natürlich zur Stecklingsanzucht.

Die dritte Methode ist eine Kombination aus erster und zweiter Methode. Hierbei beschneidet man alle Triebspitzen bis auf vier Hauptzweige. Das Meristem wird entfernt - nur vier Zweige bleiben an der Pflanze. In diesen konzentrieren sich nun die Blütenhormone. Es dürfen immer nur vollständige Zweige entfernt werden, niemals einzelne Blätter! Das hier zugrundeliegende Prinzip besagt: Sind weniger Zweige vorhanden, werden sich diese um so stärker entwickeln und mehr Blüten tragen. Gewöhnlich beschneidet man die Pflanze, wenn sie einen Monat alt ist - die vier ausgewählten Zweige sind normalerweise die ältesten oder die kräftigsten. Dann beläßt man die Pflanze in der vegetativen Phase, und wenn sie eine Höhe von 60 bis 90 cm erreicht hat, leitet man die Blütephase ein.

Niemals alle Zweige entfernen; der Schock wäre für die Pflanze zu groß. Am besten immer zuerst die großen Zweige entfernen, die im Weg sind und den anderen Pflanzen das Licht wegnehmen. Wenn Sie Stecklinge von der Mutterpflanze schneiden, gönnen Sie ihr ab und zu ein wenig Erholung - wenn sie bloß noch lauter Stummel hat, braucht sie etwa einen Monat, um wieder halbwegs nachzuwachsen.

Ein übermäßiges Beschneiden über längere Zeit hinweg kann den Hormonhaushalt der Pflanze soweit verändern, daß sie nur noch spindeldürr weiterwächst. Wenn Sie einer Mutterpflanze viele Klone entnehmen wollen, ist es am besten, sie bis auf ein paar laubreiche Spitzen am Stengel zu trimmen und sie dann wieder nachwachsen zu lassen.

Vier Wochen vor Einleiten der Blüte sollte nicht mehr beschnitten werden. Das Beschneiden zerstreut die Konzentration der Blütenhormone und verzögert den Blüteprozeß. Wird nach starkem Beschneiden die Blüte eingeleitet, kann es dazu führen, daß die Blütephase eine Woche länger dauert. Nach dem Beschneiden braucht die Pflanze rund 4 Wochen, bis wieder die normale Hormonkonzentration erreicht ist.

Lassen Sie die Blätter in Frieden! Irgendjemand hat mal das Gerücht in die Welt gesetzt, daß man große Blätter entfernen soll, weil die kleineren Ästchen dann mehr Licht erhalten und rascher wachsen. Das ist Unfug. Eine Pflanze braucht alle Blätter, die sie hat, um möglichst viel Chlorophyll zu produzieren. Nimmt man ihr Blätter, reduziert sich die Chlorophyllproduktion und die Pflanze verkümmert. Das Entfernen einzelner Blätter streßt die Pflanze, und Streß ist wuchshemmend - vor allem in der vegetativen Phase. Einzelblätter dürfen nur entfernt werden, wenn sie eindeutig abgestorben oder von Insekten oder Pilzkrankheiten befallen sind. Blätter entfernen hat nichts mit Beschneiden zu tun, sondern läuft auf das Verstümmeln einer ansonsten gesunden Pflanze hinaus.

Gegen ein Entfernen von unteren Zweigen, die mickrig und dürr sind, ist nichts einzuwenden. Dies wird sich nur minimal auf die Konzentration der Blütenhormone auswirken. Immer den kompletten Ast abschneiden! Untere Zweige dürfen nur entfernt werden, wenn sie krank sind oder Sie eine Party feiern wollen!

10. KAPITEL

Die Blüte

Um ihren Lebenszyklus erfolgreich abzuschließen, muß die Pflanze blühen. Cannabis ist eine diözische (zweihäusige) Pflanze, entweder sie ist männlich und produziert Pollen, oder sie ist weiblich und produziert Eizellen. Hin und wieder findet man auch einen Zwitter - eine bisexuelle Pflanze, auf der gleichzeitig männliche und weibliche Blüten wachsen.

Irgendwann landet eines der vielen winzigen Pollenkörner aus dem männlichen Pollensack auf einem Griffel der weiblichen Blüte. Die weiblichen Blütenstände bestehen aus einer Vielzahl von Fruchtknoten, jeder enthält eine Eizelle und besitzt zwei emporragende Griffel bzw. Narben. Die eigentliche Befruchtung findet statt, wenn das männliche Pollenkörnchen den Griffel hinabrutscht und sich in den Tiefen des Fruchtknotens mit der weiblichen Eizelle vereinigt. Nach erfolgter Befruchtung verfärben sich die Griffel braun, und im Fruchtknoten bildet sich ein Samenkorn. Der Same ist das Ergebnis dieser sexuellen Vermehrung und enthält Erbanlagen von beiden Elternpflanzen. Die Chance, ob sich aus dem Samenkorn eine männliche oder eine weibliche Pflanze entwickelt, liegt bei 50 Prozent. Nach der Befruchtung konzentriert die weibliche Pflanze ihre gesamte Energie auf die Samenproduktion. Stecken die Blüten dann voller reifer Samen, stirbt die Pflanze ab - sie hat ihren Lebenszyklus erfolgreich abgeschlossen. Der Daseinszweck der männlichen Pflanze ist erfüllt, sobald sie ihren Pollen in den Wind gestreut hat.

In freier Natur blüht Marihuana im Herbst, wenn die langen heißen Sommertage vorüber sind. Werden die Tage kürzer und die Nächte länger, ist dies für die Marihuanapflanze das Signal zum Blühen. Das Wuchsverhalten und die

Ein Geldschein bleibt ohne weiteres an der harzigen Spitze kleben

chemischen Abläufe ändern sich: der Stengel verlängert sich, nun werden weniger Blätter gebildet; die Cannabinoidproduktion wird kurz gedrosselt und dann erheblich beschleunigt. Zunächst ist eine rasche Blüten-

bildung zu beobachten, das Tempo läßt nach einer Weile wieder nach. All dies bringt einen veränderten Nährstoffbedarf mit sich. Die Pflanze widmet sich ganz der Blütenproduktion, das vegetative Wachstum verliert an Bedeutung. Es wird nun mehr Phosphor aufgenommen zur Blütenbildung; der Bedarf an Stickstoff, der zur Chlorophyllproduktion benötigt wurde, sinkt. Auch die Anforderungen ans Licht wechseln. Im Herbst nimmt die Sonne durch den veränderten Einfallswinkel in den meisten Klimazonen eine rötliche Färbung an. Statt des ausgewogenen weißen Lichts gibt sie nun mehr Rotlicht ab; die rote Herbstsonne stimuliert in der Pflanze die Blütenhormone.
Das Phänomen dieser sogenannten Erntesonne ist nicht ganz geklärt. Experimente haben allerdings gezeigt, daß eine Erhöhung des Rotlichtanteils während der Blüte die Blütenhormone anregt und die Blüten an Größe zunehmen.
Im Hause kann die Blüte ausgelöst werden, indem man die Photoperiode von 18 auf 12 Stunden verkürzt. Reduziert man die Brenndauer der Lampen auf 12 Stunden, wird man nach 1 bis 3 Wochen die Ausbildung von Blüten beobachten. Viele Anbauer arbeiten mit zwei Räumen: der erste bleibt der vegetativen Phase vorbehalten (hier brennt 18 Stunden täglich eine 1000-Watt Halogen-Metalldampflampe), während im zweiten die blühenden Pflanzen stehen (12 Stunden unter 1000-Watt Halogen-Metalldampflampe und Natriumdampf-Hochdrucklampe). In dieser Kombination läßt sich die Stromrechnung relativ niedrig halten, und der Anbauer hat den Luxus, daß bei ihm zu Hause das ganze Jahr über gleichzeitig Sommer und Herbst herrscht.
Die Rotlichtstimulierung - das Phänomen der Herbstsonne - liefert die 1000-W Natriumdampf-Hochdrucklampe; sie wird die Blütenproduktion um 20 bis 30 Prozent steigern! (Die Halogen-Metalldampflampe mit beschichtetem Glaskolben emittiert übrigens ein wenig mehr Rotlicht als die mit Klarglaskolben.)
Die Simulation der Erntesonne ist auf drei Arten möglich: (1) Wenn im Anbau-Raum eine 1000-W Halogen-Metalldampflampe hängt, installiert man zusätzlich eine 1000-W Natriumdampf-Hochdrucklampe. Damit wird die Lichtintensität mehr als verdoppelt, vor allem im roten Spektralbereich. Die Halogenlampe liefert den für die Chlorophyllproduktion nötigen Blauanteil. (2) Man ersetzt die Halogenlampe durch eine Natriumdampflampe. Dies erhöht den Rot- und senkt den Blau-Anteil. Als Folge hat sich in der Praxis

eine zunehmende Vergilbung der vegetativen Blätter gezeigt (mangelnde Chlorophyllproduktion) und mehr Längenwuchs (5 bis 15 cm) als unter der Halogenlampe. Anbauer, die mit dieser Methode arbeiten, haben einen etwas geringeren Ertrag, aber die Halogenlampe kann im Nebenraum bereits zum Ziehen neuer Stecklinge eingesetzt werden. Nach der Ernte kann man diese neue Generation sofort unter die Natriumdampflampe im Blüteraum stellen.
(3) Man nimmt eine Halogenlampe mit lichtstreuender Beschichtung - als Zweitlampe oder einzige Lichtquelle. Ihr Licht ist verträglicher für das menschliche Auge, und sie gibt auch etwas mehr blütenförderndes Rotlicht ab.
Der Wasserbedarf der blühenden Pflanze ist etwas geringer als in der vegetativen Phase. Ausreichendes Gießen während der Blüte ist wichtig, damit die chemischen Abläufe in der Pflanze und die Harzproduktion reibungslos funktionieren können. Wer zuwenig Wasser gibt, weil er meint, das steigere die Harzproduktion, wird nur Schaden anrichten: die Pflanze verkümmert, der Ertrag sinkt.
Niemals große Blätter entfernen, weil sie offenbar jungen Trieben das Licht wegnehmen! Die großen Blätter sind wichtig für die Gesundheit der Pflanze. Nur abgestorbene oder stark angewelkte Blätter entfernen.

▸ Die männliche Pflanze

Die männliche Cannabispflanze ist 1 bis 2 Wochen vor der weiblichen reif; die glockenförmigen Pollensäcke geben nun ihren gelblichen, staubfeinen Pollen ab. Ihre Blütezeit hält an bis weit in die Blütephase der weiblichen hinein - so wird die Befruchtung gesichert. Männliche Blüten sind etwa 1 cm lang, zartgrün, manchmal auch gelblich. Die ersten Blüten bilden sich nahe der Pflanzenspitze und hängen in Trauben an den Achseln der Seitentriebe. Nach und nach breiten sich die Blüten nach unten über die Pflanze aus. Sind sie fertig ausgeformt, platzt der Pollensack auf und schüttet den Blütenstaub aus - dies ist 3 bis 6 Wochen nach Einsetzen der 12-stündigen Photoperiode der Fall.
Männliche Pflanzen sind oft - wenn auch nicht immer - hochgewachsen, haben kräftige Stengel mit sporadischer Zweigbildung und wenig Blättern. Da sie größer sind, sorgen Wind und Schwerkraft dafür, daß der Pollen zu den meist kleineren weiblichen Pflanzen gelangt.
Die männliche Blüte hat ein wesentlich kleineres Volumen und enthält im allgemeinen weniger THC als die weibliche.

Normalerweise werden die männlichen Pflanzen gleich nach der Identifikation (siehe *Geschlechtsbestimmung durch Klonieren*) geerntet, bevor sie ihren Pollen abgeben können - mit Ausnahme der Pflanzen, die zur Züchtung benötigt werden.

Es gibt diverse Möglichkeiten, männliche Pflanzen während der Sämlings- oder vegetativen Phase zu identifizieren (Chemikalien, Genetik, Wuchscharakteristik u.a.), am einfachsten und sichersten ist die Geschlechtsbestimmung mittels 12-stündiger Photoperiode - anhand der Blüten sind die Pflanzen eindeutig zu erkennen.

Männliche Pflanze

▸ Die weibliche Pflanze

Sie wächst im allgemeinen gedrungen und buschig, die Zweige stehen dicht und sind üppig belaubt; allseits begehrt ist sie aufgrund ihrer starken Harzproduktion und ihres reichen Blütenertrags. Ein bis drei Wochen nach Umstellen der Photoperiode zeigen sich die ersten Blüten. Wie bei der männlichenPflanze erscheinen auch bei ihr die ersten Blüten im Bereich der Endknospe und breiten sich dann nach unten aus. Die Blüte besitzt zwei 6 bis 12 mm lange pelzige weiße Haare, die sog.Griffel (Narben), die in Form eines V emporragen und am unteren Ende zur Eizelle führen, die sich in einer hellgrünen Kapsel, dem Fruchtknoten, befindet. Die Fruchtknoten bilden geballte Blütenstände, die den Stengel in dichten Trauben umgeben; diese sind auch unter dem Begriff *cola* bekannt.

In den ersten 4 bis 5 Wochen bilden sich die Fruchtknoten sehr rasch, dann langsamer (bis zu 6 Monate lang). Ist die Pflanze befruchtet, hören Fruchtknotenbildung und THC-Produktion allmählich auf; nun widmet sich die Pflanze der Samenbildung.

Reifende Indica-Blüte mit deutlich sichtbaren Fruchtknoten

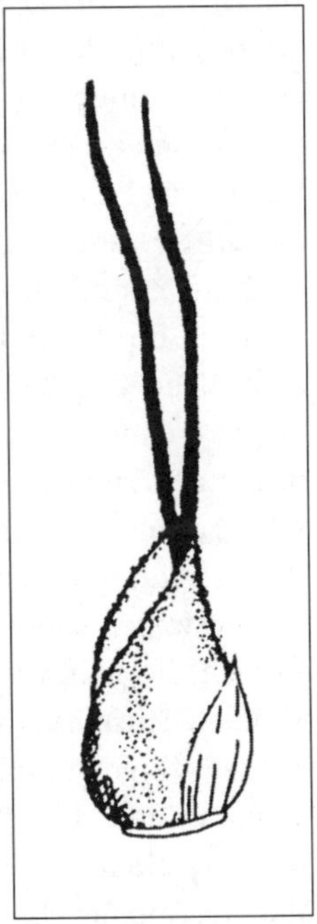

Fruchtknoten mit Griffel

▸ Sinsemilla

Mit dem Begriff Sinsemilla (ausgesprochen *sin-semiya*; aus dem Spanischen: *sin* = ohne; *semilla* = Same) bezeichnet man weibliche Cannabis-Pflanzen, deren Blüten unbefruchtet bleiben.

Diese Variante ist gewöhnlich sehr gefragt aufgrund des außergewöhnlich hohen THC-Gehalts ihrer Blütenstände - außerdem braucht man vor dem Rauchen keine Samen herauszupulen.

Bleibt das Weibchen unbefruchtet, dann hält die Blüte unvermindert an, bis die Herausbildung von Fruchtknoten und die Harzproduktion ihren Höhepunkt erreichen. Immer mehr und immer fettere Fruchtknoten erscheinen rings um den Stengel, wodurch ein weit höherer Ertrag an äußerst potenten Blütenständen erzielt wird als bei befruchteten Pflanzen.

Jede weibliche Pflanze taugt zur Sinsemilla, die Herkunft spielt keine Rolle. Durch rechtzeitiges Entfernen sämtlicher männlichen Pflanzen wird sichergestellt, daß kein Pollenkörnchen je einen weiblichen Griffel berührt. Dennoch kommt es mitunter vor, daß einige frühreife männliche Blüten schon vereinzelt Pollenkörner abgeben, die ihren Weg zu den empfangsbereiten Weibchen finden. Das nenne ich dann *casi* (spanisch für *fast*) Sinsemilla. Die wenigen Samen, die nun gebildet werden, sind zwar lebensfähig, werden vermutlich aber nicht von besonderer Qualität sein.

Besteht die Pflanzung nur aus weiblichen Pflanzen, kann es mitunter Probleme durch Geschlechtsumkehrung geben. Mutter Natur erschafft ja nicht umsonst männliche wie weibliche Pflanzen. Werden sämtliche männlichen Pflanzen im Bestand geerntet, sind die weiblichen irritiert. Ihnen fehlt das männliche Gegenstück zur Arterhaltung; sie können auf diesen Mangel reagieren, indem sie männliche Blüten bilden - ein verzweifelter Versuch, für den zur Befruchtung notwendigen Pollen zu sorgen, damit sie ihren Lebenszyklus erfolgreich abschließen können.

Dieses Phänomen ist ein natürlicher Überlebensmechanismus, Sie müssen sich deswegen keine Sorgen machen. Wenn so etwas vorkommt, pflücken Sie einfach die männlichen Blüten ab, sobald sie erscheinen, damit Sie auch wirklich Sinsemilla ernten können. Bildet hier eine vorwiegend weibliche Pflanze einige männliche Blüten, müßte man sie streng genommen als Zwitter einordnen, doch wenn die männlichen Blüten entfernt sind, ist sie wieder 100 % weiblich!

Manche Anbauer lassen dann die weibliche Pflanze vom Pollen dieser männlichen Blüten befruchten - sie behaupten, daß aus den hierbei erzeugten

Blütenstand einer Sinsemilla

Samen überwiegend weibliche Pflanzen hervorgehen. Gewönlich stimmt das sogar, aber man findet hier auch eine starke Tendenz zur Zwitterbildung, zudem können aus diesen Samen seltsam deformierte Pflanzen entstehen, und nach zwei oder drei Generationen kann der THC-Gehalt sinken.

Unbefruchtete Sinsemilla-Fruchtknoten warten auf Bestäubung

▸ Zwitter

Um einen Zwitter handelt es sich, wenn die Pflanze sowohl weibliche wie männliche Blüten bildet. Es hat schon zahlreiche Diskussionen und Experimente zum Thema Zwitter gegeben. Manche Anbauer behaupten, daß Zwittersamen einen höheren Prozentsatz an weiblichen Pflanzen hervorbringen. Das mag stimmen oder nicht. Meine Erfahrungen besagen, daß man von Zwittern besser die Finger läßt, weil sie unberechenbar und kaum zu kontrollieren sind. Manche sind zu 10 % männlich und 90 % weiblich, andere zu 90 % männlich und 10 % weiblich. Zwitter sind eine Laune der Natur und nicht selten Resultat von stressigen, unbeständigen Verhältnissen im Anbau-Raum. Vergessen wir nicht: Beim Anbau im Haus wird das gesamte Ambiente künstlich erzeugt und der normale Lebenszyklus der Cannabispflanze verändert. Sommerliche Temperaturen im Dezember, Klonieren, Verlängerung des Lebenszyklus und Durchspülen des Bodens: all die wunderbaren Dinge, die wir im Anbau-Raum realisieren können, können auch die stärkste Pflanze aus dem Gleichgewicht bringen. Werden bei all diesem (notwendigen) Streß auch noch unberechenbare Zwittersamen verwendet, läßt sich kaum vorhersagen, wie das Resultat aussieht. Hohe Luftfeuchtigkeit, übermäßiges Beschneiden und hohes Alter der Pflanzen scheinen noch mehr zum Entstehen von Zwittern beizutragen als andere Faktoren. Meiner Erfahrung nach neigt eine Pflanze bei Streß oder Zwittertendenz stets dazu, zur männlichen zu werden.

Männliche Blüte an der Spitze eines Zwitters

11. KAPITEL

Die Ernte

Die Belohnung für all die Arbeit, das Forschen, das investierte Geld, das Risiko, und vor allem das lange geduldige Warten sollte eine ergiebige Ernte sein. Es gibt viele Faktoren, die zu einer guten Ernte führen - die Pflanzen müssen ihr Leben lang gesund und kräftig sein, und es dürfen keine Blätter fehlen! Das Abpflücken der großen Blätter, um die Pflanze durch Streß zu triezen oder den kleineren Blüten mehr Licht zu gewähren, führt nur zu einer verkümmerten Pflanze und reduziert das Erntevolumen. Wer während der Wachstumsphase unbedingt was zu rauchen braucht, sollte sich nicht an unreifen Pflanzen vergreifen. Wenn es unbedingt sein muß, schneidet man am besten einen vollständigen Zweig aus dem unteren Bereich, oder man erntet gleich die ganze Pflanze (siehe unter: *Der Stärkste überlebt*).

Sind die großen Blätter fertig ausgebildet, hat der THC-Gehalt im allgemeinen seinen Höhepunkt erreicht. Solange die Blätter in frischem Grün stehen, bleibt das Höchstmaß der Potenz erhalten. Man sollte sie also tunlichst an der Pflanze belassen.

Einzelne Blätter werden lediglich dann geerntet, wenn sie Krankheitssymptome zeigen oder rasch gewelkt sind, ohne daß Düngergaben dies hätten kurieren können. Sobald das Blatt vergilbt und abstirbt, sinkt der THC-Gehalt. Dies trifft vor allem bei den großen Blättern unterhalb der Blütenstände zu; sie vergilben oft kurz vor Ausreifung der Marihuana braucht sein ganzes Leben hindurch ständig Wasser. Wasserentzug, um die Pflanze vor der Ernte zu stressen - das ist höchstens in den letzten zwei, drei Tagen vor der Ernte zulässig, wenn überhaupt!

Für das Ernten eines Pflanzenbestands, der rund ein Pfund getrocknete

Blüten erbringt, ist ein Arbeitsaufwand von etwa 18 Stunden anzusetzen! Bedenken Sie, daß vor dem Trocknen jeder einzelne Zweig von den Pflanzen geschnitten und jeder Blütenstand sorgfältig zerlegt werden muß.
Gewiß kann man die Pflanzen kurzerhand ausreißen, kopfüber aufhängen und das ganze Zeug nach dem Trocknen in eine Tüte stopfen. Das ist in knapp einer Stunde erledigt; erstaunlicherweise wird die Rauchqualität sogar ziemlich gut sein. Aber ein Anbauer, der die Qualität langfristig erhalten will und auch auf ästhetische Kriterien Wert legt, wird sich zum Ernten genügend Zeit nehmen, denn nur so läßt sich das Beste aus den Pflanzen herausholen.
Anbauer, die noch keine Stecklinge haben und nicht mit Sämlingen beginnen wollen, weil sie natürlich auf weibliche Pflanzen scharf sind, bedienen sich gern einer "Zweiternte". Die (nicht vollständig) abgeernteten Pflanzen werden hierbei mit 18 Stunden Licht pro Tag sowie einer kräftigen Volldüngergabe mit hohem Stickstoffanteil wieder zur vegetativen Phase zurückgeführt. Ein oder zwei Monate später kann man die ersten Stecklinge schneiden. Haben die Pflanzen ausreichend Grünmasse gebildet, führt man eine Massenklonierung durch. Den erschöpften weiblichen Pflanzen gibt man eine Woche nach Entnahme der Klone 12 Stunden Licht pro Tag, um ein zweites Mal Blüten ernten zu können. Nach der Ernte nehmen dann die Klone ihren Platz ein.

▸ Die Ernte der männlichen Pflanzen

Wenn man erste Anzeichen der Blüte entdeckt, dauert es noch einmal 2 bis 4 Wochen, bis die Pollensäcke ausgereift sind. Vorsicht - es gibt immer welche, die sich verfrüht öffnen! Nachdem die ersten Pollensäcke mit der Pollenabgabe begonnen haben, wird die Pflanze noch einige Wochen lang neue Blüten bilden. Der Gipfel der THC-Produktion ist erreicht, wenn die Blüten deutlich ausgeformt, aber noch nicht geöffnet sind. Dies ist der ideale Zeitpunkt zur Ernte. Sobald der Pollen ausgestreut wird, setzt ein rasanter Zerfallsprozeß ein; die Blüten fallen ab.
Beim Ernten - vor allem in der Nähe weiblicher Pflanzen - die Pflanze dicht überm Boden abschneiden und möglichst nicht schütteln. So vermeidet man eine ungewollte Bestäubung durch männliche Blüten, die sich unbemerkt geöffnet haben.
Wer eine männliche Pflanze zur Züchtung benötigt, sollte sie streng von den

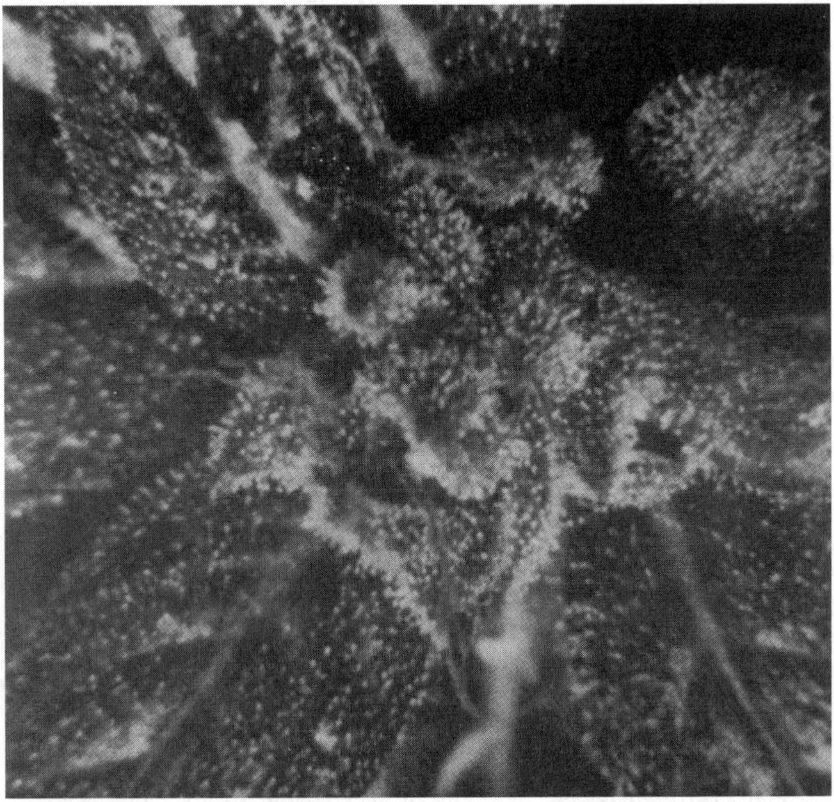

Diese Reife Indica glitzert vor Harz

blühenden Weibchen isolieren - bei einsetzender Blütenbildung also in einen Nebenraum oder irgendwo an ein sonniges Fenster stellen. Die Pollenbildung wird von der neuen Umgebung nicht beeinträchtigt. Wenn der Vegetativ- und der Blüte-Raum besetzt sind, stellt man das blühende Männchen einfach in eine Ecke des Vegetativraums, bis es in 1 bis 4 Wochen zum Befruchten benötigt wird. Möglicherweise wird die Pflanze dann einen Monat später zum vegetativen Wachstum zurückkehren. Falls nötig, schneiden Sie vom Männchen einen Steckling, den Sie im Vegetativraum heranziehen, bis er zur Befruchtung benötigt wird. Drei Wochen, bevor Pollen benötigt wird, die Blüte einleiten - nach 3 bis 5 Wochen wird das Männchen dann jede Menge fruchtbaren Pollen liefern.

Die Ernte der männlichen Pflanzen läßt sich verzögern, indem man die Blüten, sobald sie erscheinen, mit dem Fingernagel oder einer kleinen Schere abknipst. Es werden dann umgehend neue Blüten gebildet - diese werden reif sein, wenn die Weibchen in voller Blüte stehen. Diese Methode ist recht zeitaufwendig, und es kann passieren, daß einem die eine oder andere männliche Blüte entgeht.

Praktisch ist es, wenn man die meisten Zweige aberntet und nur ein oder zwei pollentragende an der Pflanze beläßt. Da der Pollen einer einzigen Blüte für die Befruchtung vieler Eizellen ausreicht, braucht man nur ein oder zwei Zweige voll Blüten, um genug Pollen für die Zucht zu haben. Hierbei stellt man das Männchen auch gern zur Verjüngung in den Vegetativraum, oder man gibt ihm einen Platz an einem sonnigen Fenster.

▸ Sinsemilla-Ernte

Sechs bis zwölf Wochen nach Umstellen der Photoperiode auf 12 Stunden Tageslicht sind die Sinsemillablüten ausgereift. Der Zeitpunkt zur Ernte ist gekommen, wenn die Harzproduktion ihren Höhepunkt erreicht hat - ehe der THC-Gehalt zu sinken beginnt. Die meisten Marihuana-Sorten erreichen diesen Höhepunkt etwa zur gleichen Zeit (bei tiefer sitzenden Blüten, die weniger Licht erhielten, kann die Reife etwas länger dauern). Vier bis fünf Wochen lang werden in rascher Folge Blüten gebildet, dann läßt die Blütenbildung nach. Man erntet ein bis drei Wochen, nachdem das Wachstum nachgelassen hat. Bei den meisten Indica-Sorten sind alle Pflanzen zur gleichen Zeit erntereif - nach sechs bis acht Wochen. In der Tat sind manche Blütenstände so harzreich, daß sie aussehen wie in Zucker gewälzt!

Bei anderen Sorten (staves), vor allem solchen aus den Äquatorialregionen, bilden sich die Blütenstände in gleichmäßigerem Tempo, ohne daß ein deutlicher Abfall in der Wachstumsrate zu bemerken wäre. Der höchste THC-Gehalt wird hier zuerst in den Blüten an der Spitze der Pflanze erreicht; bei den tiefersitzenden kann es einige Tage bis Wochen länger dauern. Bei diesen Sorten können mehrere Ernten erforderlich werden; es dauert wesentlich länger, bis sie auf die 12-stündige Photoperiode reagieren. Beim Anbau im Haus wachsen sie wesentlich langsamer, bis zur vollständigen Ausbildung der Blütentrauben können bis zu drei Monate vergehen.

Wann hat die Pflanze ihre stärkste Potenz erreicht? Dies läßt sich auf ver-

Bei diesen Thaipflanzen wurde vor 10 Wochen die Blüte eingeleitet. Vor der Ernte haben sie 3 Monate lang geblüht!

schiedene Weise erkennen. Rauchen, abnehmender Ertragszuwachs und präzise Beobachtung sind drei sehr gute Methoden, um den Reifegrad zu prüfen. Man kann sie einzeln anwenden oder miteinander kombinieren.

Rauchen ist bei weitem die bequemste Methode. Man erntet einen Blütenstand von durchschnittlicher Größe, trocknet ihn 10 bis 15 Minuten lang bei 93° C Hitze und raucht die Probe. Der Rauch wird vermutlich ein bißchen kratzig, aber geschmackvoll sein. Man sollte den Test während der Blütephase mehrmals wiederholen, und zwar mit klarem Kopf. Hier entscheidet das High

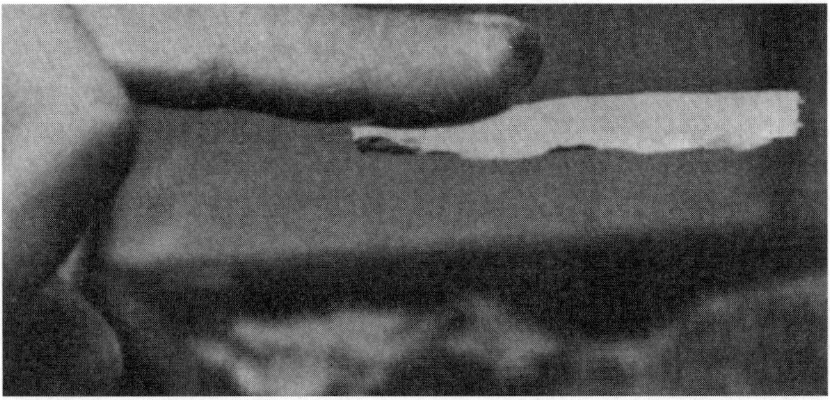

Der Finger ist so klebrig vor Harz, daß der Joint haften bleibt

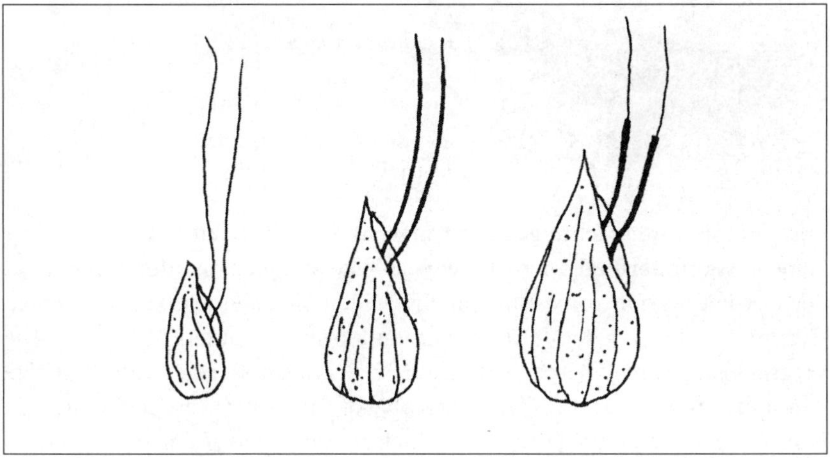

Junger Fruchtknoten *Reifer Fruchtknoten* *Überreifer Fruchtknoten*

über den Erntezeitpunkt. Diese Methode ist war die angenehmste, aber auch die unzuverlässigste.

Abnehmender Ertragszuwachs nennt man das Phänomen, wenn im unteren Teil der Blütentraube die aus den Fruchtknoten ragenden Griffel rascher absterben (sich braun färben), als im oberen Teil neue wachsen. Dann hat die THC-Produktion gewöhnlich ihren Höchstpunkt erreicht und wird nun wieder abnehmen. Dies ist die beste Art, mit bloßem Auge den Reifepunkt des Blütenstands festzustellen.

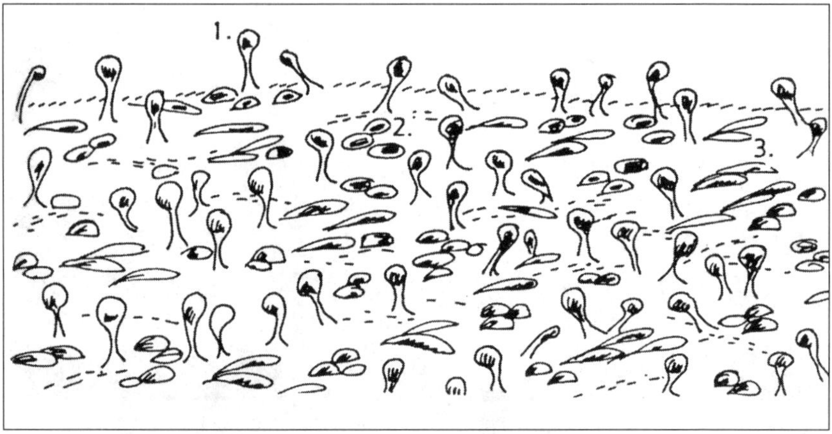

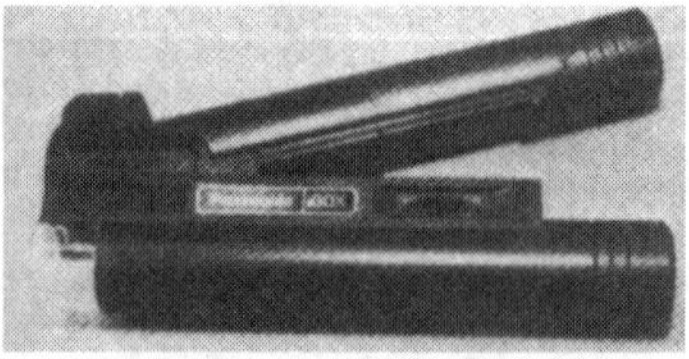

1. gestielte Trichome mit Kopf
2. kugelförmige Trichome
3. gestielte Trichome

Taschenmikroskop mit Batterien, für 30fache Vergrößerung

Eine präzise Untersuchung nimmt man mit einem Mikroskop vor (20- bis 30fache Vergrößerung). Dies ist die genaueste Methode, um den Höhepunkt der THC-Produktion zu bestimmen. Schneiden Sie einen winzigen, dünnen, harzreichen Teil aus dem Blütenstand und legen ihn unters Mikroskop. Die Vergrößerung sollte zwischen 20- und 50fach eingestellt sein. Unter Umständen müssen Sie das Untersuchungsobjekt mit einer Taschenlampe o.a. bestrahlen, um einen schattenfreien Blick auf die Harzdrüsen zu erhalten. So können Sie rasch die Harzdrüsen inspizieren, ohne gleich den ganzen Blütenstand zu ernten, und innerhalb weniger Minuten diverse Pflanzen begutachten.

Sie werden drei verschiedene Arten von Drüsen erkennen. Die mit dem Knoten an der Spitze (1) enthalten das meiste THC - diese gestielten Trichome mit Kopf müssen Sie vor allem im Auge behalten. Die kugelförmigen Trichome (2) und die gestielten Trichome (3) können zwar auch THC enthalten, aber in geringerer Menge. Wenn sich an den gestielten Trichomen mit Kopf eben dieses Knötchen gebildet hat und sie noch transparent sind, dann ist der ideale Zeitpunkt zur Ernte. Färben sich die Drüsen braun und werden kleiner, dann sind sie im Absterben begriffen und der THC-Gehalt nimmt ab. Prüfen Sie über mehrere Tage hinweg, und zwar anhand verschiedener Blütenstände von mehreren Pflanzen, um sicherzugehen, daß die Mehrzahl der gestielten Trichome mit Kopf ausgereift ist.

▸ Wie man erntet - Schritt für Schritt

1. Zwei Wochen vor Ernte jegliches Düngen einstellen. Das Verabreichen chemischer Dünger kurz vor der Ernte wird zu einem unangenehmen chemischen Beigeschmack führen. In der Woche vorm Ernten sollte man außerdem überschüssige Chemikalien aus dem Boden herausspülen.

Diese Indica-Blüte ist wirklich erntereif!

2. Die Pflanzen ausgiebig mit Wasser besprühen, um unerwünschte Rückstände abzuwaschen. Keine Angst, es wird nicht die Harzproduktion beeinträchtigen. Aber Sie sollten den Garten frühmorgens besprühen, damit das Wasser bis zum Abend verdunstet ist; so vermeiden Sie Schimmel und Mehltau an den Blütentrauben. Falls dennoch Schimmel auftritt, trocknen Sie die Blüten mit einem Ventilator.

3. Ernten Sie entweder die ganze Pflanze auf einmal, oder schneiden Sie mit der Schere Zweig um Zweig dicht am Stengel ab. Das Ausreißen samt Wurzel macht nur Dreck und ist unnötig. Die Wurzelballen kann man später mit dem verbrauchten Substrat entsorgen. Die Wurzeln kann man nun getrost vergessen, uns kommt es ja auf den THC-Gehalt an, und der steckt in Laub und Blüten.

4. Ernten Sie immer am frühen Abend. Dann haben die Pflanzen immer einen Tag fleißiger Harzproduktion hinter sich.

5. Die Pflanzen müssen nicht kopfüber aufgehängt werden, damit sich das Harz in den Blättern konzentriert. Innerhalb der Pflanze findet kein Harzstrom statt! Aber das Aufhängen ist durchaus eine brauchbare Art, das Kraut zu trocknen. Hängt man die Pflanze samt Stengel auf, dauert das Trocknen länger. Wenn man die größeren Blätter an den Blütenständen dranläßt, schützt das die Blüten - die winzigen Drüsenköpfe werden so vor Beschädigung (Zerreißen oder Zerquetschen) bewahrt.

6. Beim Ernten kann man auf verschiedene Arten vorgehen. So kann man z.B. jeden Ast in etwa 15 bis 60 cm lange Teile zerschneiden und dann mit der Schere alle Blätter zwischen den Blütenständen entfernen; die Äste werden zum Trocknen aufgehängt. Nach dem Trocknen die Blütenstände von den Ästen schneiden - die empfindlichen Blüten mit äußerster Vorsicht behandeln. Diese einfache Methode wird beim Anbau im Haus am meisten angewendet.

7. Man kann auch die ganze Pflanze knapp überm Boden abschneiden und sie kopfüber zum Trocknen aufhängen. Anschließend werden die großen Blätter entfernt und die Blütentrauben von den kleinen Zwischenblättern befreit. So verfährt man auch bei der Freilandernte, wo der gesamte Bestand

Wenn Sie vorm Trocknen die großen Blätter an den Blütenständen entfernen, haben Sie später weniger Arbeit mit dem Sortieren

auf einmal geerntet werden muß. Hierbei kann ein geringer THC-Verlust entstehen, weil die zarten Blüten bzw. Drüsenköpfe nach dem Trocknen empfindlicher sind und leicht beschädigt werden.

8. Bei der dritten Ernte-Methode entfernt man zunächst ein oder zwei Tage vorm Abschneiden der Pflanzen die großen Blätter, damit sie nicht mehr im Weg sind. Dann wird die Pflanze samt Blüte geerntet, ohne die Zwischenblätter an den Blütentrauben zu stutzen.

9. Nach dem Trocknen werden die Blüten vom Stengel getrennt und von allen Blättern befreit, die nicht mit Harz bedeckt sind.

10. Hat man die Blüten heraussortiert, kommen sie in einen festen Behälter.

11. Planen Sie genügend Zeit ein. Für den gesamten Erntevorgang -Abernten, Beschneiden und Verlesen, alles in Behältern verstauen - sollten Sie mindestens 18 Stunden pro Pfund ansetzen. Das wäre ein hübscher, stonedter Zeitvertreib für Sie und einen Kumpel am Wochenende, oder ein paar besinnliche Abende, wenn Sie solo arbeiten.

12. Falls es die Räumlichkeiten erlauben, versuchen Sie es mit einer Zweiternte - lassen Sie ein wenig Laub an den abgeernteten Stengeln. Wenn Sie neu mit Klonen beginnen, rücken Sie die abgeernteten Pflanzen an den Rand des Gartens. Es kostet Sie nur ein bißchen Wasser, Dünger und Geduld. Bei 18 Stunden Licht pro Tag werden sie wieder zum vegetativen Wachstum zurückkehren. Entweder Sie ernten bei diesen Pflanzen dann ein zweites Mal, oder Sie benutzen Sie als Mutterpflanzen für Stecklinge. Vorsicht: je länger Pflanzen im Anbau-Raum stehen, desto anfälliger werden sie für Schädlinge und Pilzkrankheiten.

▸ Samenernte

Samen enthaltende Pflanzen (spanisch con semilla) werden geerntet, sobald die Samen eine dunkelbraune Farbe angenommen haben; oft werden die reifen Samen den Fruchtknoten sprengen. Die blühende weibliche Pflanze bildet solange empfangsbereite Fruchtknoten, bis es zur Befruchtung kommt. Die Samenreife dauert 6 bis 8 Wochen, nun konzentriert die Pflanze ihre ganze Energie auf die Samenbildung; der THC-Gehalt verliert an Bedeutung. Ernten Sie alle Sinsemilla-Äste! Die Zweige mit Samen sind etwa eine Woche später soweit. Samentragende Pflanzen kann man im Grunde stehenlassen, bis man die Samenkörner im getrockneten Fruchtknoten rasseln hört. Achten Sie auf Anzeichen von Schimmel, der die erschöpfte Pflanze und ihre reifende Samenfracht heimsuchen könnte.

Bestäuben Sie nur ein oder zwei Zweige. (Siehe unter Züchtung.) Auf so gut wie allen unbefruchteten Zweigen wird die Pflanze Sinsemillablüten bilden; diese werden abgeerntet, sobald sie reif sind - und mit dem con semilla-Teil bleibt die Pflanze dann stehen, bis die Samen ausgereift sind.

Die ausgereiften Samen aus den Fruchtknoten lösen und an einem kühlen und trockenen Ort aufbewahren. Theoretisch sind sie nach der Ernte keimfähig und könnten sofort eingepflanzt werden - aber vermutlich bekäme man nur kümmerliche Pflanzen. Lassen Sie die Samen vorm Keimen einige Monate lang trocknen. Trockene Samen haben eine höhere Keimrate und ergeben gesündere Pflanzen.

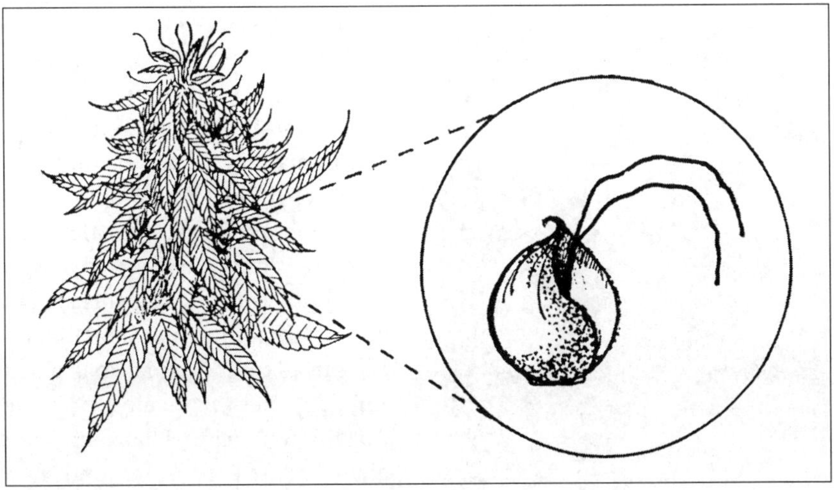

Vergrößerung eines Fruchtknotens mit reifem Samen

▸ Zweiternte

Es läßt sich ohne weiteres ein zweites Mal ernten, wenn man ein paar unausgereifte Blüten und tiefersitzende Äste samt Laub an den Pflanzen beläßt.
In der Tat ist die Zweiternte die beste Option für Anbauer, die ihre erste Ernte eingefahren haben (siehe weiter unten, Punkt 2) -an den abgeernteten Pflanzen werden sich sich neue Blätter und Blüten bilden!

Bei der Zweiternte kann man nach zwei Methoden vorgehen:

1. Man beläßt einige unausgereifte Blütenstände und Zweige an der Pflanze und behält die 12-stündige Photoperiode bei. Die Äste werden lange, dünne Blüten treiben, die in 1 bis 4 Wochen erntereif sind. Diese Methode empfiehlt sich vor allem beim langsam reifenden Cannabis Sativa.

2. Auch hier lassen Sie beim Ernten einige unreife Blüten sowie blattreiche Zweige an der Pflanze. Stellen Sie die Photoperiode zurück auf 18 Stunden

Licht pro Tag. Geben Sie die doppelte Dosis stickstoffreichen Dünger, das fördert die Blätterbildung. Die abgeerntete Pflanze wird in rund 4 Wochen zum vegetativen Wachstum zurückkehren, sie wird neu austreiben und recht buschig werden. Die verjüngten Pflanzen bis zur gewünschten Höhe wachsen lassen - etwa hüfthoch - und dann mit der 12-Std.-Photoperiode die Blüte einleiten. Läßt man Pflanzen bei der Zweiternte zu hoch wachsen, werden sie nur spärliche, eher mickrige Blütenstände produzieren. Denn mittlerweile sind die Wurzeln eingeengt, was in Verbindung mit Hochwüchsigkeit zu spärlicher Blütenbildung führt.

Diese abgeerntete Pflanze kehrte nach 30 Tagen zum vegetativen Wachstum zurück

Da gab es zum Beispiel mal einen Anbauer, der hatte eine hübsche Anzahl weiblicher Pflanzen, jeder einen Namen gegeben, und nun mußte er ernten. Statt wieder mit Samen zu beginnen, beschloß der Mann, ein paar Blätter und Blüten an den verstümmelten Weibchen zu lassen. Nach der Ernte wurde mit 18 Licht pro Tag das vegetative Wachstum eingeleitet. Einen Monat später wurden viele, viele Stecklinge von den heißgeliebten Weibchen geschnitten. Wiederum einen Monat später wurden die Mutterpflanzen zur Blüte gebracht. Die Stecklinge ließ er wurzeln, pflanzte sie um und stellte sie in einen Raum mit 18 Stunden Licht pro Tag. Die erste Ernte fand am 1. Januar statt. Die Zweiternte am 1. April! Und sie brachte vom Gewicht her fast den gleichen Ertrag wie die erste, nur die Blütentrauben waren ein bißchen kleiner.

Wer Stecklinge von verjüngten Pflanzen schneidet, bringt ihren Hormonhaushalt durcheinander; dies bedeutet herben Streß für die Pflanze. Bei den Klonen kann es zur vorzeitigen Blüte kommen.

▸ Trocknen

Bevor das geerntete Marihuana geraucht werden kann, muß es getrocknet werden. Beim Trocknen wird das THC von einer nicht psychoaktiven Säure in die psychoaktive neutrale Form umgewandelt; 75 Prozent der frisch geernteten Pflanze verflüchtigen sich in Wasserdampf und anderen Gasen.
Nach der Ernte hört der Wachstumsprozeß auf. Um den THC-Gehalt nicht zu mindern, sollte man das Erntegut nicht über längere Zeit hellem Licht aussetzen, auch zuviel Luftfeuchtigkeit und Wärme (32° C) sowie Reibung durch fummelnde Hände sollte man tunlichst vermeiden.
THC wird in Blüten und Blättern produziert. Stengel und auch Wurzeln mögen zwar so riechen, als könnte man sie rauchen, enthalten jedoch - wenn überhaupt - kaum Cannabinoide; ihr Harz hat keine sonderlich psychoaktiven Eigenschaften. Praktiken wie z.B. das Auskochen der Wurzeln sind absurd. Anbauer, die die Pflanze kopfüber aufhängen, tun dies, weil es praktisch ist - und nicht, damit das Harz in die Blüten strömt. Das Aufhängen ist eine arbeitssparende Methode, um eine allmähliche, gleichmäßige Trocknung zu ermöglichen. Trennt man die Zweige vom Stengel und hängt sie einzeln unter der Decke auf, wird sich die Trockenzeit um etliche Tage verküzen. Da gibt es z.B. einen Gärtner, der täglich 30 bis 40 Gramm erntet und sie mit einem Dörrgerät trocknet, wie es zum Dörren von Obst benutzt wird. Kraut herausnehmen, sobald es getrocknet ist; es läßt sich gut rauchen. Auf diese Weise werden die Blüten gleichmäßig dehydriert, und der Rauch ist erstaunlich mild.

Blüten im Dörrgerät

Wer es eilig hat, kann eine kleinere Menge auch in die Mikrowelle legen.

90 cm lange colas sind zum Trocknen aufgehängt

Das Gerät auf kurze, schwache Hitzestöße von 15 bis 30 Sekunden einstellen. Das Kraut herausnehmen, sobald es getrocknet ist; es läßt sich gut rauchen. Wenn man einen Gas-, Elektroherd oder ein Toastgerät benutzt, sollte man 10 bis 15 Minuten bei 93° C trocknen; hier darf man sich allerdings nicht wundern, wenn der Rauch kratzig ist.

Die besten Resultate erzielt man, wenn der Trockenprozeß allmählich verläuft und bei zirkulierender Trockenluft von 5 bis 15° C erfolgt. Bei langsamer Trocknung über einen Zeitraum von 2 bis 3 Wochen wird gleichmäßig die Feuchtigkeit entzogen, so erleiden die Blüten nur minimalen THC-Verlust. Der Rauch wird mild sein und einen angenehmen Geschmack haben - im Gegensatz zu schnellgetrockneten Blüten, die heiß brennen und kratzig schmecken. Bei zu langsamem Trocknen kann sich Schimmel bilden, und/oder

Links: Rund 30 Gramm erstklassiges Sinsemilla
Rechts: Kleinere Blüten werden in der Schachtel getrocknet

sie werden schlecht brennen. Hängen Sie die Blütentrauben mit einer Schnur unter die Decke eines dunklen Raums - am Boden einen Schwenkventilator aufstellen. Immer daran denken: Licht ist einer der schlimmsten Feinde von trocknendem Marihuana. Nie den Ventilator direkt auf die Pflanzen richten.

Man kann sich auch ohne viel Aufwand eine kleine Trockenkammer bauen. Nageln Sie einfach einige Rohspanplatten zusammen und spannen Sie Schnüre unter der Decke. Man kann auch den Anbau-Raum für eine Weile stillegen und ihn zur Trockenkammer umfunktionieren.

Eine weitverbreitete Praxis ist das Aufhängen der Pflanzen im Dunkel zwischen Decke und Hochdrucklampe, während man darunter die neue Ernte anpflanzt. Davon möchte ich abraten. Anpflanzen und Trocknen erfordern ganz verschiedene Klimabedingungen. Zu warm und schnell getrocknete Blüten ergeben kratzigen Rauch. Sie können Probleme mit Schimmel und Spinnmilben kriegen, vor allem bei mangelnder Ventilation. Halten Sie bei wachsenden wie bei trocknenden Pflanzen stets Ausschau nach Anzeichen für Schimmel, Pilzbefall oder Spinnmilben. Schimmel kann binnen weniger Tage die schönste Blütentraube ruinieren.

Die schlimmsten Feinde von trocknendem wie getrocknetem Marihuana sind Licht, Wärme und Reibung. Alle drei Faktoren tragen wesentlich zum biologischen Abbauprozeß bei. Lassen Sie getrocknetes Marihuana nie in der

Sonne auf dem Armaturenbrett, auf Heizungen etc. liegen. Reibung ist wohl der größte Zerstörer der zarten Harzdrüsen. In jeder Minute werden Millionen zarter Drüsenköpfe durch enge Tütchen und fummelnde Hände zerstört! Um getrocknetes Marihuana in tadellosem Zustand zu erhalten, bewahren Sie es in einem luftdichten, festen Behälter auf und stellen ihn in den Kühlschrank - nicht ins Eisfach, denn zu kalte Temperatur kann die Harzdrüsen zerstören. Im Einmachglas läßt sich die Ernte bestaunen und ist obendrein geschützt; auch Konservendosen eignen sich sehr gut. Vor allem beim streng duftenden Skunk-Gras sind Einmachgläser beliebt, da sie geruchsdicht abschließen. Eine Orangen- oder Zitronenschale im Glas wird das Aroma abrunden.

Blätter trocknen sehr gut in Papiertüten. Einfach alle Laubblätter, kleine Blüten- und sonstige Reste in eine große Einkaufstüte schütten und oben zufalten. Die Tüte an einen trockenen, warmen Platz legen, wo sie nicht im Weg ist, z.B. auf den Kühlschrank oder den Heißwasserboiler. Alle paar Tage nachsehen und die Blätter wenden. In 1 bis 2 Wochen sollten sie getrocknet sein (je wärmer die Tüte liegt, desto rascher trocknet das Gras und um so kratziger ist der Rauch).

12. KAPITEL

Züchtung

In diesem Kapitel wollen wir uns einen Überblick über die selektive sexuelle Vermehrung - die Auslesezüchtung - von Cannabis verschaffen. Wer ausführlichere Informationen sucht, sollte sich das beste Buch besorgen, das es zu diesem Thema gibt: *Marijuana Botany, An Advanced Study: The Propagation and Breeding of Distinctive Cannabis* von Robert Connell Clarke (And/Or Press, 1981, $ 19,95). Clarke behandelt in detaillierter und verständlicher Weise Genetik und Zucht, Klonieren, Chemie, Klimaverhältnisse und vieles andere, was für den ernsthaften Züchter von Interesse ist. Auch im *Marijuana Grower's Guide* (dt.: *Enzyklopädie des Marihuana-Anbaus*, Volksverlag) von Mel Frank und Ed Rosenthal finden sich viele Informationen über Potenz, Chemie und was sonst noch zum Thema Marihuana-Anbau gehört.

Indica-Samen, die das Produkt einer über Generationen im Haus praktizierten Auslesezüchtung sind, sind aufgrund ihrer Potenz und Innenraum-Akklimatisierung hoch begehrt. Sativa-Sorten aus Thailand, Hawaii, Kolumbien und Mexiko sind ebenfalls brauchbar, wenn seit mehr als einer Generation im Innenraum angebaut. Die meisten Anbauer arbeiten am liebsten mit Indica-Samen, weil sie die besten Eigenschaften zur Innenraum-Kultivierung besitzen: kleiner, buschiger und kräftiger Wuchs, frühe THC-Bildung und anhaltender THC-Gehalt, hervorragender Ertrag an Blüten und Resistenz gegen Krankheiten.

Züchten dürfte beim Anbau im Haus wohl unumgänglich sein, da die meisten erhältlichen Samen entweder aus Freilandanbau - d.h. unterschiedlichen Klimazonen - stammen oder ihre genaue Herkunft unbekannt ist.

Diese Indica ist das Resultat sorgfältiger Auslesezüchtung

Durch Kreuzen von Pflanzen mit erwünschten Eigenschaften und ihre Anpassung ans Innenraumklima wird man potente, kräftige Pflanzen erzielen. Bei der Zucht im Innenraum sind pro Jahr bis zu drei Generationen möglich.

Auslesezüchtung bedeutet, in die Rolle von Mutter Natur zu schlüpfen und gezielt den Vermehrungsprozeß zu steuern. In freier Natur wird der Pollen vom Wind herbeigetragen und befruchtet nach dem Zufallsprinzip die empfängnisbereiten weiblichen Pflanzen. Hier greift nun der Züchter ein, indem er einer ausgewählten männlichen Pflanze Pollen entnimmt und damit ausgewählte Weibchen befruchtet.

Beim Züchten gibt es zwei verschiedene Methoden:
(1) *Inzucht:* Pflanzen gleicher Sorte oder Herkunft werden miteinander gekreuzt;
(2) *Hybridzüchtung*: Das Kreuzen von Pflanzen unterschiedlicher Herkunft (d.h. von entfernt verwandten oder nicht zuchtverwandten Individuen).

Inzucht ist notwendig zur Bildung erbreiner Stämme. Die Reinerbigkeit ist nötig, um uniforme Wuchsmerkmale zu erzielen. Sind die Pflanzen nicht reinerbig, läßt sich keine Voraussage über das Resultat der Hybridpflanze machen. Nach der 5. oder 6. Generation können negative Eigenschaften wie schwache Potenz, Dünnwuchs und mangelnde Vitalität dominierend werden. Nur durch Inzucht kommt man zur reinerbigen Pflanze; ist die Sorte jedoch etabliert, ist Inzucht tunlichst zu vermeiden.
Durch Inzucht erhält man eine stabile Ausgangspflanze. Ausgewählte Weibchen werden mit Männchen der gleichen Sorte zurückgekreuzt. Dies erzeugt reinerbige Pflanzen mit uniformen Wuchseigenschaften. Diese Pflanzen, deren Herkunft und Wuchseigenschaften genau bekannt sind, benutzt man zum Züchten von Hybriden.
Jeder hat im Geschichtsunterricht von den geistigen und körperlichen Gebrechen gehört, mit denen in den früheren Monarchien Europas die Königshäuser infolge generationenlanger Inzucht geschlagen waren - je mehr Generationen Inzucht praktizierten, um so mehr physische und physische Deformationen traten auf. Samen von selbstbefruchteten Zwitterpflanzen sind ein Inzuchtprodukt. Von ihnen sollte man die Finger lassen, da es hier nach wenigen Generationen zu Mutationen kommen kann.
Das übliche Verfahren im Gartenbau ist seit vielen Jahren die Erzeugung von Hybridsamen durch Kreuzen nicht verwandter Individuen. Landwirte, Züchter und Cannabisgärtner wissen, daß durch die Auswahl von Eltern unterschiedlicher Sorten mit dominanten positiven Eigenschaften das Resultat eine Superpflanze sein wird (sogenannter Heterosiseffekt). Es ist durchaus möglich, Indica mit Sativa zu kreuzen. In der Tat schwören manche Anbauer darauf und behaupten, so vereine man die Vorzüge beider Varianten - die Unverwüstlichkeit und Größe der Sativa und die gedrungene Buschigkeit und früh entwickelte Potenz der Indica.
Der Schlüssel zur erfolgreichen Züchtung ist die Auswahlmöglichkeit aus einem großen, artenreichen Pflanzbestand. Da die meisten Samen unbekannter Herkunft sind, schaut sich der kluge Züchter an, wie sich die Pflanze

entwickelt, und entscheidet dann, mit welchen Individuen er sie kreuzt, um gute Hybridsamen zu erhalten. Ein Züchter, der nur wenige Samen anpflanzt kann sich nicht darauf verlassen, daß er kräftige und gesunde Pflanzen erhält - selbst wenn die Samen aus äußerst potentem Marihuana stammen. Wer jedoch viele Pflanzen diverser Sorten Indica (und/oder Sativa) angepflanzt hat, kann aus einer breiten Palette wählen - je mehr Samen man pflanzt, um so größer ist die Chance, daß man genau die Pflanze findet, die man sucht.

Diese Indica ist dasErgebnis achtjähriger Innenraumzüchtung

Den männlichen Pollen eines Zwitters, bei dem nur wenige männliche Blüten auf einer überwiegend weiblichen Pflanze sitzen, kann man zum Kreuzen mit einer anderen weiblichen Pflanze benutzen. Aus den Samen wird man bis zu 75 % weibliche Pflanzen erzielen. Trotzdem ist bei Verwendung von Zwitterpflanzen immer die Gefahr groß, Zwittersamen zu erzeugen. Die besten Resultate haben Züchter mit dem Kreuzen ausschließlich männlicher und weiblicher Pflanzen unterschiedlicher Sorten erzielt.

▸ Züchten - Schritt für Schritt

Erster Schritt Auswahl männlicher Pflanzen mit wünschenswerten Eigenschaften.

Zweiter Schritt Will man nicht in größerem Maßstab züchten, reicht ein Zweig voll männlicher Blüten aus. An den übrigen Zweigen kann man die Blüten entfernen, um das Risiko ungewollter Befruchtung zu minimieren. Sobald die männliche Pflanze Blüten bildet, kann man sie von den weiblichen isolieren und an ein sonniges Fenster oder in den Vegetativ-Raum stellen. Dies wird ihr in keiner Weise schaden; die Blüten reifen nun langsamer. Oder man schneidet den männlichen Blütenzweig ab und stellt ihn in Wasser; so wird er etliche Wochen überleben. Wenn sich die Staubbeutel öffnen, fahren Sie fort wie im nächsten Schritt beschrieben. Die männliche Pflanze kann anschließend zurückgeschnitten oder geerntet werden.

Dritter Schritt Öffnen sich die Staubbeutel, stülpen Sie eine saubere Plastiktüte über den Zweig, um den Blütenstaub aufzufangen. Die Tüte unten mit einer Schnur oder Blumendraht zubinden und sie einige Tage lang über dem Zweig lassen, bis sich genügend Blütenstaub angesammelt hat.

Vierter Schritt Hat sich in der Tüte genügend Pollen angesammelt, den restlichen Staub aus den Blüten in die Tüte schütteln. Den benutzten Zweig beseitigen.

Blühendes Männchen mit übergestulpter Plastiktüte

Fünfter Schritt Im Idealfall sind die Griffel 3 bis 4 Wochen nach Erscheinen des ersten Fruchtknotens empfängnisbereit. Fruchtbare Griffel sind weiß und pelzig - sie dürfen sich noch nicht braun verfärbt haben. Stülpen Sie die Pollentüte über die weibliche Pflanze, wenn sie viele reife Griffel hat. Die Tüte schütteln - na, wie fühlt sich das an? In diesem Augenblick würde Sie die Pflanze am liebsten küssen!

Sechster Schritt Wollen Sie nur wenige Samen von diversen weiblichen Pflanzen haben, dann bestäuben Sie mit einem kleinen Pinsel. Gehen Sie behutsam vor. Nur ganz wenig Blütenstaub auf die Griffel auftragen und aufpassen, daß nichts davon zu den Sinsemilla-Blüten gelangt.

Siebter Schritt Die Pollentüte 2 oder 3 Tage über der Pflanze lassen, um sicherzustellen, daß eine Befruchtung stattfindet. Die Tüte vorsichtig entfernen, damit kein Blütenstaub entweicht und zu den Sinsemillas driftet.

Blühendes Männchen mit übergestulpter Plastiktüte

Achter Schritt Nach der Befruchtung dauert es 3 bis 6 Wochen bis zur Samenreife. Ernten Sie die Samen, wenn sie hörbar im vertrockneten Fruchtknoten rasseln oder der Blütenkelch vom ausgereiften Samen aufgesprengt wird.

Neunter Schritt Die Samen 2 bis 3 Monate lang an einem trockenen, kühlen Ort trocknen lassen - dann sind sie bereit zum Anpflanzen.

▸ Cannabiszüchtung in Innenräumen

© 1992 by Robert Connell Clarke

Das Züchten verbesserter Cannabis-Sorten verleiht dieser speziellen Variante der Freizeitgärtnerei eine neue, lohnende Dimension. Der Marihuana-Anbau im Haus erfreut sich überall in den USA steigender Beliebtheit, doch nur sehr wenige Cannabis-Gärtner praktizieren das Züchten mit ausgewählten Pflanzen, um verbessertes Saatgut zu erhalten.
Gewiß arbeiten Marihuana-Züchter im Verborgenen daran, die psychoaktiven Cannabis-Sorten zu verbessern, die überwiegende Mehrheit der Anbauer verzichtet jedoch auf jegliche Auslese und verwendet weiterhin zufällig erzeugte Samen von im Lande gezogenem Sinsemilla, Samen aus importiertem Marihuana oder Klonmaterial von anderen Anbauern. Dieses Kapitel liefert einen kurzen historischen Überblick über das Züchten von psychoaktivem Cannabis, Tips für Leute, die im Haus züchten wollen, sowie Auswahlkriterien und Beschreibungen geeigneter Sorten. Die verwendeten Fachbegriffe sind die gleichen, wie sie auch von Züchtern anderer Pflanzen verwendet werden.

Cannabiszüchtung in den USA

Anfang der 60er Jahre hielt die Cannabis-Kultivierung Einzug in Amerika. Die einheimischen Anbauer konnten hierbei auf Saatgut zurückgreifen, das seit mindestens 3000 Jahren von Anbauern der diverser Kulturkreise durch Auswahl potenter Sorten erzeugt worden ist. Es begann damit, daß wißbegierige Raucher aus illegal importiertem Marihuana die Samen herauslasen und anpflanzten. Einen kommerziellen Anbau auf amerikanischem Boden gab es damals nicht. Nahezu alles im Inland erzeugte Marihuana ohne Samen war nicht ausgereift, und das reife Marihuana voller Samen. Tropische Sorten aus Kolumbien und Thailand gediehen selten bis zur Ausreifung der Blüte, weil die Pflanzen einbrechendem Frost zum Opfer fielen. Dennoch gelang es in den südlichen zwei Dritteln der USA hin und wieder, subtropische Sorten aus Mexiko und Jamaika zur Reife zu bringen, während in den Küstengebieten des südlichen Kalifornien, in Florida, an der Golfküste und vor allem in Hawaii auch manche tropische Sorten regelmäßig ausreifen konnten. Weil importiertes Marihuana meist viele Samen enthielt, standen viele exotische Sorten zur Verfügung. Die ersten Anbauer probierten alle verfügbaren Sorten durch, um potente Pflanzen zu finden, die vor dem ersten Frost ausgereift waren. Am beliebtesten waren die früh reifenden mexikanischen Sorten, da sie in nördlichen Breiten durchweg erfolgreich ausreiften. Die Anfang und Mitte der 70er Jahre aus Inzuchtstämmen von Sativa erzeugten, früh reifenden Sorten wie "Pollyanna" sowie die spät reifende "Original Haze" resultierten aus dem Kreuzen von früher reifenden Sorten aus Mexiko und Jamaika mit potenteren, jedoch später reifenden Varietäten aus Panama, Kolumbien und Thailand.

Die meisten dieser Sorten wurden für den Freilandanbau gezüchtet, manche auch für den Anbau in Treibhäusern entwickelt - oder den Anbau unter Kunstlicht, wo die künstlich verlängerte Wuchszeit auch das Ausreifen spät blühender Sorten ermöglicht. Sobald man Sorten herausgezüchtet hatte, die unter diesen Bedingungen reiften, selektierten die Züchterpioniere nach THC-Gehalt sowie ästhetischen Kriterien wie Geschmack, Aroma und Farbe. Die durch Auslesezüchtung erzeugten Sorten erhielten oft beschreibende Adjektive wie *würzig, minzig, fruchtig, blumig, süß, violett, gold* oder *rot* - dies war die Geburtstunde des Marihuana-Connaisseurs. Fortgesetzte Inzucht mit den ursprünglichen, bevorzugten Hybriden ergab die "Super-Sativa"-Sorten der 70er Jahre wie "Original Haze", "Purple Haze", "Polly", "Eden Gold", "Three Way", "Maui Wowie", "Kona Gold" und "Big Sur Holy Weed". Dies waren die ersten auf amerikanischem Boden durch Inzucht erzeugten Zuchtstämme von psychoaktivem Cannabis.

In der zweiten Hälfte der 70er Jahre hatten die Marihuana-Züchter großen Erfolg beim Entwickeln diverser Connaisseur-Sorten der Sativa. Potentere und exotisch duftende Blüten erfüllten die Anbauer mit Stolz und warfen auch mehr Profit ab. Im Freiland angebaute "Purple"-Sorten wurden populär, vor allem dank der außergewöhnlichen "Purple Haze" aus Zentralkalifornien.

Sowohl für den Anbau im Haus wie im Freiland wünschten sich Cannabis-Kultivatoren eine Sorte mit hohem Blütenertrag und kurzem, breitem Wuchs. Da kamen neue Exoten-Importe genau recht - Varietäten aus Afghanistan boten die perfekte Lösung. Die Variante Cannabis Afghanica - von amerikanischen Anbauern gern als "Indica" oder "Haschpflanze" bezeichnet - zeichnet sich durch kleinen, buschigen Wuchs und breite dunkelgrüne Blätter aus. Weil diese Afghanica-Sorten aus nördlichen Breiten mit kurzer Saison stammen, reifen sie zumeist recht früh - im Freiland zwischen Mitte August und Ende September; die ausgereifte Pflanze erreicht oft nur eine Höhe von 90 bis 180 cm und bildet überaus harzreiche Blüten. Aus diesen Afghanica-Sorten wird Haschisch produziert, das zum besten und stärksten der Welt zählt. Der Rauch der getrockneten Blüten entfaltet nahezu das gleiche Aroma und den gleichen Geschmack wie gutes Haschisch, und die Feinschmecker unter den Rauchern bezahlten nun gern etwas mehr für die exotischen Afghanica-Blüten. Mitte bis Ende der 70er Jahre wurden immer wieder neue Afghanica-Sorten eingeführt. Nach der russischen Invasion in Afghanistan im Jahre 1979 sind dann viele zusätzliche Afghanica-Sorten aus dem Nordwesten Pakistans in die USA gelangt.

In Amerika hat sich Afghanica sehr rasch verbreitet. Marihuana-Züchter kreuzten Afghanica mit süßlich schmeckenden, spät reifenden Sativa-Varietäten, um früher reifende Hybriden zu erzeugen. Vor allem durch Kreuzen von Afghanica und Thai ergaben sich wohlschmeckende und potente Sorten. Das Verschmelzen diverser wünschenswerter dominanter Merkmale sorgten bei den frühen Hybrid-Züchtungen für einen erstaunlichen Heterosiseffekt. Die Potenz der Blüten wurde stärker, und obwohl die Pflanzen selten höher als 3 Meter wuchsen, brachten sie viel bessere Erträge. Bald ging die Mehrheit der Anbauer dazu über, diverse Hybriden anzupflanzen, bei denen man Afghanica- mit Sativa-Sorten gekreuzt hatte. Aus diesen frühen Hybriden erzeugte man über Inzuchtstämme einige reinerbige Sorten.

Da Hanf ein Windblütler ist und Sinsemilla gewöhnlich in kleinen Gärten mit dichtem Bestand gezogen wird, kommt es oft zu einer großen Anzahl Samen durch ungewollte Bestäubung. Diese Zufallsprodukte, die so manche Sinsemilla-Ernte ruinierten, waren weit mehr verbreitet als die bewußt erzeugten Samen. Selektiv, d.h. bewußt erzeugte Samen wurden meist nur vereinzelt unter ernsthaft interessierten Züchtern und Anbauern weitergereicht. Es wurden ungewollt produzierte Samen angepflanzt, die unterschiedliche Anteile der Erbanlagen des eingeführten Afghanica-Genpools enthielten, wobei es durch ungewollte Zufallsbefruchtung immer wieder zu neuen Kreuzungen kam. Durch nichtselektives Auskreuzen ergaben sich verworrene Hybridkonstellationen aus diversen Elternlinien, bei denen Kombinationen wünschenswerter Eigenschaften selten reproduziert werden konnten. Nur wenige Nachkommen von F2 und nachfolgenden Generationen schienen sich zu ähneln; ihre Genpools bestanden aus unkontrolliert gesammelten, von diversen Vorfahren weitergereichten Eigenschaften. Als sich diese durchmischten Genpools neu gruppierten, offenbarten sie ebenso viele unerwünschte wie erwünschte Eigenschaften. Viele der einstmals importierten Originalsorten, aus denen die durch Inzucht erzeugten Stämme hervorgegangen sind, sind längst verschwunden, ihre Erbmasse findet sich verwässert im riesigen Genpool des amerikanischen Inland-Cannabis. Auch wenn gewiß noch viele der favorisierten Gene existieren, ist es nahezu unmöglich, sie jemals vereint mit anderen wünschenswerten Eigenschaften zurückzugewinnen.

Bis Mitte der 80er Jahre hatte wohl die überwiegende Mehrheit des in Amerika produzierten Sinsemilla einige seiner Gene aus dem Pool von Afghanica bezogen. Schon um 1980 war es schwierig geworden, jene Sorten zu finden, die nur wenige Jahre zuvor - ehe Afghanica Einzug hielt - so populär gewesen waren. Um 1985 war es dann kaum noch möglich, reine, im Inland kultivierte Sativa-Varietäten zu finden. "Afghani #1", "Hindu-Kush", "Mazar-i-Sharif" und "Skunk Weed" gehörten zu den erfolgreicheren reinen Afghanica-Sorten aus durch Inzucht erzeugten Zuchtstämmen. Ihre hybriden Nachkommen sind überall verbreitet.

Es scheint, als seien die Afghanica-Hybriden ideal zum Anbau auf amerikanischem Boden geeignet und von sämtlichen Cannabis-Anbauern mit offenen Armen empfangen worden. Obwohl die Verwendung von Afghanica-Sorten aufgrund der verzögerten Einführung in vielen Teilen des Mittleren Ostens und Westens Mitte der 80er Jahre im ganzen Land weiterhin zunahm, begann ihr Stern im Westen wie auch in anderen frühen Pionierregionen des Cannabis-Anbaus zu sinken. Zufällige Neukombinationen der Gene bei komplexen Hybriden hatten einige weniger erfreuliche und seither verborgene Eigenschaften von Afghanica zum Vorschein gebracht. Ohne sorgfältige Auswahl und Züchtung verunkrautet Cannabis, und bei fortschreitender natürlicher Selektion verlieren die psychoaktiven Sorten an Vitalität, Geschmack und Potenz. Nachlassende Potenz, ein flaches und fades High, penetrant fäkalähnliches Aroma, penetranter Geschmack sowie Anfälligkeit für Schimmel waren die Merkmale, die man bald mit vielen aus Afghanica und Sativa gekreuzten Hybriden verband.

Viele Sinsemilla-Connaisseurs waren der Ansicht, daß Cannabis Afghanica die Erwartungen nicht erfüllt hatte. Hobbygärtner sowie kommerzielle Anbauer freilich waren da anderer Ansicht. Afghanica-Eigenschaften wie Robustheit, rasche Reife und Kälteverträglichkeit ermöglichten es nämlich, in den nördlichen US-Bundesstaaten von Washington bis hinüber nach Maine Sinsemilla im Freiland anzubauen. Dies revolutionierte den inländischen Marihuana-Markt, da nun für die Bewohner der nördlichen Breiten ein potentes Eigenbau-Gras zur Verfügung stand, und führte zur Intensivierung der Sinsemilla-Kultivierung in Amerika und Europa. Im Laufe der 80er Jahre breiteten sich die Anbaugebiete von den Epizentren der Westküste, in Hawaii und Ozarks bis in die mindestens 20 Bundesstaaten aus, die mittlerweile als Hauptlieferanten gelten (wobei nach wie vor in allen 50 Bundestaaten im kleinen Rahmen Sinsemilla-Freilandanbau betrieben wird).

Das Züchten neuer Hybriden durch Kreuzen diverser Inzuchtstämme sorgt für neue Vitalität und neue Gen-Kombinationen für zukünftige Zuchtversuche. Seriöse Züchter von Connaisseur-Sorten sind - auf der Suche nach "neuem" Genmaterial zur Sortenverbesserung - zu manchen der älteren reinen Sativa-Sorten zurückgekehrt. Züchter sind stets auf der Suche nach exotischem Keimplasma; reine Afghanica-Sorten sind noch immer begehrtes Zuchtmaterial, und gelegentlich werden neue Afghanica-Sorten aus Zentralasien eingeführt und getestet. Seit kurzem sind Sativa-Sorten aus Südafrika beliebt, weil sie früh reifen und weniger Rückschläge bringen, wie man es bei der Schimmelanfälligkeit und dem miesen Geschmack von Cannabis Afghanica erleben konnte. Da sie aus weit unterhalb des Äquators gelegenen Zonen kommen, reifen die aus Südafrika importierten Sorten im August, sind aber oft sehr kleinwüchsig, nicht sehr potent und bringen relativ wenig Ertrag. Trotzdem hat beharrliche Auslesezüchtung zu südafrikanischen Inzuchtsorten wie "Durban" geführt. Kreuzungen mit Sativa- und Afghanica-Inzuchtsorten oder ihren Hybriden ergeben gewöhnlich kräftige, früh reifende Pflanzen, die auch - bei einigen ausgewählten Individuen - die erwünschten, von Sativa oder Afghanica bekannten Eigenschaften wie Potenz, Aroma, voller Geschmack und hoher Ertrag aufweisen können. Diese Einzelpflanzen bewahrt man durch Klonieren, um sie später als Elternpflanzen zur Samenproduktion zu verwenden.

Seit den späten 70ern haben etliche Züchter mit Varianten von Cannabis Sativa ssp. fibrosa sect. spontanea gearbeitet, die aus Zentral- und Osteuropa stammen, bei westlichen Anbauern auch als Cannabis Ruderalis bekannt. Diese verunkrauteten Sorten reifen im Juli oder August, was sie für den Züchter interessant macht, um bei psychoaktiven Sorten die Reifezeit zu verkürzen. Es ist nicht eindeutig klar, ob es bei diesen Populationen um echte wildwachsende Pflanzen oder lediglich um verwilderte Nachfahren einstiger Hanfplantagen handelt. Wie dem auch sei, THC enthalten sie jedenfalls kaum in nennenswerter Menge, auch die Hybriden zeigen nur wenig Potenz, und es muß wiederholt mit THC-potenten Eltern zurückgekreuzt werden, um Potenz aufzubauen. Diese zurückgekreuzten Linien dürften sich gut zum Anbau im hohen Norden eignen, doch haben sich nur wenige als potent genug erwiesen, um bei Sinsemilla-Anbauern Anklang zu finden.

Exotische Import-Sorten aus Indien, Kaschmir, Nepal, Afrika und Indonesien werden hin und wieder beim Kreuzen der ersten Filialgeneration bzw. F1-Hybriden benutzt, um die Potenz zu steigern oder besondere Geschmacksnoten zu erzielen. Da aus diesen Gebieten nicht oft importierte Handelsware in die USA gelangt, werden die Samen gewöhnlich in kleinen Mengen von Globetrottern mitgebracht - und sind äußerst rar im Vergleich zu Saatgut aus den Hauptanbaugebieten in Kolumbien, Mexiko, Jamaika und Thailand.

Da es bei Cannabis schwierig ist, Merkmale durch Auswahlzucht zu festigen, und nur die weiblichen Pflanzen ökonomisch von Wert sind, fährt man am besten, wenn man bei hochkarätigen Pflanzen mit Stecklingsvermehrung arbeitet. Durch Klonieren läßt sich eine große Zahl identischer Pflanzen ziehen. Man erspart sich hierbei nicht bloß die Unberechenbarkeiten neuer Gen-Kombinationen, sondern erhält innerhalb einer Generation einen uniformen Bestand weiblicher Pflanzen, statt über Generationen hinweg mit Auslesezüchtung zu experimentieren. Und bei der Sinsemillaproduktion braucht man keine männlichen Pflanzen zu jäten, weil man von männlichen Pflanzen erst gar keine Stecklinge geschnitten hat und der Pflanzbestand keinerlei Pollen produziert. Sämtliche weiblichen Pflanzen reifen zur gleichen Zeit, der gesamte Bestand kann auf einmal geerntet werden. Beim kommerziellen Cannabis-Anbau ist das ein wahrer Segen.

Aufgrund anhaltender Verfolgung der Freilandanbauer durch staatliche Behörden hat sich der Sinsemilla-Anbau weitgehend in Innenräume verlagert. Man arbeitet oft auf dem Speicher, im Keller oder im Schlafzimmer und pflanzt unter Hochdrucklampen. Bei derart beengten Raumverhältnissen ist kein Platz für unproduktive Pflanzen, und gewöhnlich zieht man den ganzen Bestand aus Klonen einer einzigen hochkarätigen Mutterpflanze.

Afghanica-Hybriden haben sich beim Anbau im Haus als sehr anpassungsfähig erwiesen. Afghanica-Sorten reifen schnell und gestatten 3 bis 4 Ernten

im Jahr; eine knapp 90 cm hohe Pflanze bringt bis zu 100 Gramm Blüten. Viele Sativa-Sorten sind zu hochwüchsig und brauchen zu lange zum Reifen. Der Anbau von Afghanica-Hybriden ist wesentlich einfacher und ökonomischer als der von reinen Sativa-Sorten, wo die Spitzen der größten Pflanzen den tieferen Ästen das Licht wegnehmen und sie an der Blütenbildung hindern.
Die Bedingungen, unter denen heute der Anbau im Haus stattfindet, erscheinen oft wenig dazu geeignet, durch Auslesezüchtung verbesserte Cannabis-Sorten zu erzeugen. Im Vergleich zu den Freilandflächen, die gewöhnlich beim Züchten von Windblütlern wie Mais oder Cannabis bepflanzt werden, ist so ein Innenraum einfach zu klein. Beim Anbau im Haus wird meist Sinsemilla mit Klonen einer ausgewählten Mutterpflanze produziert, es werden so gut wie nie männliche Pflanzen gezogen oder überhaupt Samen gepflanzt. Kommerzielle Anbauer legen Wert darauf, Ware zu liefern, die keine Samen enthält - an Samenproduktion sind sie nicht interessiert. Klone sorgen Ernte um Ernte für uniformen, genau kontrollierbaren Pflanzenbestand. Bei Klonen ist der Anbauer sicher vor unliebsamen Überraschungen, sie garantieren Stabilität über -zig Generationen hinweg, solange keine Virusinfektionen oder sonstige Krankheiten auftreten. Beim uniformen Klon-Bestand gibt es keine minderwertigen, zweitklassigen Individuen - weil sie alle identische Erbanlagen haben, wird man freilich auch nie eine Pflanze entdecken, die sich in ihrer einmaligen Qualität deutlich vom Rest unterscheidet. Alle Nachkommen sind identisch und nur so gut wie die Mutterpflanze, die die Stecklinge geliefert hat. Den Anbau im Haus könnte man als Antithese des Züchtens betrachten - sein System ist asexuell, Samen sind hier fehl am Platz. Die alleinige Verwendung weiblicher Klone optimiert die Produktion, indem sie jegliche Samenerzeugung von vornherein ausschließt. Wo keine Züchtung mehr stattfindet, gibt es auch keine Sortenverbesserung. Es läßt sich schwer sagen, ob die Klon-Praxis eine nachhaltige Wirkung auf die Cannabiszüchtung und die Evolution des Genpools dieser Kulturpflanze haben wird, doch hat sie auf jeden Fall die Artenvielfalt in den Anbau-Räumen reduziert.
Forcierte Zerstörung von Anbauflächen durch amerikanische Polizeibehörden während der 80er Jahre haben das Angebot und die Qualität des im Inland erzeugten Marihuanas verringert. Die Verknappung des Angebots führte zu inflationären Preissteigerungen. Die Marihuanapreise ziehen weiterhin an, während die Qualität nur selten an die heranreicht, die man noch vor wenigen Jahren erwarten durfte. Diese Situation hat dazu geführt, daß immer mehr Raucher zur Deckung ihres privaten Bedarfs bei sich zu Hause

anbauen - die überwiegende Mehrheit dieser Hobby-Gewächsräume arbeitet mit 1 bis 4 Lampen und produziert ausschließlich für den persönlichen Bedarf der Hausbewohner.

Die wachsende Akzeptanz von Cannabis als therapeutisches Mittel bei der Behandlung von Begleiterscheinungen wie Appetitmangel und Brechreiz, wie sie bei der Chemotherapie von Krebs und Aids vorkommen, führt zu einem zahlenmäßigen Anstieg bei den kleinen Heim-Anbau-Operationen. Der leidende Patient hat gemerkt, daß Cannabis ein wirksames Mittel zur Linderung seiner Beschwerden sein kann. In Amerika ist der legale Erwerb von Cannabis zu medizinischen Zwecken derzeit noch immer unmöglich, deshalb hören sich Patienten im Freundeskreis um, um an dieses Mittel heranzukommen, oder bauen selber in kleinen Mengen an. Immer mehr Patienten, die an grünem Star, Aids und mit der Chemotherapie einhergehenden Übelkeit leiden, beschließen, sich durch Rauchen von Cannabis Erleichterung zu verschaffen, und viele werden gezwungen sein, zur medizinischen Selbstversorgung heimlich Cannabis anzubauen.

Bei den verschiedenen Sorten von psychoaktivem Cannabis erlebt der Raucher eine unterschiedliche Intensität der Wirkung und diverse Arten des High. Auch in der therapeutischen Wirkung sind sie verschieden. Diese Unterschiede resultieren sowohl aus Potenz- und Cannabinoidprofil der jeweiligen Sorte wie auch der spezifischen Physiologie und mentalen Verfassung des Patienten. Dem Züchter ist es beim Haus-Anbau möglich, individuelle Cannabis-Sorten zu kreieren, die von ihrem Potenzlevel und Cannabinoidprofil her auf den individuellen medizinischen Bedarf und die persönlichen Präferenzen des Patienten zugeschnitten sind. Durch individuelle Auslesezüchtung im Hinblick auf die spezifische therapeutische Wirkung könnte jeder Patient entsprechend dem jeweiligen Krankheitsbild optimal versorgt werden. So könnte es sich z.B. herausstellen, daß eine weniger potente Variante sämtliche therapeutischen Vorteile einer potenteren Sorte besitzt, ohne daß sich beim Patienten die psychoaktive Nebenwirkung einstellt.

Auch wenn die beschränkten Raumverhältnisse beim Anbau im Haus keineswegs ideale Voraussetzungen zur Züchtung bieten, so haben uns die 80er Jahre gezeigt: Die unmittelbare Zukunft für Cannabis und seine amerikanischen Anbauer liegt im Innenraum-Anbau. Um den Nachstellungen der Behörden zu entgehen, wurden Kompromisse gemacht, und es wird nach wie vor Sinsemilla produziert. Soll sich die Qualität von Cannabis verbessern und nicht im gegenwärtigen Klon-Stadium steckenbleiben, dann müssen Impulse zur

Verbesserung durch Auslesezüchtung aus dem Milieu des Heimanbaus kommen. Die Illegalität und Exponiertheit der Marihuana-Kultivierung lassen es geeignet erscheinen, sowohl die Größe des Pflanzenbestands wie auch die Häufigkeit, in der man ihn zur Inspektion aufsucht, zu reduzieren. Dies verringert die Anzahl der potentiellen Zuchtpflanzen, aus denen ein Züchter auswählen kann, und ebenso die Zeitmenge, die er jeder Pflanze widmen kann. Im Schutz der Privatspäre jedoch, wie sie beim Anbau im Haus gegeben ist, kann sich der Anbauer eingehend mit seiner Zuchtpraxis befassen.

Jeder Garten, jedes Feld stößt irgendwann an seine Grenzen. Selbst Freilandanbauer neigen immer mehr dazu, ihre Fläche zu verkleinern, um das Risiko des Entdecktwerdens zu minimieren. Innenräume sind von vier Wänden umschlossen und erscheinen extrem klein. Nichtsdestotrotz wird die Gesamtfläche des Innenraum-Anbaus in den USA mittlerweile auf etwa gleich hoch - wenn nicht gar höher - geschätzt als die im Freiland genutzte.

Sei es beim Anbau im Freiland, in Treibhäusern oder im Haus - Züchtungserfolge bei der Sortenverbesserung wurden zum überwiegenden Teil auf kleinen Anbauflächen erzielt. Kein Züchter in Amerika hatte je das Gefühl, er habe genug Platz zur Verfügung - immer mußte auf zu kleinem Raum gearbeitet werden. Trotz der widrigen und beengten Bedingungen, die jede klandestine Operation mit sich bringt, gelang es sowohl in den USA wie in den Niederlanden, erheblich verbesserte Cannabis-Sorten zu schaffen.

Mitte der 80er Jahre erschienen die ersten holländischen Saatgutfirmen auf dem Plan, die Samen vorrangig amerikanischer Sinsemilla-Sorten anboten - daneben auch ein paar holländische sowie ausgewählte fremdländische Provenienzen. Ihre Zuchtstämme hatte man mit Hilfe verbesserter Sorten aus Amerika und anderswo etabliert. Außer daß sie ein breites Spektrum simpler Multi-Hybrid-Kreuzungen lieferbar hielten, haben holländische Saatgutfirmen wie Seed Bank, Super Sativa Seed Club und Sensi Seed Bank jedoch wenig für die Verbesserung ihrer Sorten getan. Sie reproduzierten etablierte Sorten, versuchten sie reiner und homogener zu gestalten und dabei deren individuellen Charakter zu bewahren. Dies ist immer schwierig bei Fremdbestäubern wie Cannabis, bei denen es leicht zu Inzuchtdepression kommt, vor allem wenn die Selektion aus sehr kleinen Beständen erfolgen muß. Inzuchtdepression führt zu allgemeinem Vitalitätsverlust der Pflanze aufgrund einer Akkumulierung rezessiver Genpaare. Einige holländische Sorten erwiesen sich auch als akzeptables, früh reifendes Material für den Freilandanbau von Sinsemilla in nördlicheren Breiten.

Bisweilen ließen die Lieferungen der holländischen Firmen auf sich warten - aufgrund beschränkter Lieferbestände wurde bei Bestellungen auch schon mal ersatzweise anderes Material geliefert. Manchmal fehlte den Samen die dunkle Färbung - sie erschienen nicht voll ausgereift, da unter Kunstlicht angebaut. Vielen Anbauern kamen auch die Preise recht hoch vor. Trotz alledem stießen die von den holländischen Samenhändlern angebotenen Cannabis-Sorten in Amerika auf breite Akzeptanz. Die meisten Sorten waren besser als jene, welche die Anbauer bereits besaßen, also waren sie zufrieden. Die neue Möglichkeit, verbesserte Cannabis-Sorten per Post zu bestellen, ergab sich zur gleichen Zeit, als sich man sich zunehmend mit Klonieren beschäftigte, und noch heute wird in Amerika viel Material aus Nachkommen der holländischen Samen zur Sinsemilla-Produktion benutzt. Viele der holländischen Saatgutfirmen, die Samen nach USA exportiert haben, stellten 1991 ihr Geschäft ein. In Amsterdam und anderen Städten sind Cannabis-Samen nach wie vor in einigen Samenfachgeschäften sowie manchen Coffeeshops erhältlich. Die Kultivierung von Cannabis zur Samenproduktion sowie der Handel mit diesen Samen ist zur Zeit innerhalb Hollands legal, in Amerika ist die Einfuhr von Cannabis-Samen allerdings gesetzlich verboten.

Viele der ursprünglichen verbesserten Sorten entstanden aus Dihybrid- oder Polyhybrid-Kreuzungen zwischen traditionell angebauten psychoaktiven Cannabis-Arten, d.h. Landesrassen so unterschiedlicher Provenienzen wie Afghanistan, Kolumbien, Jamaika, Mexiko, Panama und Thailand. Die extreme Potenz und delikaten Eigenschaften dieser ursprünglichen Hybriden resultierten oft aus dem Heterosiseffekt, in dem sich die diversen genotypischen Grundlagen der ursprünglichen Landesrassen widerspiegelten - nun verschmolzen in den luxurierenden Hybriden. Es ist heute so gut wie unmöglich, noch viele dieser in den 70er Jahren verbreiteten Landesrassen aufzutreiben; Züchter müssen oft auf Kollektionen von hierzulande erzeugten Inzuchtstämmen zurückgreifen, die aus diesen Original-Polyhybrid-Kreuzungen hervorgegangen sind. In mancher Hinsicht hat es der Züchter leichter, weil viele seiner Vorgänger bereits Verbesserungen lieferten, die nützlich sind für zukünftige Zuchtversuche - es besteht kein Grund, die Arbeit anderer Züchter noch einmal zu tun. Aber es dürfte auch unmöglich sein, manche der unerwünschten Kombinationen früherer Züchter rückgängig zu machen, deren Prioritäten beim Zuchtziel sich von den heutigen unterschieden. Selbst wenn Teile der Original-Genpools auf die hybriden Nachkommen übertragen worden sind, dürften individuelle Gene als verloren gelten. Daß viele der

Originalsorten unwiderbringlich verloren sind, ist eine tragische Tatsache. Die ursprünglichen Hybriden basierten auf den grundlegenden Bausteinen der Landesrassen und können nicht mehr erzeugt werden. Trotzdem ist es heute wichtiger denn je, zu bewahren, was von dem ursprünglichen, mannigfaltigen Genpool des psychoaktiven Cannabis übrig ist - um es zur Entwicklung neuer und besserer Sorten zu verwenden, die unseren heutigen Kriterien für zufriedenstellendes Marihuana und andere Cannabis-Produkte genügen. Jede neue Verbesserung wird eine weitere Etappe auf dem langen und steilen Pfad zu optimaler Cannabis-Qualität sein, und wie stets wird es die Mühe lohnen.

Tips für Züchter

Innenräume bieten gegenüber dem Freiland so manchen Vorteil. Sie sind leichter erreichbar, man wird also die Pflanzen viel öfter aufsuchen - vor allem natürlich, wenn sich der Raum im Wohnhaus des Anbauers befindet. Das genaue Beobachten der Pollenbildung bei den männlichen Pflanzen sowie der Griffelbildung und schließlich der Samenreife bei den weiblichen erfordert eine regelmäßige Visite, um die Pflanzen zu inspizieren - das ist beim klandestinen Freilandanbau oft schwierig oder fast unmöglich, da man durch allzu häufiges Erscheinen leicht Verdacht erregt und ein Entdecktwerden der Plantage riskiert. Zudem ist man im Innenraum besser gegen unkontrollierten Pollenflug gefeit, da der kleinere Bestand besser zu überwachen ist. Ventilator- oder Belüftungsöffnungen kann man mit Filtern versehen, um ein Eindringen von Fremdpollen zu verhindern.

Sorten, die gut bei Kunstlicht gedeihen, werden dies auch im Freien oder im Treibhaus unter Sonnenlicht tun. Das Gegenteil ist längst nicht immer der Fall - eine Sorte, die draußen bestens gedeiht, erweist sich bei Anbau unter Kunstlicht oft als Enttäuschung. Dies erklärt zum großen Teil den Erfolg der Züchter, die nun gezwungen sind, mit Kunstlicht zu arbeiten. Zwar erwiesen sich ihre Sorten sowohl beim Anbau im Haus wie im Freiland als ganz akzeptabel, doch sind einige wenige besonders gut für drinnen und draußen geeignet; die meisten gedeihen am besten unter denselben Bedingungen, unter denen die Auslesezüchtung stattfand.

Auch wenn sie große Mengen an Pollen und Samen produziert, ist Cannabis ist nicht gerade eine unkomplizierte Pflanze, was ihre Züchtung anbetrifft. So bringt ihr Lebenszyklus bei der Auslesezüchtung etliche Hindernisse mit sich. Cannabis-Individuen sind im allgemeinen entweder männlich oder weiblich, daher ist keine Selbstbestäubung möglich. Die Selbstbestäubung ist die effizienteste Methode, um erwünschte Merkmale zu festigen, denn stammen die selektierten Gene von derselben Pflanze, ist die Wahrscheinlichkeit größer, daß sie sowohl im Pollen wie in der Eizelle vorhanden sind. Beim Züchten von Cannabis müssen also die Gene, die ein erwünschtes Merkmal kontrollieren, in zwei separaten Individuen vorhanden sein, nämlich im männlichen Elternteil (Pollen) und im weiblichen (Eizelle). Das psychoaktive Harz wird aber nur von weiblichen Pflanzen produziert. Dies erschwert es, potentiell wünschenswerte Merkmale bei männlichen Eltern zu erkennen, besonders, wenn diese Merkmale am Ende bei den weiblichen Nachkommen zum Vorschein kommen sollen. Alle Cannabis-Sorten sind Windblütler und können sich untereinander frei bestäuben. In Frage kommende weibliche Eltern, die Samen bilden sollen, müssen zur Vermeidung ungewollter Bestäubung von sämtlichen männlichen Pflanzen isoliert werden, bis sie vom Pollen der ausgewählten männlichen Pflanze befruchtet wurden.

Will man genügend Blüten befruchten, um in ausreichender Menge Samen zu erhalten, ohne dabei die übrigen Pflanzen zu bestäuben und die Sinsemilla-Ernte zu ruinieren, kann man auf verschiedene Weise vorgehen. Der einfachste Weg ist, in einem Raum mit einer Vielfalt von weiblichen Klonen oder Sämlingspflanzen nur einen ausgewählten Pollenlieferanten aufzustellen (die männliche Pflanze kann entweder ein Klon oder aus Samen gezogen sein). In ähnlicher Weise geht man ja beim Freilandanbau vor, wenn man nur die beste männliche Pflanze stehen läßt, um viele der besten weiblichen Pflanzen zu befruchten. Jedes befruchtete Weibchen wird andersgeartete Nachkommen erzeugen - der männliche Elternteil bleibt stets derselbe. Das Klonen im Innenraum bietet dem Anbauer den zusätzlichen Vorteil, daß auf beschränktem Raum sehr kleine weibliche Pflanzen zur Blütenreife gebracht werden können, die dennoch groß genug sind, um genügend Samen für zukünftige Zuchtversuche zu produzieren. Auf kleinerer Fläche kann so eine größere Vielfalt an Elternpflanzen gezogen werden. Dies bietet eine breitere genetische Basis für die Selektion und erhöht die Zahl der potentiell erfolgreichen Kreuzungen.

Jeder weibliche Klon unterscheidet sich hinsichtlich seiner Fähigkeit, erwünschte Gen-Kombinationen mit einem beliebigen männlichen Klon zu erzeugen. Wir wollen es die Spezifische Kombinationsfähigkeit des weiblichen Klons nennen, kurz SKF: wenn der Prozentsatz an leistungsfähigen Nachkommen bei einer spezifischen Kreuzung hoch ist, dann hat die individuelle Kreuzung eine hohe SKF Klonen gekreuzt und man stellt fest, daß es beim Kreuzen mit einer Vielfalt von Partnern einen hohen Prozentsatz an leistungsfähigen Nachkommen produziert, dann besitzt es eine hohe Generelle Kombinationsfähigkeit, kurz GKF. Eltern mit hoher SKF und vor allem hoher GKF sind äußerst wertvolles Material für die weitere Züchtung und werden durch Klonieren bewahrt. An der GKF eines Klons bemißt sich seine Zuverlässigkeit als Elternpflanze - feststellen läßt sich die GKF nur durch wiederholtes Kreuzen mit einer großen Vielfalt anderer Klone, wofür man ziemlich viel Platz braucht: Wenn nur 5 weibliche Klone mit 5 männlichen Klonen getestet werden, muß 25 mal gekreuzt werden, und von jeder Kreuzung sollten mindestens 10 weibliche Pflanzen herangezogen werden, um eine Bewertung vornehmen zu können. Das bedeutet, es müssen über 500 Samen gepflanzt werden, um 250 weibliche Pflanzen zu erhalten.

Eine perfekte Zuchtanlage würde so aussehen, daß jeder männliche Pollenlieferant seinen eigenen Raum hat. In jeden dieser Räume könnte man viele unterschiedliche weibliche Klone stellen, und sie alle würden nur von diesem einen Pollenlieferanten befruchtet. Wird eine zuverlässige Elternpflanze benutzt, ist die gemeinsame Befruchtung durch einen einzigen Pollenlieferanten eine besonders gute Methode, um eine große Anzahl weiblicher Klone auf ihre Kreuzungsfähigkeit zu testen. Muß im Anfangsstadium eines Zuchtprojekts ein Pollenlieferant benutzt werden, mit dem noch kein Test-Kreuzen mit diversen Weibchen vorgenommen wurde, ist es ratsam, eine fremdbestäubte Importsorte mit wünschenswerten Wuchs- und Blüteneigenschaften zu verwenden - noch besser wäre ein verbesserter, kräftiger Inzuchtstamm wie “Skunk #1”, “Early Girl”, “California Orange” etc. Dies erhöht die Chance, daß ein kräftiges Männchen ausgewählt wird - statt eines Inzuchtmännchens, das minderwertigen Nachwuchs liefern würde.

Ergreift man entsprechende Vorsichtsmaßnahmen, können im Anbau-Raum auch mehrere Pollenlieferanten eingesetzt werden, ohne daß es zur ungewollten Bestäubung von Nachbarpflanzen kommt. Wer in einem Einzelraum mehrfache Kreuzungen durchführen will, sollte im Voraus die Kapazität des Raumes bedenken und nicht vergessen, bei jeder Samenportion ein zusätzliches Paar männlicher und weiblicher Klone zu ziehen - bzw. für jede Kreuzung, die mit einem bestimmten Klon gemacht wird, jeweils einen Steckling dieses Klons für jeden Pollen- und Samen-Elternteil bereitzuhalten. Will der Anbauer einen weiblichen Klon mit vielen unterschiedlichen Pollenlieferanten befruchten, dann müssen zu Beginn genug Stecklinge geschnitten werden, damit von jedem einzelnen Pollenlieferanten ein Steckling bestäubt werden kann. Wenn die weiblichen Klone reif zur Befruchtung sind, werden sie einzeln aus dem gemeinsamen Gewächsraum entfernt und von einem individuellen Pollenlieferanten bestäubt.

Der Pollen wird entweder bei ausgewählten Männchen eingesammelt, getrocknet und in der Gefriertruhe aufbewahrt, bis man ihn benötigt, oder ein reifes Männchen, das gerade Pollen liefert, wird aus einem anderen Raum eingeführt. Bei künstlicher Befruchtung mit eingelagertem Pollen plaziert man das Weibchen 3 Tage lang außerhalb des gemeinsamen Gewächsraums, bis die Befruchtung erfolgt oder der Pollen abgestorben ist - um Befruchtung anderer Pflanzen auszuschließen. Nach drei Tagen besprüht man das Weibchen mit Wasser, um anhaftende Pollenkörner zu beseitigen, und stellt es zurück in den gemeinsamen Gewächsraum. Soll ein lebendes Männchen als Pollenlieferant benutzt werden, wird es gemeinsam mit dem Weibchen in einem Raum isoliert, bis das Männchen den Pollen freisetzt. Ist dies bereits der Fall, kann man das Weibchen bestäuben, indem man das Männchen darüberhält und schüttelt; anschließend kann es sofort in seinen Raum zurückkehren. War die Befruchtung erfolgreich, werden sich die weiblichen Griffel binnen 2 Tagen dunkel färben und leicht anwelken - ein Zeichen für die erfolgte Befruchtung. Man spült das Weibchen mit Wasser ab, um restliche Pollen zu beseitigen, und stellt es in den gemeinsamen Raum zurück. Die übrigen Klone im gemeinsamen Raum bleiben samenlos und werden später zur Kontrolle dienen, wenn man die Eigenschaften jeder Sorte vergleicht.

Falls eine ungenügende Anzahl weiblicher Klone als individuelle Samen-Eltern zur Verfügung steht, man aber größere weibliche Pflanzen hat, dann können einzelne Äste mit Hilfe von Plastikbeuteln bestäubt werden (cf. *Marijuana Botany* von Robert C. Clarke, And/Or Press, Berkeley). Im engen Anbau-Raum muß man höllisch aufpassen, damit keine Pflanzen ungewollt durch herumfliegenden Blütenstaub befruchtet werden - am sichersten ist es, jede Bruchtung einzeln außerhalb des Gewächsraums durchzuführen. Der entscheidende Vorteil beim Ziehen großer Pflanzen im Innenraum ist, daß sie gründlicher reifen als kleine und so ihr genetisches Potential besser zum Vorschein kommt, wodurch sich ihr Gesamtwert leichter beurteilen läßt. Man kann auch unter den kleinen Individuen eines Bestands durch Vergleich auswählen, doch es bedarf größerer Pflanzen, um den allgemeinen Wert einer Sorte zu beurteilen.

Werden männliche Klone als direkter Pollenlieferant benutzt, ist es ratsam, bei diesen die Blüte 2 Wochen später einzuleiten als bei den weiblichen Samen-Klonen früh reifender Sorten, bzw. 4 Wochen später als bei weiblichen Samen-Klonen spät reifender Sorten. Ansonsten reifen die Männchen und geben Pollen ab, ehe die Weibchen reif und fruchtbar sind. Oft ist es einfacher, die Männchen rechtzeitig vor den Weibchen blühen zu lassen und den Pollen kurze Zeit zu lagern, bis die Weibchen soweit sind. Kühl und trocken gelagerter Pollen bleibt etliche Wochen lang frisch, ohne viel von seiner Fruchtbarkeit zu verlieren. Wer ihn länger aufheben will, sollte ihn im Papierumschlag an einem dunklen Platz legen und mit einem Trockenmittel trocknen. Der getrocknete Pollen wird dann unter Beilegen eines Trockenmittels in einem verschlossenen Behälter in der Gefriertruhe eingelagert. Beim Auftauen werden viele der Pollenkörner absterben, doch hat man mehrere Gramm Pollen eingefroren, werden genügend Pollenkörner überleben, um eine große Zahl Pflanzen zu befruchten. Beim Herausnehmen aus der Kühltruhe läßt man den Pollen am besten samt Trockenmittel im verschlossenen Behälter auftauen, oder man bestäubt die Weibchen mit dem noch gefrorenen Pollen - bevor er Zeit zum Auftauen hat und mit dem Kondenswasser verklumpt, was das Verteilen auf den Griffeln dann sehr viel schwieriger macht. Die einfachste Methode, sich eine lebende Pollenbank zu halten: Man beläßt mehrere Klone jedes Männchens im vegetativen Stadium und bringt sie zum Blühen, sobald Pollen benötigt wird.

Männliche Eltern sollten immer aus den beständigsten Zuchtstämmen mit erwünschten Merkmalen ausgewählt werden. Sind die männlichen Individuen selektiert, sollte man von jedem Klone ziehen, bis jeweils durch Kreuzen mit etlichen weiblichen Klonen SKF und GKF ermittelt sind. Allein nach äußerlichen Merkmalen lassen sich Männchen schwer beurteilen, da ihre Blüten kein THC-reiches Harz bilden. Ist ein Männchen mit hoher SKF ausgewählt, wird es eine wertvolle Ergänzung des für Zuchtzwecke verfügbaren Genpools.

Durch Befruchtung wird die Reife der Weibchen zwar um 1 bis 2 Wochen beschleunigt, aber man muß den Samen Zeit lassen, vollkommen auszureifen. Letztendlich dauert die Produktion guter Samen fast so lange wie die von gutem Sinsemilla.

Bei großen, spät reifenden Freilandpflanzen kann man im Frühling Klone schneiden, sobald sie alt genug sind und leicht verholzte Stengel haben - lange vor ihrer natürlichen Blüte. Setzt man die bewurzelten Stecklinge dann im Gewächsraum einer 12-stündigen Photoperiode aus, werden sie blühen und ihr Geschlecht offenbaren - lange, bevor die Mutterpflanze im Freiland blüht! Die weiblichen Klone werden dann immer weiter blühen, und bei Ausreifung des kleinen Klons läßt sich nun in etwa die Qualität der Freilandpflanze erkennen, wenn sie später ausgereift sein wird.

Es ist relativ einfach, zwei Elternpflanzen aus Sorten mit wünschenswerten Eigenschaften auszuwählen, sie zu kreuzen und dann Nachkommen auszuwählen, die die meisten wünschenswerten Eigenschaften jeder Elternsorte aufweisen. Werden diese einmaligen Kombinationen geklont, kann man die verbesserten Hybridklone ohne großen Aufwand für spätere Kultivierung bewahren. Weitaus schwieriger und aufwendiger ist es hingegen, aus einer F1-Hybridenkreuzung einen stabilen Inzuchtstamm zu schaffen. Dies erfordert Jahre sorgfältiger Auswahl und das Heranziehen einer großen Zahl an Nachwuchspflanzen, um die Resultate bewerten zu können.

Eine simple Analogie läßt sich am Beispiel farbiger Blüten aufstellen. Soll durch Züchtung eine rosa Blüte erzielt werden, wird man eine rotblühende Sorte mit einer weißen kreuzen. Fast alle F1-Nachkommen werden rosa sein - aber wie sieht der Farbton genau aus? Nach genauer Inspektion können die meisten rosa F1-Nachkommen ausgewählt und geklont werden. Werden jedoch die ausgewählten rosa F1-Hybriden miteinander gekreuzt, wird sich bei den F2-Nachkommen eine große Vielfalt an Farbnuancen zeigen. Manche Nachkommen werden diverse Rosa-Schattierungen aufweisen, die meisten jedoch deutlicher zu rot oder weiß tendieren. Hier nun beginnt die wirkliche Arbeit des Züchters - nämlich eine rosa Sorte in Form eines reinerbigen Zuchtstamms zu erzeugen, statt einfach nur die besten rosa Einzelpflanzen auszuwählen und sie zu klonieren. Es müssen Eltern ausgesucht werden, die einen hohen Rosa-Anteil haben und diesen an die nachfolgenden Generationen weitergeben. Diese Einzelpflanzen haben dann eine hohe GKF.

Die Auswahl aus großen Populationen ist ein Luxus, den sich Züchter von psychoaktivem Cannabis nur selten leisten können. "Original Skunk #1" ist eine der raren psychoaktiven Sorten, deren Selektion über viele Jahre hinweg aus großen Beständen erfolgen konnte, da sie im kommerziellen Anbau sehr verbreitet ist.

Wünschenswerte Eigenschaften bei Sorten für den Anbau im Haus

Vitalität

Zur Samenproduktion benutzte Elternpflanzen sollten kräftig und vital sein. Bei schwächlichen Pflanzen könnte der Kümmerwuchs durch genetische Defekte verursacht sein. Kräftige und vitale Pflanzen werden kaum verborgene genetische Defekte haben, die später Probleme bringen könnten. Rascher Wuchs und üppiges grünes Laub sind Zeichen für Vitalität.

Potenz

Die Potenz einer psychoaktiven Cannabis-Sorte ist ihr wichtigstes Attribut. Bei schwacher Potenz muß der Raucher zuviel Pflanzenmaterial konsumieren, um high zu werden, was ihn nicht gerade begeistern wird. Potentes Cannabis hat einen hohen Gehalt an dem psychoaktiven Cannabinoid Tertrahydrocannabinol (THC). Der THC-Gehalt ergibt sich durch Vererbung. Wird eine Sorte mit hohem THC-Gehalt mit einer weniger potenteren Sorte gekreuzt, werden die erzeugten F1-Hybriden einen relativ uniformen THC-Gehalt aufweisen, dessen Prozentsatz ungefähr in der Mitte zwischen denen der Elternsorten liegt.

Der einfachste Weg, verschiedene Hybriden zu erzeugen, besteht beim Anbau im Haus darin, zwei unterschiedliche Genpools zu kreuzen und nur einige der besten Nachkommen auszuwählen. Von den ausgewählten Pflanzen zieht man Klone, dann werden die Klone vervielfältigt und zur Produktion angepflanzt. Der erste Schritt des Züchtens ist hiermit getan - die Erzeugung von F1-Hybriden. Hier muß der Verbesserungsprozeß noch nicht zu Ende sein. Wenigstens die besten F1-Pflanzen sollten miteinander gekreuzt und die besten Pflanzen der zweiten Inzucht-Generation (F2) für Produktionszwecke geklont werden. Dies ermöglicht die Auswahl aus einer weiteren Generation und zusätzliche unterschiedliche Kombinationen aus Genen der beiden Elternstämme, die sich als brauchbares Klonmaterial erweisen können. Um Erfolg zu gewährleisten, müßten Tausende von F2-Nachkommen zur Auswahl angepflanzt werden. Es wurden aber auch schon Fortschritte erzielt, indem man aus F2-Beständen nur ein paar Dutzend Pflanzen auswählte. Entscheidend sind präzise Beobachtung und strenge Auswahl.

Findet man eine gute Pflanze - ob männlich oder weiblich -, sollte man einen Steckling schneiden, ihn mittels vegetativer Photoperiode heranziehen und ihn dann seriell klonieren, damit der Genpool für spätere Zuchtexperimente erhalten bleibt. Ob er eine bereits akzeptable Sorte durch weitere Auslesezüchtung verbessern oder darauf verzichten und die einmaligen Produkte genetischer Rekombination durch Klonieren erhalten will, bleibt dem Züchter überlassen.

Die Rückkreuzung ist eine effiziente Methode, um potentere Sorten zu erzeugen und an Depression krankende Inzuchtstämme zu verjüngen oder zu verbessern. Der THC-Gehalt läßt sich steigern durch Kreuzung einer bereits vorhandenen, wenig potenten, aber ansonsten guten Elternsorte (P1) mit einer potenteren P1-Sorte, die außer hohem THC-Gehalt keine weiteren wünschenswerten Eigenschaften - wie frühe Reife oder kurzer Wuchs - haben muß. Weibliche Individuen der F1-Generation werden mit Männchen der ursprünglichen guten P1-Sorte zurückgekreuzt, um die erste Rückkreuzungs-Generation (R1) zu erzeugen. Die besten weiblichen Pflanzen im R1-Bestand werden nach Phänotyp und Potenz ausgewählt und zurückgekreuzt mit Männchen aus der ursprünglichen guten P1-Sorte, dies ergibt die zweite Rückkreuzungs-Generation (R2). Aus dieser werden die Weibchen ausgewählt und mit den P1-Männchen zurückgekreuzt (wie schon bei R1), um die dritte Rückkreuzungs-Generation (R3) zu erhalten. Nach diesem Schema fährt man fort, bis die Nachkommen weitgehend der ursprünglichen P1-Sorte ähneln, jedoch eine wesentlich höhere Potenz aufweisen.

Eine andere Methode, den THC-Gehalt zu erhöhen, ist die fortgesetzte Inzucht-Auswahl innerhalb der gleichen Sorte, um einen potenteren Inzuchtstamm zu erzeugen. Einen durch Inzucht erzeugten Zuchstamm erhält man, indem man fortgesetzt Bruder- und Schwesterpflanzen aus der gleichen ursprünglichen Elternkreuzung auswählt und als Elternpflanzen für die nächste Generation benutzt. Die Potenz wird erhöht, indem man die potentesten Nachkommen der F1-Generation auswählt und sie untereinander kreuzt - so erhält man die F2-Generation. Aus dieser wählt man wiederum die potentesten Pflanzen als Eltern für die F3-Generation. Fortgesetze Inzucht birgt allerdings oft die Gefahr der Inzuchtdepression, die sich in nachlassender Vitalität und Kränklichkeit der Nachkommen äußert. Die Inzucht-Nachkommen mögen zwar einen sehr hohen THC-Gehalt haben, sind aber unter Umständen so kümmerlich, daß sie nicht bis zur Ausreifung überleben.

Viele der derzeit beliebten Cannabis-Sorten wurden aus Polyhybrid-Genpools ausgewählt, die aus einem breiten Spektrum an Kreuzungen zwischen Landesrassen verschiedener Provenienzen entstanden sind. Aus den Genpools dieser unterschiedlichen F1-Hybriden wurden relativ reinerbige Inzucht-Stämme gezüchtet und für weitere Züchtungen verwendet. Einige aus diesen Inzucht-Stämmen hervorgegangene Sorten wie "Skunk #1" wurden über einen Zeitraum von mehr als 10 Jahren durch genaue Auswahl und Inzucht kontinuierlich verbessert, ohne daß sich sonderlich viele Depressionssymptome gezeigt hätten. Das gelang, weil diesen Sorten ursprünglich ein äußerst breit gefächerter Hybrid-Genpool zugrundelag, was den Einfluß von Inzuchtdepression reduziert. Zur Vermeidung von Inzuchtdepression benötigt man in jeder Generation eine große Auswahl von Elternpflanzen; bei den beengten Verhältnissen, wie sie beim Anbau im Haus herrschen, erweist sich dies oft als schwierig.

Rückkreuzung und Inzucht sind Techniken, mit denen man viele wünschenswerte Merkmale festigen und Cannabis-Sorten für jeden Zweck züchten kann.

Harzgehalt

Eine der wesentlichsten Faktoren der Potenz ist die Harzmenge, die sich auf der Oberfläche der weiblichen Blütenstände befindet. Die überwiegende Menge des THC wird in den Harzdrüsen erzeugt und gespeichert. Haschisch wird aus Drüsenköpfen hergestellt. Pflanzen, die viele Harzdrüsen bilden, sind gewöhnlich potenter als solche, die nur wenige Drüsen aufweisen. Eltern werden aus Stämmen ausgewählt, die auf den Fruchtknoten und umgebenden Blättern viele Harzdrüsen bilden.

Verhältnis von Blüten- und Blattanteil

Die meisten THC-enthaltenden Harzdrüsen finden sich am Fruchtknoten der Blüte; Fruchtknoten enthalten weit mehr Harzdrüsen als selbst die kleinen Blätter. Deshalb sind die potentesten Blütentrauben jene mit der größten Blütenzahl und den wenigsten Blättern.

Bei den Blütentrauben der reinerbigen, durch Inzucht erzeugten Sativa-Stämme und den aus Sativa-Afghanica-Kreuzungen hervorgegangenen Hybrid-Sorten ist der Blüten- gegenüber dem Blattanteil im allgemeinen höher als bei den durch Inzucht erzeugten, reinerbigen Afghanica-Sorten. Manche reine, durch Inzucht erzeugte Sativa-Sorten wie "Original Haze" bilden im Vergleich eher spärliche, längliche Blütentrauben, doch auch hier überwiegt der Blüten- gegenüber dem Blattanteil.

Große Blütentrauben

Je umfangreicher die weiblichen Blütentrauben sind, desto mehr einzelne

Blüten enthalten sie, und um so mehr Oberfläche steht zum Ausbilden von Harzdrüsen zur Verfügung. Es reicht also nicht, wenn die Pflanze viele Blütentrauben bildet - jede Traube muß möglichst viele Einzelblüten enthalten!

Die Qualität des High

Die Qualität des High ist bei den einzelnen Cannabis-Sorten sehr verschieden. Bei manchen wird die Wirkung eher als sedativ beschrieben, während andere eher mental stimulierend wirken. So gelten etwa "Afghani #1" und "Hindu Kush" als einschläfernd, "Original Haze" hingegen als eine der mental stimulierendsten Sorten. Alle drei können bei vollkommener Reife äußerst potent sein, während sie in der Art ihres High völlig verschieden sind. Aufmerksame Züchter werden ihr Material also nach der Art des bevorzugten High auswählen.

Therapeutische Wirkung

Die unterschiedliche Art des High ergibt sich aus dem spezifischen Cannabinoidprofil jeder Sorte. THC ist zwar das primär psychoaktive Cannabinoid, aber längst nicht das einzige. Es gibt noch etliche andere, die psychologisch und physiologisch wirksam sind und die Wirkung des THC beeinflussen können. Bei der zunehmenden Akzeptanz, die Cannabis als Therapeutikum bei der Linderung von Nebenwirkungen der Krebs- und Aids-Chemotherapie sowie diversen anderen Krankheiten findet, darf man annehmen, daß manche Sorten für spezifische medizinische Applikationen geeigneter sind als andere. Dies ist ein wichtiges Kriterium, auf das Cannabis-Züchter ihr Augenmerk richten sollten.

Aroma und Geschmack

Ein wesentlicher Genuß beim Rauchen vom Cannabis ergibt sich durch die geschmackliche und aromatische Vielfalt der verschiedenen Sorten. Das Aroma der frischen Pflanze ist bei jeder Sorte sehr ausgeprägt und konsistent - selbst Anfänger unter den Anbauern können mühelos "Skunk #1" von "Afghani #1" oder "Original Haze" unterscheiden. Jede hat ihr ganz eigenes Aroma; diese können sich mischen, wenn man die einzelnen Sorten kreuzt. Beim Kreuzen einer voll und erdig schmeckenden, an Haschisch erinnernden Sorte wie "Afghani #1" mit einer frisch-süßlichen Thai-Sorte weisen die Nachkommen oft eine Geschmacksnote auf, in der sich die Charakteristika der Eltern vereinen. Das Aroma mancher Sorten ist so ausgeprägt, daß man es sofort herausriechen kann, selbst wenn sie bei den Nachkommen nur ein Viertel

oder weniger der Gene ausmachen.
Das Züchten von Cannabis nach Geschmacks- und aromatischen Gesichtspunkten kann freilich sehr frustrierend sein. Bei Cannabis wurden insgesamt mehr als hundert verschiedene aromatische Terpenoide isoliert. Nehmen wir mal an, daß sich in jeder beliebigen Pflanze mindestens 30 verschiedene aromatische Terpenoide finden und daß mindestens ein Gen die Synthese der Terpenoid-Mischungen und den jeweiligen Mengenanteil steuert - dann bedeutet dies, daß es eine Unzahl von Gen-Kombinationen gibt, die Aroma und Geschmack der Pflanze beeinflussen. Obschon manche Geschmacks-noten einzelner Sorten bei Kreuzungen weiterbestehen, ist es oft sehr schwierig, den Geschmack einer Sorte exakt zu reproduzieren, da bei jeder Kreuzung eine Vielzahl von Kombinationen möglich ist. Die Inzucht hat sich als effizienteste Methode erwiesen, eine erwünschte Geschmacksnote zu erhalten - doch Inzucht kann auch zu nachlassender Potenz und Vitalität führen.

Kleiner Wuchs

Kleinwüchsigkeit ist ein wichtiger Faktor bei den im Haus angebauten Sorten, weil hier die Pflanzen unter Kunstlicht reifen und sich ein zu hohes Gartenprofil negativ auf die Lichtverteilung auswirkt. Beim Klonieren lassen sich auch sehr kurze Teile von Ästen zur Blüte bringen; hier sind die ausgereiften Pflanzen immer sehr klein. Bestimmt wird die Höhe der Pflanze vor allem durch den Zeitraum, in dem der Klon nach Umstellung der Photoperiode noch vegetativ weiterwächst, bis er die ersten Blüten zu bilden beginnt, sowie durch den Abstand, in dem am Stengel die Blüten gebildet werden. Je größer der Abstand zwischen den Blüten, desto höher und langgestreckter der Wuchs der Pflanze. Je länger ein Klon vegetativ wächst, desto größer wird er. Kleinwüchsige Pflanzen beginnen sofort nach Umstellung der Photoperiode in kurzen Abständen am Stengel Blüten zu bilden. Auswahlkriterien bei der Zucht sind also dichtstehende Blüten und rasche Reaktion auf die 12-stündige Photoperiode.

Frühe Reife

Je schneller eine Pflanze ausgereift ist, desto rascher kann man ernten und hat den Raum frei für neue Pflanzen. Außerdem verringert sich bei kurzlebigen, rasch reifenden Pflanzen das Risiko, daß sich Schädlinge, Schimmel und andere Krankheiten ausbreiten.

Resistenz gegen Schimmel und Schädlinge

Die schlimmsten Plagen beim Anbau im Haus sind Grauschimmel und Spinnmilben. Sie können verheerenden Schaden anrichten, vor allem wenn der gesamte Bestand aus einer einzigen Mutterpflanze kloniert wurde. Als wirksamste Verhütung haben sich bei Schimmel Steuerung des Raumklimas und bei Spinnmilben Klimasteuerung plus biologische Maßnahmen erwiesen. Am sichersten ist es natürlich, resistente Sorten zu züchten, so daß im Verbund mit klimatischer Steuerung das Risiko von Schädlingsbefall nahezu eliminiert werden kann. Es besteht großer Bedarf an Sorten mit vererbter Resistanz gegen die oben genannten Plagen.

Geeignete Sorten für den Anbau im Haus

Afghani #1

"Afghani #1" ist eine Inzuchtstamm-Sorte, die ursprünglich in den späten 70ern von Cultivator's Choice aus einer importierten Afghanica-Sorte entwickelt wurde. "Afghani #1" hat dunkelgrüne, breite Blattfinger, mittlere Größe und bildet schwere Blütenstände, die ausgereift deutlich sichtbar mit Harz überzogen sind. "Afghani #1" ist eine ziemlich laubreiche Sorte, wobei jedoch die kleinen Blättchen rings um die Blüten viel Harz bilden. Aroma und Geschmack sind schwer, ölig, medizinisch und bisweilen von unangenehmer Strenge. Diese Sorte ist eine der potentesten, die es gibt; die Wirkung ihres High ist sehr physisch und sedierend, fast narkotisch zu nennen. Bei 12-stündiger Photoperiode braucht "Afghani #1" 8 bis 9 Wochen zur Reife.

Big Bud

"Big Bud" ist eine relativ instabile Hybrid-Sorte, die aus einer Sativa-Afghanica-Kreuzung hervorging. Ursprünglich in der Region Portland/Oregon als Klon für den Sinsemilla-Anbau im Haus entwickelt, wurde sie von holländischen Saatfirmen vermehrt und ins Lieferprogramm aufgenommen. "Big Bud" ist vor allem für den hohen Ertrag bekannt, denn sie bei dichtem Bestand unter Kunstlicht bringt. Die mittel- bis dunkelgrünen Blütentrauben sind sehr dicht und haben einen hohen Harzgehalt. Reifezeit, Ertrag und Potenz können variieren, da "Big Bud" nie durch Inzucht stabilisiert worden ist. Ungefähr 25 % der Weibchen bringen sehr hohen Ertrag, reifen allerdings spät, und etwa 25 % davon sind potent. Da die Hälfte der Samen männliche Pflanzen ergeben, muß man also 32 Samen anpflanzen, um halbwegs zu garantieren, daß man eine potente und ertragsreiche Pflanze erhält. Werden weitere Merkmal-Kombinationen wie Aroma und Geschmack gewünscht, sollten viele Nachkommen angepflanzt und getestet werden. Diese Art der Auswahl zukünftigen Elternmaterials bei Polyhybrid-Sorten erweist sich bei beengten Innenraum-Verhältnissen oft als unpraktikabel. Wenn man Elternmaterial für Zuchtexperimente braucht, ist es im Hinblick auf Bestandgröße und Raumkapazität ökonomischer, auf Inzuchtstamm-Sorten wie "Original Skunk #1" zurückzugreifen.

California Orange

"California Orange" ist eine stabilisierte, durch Kreuzung aus Sativa und Afghanica erzeugte Hybrid-Sorte. Die Pflanze erreicht eine mittlere Höhe, ihre Blattfinger sind von mittlerer Breite. Sie wurde von Cultivator's Choice entwickelt und bringt mittleren Ertrag. Die mittelgroße Pflanze produziert selbst auf der Oberfläche der kleinen Blättchen reichlich Harz. Aroma und Geschmack werden mitunter als citrusartig klassifiziert. Die Sorte "California Orange" ist sehr potent und bringt ein ziemlich klares High. Bei 12-stündiger Photoperiode braucht sie zum Ausreifen 8 bis 10 Wochen.

Early Girl

Eine weitere durch Kreuzung aus Sativa und Afghanica von Cultivator's Choice erzeugte Hybrid-Sorte, über einen Zeitraum von 10 Jahren entwickelt. "Early Girl" tendiert zu 90 % zur Afghanica-Seite, der Sativa-Anteil ist nahezu vollkommen überlagert. Obwohl durch fortgesetzte Inzucht stabilisiert, zeigen die Nachkommen dieses Hybriden immer noch beträchtliche Unterschiede. Die dunkelgrüne, klein bis mittelhoch wachsende und breitblättrige Pflanze bringt einen mäßigen Ertrag an Blüten von ziemlich hoher Potenz, die ein physisches High erzeugen; ihr intensiver Geschmack erinnert an den von Haschisch. "Early Girl" hat den großen Vorteil, bei 12-stündiger Photoperiode binnen 7 bis 9 Wochen auszureifen. Sie neigt im Wuchs zur schlanken Säule und ist auf dichtgepflanzten Innenraum-Bestand eingestellt.

Early Pearl

Hier handelt es sich um eine stabilisierte, früh reifende Hybrid-Sorte - ursprünglich im Mittleren Westen der USA für den Freilandanbau entwickelt, eignet sie sich auch sehr gut für den Anbau unter Kunstlicht. Sie geht zurück auf eine Hybridkreuzung aus "Early Girl" und der stabilisierten Sativa-Sorte

"Polly" aus den Vorbergen der kalifornischen Sierra. Durch weitere Inzucht ergab sich eine relativ stabile Sorte. "Early Pearl", durch Kreuzung aus dominanter Sativa und Afghanica entstanden, bildet sehr harzige und potente Blüten. Bei 12-stündiger Photoperiode ist "Early Pearl" gewöhnlich schon nach 6 bis 8 Wochen ausgereift.

Hindu Kush

Eine reinerbige, aus Afghanica-Inzucht entwickelte Sorte, die allgemein gern beim Anbau im Haus und als Elternmaterial für Hybridkreuzungen verwendet wird. "Hindu Kush" bildet kleinwüchsige Pflanzen mit dichten, blattreichen Blüten; auf einem großen Teil der Blätter wird Harz gebildet. Geschmacklich erinnern die Blüten mit ihrem oft intensiv erdigen Aroma an allerbestes Afghani-Haschisch. "Hindu Kush" benötigt bei 12-stündiger Photoperiode 8 bis 10 Wochen zur Reife.

Northern Lights

"Northern Lights" ist eine stabilisierte Hybrid-Sorte, die in den späten 70ern in der Nähe von Seattle, Washington, aus einer Kreuzung von Cannabis Sativa und Cannabis Afghanica entwickelt wurde. Der Nordwesten Amerikas galt als Zentrum der im Innenraum praktizierten Sinsemilla-Produktion und Cannabis-Züchtung - in dieser Region waren die Sinsemilla-Pflanzer aufgrund der schlechten Wetterverhältnisse schon lange zum Anbau unter Kunstlicht übergegangen, bevor es andere in gemäßigteren Breiten des Landes taten. "Northern Lights" erfreute sich viele Jahre lang im ganzen Nordwesten großer Beliebtheit, wurde dann von holländischen Saatgutfirmen vermehrt und ins Lieferangebot aufgenommen. Durch Inzucht und Selektion im Hinblick auf Kleinwüchsigkeit, frühe Reife und große Blütentrauben weiterentwickelt, ähnelt "Northern Lights" vor allem seinen Afghanica-Vorfahren. Durch Inzucht wurden bei "Northern Lights" viele der ursprünglichen Eigenschaften bewahrt; außer der Hybridisierung mit anderen etablierten Sorten fand keine nennenswerte Verbesserung statt. "Northern Lights" ist eine dunkelgrüne und ziemlich kleinwüchsige Sorte mit blattreichen, aber sehr harzigen Blütentrauben, und reift bei 12-stündiger Photoperiode innerhalb von 8 bis 10 Wochen. Bei den High Times Harvest Festivals in Amsterdam wurde "Northern Lights" schon mit etlichen Preisen ausgezeichnet.

Original Haze

Entwickelt wurde dieser reinerbige, stabilisierte Inzuchtstamm aus einem reinen Sativa-Polyhybriden, der aus vorwiegend mexikanischen und kolumbianischen Sorten und einigen südindischen und thailändischen Sorten entstanden ist. "Original Haze" begann als magischer Mix der exotischsten Sativa-Sorten, die es in den frühen 70ern in Kalifornien gab. Manche der frühen Typen existieren heute nicht mehr, aber Cultivator's Choice ist es durch sorgfältige Auswahl und Inzucht gelungen, die Essenz jener Sorten in "Original Haze" zu bewahren. "Original Haze" bringt hohe, spärlich belaubte, hellgrüne Pflanzen mit schmalen Blattfingern und zahlreichen dünnen Blüten. Aus Samen gezogen ist sie für den Anbau im Haus nicht geeignet, werden allerdings kleine Klone zur Blüte gebracht, sind die reifen Pflanzen von akzeptabler Größe. "Original Haze" kann sehr potent sein und bringt fast immer ein klares, waches, energetisches High. Bei 12-stündiger Photoperiode braucht die Pflanze 12 bis 16 Wochen, um voll auszureifen. "Original Haze" ist das Resultat von zwei Jahrzehnten fortgesetzter Inzucht. Etwa 75 % der Samen erbringen weibliche Pflanzen, und 10 bis 20 % dieser Weibchen werden von höchster Güte, der Rest eher mittelmäßig sein. Zwar mag der Anbau unter Kunstlicht nicht ganz problemlos sein, aber diese Sorte bietet exzellentes Zuchtmaterial und ist auf jeden Fall die Mühe wert.

Original Skunk #1

"Original Skunk #1" ist ein relativ reinerbiger Polyhybride; der Inzuchtstamm entstand aus einer Kreuzung von Cannabis Sativa und Cannabis Afghanica. Die Pflanze hat große Ähnlichkeit mit dem Sativa-Elternteil. Ursprünglich von Cultivator's Choice in den späten 70ern für den Anbau in Freiland und Treibhaus entwickelt, hat sich "Original Skunk #1" auch beim Anbau im Haus als exzellenter Sinsemilla-Produzent erwiesen. "Original Skunk #1" ist eine mittelgrüne Sorte mit Blattfingern von mittlerer Breite. Die Pflanze erreicht eine mittlere Höhe und bildet große, lange Blütentrauben mit sehr wenig Blättern - bei sehr dichtem Bestand können gut 400 Gramm getrockneter Blüten pro m2 geerntet werden. Sie haben ein intensives süßsaures Aroma, der Geschmack ist vollmundig und befriedigend. Das Marihuana bringt ein starkes, recht stimulierendes High. Die volle Reife wird bei 12-stündiger Photoperiode nach 8 bis 11 Wochen erreicht.

Den Ruf, den "Original Skunk #1" seit ihren Erfolgen bei den Erntefesten in Amerika und den Niederlanden überall genießt, verdankt die Sorte ihrer Reinerbigkeit. Sie liefert exzellentes männliches Zuchtmaterial. Die Auswahl erfolgte aus 50 verschiedenen F1-Hybridkreuzungen von Sativa und Afghanica, Kriterium war vor allem konsistente Reinerbigkeit bei einem breiten Spektrum an Kreuzungen. Am Anfang von "Original Skunk #1" stand kein forcierter, durch Mischen zweier ausgewählter individueller Sorten mit spezifischen wünschenswerten Eigenschaften entstandener Hybride, sondern dieser Inzuchtstamm geht auf einen natürlich kombinierten Hybriden zurück, der aufgrund seiner Kreuzungsfähigkeit und Reinerbigkeit ausgewählt worden ist. Kurz, das Auswahlkriterium bei "Original Skunk #1" war die hohe natürliche Generelle Kombinationsfähigkeit. Durch Kreuzen mit "Original Skunk #1" läßt sich nahezu jede andere psychoaktive Sorte verbessern. Hat man eine Sorte, die bestimmte wünschenswerte Eigenschaften aufweist, allerdings keine hohe Potenz und wenig Ertrag bringt, so kann man sie mit "Original Skunk #1" kreuzen und unter Nachkommen auswählen, bei denen sich die wünschenswerten Eigenschaften der Original-Sorte mit etlichen zusätzlichen Attributen von "Original Skunk #1" vereint haben werden. So wird z.B. eine Hybridkreuzung zwischen Inzucht-"Original Haze" und "Skunk #1" die Potenz der "Original Haze" erhöhen und zu kompakterem Wuchs führen, wobei ihr unverwechselbarer Geschmack und ihr High erhalten bleiben. Ein von Cultivator's Choice aus dem Kreuzen von "Original Skunk #1" und "Original Haze" entwickelter F1-Hybride, angepflanzt von der Saatgutfirma Dutch Passion, hat beim 1992 von der Zeitschrift High Times in Amsterdam veranstalteten Harvest Festival den ersten Preis gewonnen. "Original Skunk #1" hat sich ohne Zweifel einen Ruf als Standardmaß der Sinsemilla-Branche erworben.

Viele dieser hochgezüchteten Cannabis-Sorten bilden gegen Ende der Reifezeit an den Spitzen weiblicher Äste gelegentlich männliche Blüten - dazu kommt es, wenn die Pflanze in der Blüte durch Klimaverhältnisse gestreßt wird. Diese männlichen Blüten produzieren nur selten lebensfähigen Pollen, und selbst wenn sie es tun, wird es mittlerweile so gut wie keine fruchtbaren Griffel mehr auf benachbarten weiblichen Blüten geben.

Die einmaligen Gen-Rekombinationen haben als relativ reinerbige Sorten überlebt und sind zur Hybridisierung geeignet. Jedes Jahr werden neue Sorten entwickelt, um besseres Sinsemilla zu erhalten. Man kann verbesserte Cannabis-Sorten erzeugen, indem man die Sorten verwendet, die seit einigen Jahren von holländischen Saatfirmen angeboten werden; legal dürfen sie diese

Samen psychoaktiver Sorten allerdings nur innerhalb Hollands verkaufen. Reinerbige Sorten wie "Original Skunk #1" sind äußerst wertvolles Zuchtmaterial. Es gibt zudem viele Polyhybrid-Sorten von diversen Elternstämmen. Es mögen wunderbare Pflanzen sein, die sich gut zum Klonen für die Sinsemilla-Produktion eignen, doch weil sie nicht reinerbig sind, sind sie für Zuchtzwecke weniger brauchbar als als die oben genannten reinerbigen Inzuchtstämme. Man sollte lieber einmalige Hybriden von lieferbaren Inzuchtstämmen erzeugen, als sich bei diesen simplen Dihybrid-Kreuzungen auf andere Züchter zu verlassen. Individuelle Hybriden sind auf einfache und zuverlässige Weise nur durch Klonen zu reproduzieren. Reinerbige Hybrid-Sorten, die sich zuverlässig aus Samen ziehen lassen, können nur durch sorgfältige Auslesezüchtung erzeugt werden - ein sehr zeitaufwendiges und keineswegs leichtes Unterfangen.

Nachdem Cannabis über Jahrzehnte hinweg vorwiegend in Polizeiberichten auftauchte und allgemein als gesellschaftliches Problem galt, findet die Pflanze in letzter Zeit sowohl als medizinische Nutzpflanze wie auch als wertvoller Saat- und Faserlieferant endlich die Beachtung, die sie verdient. In den 80er Jahren ist es gelungen, trotz weltweiter Anbau-Verbote Potenz und andere wünschenswerte Eigenschaften der psychoaktiven Sorten zu verbessern. Es steht zu erwarten, daß dieser Trend bis zum Ende des 20. Jahrhunderts und darüber hinaus anhalten wird. Wie auch immer die individuellen Ziele des Cannabis-Züchters aussehen, welche Sorten auch immer zur Verfügung stehen mögen - das Züchten wird sich für viele fortgeschrittene Heim-Anbauer als wirklich lohnende Erfahrung erweisen. Es gibt nur wenige Aufgaben, die so erbaulich und befriedigend sind wie die tatkräftige Mitarbeit an der Veredelung einer so wertvollen Pflanze wie Cannabis. Viel Glück!

TEIL 3

FALLSTUDIEN

▸ Andrew

Andrew ist ein ziemlich intelligenter Bursche. Wenn er was anpackt, ist er mit Eifer bei der Sache, und was Sauberkeit angeht, geradezu ein Fanatiker. Seit vier Jahren baut er in seinem Gemüsegarten auch Marihuana an. Letztes Jahr haben ihm Anfang September die Nachbarkinder die Pflanzen geklaut. In diesem Jahr nahm sich Andy vor, den Bengels einen Strich durch die Rechnung zu machen und nun im Haus anzubauen.

In den ersten Julitagen beschloß Andy, von den zehn Indica-Pflanzen, die er zwischen seinen Tomaten stehen hatte, Stecklinge zu schneiden. Die Pflanzen waren jetzt 4 Monate alt, und er wußte nicht, welche von ihnen weiblich und welche männlich waren. Unter Geschlechtsbestimmung durch Klonieren fand er die Lösung. Mit einer Schere schnitt er von jeder Pflanze 2 Stecklinge von je 10 cm Länge und vergaß nicht, Mutterpflanzen und Klone entsprechend zu etikettieren. Die Stecklinge ließ er in 10 cm großen Töpfen in feinem Vermiculit wurzeln. Als Bewurzelungshormon verwendete er Dip-N-Grow und wässerte unter Zugabe von Up-Start, um den Schock der Pflänzchen zu mildern und ein Anwelken zu verhindern. Über jeden Topf stülpte er einen Plastikbeutel, den er unten am Topf mit einem Gummiring fixierte. Die 20 Töpfe stellte er auf ein großes Kuchenblech mit einem 2 cm hohen Rand.

Dieses Blech stellte er an ein Südfenster; die Klone bekamen gefiltertes Sonnenlicht. Jeden Abend, wenn er von der Arbeit nach Hause kam, inspizierte Andy seine wurzelnden Klone, bevor er sie mit einem großen Pappkarton abdeckte, um für eine 12-stündige Photoperiode zu sorgen.

Die Klone machten sich gut, ihre Blätter reckten sich horizontal nach dem

Licht. In der ersten Woche wurden die Klone zweimal gewässert; Andy goß Wasser aufs Backblech, das vom Vermiculit durch die Löcher im Boden der Töpfe aufgesaugt wurde. Das restliche Wasser blieb auf dem Blech.

Am Ende des achten Tages waren die Klone angewelkt und wirkten kränklich. Andy entfernte das auf dem Blech stehende Wasser. Nach drei Tagen machten die meisten Stecklinge einen gesunden Eindruck, nur sechs von ihnen sahen immer noch krank aus. Von jetzt an ließ er kein überschüssiges Wasser mehr auf dem Blech stehen. Die hohe Luftfeuchtigkeit unter den Plastiktüten reduzierte die Verdunstung der Pflänzchen, die Andy nur noch minimal wässern mußte.

Als die vierte Woche zu Ende ging, hatte Andy 18 gesunde Klone. Die Blattspitzen verfärbten sich gelblich, unten aus den Wasserabzugslöchern drangen kleine weiße Wurzelspitzen. Er zog einen Klon aus dem Topf und sah, daß der Steckling ein dichtes Wurzelwerk gebildet hatte.

Mittlerweile hatten die Klone auch deutlich unterscheidbare Blüten entwickelt. Andy sah, daß er 5 weibliche Pflanzen hatte. Die männlichen Pflanzen trocknete er und hatte was zum Rauchen. Die weiblichen setzte er in 5-Liter-Töpfe und stellte sie wieder ans Fenster. Weitere 6 Wochen lang hielt er strikt die 12-stündige Photoperiode ein. Beim Ernten brachten ihm die kleinen weiblichen Klone dann rund 40 Gramm Blüten.

Von den 5 identifizierten Freiland-Weibchen wurden nun 50 Klone geschnitten, die Andy wie zuvor mit Dip-N-Grow wurzeln ließ. Diesmal bekamen die Klone täglich 18 Stunden Licht unter der Leuchtstoffröhre.

Andy ließ den Klonen 3 Wochen Zeit zum Bewurzeln, dann richtete er sein leerstehendes Gästezimmer her. Aus dem 3 mal 3,60 m großen Raum entfernte er sämtliche Möbel, reinigte ihn gründlich und strich alles - Wände, Decke und Tür - mit mattweißer Farbe. Der Boden wurde mit einer Abdeckplane ausgelegt, wie sie Anstreicher benutzen. Sie war groß genug, daß der Rand ringsum etwa 20 cm an der Wand hochstand - dies sorgte dafür, daß sich überschüssiges Wasser auf der Plane sammelte und nicht den Zimmerboden ruinierte. Andy besorgte sich auf dem Flohmarkt fünfzig 5-Liter-Töpfe, und im Gartenfachbedarf holte er sich Topferde und Ra-Pid-Gro. Up-Start und Dip-N-Grow hatte er noch von den ersten Stecklingen. Dann kaufte er sich eine 1000-Watt Halogen-Metalldampflampe inklusive Vorschaltgerät und 1,20 m großem Schirm, sowie eine Zeitschaltuhr.

Andy bohrte ein Loch in die Decke, setzte einen Dübel ein und brachte einen soliden Haken an. Er fand eine alte Kette, mit der sich die Höhe der Lampe regulieren ließ. Er hängte das Endglied in den Haken an der Decke und konnte weiter unten in gewünschter Höhe die Lampe festmachen.

Die 50 bewurzelten Klone setzte er nun in die 5-Liter-Töpfe. Der Boden jedes Topfes wurde gut 2 cm hoch mit feinem Kies bedeckt, der Topf dann mit fruchtbarer Topferde aufgefüllt. Die Klone wurden vor und nach dem Umpflanzen unter Zugabe von Up-Start gewässert. Die 50 Töpfe stellte er dicht an dicht unter die Halogen-Metalldampflampe; der Abstand zur Lampe betrug 90 cm. Drei Tage später zog er die Lampe 20 cm höher.

Nach einem Monat hatten die beim Einpflanzen knapp 8 cm großen Klone eine Höhe von 30 bis 40 cm erreicht. Die Lampe hängte Andy immer ein Stückchen höher, die Töpfe rückte er weiter auseinander. Die Pflanzen nahmen nun die Hälfte des Raumes ein; ihr Laub reichte über den Topfrand hinaus. Andy pflanzte die beengten Pflanzen in 25-Liter-Töpfe um.

Drei Wochen später lag das Gartenprofil schon erheblich höher. Die größte Pflanze war 75 cm, die kleinste 60 cm hoch. Andy entfernte 10 Pflanzen, die vor sich hinkümmerten, hatte wieder was zu rauchen, mehr Platz im Raum und jetzt noch 40 munter sprießende Pflanzen, die pro Woche knapp 60 Liter Wasser brauchten.

Manche brauchten mehr Wasser als andere, und Andy wußte nicht so recht, wieviel Wasser er jeder geben sollte. Er löste das Problem, indem er einen Feuchtigkeitsmesser kaufte und experimentierte.

Er legte einen Schlauch zu dem Wasserhahn, der sich im nahen Waschkeller befand. Aufs andere Schlauchende schraubte er einen Bewässerungsstab mit regelbarer Düse.

Mit dem Düngen begann er 3 Wochen nach dem Umpflanzen in die 25-Liter-Töpfe, gedüngt wurde einmal pro Woche mit Ra-Pid-Gro.

Nach 2 Monaten vegetativem Wachstum (d.h. 2 Monate nach Bewurzeln der Klone) waren die Pflanzen rund 1,20 m hoch. Ein paar zu lang geratene Äste wurden beschnitten, um ein einheitliches Gartenprofil zu erhalten.

Für die Belüftung im Raum sorgte lediglich eine offene Tür. Die größeren Blätter vergilbten und starben ab. Andy fiel auf, daß auch die übrigen Blätter längst nicht so frisch und robust wirkten, wie er es von den Freilandpflanzen kannte - sie fühlten sich schlaff an, die Ränder waren leicht gekrümmt.

Er reduzierte die Photoperiode von 18 auf 12 Stunden Licht pro Tag, und binnen 2 Wochen wurden Anzeichen der Blüte sichtbar. Das vegetative Wachstum ließ nach, die Stengel verlängerten sich um rund 20 cm, wobei die Blätter rascher vergilbten und die Blütenbildung voranschritt.

Nach 8 Wochen 12-stündiger Photoperiode stank es im ganzen Haus nach Marihuana, Andy sah das Harz auf den Blüten glitzern. Unten an den Blütenständen starben die Griffel im gleichen Tempo ab, wie oben neue hervorwuchsen. Andy erntete den ganzen Bestand mit einer Gartenschere und hängte die Ernte kopfüber auf die Wäscheleine im Keller. Drei Wochen später war das Marihuana getrocknet, der Ertrag belief sich auf knapp 200 Gramm harzüberzogener Blütenspitzen und gut 300 Gramm Blätter.

Bei dem ganzen Projekt hat Andy rund 375 $ ausgegeben (bei der zweiten Ernte 200 $) und viel gelernt. Er weiß nun Bescheid über Klonieren, er hat Erfahrung im Anbau unter der Hochdrucklampe. Bevor ihm die Freilandpflanzen erneut geklaut wurden, hat er noch einmal Klone geschnitten - und damit eine zweite Ernte erzielt, die rund 420 Gramm Primo-Blüten und 390 Gramm Blätter brachte. Er ging vor wie beim erstenmal, allerdings installierte er nun einen Absaugventilator und benutzte während der Blüte einen speziellen Blütendünger.

▸Bob

Bob kifft schon seit vielen Jahren. Er kaufte sein Gras und bezahlte dafür, Anbau hat ihn nie interessiert. Bob ist ein bißchen schlampig, seine Bude ziemlich versifft. Eines Tages hörte er einen Werbespot im Radio, bei dem Hochdrucklampen angepriesen wurden. Und Bobs Freund hat einen Freund, bei dem Bob immer gern von dem Super-Sinsemilla kauft, das jener zu Hause im Keller zieht.

Als Bob am ersten März seinen Scheck vom Lohnsteuerjahresausgleich bekam, kaufte er sich nicht wie letztes Jahr einen Vorrat an Gras oder was für die Nase, sondern beschloß, das Geld in eine Halogen-Metalldampflampe zu investieren. Nach einem 10-minütigen Sermon des Verkäufers verließ Bob den Laden mit einer 1000-Watt Halogen-Metalldampflampe samt Vorschaltgerät.

Begeistert über die Anschaffung, wollte er das Ding so schnell wie möglich in Aktion sehen. Er hängte die Lampe in 2 m Höhe mit einem Kleiderbügel an den Deckenbalken der lausig kalten und verdreckten Garage neben seinem Haus. Es gab es keine funktionierende Steckdose in unmittelbarer Nähe, also nahm er ein 14 m langes Verlängerungskabel, um an die nächste Steckdose zu kommen, die 4,50 m entfernt lag. (Dieses Kabel war die meiste Zeit ziemlich heiß. Nach einer Woche war es dann dermaßen überhitzt, daß die Sicherung rausflog. Bob schraubte kurzerhand eine neue ein, was er dann regelmäßig wiederholte, wenn sie das nächste Mal rausflog.)

Als er das Lampensystem anschloß, sah er ein paar Funken fliegen. Das Geld für eine Zeitschaltuhr wollte er sich sparen. Nach 5 Minuten erstrahlte die Lampe in voller Helligkeit. Bob war schwer beeindruckt!
Er schaufelte sich draußen ein bißchen Dreck zusammen (hauptsächlich Lehm), warf ihn in 12 alte, ausgebleichte 20-Liter-Töpfe aus Plastik, die im Boden schon einige Risse hatten. Die sorgten halbwegs für Dränage. In diese Pötte pflanzte Bob über 1000 Samen aus Kolumbien, Mexiko und Hawaii, jeweils 1 bis 2 cm tief. Nach 3 Wochen hatte er 500 schmalwüchsige, dicht an dicht stehende Sämlinge, und jede Menge Unkraut. Bob dachte nicht daran, den Bestand auszudünnen, damit die Pflänzchen mehr Platz hatten - denn er sagte sich: Je mehr Pflanzen, um so mehr hab ich zu rauchen!
In den ersten zwei Monaten machten die dicht stehenden Sämlinge erstaunlich gute Fortschritte - in Anbetracht des großen Abstands zur Lampe, des kompakten, sauren Lehmbodens und der kühlen Temperatur, die meist zwischen 6 und 15° C lag. Für Ventilation war gesorgt; die Wände hatten genug Löcher, daß der Wind nur so durch die Garage pfiff. Und die nette alte Dame im Nachbarhaus machte Bob wiederholt darauf aufmerksam, doch nicht ständig das helle Licht in der Garage anzulassen, das koste doch Strom!
Als Bob nichts mehr zu rauchen hatte, pflückte er 200 Pflanzen. Was besseres hätte er nicht tun können, denn nun hatte der Rest Platz, sich zu entfalten. Die 200 dünnen Pflänzchen brachten knapp 60 Gramm Gras von mieser Qualiät. Bob wurde ein bißchen stoned, auch wenn sich als Nebenwirkung ein dumpfer Kopfschmerz einstellte.
Die Pflanzen sahen schlimm aus, und Bob wußte nicht, wieso. Als im Fernsehen eine Sendung für Hobbygärtner lief, erfuhr er, daß Dünger gut für die Pflanzen ist. Bob kauft Dünger für Zimmerpflanzen - daß es sich dabei um ein Präparat für Usambaraveilchen handelte, mit hohem Phoshor- und kaum Stickstoff-Anteil, fiel ihm nicht auf. Auf dem Etikett stand: Einmal monatlich düngen. Weil seine Marihuana-Pflanzen gut drei Monate alt waren und nie Dünger bekommen hatten, gab Bob die dreifache Dosis. Die Pflanzen wurden supergrün, und eine Woche später bogen sich die Blätter in alle Himmelsrichtungen. Etwa die Hälfte der verbliebenen 300 Pflanzen verwelkte und starb. Der Rest sah sehr krank aus.
Einigermaßen frustriert, schaute Bob in dem Laden vorbei, wo er seine Hochdrucklampe gekauft hatte. Dort klärte man ihn über seine Irrtümer auf und riet ihm, den Boden mit Seifenwasser durchzuspülen, falls er noch was von den Pflanzen retten wollte, und dann schleunigst die Blüte einzuleiten.

Bob kaufte eine Zeitschaltuhr, stellte sie auf 12 Stunden und koppelte sie mit der Lampe. Nach ein paar Wochen konnte er erkennen, welche der Pflanzen männlich waren. Die riß er aus und rauchte sie.

Inzwischen war es Juli, draußen hatten die Insekten Hochsaison. Bis Bob die Blattläuse, Spinnmilben und Wolläuse entdeckte, hatten sie sich längst ausgebreitet und machten sich über die Pflanzen her.

Diesmal ging Bob in den Laden für Gartenbedarf und verlangte ein Spray gegen die Schädlinge in seinem Gemüsegarten. Man verkaufte ihm ein Mittel in Pulverform, damit sollte er die befallenen Pflanzen bestäuben. Das Zeug war am billigsten, und so bestäubte Bob viermal im Laufe des nächsten Monats die Pflanzen, natürlich nur von oben. Ein paar der Schädlinge gingen ein.

Sieben Wochen nach Einleitung der Blüte erntete Bob 75 kränkelnde Pflanzen, die ihm 112 Gramm halbwegs guter Blütenspitzen und 168 Gramm Blätter brachten.

Bob war ganz schön enttäuscht. Da hatte er nun 250 $ für das Lampensystem hingeblättert, um sein eigenes Gras zu ziehen - für die 250 $ hätte er sich genauso gut das Marihuana kaufen und sich die ganze Scheißarbeit sparen können. Seine Hochdrucklampe tauschte er gegen Marihuana im Wert von 100 $ ein. Bob hat summa summarum 300 $ investiert, Marihuana im Wert von 250 $ geerntet und die Lampe für Marihuana im Wert von 100 $ eingetauscht - macht unterm Strich 50 $ Gewinn.

Wer so schlau ist wie Bob, sollte vom Anbau lieber die Finger lassen.

▸ Chester und Claire

Chester arbeitet bei einer Software-Firma. Er verfügt über ein gutes Einkommen und hat sich im Lauf der Jahre zu einem Marihuana-Connaisseur entwickelt. Chester ist kein Hobbygärtner, aber seine Frau Claire ist von der Gärtnerei sehr angetan und hat lauter prachtvolle, üppige Zierpflanzen im Haus. Ein Freund von ihnen hatte seit einem halben Jahr zu Hause im Keller erfolgreich Marihuana angebaut, und nun beschlossen Chester und Claire, das auch mal zu versuchen.

Chester nahm die 1000 $, die er eigentlich als gemeinsame steuerfreie Pensionsrücklage hatte einzahlen wollen, und kaufte sich eine Halogen-Metalldampflampe, eine Natriumdampf-Hochdrucklampe und die im ersten Kapitel aufgelisteten Werkzeuge, einen Vorrat an erdlosem Substrat, Up-Start und

Peters-Dünger (Pete-Lite Special 20-10-20 und Blossom Booster 10-30-20), außerdem ein CO_2-Begasungssystem und eine Handvoll Fachliteratur.
Chester installierte in einem 3 x 3 m großen Kellerraum, den er kürzlich mit Rigipsplatten abgeteilt hatte, einen Absaugventilator. Der Betonboden bekam ein leichtes Gefälle und wurde mit einem Abfluß versehen. Die Lampe hängte er mit einer Kette an einen Haken, den er in 2,40 m Höhe in einen Deckenbalken geschlagen hatte.
In dreißig 5-Liter-Töpfe mit erdlosem Substrat pflanzte er jeweils drei Samen und klebte auf jeden ein Etikett, auf dem er die vermutliche Herkunft des Samens vermerkte - die meisten waren Cannabis Indica. Die Samen wurden unter Zugabe von Up-Start gewässert, dann legte Chester eine große, transparente Plastikplane über die Töpfe. Die Lampe hängte er im Abstand von 90 cm obendrüber und stellte auf der Zeitschaltuhr eine Tageslichtdauer von 18 Stunden ein. Drei Tage später sah man die ersten sprießenden Keimlinge. Die Plastikplane wurde entfernt. Nach einer Woche waren es schon 70 Keimlinge.
Unterdessen hatte sich Chester mit dem CO_2-System vertraut gemacht, stellte den optimalen Wert (0,15 %) ein und schloß es an. Der Ventilator wurde mit einer Zeitschaltuhr gekoppelt und diese so eingestellt, daß er 20 Minuten lang lief, bevor sich das CO_2-System einschaltete. Die ganze Zeit über surrte ein kleiner Schwenkventilator, der die CO_2-angereicherte Luft im Raum zirkulieren ließ..
Dann verbrachten Chester und Claire einen halben Samstag damit, die vier Gartenfachgeschäfte in der Stadt abzuklappern, wo sie sich über das Angebot informierten und auch inspizierten, was da an Dünger, Insektiziden und Fungiziden in den Regalen stand. Sie unterhielten sich mit den Verkäufern über den Gemüseanbau in Pflanzbehältern. Worauf Chet den Entschluß faßte, sich einige große Behälter auf Laufrollen zu bauen.
Nach einigem Herumexperimentieren - es blieb ihnen nicht erspart, nach einer Überdüngung das Substrat durchzuspülen - stellten Chester und Claire den passenden Düngeplan für ihre erdlose Substratmischung auf. Bei jedem Gießen bekamen die Pflanzen Pete-Lite-Special (20-10-20) ins Wasser.
Das Klima im Raum hielt man bei 29° C und 50 % Luftfeuchtigkeit. Dank nahezu perfekter Klimaverhältnisse und CO_2-Begasung hatten die Pflänzchen nach einem Monat eine Höhe von 37 bis 45 cm erreicht.
Dann mußten Chester und Claire überraschend für eine Woche verreisen. Bei ihrer Rückkehr war der Garten ziemlich zugewuchert und brauchte dringend Wasser. Außerdem waren viele Pflanzen von Spinnmilben befallen - die

stammten von der einen oder anderen Zierpflanze im Haus. Viele der Pflanzen machten den Eindruck, als würden sie nicht mehr lange leben.
Chester geriet in Panik, Claire jedoch blieb cool und stellte fest, daß etliche Indica-Pflanzen keine Spinnmilben hatten. Es war eine schwere Entscheidung, doch Chester und Claire beschlossen, alle befallenen Pflanzen einem Freund zu überlassen, der sie im Freien anpflanzte (sie wurden ihm später gestohlen). Nun waren noch 30 milbenresistente Pflanzen übrig. Alle Cannabis-Pflanzen, sämtliche Zierpflanzen im Haus und der Freilandgarten wurden dreimal im Abstand von jeweils 10 Tagen mit Pyrethrum gespritzt. Damit war die Plage beseitigt.
Im Raum sah es nun etwas leer aus. Nach der Milben-Attacke waren Chester und Claire ziemlich geknickt. Aber nun zimmerte Chester vier 45 cm hohe, quadratische Pflanzbehälter mit einer Seitenlänge von 60 cm. In diese wurden nun die Indica-Pflanzen gesetzt. "Kaum zu glauben", meinte zwei Wochen später ein Freund der beiden, "daß hier der halbe Garten von Milben ruiniert wurde!" Das Wachstum der Pflanzen war phänomenal. Am Ende des 4. Monats mußte die Lampe so weit hinaufgezogen werden, wie es ging (2,40 m), und vor lauter üppigem Grün sah man keine Wände mehr.
Chester nahm die Halogen-Metalldampflampe ab und montierte sie in der rechten Hälfte des Raums; im Zentrum der linken Hälfte wurde die Natriumdampf-Hochdrucklampe aufgehängt. In dem kleinen Raum wurde die Lichtintensität mehr als verdoppelt. Der Rotlicht-Anteil der Natriumlampe stimulierte die Blütenhormone. Per Zeitschaltuhr wurde eine tägliche Lichtdosis von 12 Stunden eingestellt, als Dünger wurde nun Peters Blossom Booster (10-30-20) verwendet.
Nach 8 Wochen Blütezeit konnten Chester und Claire 700 Gramm allerfeinstes Marihuana ernten (den Blattanteil rechnet ein Connaisseur nicht mit). Und rechtzeitig vor dem Stichtag konnten sie auch die 1000 $ für die steuerfreie Pensionsrücklage überweisen.
Chester und Claire waren so begeistert, daß sie gleich wieder neu anpflanzen wollten. Nur fanden sie, daß es mit dem Ziehen von Samen doch etwas lange dauerte.
Ihr Freund Dan hatte 24 bewurzelte Klone, 4 Wochen alt und bereit zum Umpflanzen. Aber Dan besaß nur einen Anbau-Raum und wollte gerade einen Bestand von 2 Monate alten Klonen zur Blüte bringen - nun wußte er nicht, wohin mit den kleinen Klonen, die erst 4 Wochen alt waren.
Chester und Dan rauchten einen Joint von der allerbesten Blütenspitze, die

Chester und Claire geerntet hatten. Nach langer Diskussion über die Freuden und Leiden des Anbaus unter Hochdrucklampen waren sich die beiden schließlich einig.
Dan brachte seine ausgewachsenen, 2 Monate alten Klone zur Blüte und vermachte Chester die 24 kleinen Klone. Die ließ Chester 6 Wochen lang in seinem Keller heranwachsen, dann schnitt er von jedem von Dans Pflänzchen 2 Klone und ließ sie mit Hilfe von Dip-N-Grow bewurzeln. Nachdem Dan seine ausgereiften Pflanzen geerntet hatte, bekam er von Chester die 48 neubewurzelten Klone, und sie waren quitt. So kam Chester zu 24 Klonen, als er sie brauchte, und Dan tauschte 24 nicht benötigte Klone gegen 48 Klone, die er bestens gebrauchen konnte.

▸ Kalender und Checkliste

Ein Kalender ist eine gute Gedächtnisstütze, er erinnert rechtzeitig an Dinge, die in Angriff zu nehmen sind - und mit der Checkliste gewinnt man die nötige Routine. Der Kalender bietet über einen Zeitraum von 4 Monaten hinweg einen 14-tägigen Überblick, der Sie beim Lebenszyklus der Pflanze begleitet (der von Klonen beträgt in der Regel 4 Monate). In jeder Lebensphase wird auf die jeweils wichtigen Punkte hingewiesen. Auf der wöchentlichen Checkliste steht alles, was es Woche für Woche abzuhaken gilt, wenn man erfolgreich ernten will.
Wer jede Woche alle Punkte der Checkliste überprüft und regelmäßig den Kalender konsultiert, kann eigentlich nichts falsch machen - vergessen Sie nie, daß Sie die Rolle von Mutter Natur übernommen haben und die Bedingungen schaffen, unter denen die Pflanzen wachsen!
In der Regel sollte man täglich mindestens 10 Minuten (pro Lampe im Raum) seinen Pflanzen widmen - das reicht, um alles zu erledigen, was im Kalender steht. Nehmen Sie sich die Zeit, es wird Ihnen Spaß machen! Es ist nicht viel Arbeit. Beim Gärtnern kommt es vor allem auf aufmerksame, genaue Beobachtung an. Ein ordentlicher und produktiver Garten erfordert einen gewissen Zeitaufwand. Wer mit CO_2-Begasung oder Hydrokultur arbeitet, muß mit 20 Minuten täglicher Pflege rechnen.
Am zeitaufwendigsten ist die Einrichtung des Anbau-Raums - und später dann die Ernte. Dies ist beim täglichen 10- oder 20-Minuten-Pensum nicht berücksichtigt. Wenn Sie mehr Zeit in Ihrem Garten zubringen wollen - aber klar, nur zu! Sie werden's bestimmt nicht bereuen!

▸ Wöchentliche Checkliste

Die folgenden Punkte überprüfen:

- Belüftung
- Zirkulation
- Luftfeuchtigkeit bei 40 bis 50 %
- Temperatur: bei Tag 21 bis 24° C; bei Nacht 10 bis 16° C
- Bodenfeuchtigkeit: keine trockenen Einschlüsse, nach Bedarf wässern
- Kultivieren der Bodenoberfläche
- pH-Wert überprüfen
- Pflanzen unter der Lampe rotieren lassen
- Blattunterseiten auf Spinnmilbenbefall prüfen
- Ausschau nach Pilzbefall
- Inspektion der Pflanzen auf Symptome für Nährstoffmangel oder Überdüngung
- Zeitplan fürs Düngen einhalten
- Überprüfung des Hochdrucklampensystems; feststellen, ob keine Komponenten Überhitzung zeigen (Stecker, Zeituhr, Vorschaltgerät, Decke)
- Den Raum sauberhalten!
- Den Raum sauberhalten!
- Den Raum sauberhalten!
- Wände und Decke auf Schimmelbefall überprüfen
- Die Lampe höherhängen; der Abstand sollte immer 15 bis 30 cm betragen.

▸ Gartenkalender

Unser Kalender beginnt am 1. Januar und hat nur vier Monate, zwei für die vegetative Entwicklung und zwei für die Blüte. Der 1. Januar ist ein hypothetisches Datum - Sie können natürlich zu jedem beliebigen Zeitpunkt beginnen, denn jeder Anbau-Raum hat seine eigene Zeitrechnung.

Werden ausschließlich Klone mit CO_2-Begasung oder in Hydrokultur angepflanzt, ist der Kalender ein bis zwei Wochen kürzer - je nachdem, wie rasch die Pflanzen wachsen. Und nie vergessen: Bei mehr als 1,20 m Abstand zur Lampe verringert sich die Lichtintensität gewaltig!

1. Januar - erste Woche

Stecklinge schneiden und bewurzeln. Sie sollten in 1 bis 4 Wochen bewurzelt sein.
Samen anpflanzen; auf genügend Wärme achten, das beschleunigt die Keimung.
Vorm Einpflanzen Dolomitkalk unter die Topferde mischen.
Anbau-Raum herrichten. Schlagen Sie nach unter *Die Einrichtung des Anbau-Raums* und *Die Installation der Hochdrucklampe*.
Zeitschaltuhr auf 18 Stunden Tageszeit und 6 Stunden Nachtzeit einstellen.

5. bis 10. Januar - zweite Woche

Vergewissern Sie sich, daß im Raum alles tiptop ist, bevor Sie die Pflanzen aufstellen.
Die bewurzelten Stecklinge bzw. Sämlinge in den Raum bringen, Abstand zur Lampe 60 bis 90 cm.
Die Oberfläche des Bodens immer feuchthalten.
Sämlinge düngen; ihre Nährstoffreserve reicht für die ersten zwei oder drei Wochen nach der Keimung.
Erste Düngung mit Volldünger, falls erdlose Substratmischung benutzt wird.
Stellen Sie einen regelmäßigen Düngeplan auf.
Nun vor allem auf die Bodenfeuchtigkeit achten, damit es weder zur Umfallkrankheit, noch zum Verkümmern der Pflanzen durch Wassermangel kommen kann!

1. Februar - vierte Woche

Die Pflanzen sollten jetzt eine Höhe von 15 bis 30 cm haben.
Bei Verwendung von Topferde ist die erste Düngung fällig - entweder mit chemischem Volldünger oder organischem Aufguß (Brühe).
Mit regelmäßigem ergänzendem Düngeprogramm beginnen.
Bei Sämlingen, die einen Monat alt sind, sollte der Abstand zur Hochdrucklampe 15 bis 30 cm betragen. Klone können das intensive Licht schon früher vertragen.
Sämlinge ausdünnen; in größere Töpfe umpflanzen.
Nun weniger oft wässern.

15. Februar - sechste Woche

Die Pflanzen sollten eine Höhe von 30 bis 60 cm erreicht haben, gesund

aussehen, breite und feste grüne Blätter haben.
Falls einzelne Blätter vergilben, die wöchentliche Checkliste überprüfen und ggf. Feineinstellungen vornehmen.
Übergießen könnte mitunter zu Problemen führen. Den Boden mit einem Feuchtigkeitsmesser prüfen.
Erhöhte Zirkulation und Belüftung sind nun von wesentlicher Bedeutung.
Die Pflanzen mit Wasserzerstäuber einnebeln (künstlicher Regen).
Es könnte sich Magnesiummangel bemerkbar machen, sofern der Topferde kein Dolomitkalk beigemischt wurde.
Nun wird es Zeit für ergänzende Düngung mit Spurenelementen.

1. März - achste Woche

Nun sind die Pflanzen 2 Monate alt; sie sollten 50 bis 90 cm groß, gedrungen und sehr buschig sein. Falls sie größer sind und kerngesund aussehen, dann sind Sie genau auf dem richtigen Weg!
Stecklinge schneiden für die nächste Pflanzung!
Sollten sich einzelne Blätter gelblich färben und absterben, die wöchentliche Checkliste überprüfen und ggf. Feineinstellungen vornehmen.
Ventilation, Luftzirkulation und relative Luftfeuchtigkeit sind nun außerordentlich wichtig!
Boden durchspülen, um überschüssige Düngerrückstände auszuwaschen.
Bei weiblichen Klonen kann zur Auslösung der Blüte auf 12 Stunden Tageslicht umgestellt werden. Bei Einleiten der Blüte zu speziellem Blütendünger wechseln.
Sämlinge müssen noch einen Monat lang wachsen, ehe man sie zur Blüte bringt!
Nun ist Geschlechtsbestimmung durch Klonieren möglich.
Der Boden kann ziemlich rasch austrocknen - auf trockene Stellen (Lufteinschlüsse) unter der Oberfläche achten!
Spätestens jetzt kann sich Magnesiummangel bemerkbar machen; läßt sich mit Epsomer Bittersalz beheben.
Zu hohe Pflanzen durch Biegen herunterbinden, um gleichmäßiges Gartenprofil zu erhalten.
Pflanzen, deren Äste den umstehenden Licht wegnehmen, können beschnitten werden.
Wenn Sie sehr viele Pflanzen im Raum haben, wird es nun Zeit für eine zweite Lampe. Die meisten Anbauer verwenden eine 1000-Watt Natriumdampf-

Hochdrucklampe oder eine beschichtete 1000-Watt Halogen-Metalldampflampe. Der Einsatz einer Zweitlampe wird den Ertrag beträchtlich erhöhen. Man wird eine Gelbfärbung der Blätter feststellen. Wenn sich viele Blätter verfärben, anhand der Checkliste Feinregulierung des Klimas vornehmen. Nach Feinregulierung die vergilbenden Blätter nur dann entfernen, wenn sie eindeutig im Absterben begriffen sind.
Die Pflanzen können immer noch ziemlich viel Wasser vertragen; vergessen Sie nicht, täglich den Wasserbedarf zu überprüfen.

15. März - zehnte Woche

Die Spitzen verlängern sich, wodurch das Gartenprofil um 15 bis 30 cm höher liegt als 2 Wochen zuvor, ansonsten ist kaum vegetativer Wuchs zu bemerken. Werden männliche Pflanzen erkennbar, müssen sie beseitigt oder (zu Zuchtzwecken) in einen separaten Raum gebracht werden. Bei den weiblichen können die ersten weißen Härchen (Griffel) sichtbar werden.
Düngung mit Blütendünger fortsetzen.
Ältere Blätter können nun ein wenig rascher abfallen, dies ist auf reduzierten Stickstoffgehalt im Blütendünger zurückzuführen (bzw. darauf, daß nur eine Natriumdampf-Hochdrucklampe brennt).
Alle kritischen Faktoren in der Checkliste überprüfen.

1. April - zwölfte Woche

Stengel und Zweige haben ihr Wachstum eingestellt. Die Pflanze konzentriert sich nun auf die Ausbildung von immer mehr und immer größeren Fruchtknoten.
Zeit der höchsten THC-Produktion. In den nächsten 1 bis 4 Wochen werden sich Größe und Potenz der Blütenstände verdoppeln!
Wässern Sie weiter nach Bedarf und geben Sie Blütendünger. Geschlecht der weiblichen Pflanzen sollte jetzt klar erkennbar sein.
Aufpassen, daß es nicht zu Schimmelbildung zwischen den dichten Blütentrauben kommt. Ständig überprüfen!
Geben Sie den Pflanzen eine gründliche Dusche, um eventuelle Rückstände von chemischem oder organischem Dünger von den Blättern zu waschen. Allerletzte Gelegenheit zum Spritzen und Düngen, wenn Sie in 2 Wochen ernten wollen! Falls es irgendwelche Probleme mit Schädlingen, Schimmelbefall o. ä. gibt - jetzt rasch Bekämpfungsmaßnahmen durchführen!

15. April - vierzehnte Woche

Mittlerweile sollten die Blütentrauben vor Harz nur so glitzern. Das Vergilben großer Blätter ist in dieser Phase normal.

Indica bzw. früh reifende Blüten werden nun ausgereift oder kurz vor der Erntereife sein.

Ausgereifte Pflanzen ernten.

Wässern nach Bedarf; Boden mit Feuchtigkeitsmesser prüfen.

Streß durch Wasserentzug nur in den letzten paar Tagen vorm Ernten!

Weder Insektizide noch Fungizide einsetzen! Nicht mehr düngen!

Kontinuierliche Überprüfung der Blütenstände auf Schimmel- oder Pilzbefall!

Überprüfen der wöchentlichen Checkliste nicht vergessen!

1. Mai - sechzehnte Woche

Nun sollte alles bereit sein zur Ernte. Falls nicht, sollten Sie das nächste Mal eine früher reifende Sorte pflanzen.

Jetzt oder innerhalb der nächsten zwei Wochen ernten. Bei Thai-Sorten dauert die Blüte bis zu 6 Wochen länger!

Ab jetzt wird der THC-Gehalt der Pflanze abnehmen.

Falls es Ihnen auf die Samen ankommt - die Pflanze erst dann ernten, wenn die Samen ausgereift sind.

Und schon wird es Zeit, die bewurzelten Klone für die nächste Ernte unter die Lampe zu stellen!

▶ Glossar

Absaugventilator - Ventilator, der die Luft aus dem Raum heraussaugt; effizientester Ventilatortyp

absorbieren - Aufnahme, z.B. von Wasser oder Nährstoffen

Aeroponik - Wurzelsprühkultur; Nährlösung wird fein verteilt an die Pflanzenwurzeln gesprüht

alkalisch - ein Boden ist alkalisch, wenn der pH-Wert höher als 7 ist

Atmung - Wurzeln nehmen aus dem Boden Sauerstoff auf; Stomata nehmen aus der Luft CO2 auf

ausdünnen - kränkliche, schwachwüchsige Sämlinge beseitigen

Auxine - Wuchsstoffe, die in den Vegetationspunkten der Pflanze gebildet werden; sind verantwortlich für das Längenwachstum von Stengel, Ästen und Wurzeln

Bakterien - einzellige Mikroorganismen, können als Erreger von Infektionskrankheiten gefährlich werden

Befruchtung - Vereinigung des männlichen Samens mit der Eizelle

beschneiden - Form und Wuchsverhalten der Pflanze wird durch Beschneiden an Stengel und Trieben verändert Bewurzelungshormon - Substanz, die die Wurzelbildung fördert (z.B. Naphtylessigsäure, Indolbuttersäure und Dichlorphenoxyessigsäure)

Bimsstein -Vulkangestein, sehr porös, speichert gut Wasser, Nährstoffe und Luft; idealer Zuschlagstoff

biologisch abbaubar - auf natürlichem Weg durch Bakterien zersetzbar

Blatt - die Laubblätter erfüllen drei wichtige Aufgaben: Photosynthese, Gasaustausch und Transpiration; das Laub der Pflanzen sollte immer frisch und kräftig wirken, schlaffe Blätter weisen auf mangelnde Ventilation oder miserable Bedingungen im Anbau-Raum hin

Blattdüngung - Flüssigdüngung auf das Blatt (Nährstoffspritztung); die gelösten Nährstoffe werden durch Mikroporen auf Blattober- und -unterseite aufgenommen

Blattläuse - Schädlinge (Pflanzensauger), bis 3 mm groß, Körper weichhäutig, mit meist dünnen, langen Schreitbeinen

Blütendünger - Düngerpräparat mit hohem Phosphoranteil, steigert Blütenertrag Blütenstand - bei Cannabis besteht die weibliche Blüte aus einer Masse sehr dicht sitzender Fruchtknoten

Bor - von der Pflanze benötigtes Spurenelement, am Aufbau der Zellwände beteiligt, fördert Blütenbildung

Cannabinoid - Kohlenwasserstoffverbindung, die nur bei Cannabis vorkommt

Cannabis - wissenschaftlicher Gattungsname der Pflanze, aus der Marihuana gewonnen wird

Captan - Markenname eines Fungizids, das als benetzbares Pulver erhältlich ist, stoppt Pilzbefall bei Blättern und Boden

CBD - Cannabidiol; Cannabis-Wirkstoff, der gewöhnlich das High verlängert
CBN - Cannabinol
Chlor - durch Behandlung mit Chlor wird Trinkwasser keimfrei gemacht
Chlorophyll - grüner Blattfarbstoff, der die Pflanze befähigt, aus der Lichtstrahlung der Sonne die Energie zu entnehmen
Chlorose - krankhafte Verfärbung der Pflanze, verursacht durch Nährstoffmangel oder falschen pH-Wert
CO_2-Begasung - Anreicherung der Luft mit Kohlendioxid zwecks Förderung des Pflanzenwachstums
Cola - aus dem Spanischen (wörtl.: *Schwanz*); amerik. Slangausdruck für Marihuana-Blütentraube
Consemilla - spanisch, bedeutet: *mit Samen*
Diazinon - Handelsname eines Insektizids zur Bekämpfung von Blattläusen, Wolläusen und Weißen Fliegen
diözisch - zweihäusig; Cannabis ist zweihäusig, es gibt männliche und weibliche Pflanzen (bei einhäusigen Pflanzen befinden sich männliche und weibliche Blüten auf einer Pflanze)
Dip-N-Grow - Handelsname für ein Düngerpräparat, das Wurzelhormone enthält
Dochtsystem - Hydrokultursystem; die Nährlösung gelangt über einen herabhängenden Docht hinauf in den Pflanzbehälter
Dolomitkalk - vermahlenes Kalkgestein, reich an Calcium und Magnesium, wird zur Erhöhung bzw. Stabilisierung des pH-Werts eingesetzt; seine Nährstoffe werden sehr langsam freigesetzt
Dränage - ein Boden oder Substrat hat gute Dränage, wenn das Gießwasser gleichmäßig hindurchsickern kann; schlechte Dränage bedeutet, das Wasser bleibt im Boden, die Wurzeln bekommen keine Luft
Dung - Exkremente von Rind, Hase, Huhn etc.; wird als organischer Dünger und zur Bodenverbesserung verwendet; Dung muß verrottet und frei von sauren Salzen sein
Durchlüftung des Bodens - ausreichende Sauerstoffversorgung im Boden ist Voraussetzung für das Gedeihen der Pflanze
durchspülen - ein Durchspülen des Bodens wird die löslichen Komponenten auswaschen, z.B. Düngerrückstände
einjährig - einjährige (annuelle) Pflanzen durchlaufen ihre gesamte Entwicklung in einer Vegetationsperiode; im Jahr der Aussaat erfolgt auch die Blüte, nach der Samenbildung sterben sie ab. Cannabis ist eine einjährige Pflanze.
Einleitung der Blüte - eine Tagesdosis von 12 Stunden Kunstlicht veranlaßt Cannabis zur Blütenbildung
Einmachglas - wird gern verwendet zum Aufbewahren von Colas, hält frisch und schützt die empfindlichen Drüsenköpfe
Eisen - wichtiges Spurenelement für die Pflanze (Chlorophyll- und Eiweißaufbau, Atmung)

Eizelle - befindet sich im Fruchtknoten und enthält die Erbanlagen der weiblichen Pflanze; nach der Befruchtung entsteht aus der Eizelle ein Same

Elektroden - stromleitende Teile, die dem Aufbau eines elektrischen Feldes dienen

Encarisa Formosa - Schlupfwespe; Parasit, der als Nützling zur Bekämpfung der Weißen Fliege eingesetzt wird

Epsomer Bittersalz - hydriertes Magnesiumsulfat in Form weißer Kristalle; mit Epsomer Bittersalz wird dem Boden Magnesium zugeführt

erdloses Substrat - steriles Medium, z.B. Bimsstein, Vermiculit, Perlite, Sand oder Sphagnum-Torfmoos; hat weniger Gewicht als Topferde, eine gute Struktur und normalerweise den pH-Wert 7, enthält keinerlei Nährstoffe; auch als Fertigmischung (z.B. Jiffy-Mix)

Ergänzungsdüngung - dient zur Ergänzung der Grunddüngung

Farbindikator - handelsübliche Dünger enthalten mitunter Farbzusätze, damit der Gärtner weiß, daß seine Lösung Dünger enthält; Peters verwendet z.B. einen blauen Farbindikator

Farbspektrum - Bandbreite der Farben, die eine Lichtquelle abgibt, gemessen in Nanometer (nm)

Feuchtigkeitsmesser - elektronisches Gerät, mit dem sich der Feuchtigkeitsgehalt des Bodens messen läßt

Fischemulsion - organischer, aus Fisch hergestellter Dünger, hoher Stickstoffgehalt

Fledermaus-Guano - Fledermauskot, hoher Phosphoranteil, exzellenter organischer Blütendünger

Florfliege - ca. 15 mm großes, grünes Insekt mit auffallend großen Flügeln, als Nützling zur Bekämpfung von Wolläusen und Thripsen eingesetzt

footcandle - amerik. Einheit für die Beleuchtungsstärke,
1 footcandle = 1 lm/sq.ft. = 10,76391 lx

Frischluft - saubere, frische Luft von draußen ist lebensnotwendig für im Haus angebaute Pflanzen

Fungizid - Präparat, das Schimmelbildung verhütet oder beseitigt

Gartenfachhandel - dort gibt es nicht nur viele Dinge, die der Anbauer braucht, sondern auch nützliche Informationen!

Gebrauchsanweisung - der gute Rat zur Tat: bevor Sie Dünger, Sprays, Lampen o.ä. verwenden, immer zuerst die Gebrauchsanleitung lesen!

Geilwuchs - Stengelabschnitte zwischen einzelnen Blättern werden lang und dünn (verlängerte Internodien), in der Regel auf Lichtmangel zurückzuführen

Gene - Teil eines Chromosoms, das die Entwicklung und die Potenz einer Pflanze bestimmt; Gene werden durch sexuelle Vermehrung vererbt

genetische Veranlagung - die Erbanlagen sind der bestimmende Faktor, was Vitalität und Potenz der Pflanze angeht

Glühlampe - die altbekannte Glühlampe, deren Glühfaden nur mäßig Licht, aber reichlich Wärme erzeugt, eignet sich gut als Wärmequelle

Griffel - die zwei aus dem Fruchtknoten der Cannabisblüte ragenden Griffel (Narben); sie fangen den Pollen auf und leiten ihn weiter zur Eizelle (Befruchtung)
Guano - Vogelkot, reich an Nährstoffen; Seevögel-Guano ist sehr stickstoffreich
Halogen-Metalldampflampe - Hochdruck-Entladungslampe mit einer Lampenfüllung aus Metallhalogeniden
Halogene - die Elemente Fluor, Chlor, Brom, Jod und Astat; bei der Halogen-Glühlampe wird heute meist das Halogen Brom als Füllung verwendet
Hanf - als Hanf bezeichnet man umgangssprachlich oft die Fasersorten mit niedrigem THC-Gehalt, die dem Raucher höchstens Kopfschmerzen bescheren
Hauptwurzel - entwickelt sich aus der Keimwurzel und wächst pfahlgleich in den Boden, von ihr zweigen die Seitenwurzeln ab
Helligkeit - das Maß für die Helligkeit des Lichts ist die Beleuchtungsstärke
Herunterbinden - das Wuchsverhalten eines Astes verändert sich, wenn er herabgebogen und angebunden wird
Hochdrucklampe - Lichtquelle, deren Licht durch elektrische Entladung in Gasen oder Metalldämpfen erzeugt wird; durch den hohen Betriebsdruck verbreitern sich die erzeugten Spektralbereiche
Honigtau - klebrige Substanz, die von Woll-, Blatt- und Schildläusen aufs Blatt abgesondert wird
HOR - Stempel auf manchen Hochdrucklampen, er bedeutet, daß sie für horizontale Brennlage konstruiert sind
Hormon - chemische Substanz, die Wachstum und Entwicklung der Pflanze steuert
Humus - fruchtbare, teilweise verrottete pflanzliche oder tierische Stoffe; Humus bildet die organische Substanz des Erdbodens
Hybride - Nachkomme zweier erbmäßig unterschiedlicher Pflanzen
Hydroponik - Hydrokultur; Anbau in erdlosen Substraten, wobei regelmäßig Nährlösung zugeführt wird
Hygrometer - Meßinstrument für die relative Luftfeuchtigkeit; kann dem Anbauer viel Frust ersparen
Insektizid - Insektengift, zur Vorbeugung oder Bekämpfung
Inzucht - Paarung von verwandten Individuen; Erzeugen von Nachkommen mit Pflanzen gleicher Sorte
Jiffy 7 - getrocknete Torftablette in Kunststoffnetz, saugt sich beim Wässern voll und bildet einen Topf; besonders für Keimung der Samen und Klonbewurzeln geeignet (50 mm Durchmesser, mit und ohne Stecklingsloch)
Kalium (K) - eines der drei Kernnährelemente, die die Pflanze benötigt (u. a. Regulierung des Wasserhaushalts, Resistenz, Standfestigkeit)
Kalk - als Dolomitkalk oder als Löschkalk zum Heben und/oder Stabilisieren des pH-Werts eingesetzt; fördert durch Verkittung der Bodenteilchen die Krümelbildung und verbessert so die Bodenstruktur

kaustisch - ätzend
Kernnährelemente - die Nährstoffe Stickstoff, Phosphor, Kalium (NPK)
Kilowattstunde - Maßeinheit für den Stromverbrauch pro Stunde; eine 1000-Watt-Hochdrucklampe verbraucht pro Stunde 1 Kilowatt
Klon - Steckling; der durch asexuelle (vegetative) Vermehrung hervorgegangene erbgleiche Nachkomme einer Mutterpflanze
Klonieren - asexuelle (vegetative) Vermehrung durch Schneiden von Stecklingen
Knochenmehl - organischer Dünger, reich an Phosphor; unter die Topferde gemischt fördert es Wurzelwuchs bei Klonen und Sämlingen
Kohlendioxid (CO_2) - farb- und geruchloses Gas, fördert die Photosynthese der Pflanze (CO_2-Konzentration der Luft: 0,03 %)
Kohlenhydrate - organische Stoffe, bestehen aus den Elementen Kohlenstoff, Wasserstoff und Sauerstoff; werden von Grünpflanzen bei der Photosynthese gebildet; als Stützsubstanzen (Zellulose), Energielieferanten (Zucker), bzw. Reservestoffe (Stärke)
Kompost - Dünger, meist aus mit Erde vermischten pflanzlichen oder tierischen Wirtschaftsabfällen; hoher Nährstoffgehalt. Kompost muß mindestens ein Jahr alt sein; ist er zu jung, entzieht er dem Boden N; bei abgeschlossener Kompostierung setzt er N frei
Kotyledonen - Keimblätter; das erste Blattpaar, das vom Keimling ausgebildet wird
Kronentraufe - der äußere Umfang der belaubten Äste; im Boden wachsen die Wurzeln nur selten über diese Zone hinaus
kultivieren - Anbau von Pflanzen unter Berücksichtig sämtlicher Faktoren, die das Wachstum fördern; den Boden bearbeiten
Kümmerwuchs - eine durch beengte Wurzeln oder andere Faktoren verkümmerte Pflanze wird sehr lange brauchen, um sich wieder zu normalem Wachstum zu entwickeln
Kupfer - Spurenelement, fördert Chlorophyllaufbau und Photosynthese
Kurztagpflanzen - Pflanzen, deren Blütenbildung von einem tägl. Licht-Dunkel-Wechsel mit einer bestimmten Höchstdauer der Lichtperiode (12 Stunden oder kürzer) abhängig ist (z. B. Reis, Hanf, Kartoffel)
Lackmuspapier - Indikatorpapier zur groben Bestimmung des pH-Werts, das sich in sauren Lösungen rot (bei pH 5) und in alkalischen blau (bei pH 8) verfärbt
Langtagpflanzen - Pflanzen, die zur Blütenbildung eine längere Lichtperiode (etwa 14 Stunden) benötigen (z.B. Möhre, Erbse, Spinat)
lauwarmes Wasser - bei Pflanzen immer lauwarmes Wasser (21 bis 26° C) benutzen, vermeidet Schockwirkung und beschleunigt chemische Prozesse
Lebenszyklus - besteht aus drei Phasen, die Cannabis bei natürlicher Entwicklung durchläuft: Sämling, vegetative Phase und Blüte
Lehm - kalkarmer Tonboden, der aus sehr feinen organischen und mineralen Partikeln besteht; nicht für Topfpflanzen geeignet
Leuchtstoffbeschichtung - an der Innenseite des Glaskolbens einer Lampe, beeinflußt die Farbe des emittierten Lichts

Leuchtstofflampe - elektrische Lampe mit gasgefüllter, leuchtstoffbeschichteter Glasröhre, wenig Lumen, wenig Wärme, sehr gut zum Bewurzeln von Stecklingen geeignet
Lichtausbeute - Maß für die Wirtschaftlichkeit einer Lampe; gibt an, wieviel Lichtstrom pro Watt erzeugt wird (lm/W)
Lichtintensität - cf. Helligkeit
Löschkalk - sofort löslicher Kalk; zum Erhöhen oder Senken des pH-Werts verwendet
Lufteinschluß - wenn beim Gießen trockene Stellen im Boden bleiben; Abhilfe: durch Zugabe von Flüssigseife entspanntes Wasser kann den Boden besser durchdringen
Luftfeuchtigkeit (relative) - Wasserdampfgehalt der Luft, angegeben als Prozent des bei der herrschenden Temperatur maximal möglichen Wasserdampfgehalts
Lumen - der Lichtstrom ist ein Maß für die ausgestrahlte Lichtmenge bzw. Lichtleistung, die Einheit ist das Lumen (lm)
Makronährstoffe - Sammelbegriff für die Kernnährelemente N, P, K und die Sekundärnährstoffe Mg und Ca
Malathion - Handelsmarke eines Insektizids, das so ziemlich gegen alle Insekten außer Spinnmilben hilft
Mangan - Spurenelement, dient der Pflanze vor allem zu Chlorophyll- und Eiweißaufbau
männlich - die männliche Pflanze produziert Pollen (Blütenstaub) zur Befruchtung der weiblichen Eizelle
Marienkäfer - Nützling zur Bekämpfung von Blattläusen; wird von hellem Licht magnetisch angezogen
Marihuana - illegale Droge, beliebt wegen ihres THC-Gehalts
Mattweiß - weiße Farbe mit dem höchsten Reflexionsgrad
mehrjährig - ausdauernde (perennierende) Pflanze, deren Leben nicht nach der Blüte endet; Überwinterung in Form von Knollen, Zwiebeln oder Wurzelstöcken
Meristem - Bildungsgewebe; Zusammenschluß embryonaler Zellen, die zeitlebens teilungsfähig bleiben; sie bilden die Vegetationspunkte von Sproß und Wurzel
Mikronährstoffe - Spurenelemente, hierzu gehören S, Fe, Mn, B, Mb, Zn und Cu
Miracle-Gro - Handelsname für einen löslichen Dünger
Molybdän - Spurenelement, fördert den Abbau von Nitrat in der Pflanze
monochromatisch - einfarbiges Licht eines sehr schmalen Spektralbereichs (Natriumdampf-Niederdrucklampe)
Mulch - beim Mulchen (Flächenkompostierung) wird der Boden mit (kleingehäckselter) organischer Substanz, Laubkompost o. ä. bedeckt; wird gern bei Freilandanbau angewendet - im Haus nicht zu empfehlen, da Mulch den Boden zu feucht hält und Schimmelbildung begünstigt
Mutter Natur - draußen im Freien waltet Mutter Natur; wer in den eigenen vier Wänden abaut, übernimmt ihre Rolle, mit allen Konsequenzen!
Mutterpflanze - weibliche Cannabispflanze, von der man Stecklinge (Klone) schneidet; kann aus Samen oder als Steckling gezogen sein

Nährstoffe - Elemente, von denen sich die Pflanze ernährt; außer den Kernnährelementen NPK auch Sekundärnährstoffe und Spurenelemente
Nanometer - 1 nm = 0,000001 mm; Maßeinheit für die Wellenlänge des Lichts; das Farbspektrum einer Lampe wird in Nanometer angegeben
Natriumdampf-Hochdrucklampe - Entladungslampe mit Natriumdampffüllung, Entladungsgefäß von Hüllkolben umgeben; Lichtfarbe im warmweißen Bereich
Natriumdampf-Niederdrucklampe - Entladungslampe mit Natriumdampffüllung, Entladungsgefäß mit einem Infrarotstrahlung reflektierenden Hüllkolben umgeben; monochromatisches, gelbes Licht
Nekrosen - Verbrennungen an Blättern, hervorgerufen durch erhöhte Salzkonzentration im Boden
Netzmittel - reduziert die Oberflächenspannung des Wassers, so daß es besser das Substrat durchdringen kann; Flüssigseife ist ein gutes Netzmittel, sofern ohne chemische Zusätze und biologisch abbaubar
Nützlinge - Lebewesen (Insekten, Bakterien u. a.), die Pflanzenschädlinge vernichten
Parasit - Schmarotzer; Organismus, der sich von einem Wirtsorganismus ernährt, z.B. Schimmelpilze
Perlite - vulkanisches Gestein, durch Erhitzen auf 1100° C aufgeschäumt, wobei es sein Volumen auf das 10- bis 20fache vergrößert; Perlite verbessert die Luftkapazität der Substrate
Peters-Dünger - löslicher Dünger von hoher Qualität, in vielen verschiedenen Kombinationen erhältlich und von vielen Profi- und Hobby-Gärtnern benutzt
pH-Wert - kennzeichnet die saure, neutrale oder alkalische Reaktion des Bodens; neutral = pH-Wert 7. Cannabis gedeiht am besten bei einem pH-Wert zwischen 6,5 und 7. Messung des pH-Werts mit Lackmuspapier, Flüssigindikatoren oder Soil-Tester
Phosphor (P) - eines der drei Kernnährelemente der Pflanze, (Aufbau von Eiweiß, Blütenbildung)
Photoperiode - tägliche Lichtdauer; die Abhängigkeit des vegetativen und generativen Wachstums von der täglichen Lichtdauer bezeichnet man als Photoperiodismus
Photosynthese - aus Kohlendioxid, Wasser und Lichtenergie produziert die Pflanze mit Hilfe des Chlorophylls Traubenzucker und Sauerstoff
Phototropismus - vom Licht ausgelöste Krümmungsbewegung der Pflanze; Sproß wächst zur Lichtquelle hin (positiver Tropismus)
Pilze - niedere Pflanzen, die kein Chlorophyll bilden und Grünpflanzen als Parasiten befallen können: z.B. Schimmel, Rost, Mehltau
Pollen - Blütenstaub; winzige gelbe Mikrosporen, in denen die Erbinformationen der männlichen Pflanze gespeichert sind
Pollensäcke - Teile der männlichen Pflanze, in denen die Pollenkörner gebildet werden
Pot - amerik. Slangwort für Marihuana
Potenz - potentes Marihuana ist reich an THC, das die erwünschte psychoaktive Wirkung (High) liefert

primo - aus dem Spanischen (svw. Cousin); amerik. Slangausdruck für Spitzenqualität beim Marihuana
Puffer - Substanz, welche die Schockwirkung mildert und Schwankungen auffängt bzw. ausgleicht; viele Dünger enthalten Pufferstoffe
Pufferung des Bodens - Fähigkeit des Bodens, zu hohe Nährstoffkonzentrationen aufzufangen oder auszugleichen; humusreicher Boden hat z.B. hohe Pufferkapazität
Pyrethrum - Insektengift, das aus Chrysanthemenblüten gewonnen wird; Pyrethrum ist das wirksamste Gift gegen Spinnmilben
Quecksilberdampflampe - veralteter Hochdrucklampentyp; Entladungslampe mit Quecksilberdampffüllung
Ra-Pid-Gro - Handelsname; löslicher Dünger
Rasierklinge - sehr gut zum Schneiden von Stecklingen geeignet!
Resistenz - Widerstandsfähigkeit der Pflanze gegenüber Krankheitserregern oder Schädlingen
Rootone F - Wurzelhormon in Pulverform, mit Fungizidzusatz
Safer Insecticidal Soap - Handelsname; Präparat zur Bekämpfung von Schädlingen, einschließlich der gefürchteten Spinnmilben
Same - aus der befruchteten Eizelle im Fruchtknoten entstandenes Samenkorn, besteht aus Embryo, Nährstoffreserve und schützender Hülle
Sand - Zuschlagstoff für Erdmischungen; grober Sand eignet sich sehr gut zum Bewurzeln von Stecklingen
sauer - von saurem Boden spricht man, wenn der pH-Wert unter 7 liegt
Sauerstoff (O_2) - farb- und geruchloses, gasförmiges Element; muß auch im Boden vorhanden sein, wenn die Pflanze gedeihen soll
Schildläuse - winzige, runde Insekten, haften wie kleine Muscheln fest an der Pflanze; saugende Schädlinge
Schock - jähe, empfindliche Störung der physiologischenVorgänge in der Pflanze, verursacht durch Klonieren, Umpflanzen oder unsachgemäße Behandlung
Schwefel (S) - eines der von der Pflanze benötigten Spurenelemente (Aufbau von Eiweiß u.a.)
Seife - flüssige, biologisch abbaubare Seife ohne chemische Zusätze dient beim Gartenbau als Netzmittel und als Insektizid
Sekundärnährstoffe - Calcium (Ca) und Magnesium (Mg)
Sinsemilla - aus dem Spanischen: ohne Samen; amerik. Bezeichnung für weibliche Cannabispflanze, die bei der Blüte unbefruchtet bleibt
Soil-Tester - pH-Meßgerät mit Einstichelektroden, die in den Boden gesteckt werden
Sorte - Zuchtform einer Pflanzenart, die auf einen bestimmten Standardtyp hin gezüchtet ist
Spalier - Gitterwerk aus Latten, zum Stützen bzw. Anbinden von Pflanzen

Spinnmilben - Spinnentiere, ca. 0,5 mm groß, können mit ihren Spinndrüsen dichte Netze bilden, Entwicklung durch trockenwarmes Klima gefördert; Befall dieser Schädlinge führt zu Nekrosen an den Pflanzen.
Sporen - Pilze vermehren sich durch Sporen, die bei entsprechender Temperatur und Feuchtigkeit keimen
Sproß - frisch gekeimter Same; eigentlich der gesamte oberhalb des Bodens wachsende Teil der Pflanze
Stärke - von der Pflanze gebildetes Kohlenhydrat
Steckling - abgeschnittener Seitentrieb (Ast) zwecks asexueller (ungeschlechtlicher, vegetativer) Vermehrung, auch als Klon bezeichnet
sterilisieren - keimfrei machen durch Erhitzen auf 100 ° C, um Bakterien abzutöten
Stickstoff (N) - gehört zu den drei Kernnährelementen der Pflanze (u.a. Aufbau von Eiweiß, Chlorophyll)
Stomata - Spaltöffnungen an der Blattunterseite, dienen der Transpiration (Verdunstung) und dem Gasaustausch; die Größe des Spaltes kann durch Schließzellen reguliert werden. Verschmutzte Stomata können ihre Aufgabe nicht erfüllen!
Streß - wenn die Pflanze durch physikalische oder chemische Faktoren strapaziert wird; eine gestreßte Pflanze gedeiht weniger gut
Substrat - Pflanzmedium
Tagundnachtgleiche - Äquinoktium; wenn die Sonne den Himmelsäquator schneidet, sind Tag und Nacht gleich lang; zweimal jährlich (Frühlings- und Herbstanfang)
Teflonband - wunderbar zum Abdichten von Rohrverbindungen geeignet
Terminalknospe - auch End- oder Gipfelknospe genannt; Endvegetationspunkt; die oberste Spitze der Pflanze
THC - Tetrahydrocannabinol
Thermostat - Gerät zur Temperaturregelung; mit ihm lassen sich Heizung oder Ventilator steuern
Thripse - auch Blasenfüße oder Fransenflügler genannt; Schädlinge, die Blätter und Blüten befallen und aussaugen
Topferde - sterilisierter Boden, gibt es abgepackt im Gartenfachhandel; Topferde ist in den meisten Fällen von Krümelgefüge (Struktur), pH-Wert und Nährstoffgehalt her ideal für den Anbau im Haus
Torf - teilweise kompostierte Vegetation, gewöhnlich Moos; u. a. als Zuschlagstoff zur Bodenverbesserung
Transpiration - Verdunstung; Pflanze gibt Wasserdampf über die Stomata ab
Trichom - Drüsenhaar einer Pflanze; bei Cannabis harzabsondernd
Trockeneis - weiße, kalte Substanz, die sich beim Komprimieren und Gefrieren von CO_2 ergibt; bei Raumtemperatur verwandelt sich Trockeneis zurück in CO_2
Tröpfelbewässerung - sehr effizientes Bewässerungssystem; von einem Hauptschlauch zweigen kleinere ab, die das Wasser tropfweise abgeben

überdüngen - zuviel des Guten kann schädlich sein: überhöhte Düngergaben bekommen den Pflanzen schlecht
übergießen - bei übermäßigem Wässern ist der Boden zu feucht; Wurzeln bekommen keinen Sauerstoff, kann zum Absterben der Pflanze führen
Umfallkrankheit - schwarze Verfärbung des unteren Stengelteils, Zerstörung des Wurzelsystems; ausgelöst durch Staunässe (Übergießen), falsche Düngung usw.
umpflanzen - die Pflanze samt Wurzelballen von einem Topf in den anderen (größeren, mit frischer Topferde) setzen, für die Pflanze eine traumatische Erfahrung (Schock)
Up-Start - Düngerfabrikat der Firma Ortho, enthält NPK 3-10-3, Vitamin B1 und Wurzelhormone; sehr gut für Sämlinge, Klone und zum Umpflanzen geeignet (mildert Umpflanzschock)
UV-Licht - Licht mit kurzer Wellenlänge, im nichtsichtbaren Spektrum
vegetativ - in der vegetativen Wachstumsphase bildet Cannabis sehr rasch Grünmasse; der Zeitraum zwischen Keimphase und Blüte
Verbrennung - von Verbrennung spricht man, wenn sich bei übermäßiger Düngung oder Salzkonzentration im Boden die Blattspitzen dunkel färben
Verdunstung - cf. Transpiration
Verjüngung - eine ausgereifte Pflanze, die ihren Lebenszyklus vollendet hat (Blüte), kann durch Umstellen der Photoperiode auf 18 Stunden Licht pro Tag zu neuem vegetativen Wachstum veranlaßt werden
Vermehrung - sexuell: Samenproduktion durch künstliche Befruchtung (manuelle Pollenübertragung zwischen ausgewählter männlicher und weiblicher Pflanze); asexuell: Klonieren, durch Schneiden und Bewurzeln von Stecklingen
Vermiculit - zu den Hydroglimmern zählendes Mineral, dehnt sich beim Brennen auf das 25- bis 50fache seines Volumens aus; gut als Zuschlagstoff zur Bodenverbesserung und als Medium zum Bewurzeln von Klonen geeignet
Versalzung - überhöhte Anreicherung von Salzen im Boden, vor allem durch zu starke mineralische Düngung; Symptome: Nekrosen an Blättern, stockendes Wachstum, Welken, vorzeitiger Blattfall
Vitamin B1 - wird von der Wurzel aufgenommen und mildert Umpflanzschock
Volldünger - Dünger, der die drei Kernnährelemente N, P und K enthält; wird von den meisten Anbauern in der vegetativen Phase eingesetzt
Vorbeugemaßnahmen - im Anbau-Raum Klimaverhältnisse schaffen, in denen sich Schädlinge nicht wohlfühlen; auch Sauberkeit gehört dazu
Wanderlicht - die Leuchte hängt an einer Vorrichtung, die sie auf einer Schiene, an einem Schwenkarm o. ä. hin- und herbewegt; ihr Licht wird gleichmäßig verteilt
weiblich - die weibliche Cannabisblüte besitzt Griffel (Narben) zur Aufnahme des männlichen Samens, der die im Fruchtknoten wartende Eizelle befruchtet; aus der Eizelle wächst der Same
Weiße Fliege - Schädling, 1 bis 2 mm großes geflügeltes Insekt

Windblütigkeit - Windbestäubung; d.h. Pollen der Pflanze werden durch Wind verbreitet
Wollaus - kleines, rundes, weißliches Insekt, sieht wie eine winzige Assel aus und befällt die Pflanze in ganzen Kolonien
Wurzel - der licht- und luftempfindliche Teil der Pflanze, mit dem sie im Boden verankert ist und Wasser und Nährstoffe aufnimmt
Zeitschaltuhr - mit ihr lassen sich Photoperiode (Brennzeit der Lampen) und Belüftung (Ventilator) steuern; darf in keinem Anbau-Raum fehlen!
Zelle - Grundbaustein aller Lebewesen; die drei Hauptbestandteile einer Pflanzenzelle sind Zellwand, Protoplasma und Vakuolen
Zellulose - von der Pflanze im Stengel eingelagerte Kohlenhydratverbindung, dient zur Versteifung
Zink - wichtiges Spurenelement, fördert Chlorophyll- und Auxinbildung
Züchtung - kontrollierte sexuelle Vermehrung
Zucker - bei der Photosynthese produziert die Pflanze u. a. Traubenzucker (Glukose), er liefert ihr die zur Aufrechterhaltung ihre Lebensvorgänge notwendige Energie und dient als Baustoff zum Aufbau von Zellulose, Stärke, Fetten und Eiweißen
Zuschlagstoffe - Stoffe, die dem Substrat zur Verbesserung der physikalischen Eigenschaften zugegeben werden
zweijährig - zweijährige (bienne) Pflanzen durchlaufen ihre Entwicklung in zwei aufeinanderfolgenden Vegetationsperioden
Zweitpflanze - bei Marihuana werden Zweitpflanzen wie Ringelblumen oder Knoblauch mit eingepflanzt, um Insekten zu vertreiben
Zwitter - wenn eine Pflanze gleichzeitig männliche und weibliche Blüten bildet; Zuchtresultate mit Zwittersamen sind kaum kalkulierbar